DIEU SANS LA PUISSANCE

ARCHÉOLOGIE DE LA PUISSANCE I

DU MÊME AUTEUR

*L'Excellence de la vie. Sur l'*Éthique à Nicomaque *et l'*Éthique à Eudème *d'Aristote*, G. Romeyer Dherbey (dir.), G. Aubry (éd.), Paris, Vrin, « Bibliothèque d'histoire de la philosophie », 2002.

Plotin. Traité 53 (I, 1), Introduction, traduction, commentaire et notes, Paris, Cerf, « Les Écrits de Plotin », 2004.

Dieu sans la puissance. Dunamis *et* Energeia *chez Aristote et chez Plotin (Archéologie de la puissance I)*, Paris, Vrin, « Bibliothèque d'histoire de la philosophie », 2006 ; 2e édition revue et augmentée, 2020.

Genèse du Dieu souverain (Archéologie de la puissance II), Paris, Vrin, « Bibliothèque d'histoire de la philosophie », 2018.

Le moi et l'intériorité, études réunies par G. Aubry et F. Ildefonse, Paris, Vrin, « Textes et Traditions », 2008.

L'Impuissance de Dieu, dossier rassemblé par G. Aubry, *Revue philosophique de la France et de l'Étranger*, juillet-septembre 2010, tome CXCX.

Porphyre, *Sur la manière dont l'embryon reçoit l'âme*, texte révisé par T. Dorandi, travaux édités sous la responsabilité de L. Brisson avec la collaboration de G. Aubry, M.-H. Congourdeau, F. Hudry, Paris, Vrin, « Histoire des doctrines de l'Antiquité classique », 2012.

BIBLIOTHÈQUE D'HISTOIRE DE LA PHILOSOPHIE

Fondateur Henri GOUHIER — Directeur Emmanuel CATTIN

DIEU SANS LA PUISSANCE

Dunamis et *Energeia* chez Aristote et chez Plotin

ARCHÉOLOGIE DE LA PUISSANCE I

par

Gwenaëlle AUBRY

Nouvelle édition revue et augmentée

PARIS

LIBRAIRIE PHILOSOPHIQUE J. VRIN

6 place de la Sorbonne, V[e]

2020

Imprimé en France

ISSN 0249-7980
ISBN 978-2-7116-2964-0

www.vrin.fr

À la mémoire de mon père

AVANT-PROPOS À LA DEUXIÈME ÉDITION

Dieu sans la puissance constitue le premier volet d'une enquête archéologique dont le second, *Genèse du Dieu souverain*, a paru en 2018. Cette enquête est régie par deux questions : comment l'ontologie moderne de la puissance et de l'action s'est-elle substituée à celle, aristotélicienne, de l'en-puissance et de l'en-acte ? Et : comment la figure d'un Dieu tout-puissant, dont la puissance peut être pensée comme excédentaire au bien, s'est-elle substituée à celle du dieu d'Aristote qui, lui, est acte pur et, en tant que tel, sans puissance et identique au bien ? Ces deux questions sont étroitement solidaires : la théologie aristotélicienne du dieu sans puissance trouve en effet son fondement dans l'ontologie de l'en-puissance et de l'en-acte, *dunamei* et *energeiai*, couple conceptuel irréductible tant à celui de la matière et de la forme qu'à celui de la puissance et de l'action. Et à son tour, l'ontologie de la puissance et de l'action s'élabore conjointement au concept théologique de toute-puissance. À terme, l'archéologie de la puissance ici proposée a pour effet de dissocier l'*arkhē* aristotélicienne des effets qui lui sont généralement attribués, en montrant comment, loin de trouver sa source dans l'ontologie de l'en-puissance et de l'en-acte, l'ontologie de la puissance et de l'action se construit à l'inverse *contre* celle-ci.

Cette nouvelle édition de *Dieu sans la puissance* vient clore le diptyque en en nouant plus fermement les deux volets. D'abord, à travers une série de renvois à *Genèse du Dieu souverain* qui permettent de mieux marquer l'opposition entre le dieu-Bien d'Aristote et le Dieu-Souverain des théologies de la toute-puissance. Ensuite, parce qu'elle intègre un chapitre entièrement refondu sur le livre *Lambda* de la *Métaphysique* : au fil des conférences et des séminaires que je lui ai consacrés (particulièrement au Centre Léon Robin, en réponse à Fabienne Baghdassarian, à Lisbonne, dans le cadre du séminaire international « *Energeia* and *Dunamis* in Aristotle », et à Cornell University), j'ai en effet été amenée à développer une lecture plus unitaire et plus organique de la structure de ce livre, à même de renforcer l'interprétation ontologique que j'en propose. Cette lecture souligne notamment le rôle central de Λ 5 qui, loin de clore, comme le veut l'interprétation traditionnelle, un traité des substances sensibles pour ouvrir à un traité de la substance immobile et séparée, énonce à l'inverse le principe de leur continuité et contient à ce titre la clef de l'unité de Λ, mais aussi de la métaphysique entendue comme science unitaire des principes de la substance. Désignant en la *dunamis* et l'*energeia* les principes communs par analogie à toutes les substances sensibles, éternelles et corruptibles, *mais aussi* en l'*energeia* (et non en la forme) le mode d'être de la substance séparée, Λ 5 apporte en effet une réponse à la question de l'unité des principes de la substance. Mais si cette réponse est ontologique, elle n'équivaut pas pour autant à une réduction ni à une secondarisation de la théologie. La notion d'*energeia* assure en effet à la fois l'univocité du discours sur les principes de la substance et le primat de la substance séparée. L'unité de Λ peut dès lors être décrite comme étant celle d'une intégration hiérarchique : la théologie est intégrée à l'ontologie, mais dans le même temps l'ontologie pose le primat du principe théologique. En tant qu'*ousia energeia*, la substance séparée à la fois *a* un principe commun avec les autres substances, et *est* à leur principe. Sa détermination d'acte pur porte également la singularité de la théologie d'Aristote, en tant qu'elle permet de penser un dieu sans puissance, et dont l'absence de puissance est *la condition même* de son efficacité.

Entre le moment aristotélicien de l'acte pur sans puissance et celui, chrétien, de la toute-puissance, s'insère encore celui, plotinien, de la puissance de tout (*dunamis pantōn*). C'est à lui qu'est consacrée la deuxième partie de *Dieu sans la puissance*. Celle-ci interroge la substitution, au principe, de la *dunamis* à l'*energeia*, mais montre également comment Plotin met en œuvre l'équivocité de la *dunamis* – son double sens de puissance et d'en-puissance – pour dire la réciprocité de la procession et de la conversion. Depuis la première édition de ce livre, j'ai, dans différents articles, analysé plus précisément l'application de ce schéma aux différents degrés du réel plotinien. Ces analyses ayant déjà été publiées, la présente édition ne les intègre pas mais y renvoie quand c'est nécessaire. Elle m'offre enfin l'occasion de remercier ceux, collègues et étudiant.e.s, dont les questions, commentaires ou critiques, ont contribué à l'élaboration des nouveaux résultats ici présentés. J'adresse également mes plus vifs remerciements à Emmanuel Cattin qui a bien voulu les accueillir, à Denis Arnaud, pour son travail sur le manuscrit, ainsi qu'à Luca Torrente, pour la révision des Index.

INTRODUCTION

Dans *Le Concept de Dieu après Auschwitz*[1], Hans Jonas tente de répondre à « la vieille question de Job », « la question capitale de la théodicée » : « Quel Dieu a pu laisser faire cela ? ». Si, face au scandale du mal et au désastre de la Shoah, on ne veut pas renoncer au concept de Dieu, alors il faut le repenser à neuf – entreprise plus nécessaire et plus difficile encore du point de vue de la théologie juive, qui voit en Dieu le Seigneur de l'histoire, et en l'immanence le lieu de la justice et de la rédemption.

La réponse de Jonas prend, comme chez les Gnostiques, la forme d'un mythe : celui d'un Dieu qui, au commencement, « par un choix insondable », aurait renoncé à son Être propre pour se livrer au devenir, aurait dépouillé ses attributs d'éternité, d'immuabilité, d'impassibilité, pour s'abandonner au risque, au hasard, à l'aventure du monde, et pour y « éprouver son essence cachée ». D'un tel Dieu on peut, alors, tenter de redéployer les prédicats : c'est d'abord un dieu souffrant; c'est aussi un dieu en devenir, affecté, altéré; c'est encore un dieu soucieux, et un dieu en péril, confié à « la garde problématique de l'homme »; enfin (et c'est là, souligne Jonas, « le point le plus critique de [son] entreprise de théologie spéculative ») « ce Dieu-là n'est pas un dieu tout-puissant » (p. 27).

Autant qu'au Seigneur de l'histoire, l'expérience du mal contraint à renoncer au Tout-Puissant. Plus précisément : elle contraint à choisir, en Dieu, entre la toute puissance et la bonté. Car toutes deux ne peuvent être ensemble maintenues qu'au prix d'une condition que Jonas récuse : celle de l'incompréhensibilité :

> Après Auschwitz, nous pouvons affirmer, plus résolument que jamais auparavant, qu'une divinité toute-puissante ou bien ne serait pas toute-bonne, ou bien resterait entièrement incompréhensible (dans son gouvernement du monde, qui seul nous permet de la saisir).

1. H. Jonas, *Le Concept de Dieu après Auschwitz*, trad. fr. P. Ivernel, Paris, Payot & Rivages, 1994, suivi d'un essai de C. Chalier.

Si Dieu n'est pas intervenu par un miracle salvateur, si, « pendant toutes les années qu'a duré la furie d'Auschwitz <il> s'est tu [...], ce n'est donc point qu'il ne le voulait pas, mais parce qu'il ne le pouvait pas » .

Au problème du mal, Hans Jonas apporte ainsi la réponse inverse de celle du livre de Job : il invoque non « la plénitude de puissance du Dieu créateur », mais « son renoncement à la puissance ». Seul peut survivre à Auschwitz un Dieu faible, un Dieu qui, dès la création, et à travers elle, s'est dépouillé de sa puissance[1].

L'idée d'un Dieu faible a encore été récemment invoquée, quoique dans une perspective et en un sens très différents, par Gianni Vattimo[2]. Elle s'inscrit dans le projet d'une « redécouverte nihiliste du christianisme », solidaire d'une lecture « faibliste » (*debolista*) de Heidegger. Si l'histoire de l'être est celle de son identification successive, par la métaphysique, à la présence, à l'objet, et ultimement à un produit de la volonté de la puissance, alors il faut juger que l'être a « une vocation nihiliste » : « que s'amenuiser, se soustraire et s'affaiblir constitue le trait de l'être qui se donne à nous à l'époque de la fin de la métaphysique ». À son tour, la figure du Christ doit être lue comme le dévoilement, en même temps que la liquidation, du lien entre la violence et le sacré. La « pensée faible » propose donc de renoncer au dieu violent. En ce dernier, Vattimo reconnaît le dieu du sacré naturel, « une puissance menaçante et négative », « une force qui manifeste son altérité à travers la négation de tout ce qui nous apparaît raisonnable et bon ». Mais il l'identifie aussi au Dieu de la métaphysique[3] : les attributs d'omnipotence, d'absoluité, d'éternité, de transcendance sont ceux-là mêmes des théologies naturelles. Si la fin de la métaphysique est contemporaine de la mort de Dieu, c'est en tant qu'elle signe la dissolution de ce dieu tout-puissant. L'époque post-métaphysique doit lui substituer un « Dieu non violent et non absolu <qui> a pour trait distinctif cette vocation à l'affaiblissement ».

On trouve donc, chez Jonas et Vattimo, deux pensées du Dieu faible, qui s'accomplissent l'une dans la figure de la création comme retrait de puissance, l'autre dans celle de l'incarnation comme kénôse. Toutes deux procèdent d'une critique de la toute-puissance divine, Jonas interrogeant sa compatibilité avec le mal, Vattimo identifiant le Dieu tout-puissant à la

1. Jonas renvoie à la notion, présente dans la Cabale lurianique, de *Tsimtsoum*, soit la contraction ou le retrait divin par quoi seul le fini peut exister.

2. Voir en particulier G. Vattimo, *Espérer Croire*, trad. fr. J. Rolland, Paris, Seuil, 1998.

3. *Ibid.*, p. 33 : « Le Dieu violent de Girard est le Dieu de la métaphysique ».

fois au dieu du sacré naturel et au Dieu de la métaphysique[1]. C'est cette dernière identification que l'on souhaiterait, ici[2], remettre en cause : on cherchera à montrer comment la métaphysique, en son origine même, c'est-à-dire avec Aristote, présente la figure singulière d'*un dieu sans puissance, mais qui n'est pas pour autant un dieu faible.* Cette pensée du divin a pour fondement une ontologie elle aussi singulière, qui est celle de la *dunamis* et de l'*energeia*, ou plus exactement du *dunamei* et de l'*energeiai*, soit de l'en-puissance et de l'en-acte. Elle suppose, pour

1. L'identité entre Dieu tout-puissant et Dieu de la métaphysique est déjà posée par Heidegger, la toute-puissance s'accomplissant selon lui en la *causa sui*, qui est, par excellence, « le concept métaphysique de Dieu » (cf. *Identité et différence*, trad. fr. A. Préau, *Questions I*, Paris, Gallimard, 1968, p. 294). Voir aussi *La question de la technique*, trad. fr. A. Préau, *Essais et Conférences*, Paris, Gallimard, 1958, p. 35 : « Dieu, vu à la lumière de la causalité, peut tomber au rang d'une cause, de la *causa efficiens*. Alors, et même à l'intérieur de la théologie, il devient le Dieu des philosophes, à savoir de ceux qui déterminent le non-caché et le caché suivant la causalité du "faire", sans jamais considérer l'origine essentielle de cette causalité ». Au contraire de Vattimo, Heidegger oppose le Dieu tout-puissant des philosophes au dieu du sacré naturel : « Ce Dieu, l'homme ne peut ni le prier, ni lui sacrifier, il ne peut, devant la *causa sui*, ni tomber à genoux plein de crainte, ni jouer des instruments, chanter et danser » (*Metaphysische Anfangsgründe der Logik im Ausgang von Leibniz*, SS. 1928, G.A. 26, S. 211).

2. Sur le problème du rapport entre la toute-puissance et le mal, voir le second volume de notre *Archéologie de la puissance* : *Genèse du Dieu souverain*, Paris, Vrin, 2018. Ce problème ne se réduit pas à « la vieille question », réactivée par Jonas, de la théodicée : il ne s'agit pas de demander seulement comment un Dieu à la fois tout-puissant et bon est compatible avec l'existence du mal, mais comment la toute-puissance, pensée dans sa radicalité, exclut les autres attributs divins, et notamment la bonté, et conduit de ce fait à poser *en Dieu même* un principe possible du mal. La question, dès lors, n'est pas seulement : comment Dieu et le mal peuvent-ils être en même temps ? Mais : comment le mal peut-il être en Dieu ? Elle en présuppose une autre, plus fondamentale, qui est celle de la compatibilité, en Dieu, entre la toute-puissance et le bien : faut-il, quitte à la limiter, subordonner la toute-puissance au bien, ou faut-il à l'inverse affirmer que le bien est ce qu'elle ordonne, suspendant ainsi les valeurs à l'arbitraire de sa décision ? L'alternative est clairement formulée, et tranchée, par Wittgenstein, dans ses entretiens avec F. Waismann : « Schlick dit qu'il y a eu dans l'éthique théologique deux conceptions de l'essence du bien : selon l'interprétation la plus superficielle, ce qui est bon est bon parce que Dieu le veut ; selon la plus profonde, Dieu veut ce qui est bon parce que cela est bon. Mon opinion est que c'est la première conception qui est la plus profonde : est bon ce que Dieu a ordonné. Car cette conception coupe court à toute tentative d'expliquer "pourquoi" cela est bon, tandis que la seconde est la conception plate, rationaliste, qui fait "comme si" ce qui est bon pouvait encore être fondé. La première conception dit clairement que l'essence du bien n'a rien à voir avec les faits, et par conséquent ne peut être expliquée par aucune proposition. S'il existe une proposition qui explique bien mon opinion, c'est la suivante : "Est bon ce que Dieu ordonne" » (*Wittgenstein et le Cercle de Vienne*, d'après les notes de F. Waismann, texte établi par B. McGuiness, trad. fr. G. Granel, Paris, T.E.R., 1991, p. 89).

être élucidée, que l'acte soit distingué de l'action [1], et l'en-puissance de la puissance. Le Premier Moteur immobile d'Aristote n'agit pas, ni n'a de puissance, et ce en tant même qu'il est acte. Plus encore, il est tel que sa substance même est acte, *ousia energeia*, et qu'il exclut de ce fait tant la puissance active qui qualifie les causes efficientes, que l'en-puissance caractéristique des substances mobiles, éternelles ou contingentes.

Ce dieu sans puissance, cependant, n'est pas un dieu impuissant : simplement, sa puissance ne doit pas être pensée dans l'ordre de l'efficience. S'il agit, ou s'il est tel, du moins, qu'il détermine un effet, c'est en tant même qu'il est acte et sans puissance : comme une cause finale, non pas au sens où il serait ce en quoi s'accomplissent les autres substances, mais au sens où il est la condition de leur accomplissement. Son efficacité, donc, n'est pas celle de la puissance, mais celle de l'acte, ici compris comme la fin, médiée, de l'en-puissance.

La relation du Premier Moteur immobile au monde et aux autres substances, n'est pas celle du Créateur aux êtres que sa toute-puissance extrait du néant. Elle doit être déterminée à travers le rapport de l'en-puissance à l'acte, et plus précisément à la lumière de l'antériorité de l'acte sur l'en-puissance que dévoile, au livre Θ de la *Métaphysique*, l'exploration du sens ontologique de ces deux notions. La théologie d'Aristote n'apparaît alors que comme l'un des champs d'application de son ontologie, comprise comme science de la *dunamis* et de l'*energeia*. Cette ontologie porte la cohérence de la métaphysique aristotélicienne, dès lors qu'elle permet de penser à la fois l'unité et la hiérarchie des différentes substances.

Mais, là encore, cela n'apparaît qu'à condition que le couple conceptuel de l'en-puissance et de l'en-acte ne soit pas réduit, comme on le fait trop souvent, à celui de la matière et de la forme. Ainsi, et en particulier, le Premier Moteur immobile n'est pas forme pure, mais acte pur et ce parce que la forme, pour Aristote, n'est pas substance – ou encore, parce que la forme, en tant qu'elle subsiste, est acte. On ne peut dès lors, à la façon de l'interprétation « onto-théologique » [2] traditionnelle, identifier « la

1. Il faut donc, plus explicitement que ne le fait Heidegger (voir par exemple *Nietzsche* II, « La métaphysique en tant qu'histoire de l'être », trad. fr. P. Klossowski, Paris, Gallimard, 1971, p. 333-334), distinguer l'acte pur aristotélicien de l'*actus purus* thomiste, lequel est associé à la toute-puissance et nomme la première cause efficiente.

2. Sur la constitution et la définition par Heidegger de cette notion (la détermination onto-théologique de la métaphysique comme réduction de la différence ontologique à la différence ontique de l'étant commun et de l'étant premier), voir J.-F. Courtine, *Inventio Analogiae. Métaphysique et ontothéologie*, Paris, Vrin, 2005, première partie. Quant à l'interprétation onto-théologique d'Aristote, que l'on discutera plus loin plus en détail, elle

science recherchée » à la science de la substance, puis la substance à la forme, pour voir finalement en la substance immobile comprise comme « forme pure » son objet premier – et « universel parce que premier ». Si la métaphysique aristotélicienne pense bien à la fois l'être en tant qu'être et l'être divin, ce n'est pas sous la détermination de forme, mais sous celle d'acte, et c'est de telle façon que la connaissance de l'être commun inclut celle de l'être premier, et non l'inverse.

Mais la notion d'acte (*energeia* ou *entelekheia*) dit encore autre chose que celle de forme ne dit pas : non seulement la substance, mais aussi le bien. D'invention aristotélicienne, au contraire de celle de forme qui porte tout le platonisme, elle apparaît d'abord dans des contextes éthiques; et si sa signification axiologique n'est pas explicitement formulée en Θ, mais seulement suggérée *via* l'identification de l'*energeia* au *telos* et à l'*ergon*, elle est en revanche clairement lisible dans le livre Λ. Dès lors, le projet formulé au livre A d'une « sagesse (*sophia*) » capable de déterminer le bien et la fin, comme celui, défini en Γ, d'une science de « l'étant en tant qu'étant », s'accomplissent tous deux en la connaissance d'un même objet : l'acte.

D'un tel projet, Aristote revendique l'originalité. Il souligne qu'il est le premier à avoir posé le bien au principe, et à avoir dissocié principe et puissance. Lisant l'histoire de la philosophie à rebours de celle qui nous est familière, il considère ainsi que la position principielle du bien *n'est pas un geste platonicien*. Mais si les platoniciens ont échoué à penser le statut principiel du bien, c'est, en partie, parce qu'ils n'ont pas su identifier son mode propre de causalité. La double décision aristotélicienne tient alors en une seule formule : le principe est acte. Car le désigner comme tel, c'est dire à la fois qu'il est une substance essentiellement bonne, et qu'il agit non comme puissance, mais comme fin de l'en-puissance.

C'est cependant aussi, et conformément toujours au projet de *Métaphysique* A, laisser place à la diversité des biens et des fins. Car, comme l'être, le bien se dit en plusieurs sens. Et si les *Éthiques* identifient le bien selon la substance au dieu et à l'intellect[1], celui-ci n'est pas l'essence de tout ce qui peut être dit « bon », pas plus qu'il n'est l'acte des autres substances. Là encore, donc, Aristote réussit où Platon a échoué : il parvient à la fois à penser le statut principiel et la causalité du bien, et à

fait un pas de plus en identifiant la science de l'étant commun à celle de l'étant premier. Jean-François Courtine montre comment cette unification théologique (et non, comme celle que nous proposons, ontologique) de la métaphysique aristotélicienne est déjà à l'œuvre chez les commentateurs anciens, mais médiatisée par la doctrine de l'analogie.

1. *Eth. Nic.* I, 6, 1096a 24-5; *Eth. Eud.* I, 8, 1217b 30-1.

prendre en compte la pluralité des biens (ce qui se dit aussi : le bien n'est ni une puissance, ni une Idée). De la substance essentiellement bonne aux biens des diverses substances opère cependant, comme entre l'acte pur et les autres actes, un rapport de fondation. Et celui-ci se double, pour cette substance qu'est l'homme, d'un rapport de ressemblance et d'un rapport de connaissance, si la *theōria*, en quoi l'éthique reconnaît son *energeia* et sa fin suprêmes, à la fois est semblable à l'acte divin, et peut avoir ce dernier pour objet.

Comme l'identification entre le Dieu de la métaphysique et le Dieu tout-puissant, il faut alors remettre en cause celle entre le Dieu tout-puissant et le Dieu-valeur [1]. Car le dieu de la métaphysique aristotélicienne est à la fois le bien, et acte pur, sans puissance. Plus : qualifier d'acte pur le bien principiel, c'est le désigner comme nécessaire et éternel, soustrait, avec l'en-puissance, au mouvement et à la contingence. Le Tout-puissant à l'inverse, s'il peut-être pensé, dans la métaphysique chrétienne, comme le créateur des valeurs [2], est aussi ce dont la liberté grève originairement celles-ci de contingence.

Une telle pensée de la toute-puissance est l'aboutissement d'un cheminement qui substitue la puissance à l'acte dans la pensée du divin. De cette histoire, on se propose de décrire ce qui paraît être un moment-clef : la caractérisation, par Plotin, du Premier Principe comme *dunamis pantōn*. Le Premier Principe plotinien n'est plus acte pur mais puissance de tout. La rupture avec Aristote se marque dans l'inversion du concept de *dunamis* qui passe de la base au sommet, de la désignation du devenir comme moindre-être et pour l'acte, à l'au-delà de l'être et de l'acte.

Cette inversion, cependant, est aussi une subversion, dès lors qu'associée au Premier Principe, la *dunamis* ne signifie plus l'en-puissance mais la puissance. Plotin revient ce faisant à son sens pré-aristotélicien, et déploie, pour en faire la formule principielle, la désignation du Bien par Platon dans la *République*, comme « ἐπέκεινα τῆς οὐσίας πρεσβείᾳ καὶ

1. Pour cette identification, voir notamment J.-L. Marion, *Dieu sans l'être*, « La double idôlatrie », p. 44-58, Paris, P.U.F., 1991.

2. D'où vient que pour Nietzsche la toute-puissance est l'unique attribut divin; voir *Fragments posthumes*, Automne 1887, 10 (90), dans *Œuvres philosophiques complètes*, t. XIII, Paris, Gallimard, 1976, p. 151 : « Éloignons la suprême bonté du concept de Dieu : elle est indigne d'un Dieu. Éloignons de même la suprême sagesse – c'est la vanité des philosophes qui s'est rendue coupable de cette extravagance d'un Dieu monstre de sagesse : il devait leur ressembler autant que possible. Non, Dieu, la *suprême puissance* – ça suffit ! D'elle découle tout, d'elle découle le "monde" ».

δυνάμει ὑπερέχοντος (au-delà de l'essence, qu'il surpasse par l'ancienneté et par la puissance » (VI, 509b 9-10).

Le Premier Principe, ainsi, s'il est encore le Bien, n'est plus acte mais puissance : et sa puissance est productrice de l'être et de l'acte, l'Intellect, son premier effet, étant à la fois *prōtē ousia* et *prōtē energeia.* Plotin maintient de la sorte l'identité posée par Aristote entre l'acte et l'*ousia*, mais défait celle de l'acte et du bien. L'Un-Bien, cependant, s'il n'est plus acte, peut encore être dit parfait. Et c'est en tant que tel qu'il est au principe d'une puissance. La *dunamis*, dès lors, ne doit plus être comprise comme tendance à la perfection, mais comme l'effet du parfait. Et ce modèle (que l'on nomme couramment « doctrine des deux actes » mais qu'il vaut mieux, dès lors qu'il s'applique en premier lieu à l'au-delà de l'être et de l'acte, appeler « théorie des puissances ») opère, par-delà le Premier Principe, pour l'ensemble du réel. On peut y reconnaître le modèle même de la procession, d'où s'infèrent ses principaux traits : la nécessité, la continuité, et la dégradation.

Plotin, cependant, réintègre le *dunamei* aristotélicien, mais pour penser, cette fois, la conversion. Il joue ce faisant de ses différentes significations : la puissance de la cause détermine en l'effet une *capacité* à la recevoir, et s'inscrit en celui-ci comme une *potentialité,* laquelle à son tour suscite une *tendance*. L'équivocité de la *dunamis* permet ainsi de dire la réciprocité de la procession et de la conversion.

Mais, de la sorte, c'est aussi le schème de la finalité qui se trouve réintégré à celui de la productivité. Il reste que cette finalité est en quelque sorte sans fin, ou n'est que retour à l'origine, dès lors qu'à terme nul autre objet n'est assigné à la tendance que la coïncidence avec la puissance productrice.

Plotin rompt par là avec l'idée aristotélicienne d'une puissance propre au bien. Mais s'il pense désormais la puissance principielle comme une puissance productrice, il la subordonne encore à l'Un-Bien. Aussi le moment plotinien constitue-t-il un moment médian entre celui du bien sans puissance, et celui de la puissance excédentaire au bien.

L'inversion plotinienne de la *dunamis* (qui est tout autant régression à son sens pré-aristotélicien) apparaît comme une séquence déterminante de l'histoire de l'identification du principe, ou du divin, à la puissance et, plus largement, du conflit, en celui-ci, de la puissance et du bien. Mais elle invite aussi à relire autrement le processus apparemment symétrique décrit par Heidegger, et qui concerne, cette fois, l'*energeia*. À la fin de son *Nietzsche*, dans un texte fameux intitulé « La métaphysique en tant qu'histoire de l'être »[1], Heidegger interroge en effet la portée de la traduction latine de *energeia* en *actus*. En celle-ci, il reconnaît la transition « du langage conceptuel grec à celui romain » mais aussi, et par-delà, la détermination d'une nouvelle « structure des rapports d'une humanité à l'étant dans sa totalité ». La désignation de l'*ousia* comme *energeia* s'inscrit dans la continuité de la pensée métaphysique originelle de l'être comme présence. L'*energeia*, ainsi, n'est pas « la réalité efficace en tant que résultat, produit d'un agir en tant qu'effet, mais la présence se tenant dans le non-occulté », et l'*entelekheia*, de même, « est le fait de (se) posséder dans la fin, soit posséder intimement la présence [...], et partant la pure et immédiate présence »[2]. Or le terme *actualitas* n'en est pas seulement une traduction, car il n'en « conserve plus l'essence » : pensé sous la détermination d'*actualitas*, l'être est désormais conçu comme « ce qui est effectué par l'efficacité, réalisé par le faire [...], la "réalité" efficace d'un réel qui domine par son agir et qui se voit inclus dans le procédé de l'agir ». Il peut dès lors être intégré à la pensée de la création :

> L'Être converti en *actualitas* donne à l'étant en sa totalité ce trait fondamental dont pourra désormais s'emparer le représenter de la croyance biblique et chrétienne en la création, pour assurer sa justification métaphysique (p. 333).

L'étant premier, en effet, celui que la théologie nomme « Dieu », est aussi pensé comme la cause première, le suprême efficient. « *Être* est ainsi pensé par référence à *faire* qui, de son côté, a sa cime dans *être* »[3]. Cette identité est ce que nomme l'*actus purus* thomiste. Ce dernier s'oppose ainsi à l'étant créé comme sa condition de possibilité. Le *summum bonum* lui-même ne dit rien de plus que le *summum ens* et la *causa causarum* :

> La proposition *Deus est summum bonum* ne contient ainsi aucune caractérisation morale ni même une pensée de "valeur" : le nom de *summum bonum* est ici l'expression la plus pure pour la causalité propre au réel pur (p. 334).

1. Heidegger, *Nieztsche*, II, trad. fr. P. Klossowski, Paris, Gallimard, 1971, p. 319-365.

2. Voir de même J. Beaufret, « ENERΓEIA et ACTUS », dans *Dialogue avec Heidegger*, I, *Philosophie grecque*, Paris, Minuit, 1973 : « L'ἐνέργεια d'Aristote n'a rigoureusement rien d'actif, c'est-à-dire de romain. Non qu'elle soit purement passive. Elle est un sens du mot être lui-même tout à fait autre que ce que disent aussi bien l'actif que le passif » (p. 138). Sur l'*entelekheia*, voir aussi Heidegger, « Ce qu'est et comment se détermine la ΦΥΣΙΣ », trad. fr. F. Frédier, *Questions* II, Paris, Gallimard, p. 550.

3. J. Beaufret, « ENERΓEIA et ACTUS », art. cit., 1973, p. 137.

Cependant, et en tant que tel, le bien suprême thomiste n'est encore que la répercussion du Bien platonicien, lequel à son tour n'est qu'une Idée par excellence, soit ce qui, seulement, rend l'étant apte à la présence [1].

Deux remarques nous paraissent ici s'imposer, que la suite de cet ouvrage visera à justifier :

– tout d'abord, si une rupture fondamentale opère en effet entre la pensée aristotélicienne de l'être (et de l'être premier) comme acte, et sa pensée comme puissance, cette rupture nous paraît s'inscrire à même le monde grec, et se marquer, dès avant la traduction de l'*energeia* en *actualitas*, dans la transition de la *dunamis*-en-puissance à la *dunamis*-puissance [2] ;

– ensuite, cette rupture nous paraît signifier l'abandon d'une ontologie non pas de la présence, mais de la valeur, prononçant l'identité, en l'acte, de l'être et du bien, et solidaire de l'identification, en l'en-puissance, de la puissance propre au bien.

Il faut dès lors marquer la double singularité de l'ontologie aristotélicienne tant par rapport au moment (néo)platonicien que par rapport au moment chrétien et, plus généralement, à la détermination moderne de l'être comme puissance, tout en la caractérisant autrement que ne le fait Heidegger : reconnaître en elle, donc, une ontologie qui ne réduit l'être ni à la puissance, ni à la présence.

1. Sur la différence entre l'ἀγαθόν platonicien et une « valeur » (qui va de pair cependant avec la désignation de Nietzsche comme « platonicien »), voir aussi « La doctrine de Platon sur la vérité » dans *Questions* II, *op. cit.*, p. 454 *sq.*, ainsi que *Concepts fondamentaux de la philosophie antique*, Cours de Marbourg, semestre d'été 1926, trad. fr. A. Boutot, Paris, Gallimard, 2003, chap. IV, § 49. Sur son identification à l'Idée, et l'écrasement de l'*epekeina tēs ousias*, voir R.J. Dostal, « Beyond Being : Heidegger's Plato », dans C. Macann (éd.), *Martin Heidegger. Critical Assessments*, t. II, London-New York, Routledge, 1992, p. 61-89.

2. Dans « Ce qu'est et comment se détermine la ΦΥΣΙΣ » (*op. cit.*, p. 556), Heidegger fait aussi place à la question de la traduction latine de la *dunamis* en *potentia*. Il distingue alors la « capacité » et la « possibilité » de la *dunamis* aristotélicienne comme « mode de l'entrée dans la présence » ; voir aussi J. Beaufret, « ENEΡΓΕΙΑ et ACTUS », art. cit., p. 124, ainsi que, *infra* p. 145, notre analyse du cours de 1931 consacré à *Métaphysique* Θ 1-3, *De l'essence et de la réalité de la force*. Pierre Rodrigo a montré comment l'interprétation heideggérienne de la *dunamis* dans le cours de 1930, *De l'essence de la liberté humaine* (Paris, Gallimard, 1987) aurait pu marquer l'amorce d'une autre détermination de l'être, non pas comme présence, mais comme « retrait au cœur de la présence » : voir *Aristote, l'eidétique, et la phénoménologie*, Étude IX, « Heidegger lecteur d'Aristote : *Ousia*, *energeia* et phénoménologie », Grenoble, J. Millon, 1995.

PREMIÈRE PARTIE

DUNAMIS, *ENERGEIA* ET LE PROJET MÉTAPHYSIQUE D'ARISTOTE

INTRODUCTION

Du Premier Moteur d'Aristote, on dit généralement qu'il est forme pure[1]. Aristote, pourtant, ne le désigne jamais ainsi[2]. En revanche, il dit bien, et répète avec insistance dans le livre Λ de la *Métaphysique*, qu'il est acte[3]. Il ne s'agit pas là d'une simple question de vocabulaire. De fait, les notions de forme (εἶδος) et d'acte (ἐνέργεια ou ἐντελέχεια) ne sont pas équivalentes; et si la première appartient au lexique platonicien, la seconde, elle, est une invention aristotélicienne[4]. Elle obéit, en tant que telle, à un projet anti-platonicien : il n'y a pas de sens, pour Aristote, à poser des formes « pures »[5] ou « séparées », c'est-à-dire des formes subsistant à la fois hors et indépendamment des composés qu'elles définissent. La forme n'est séparable que τῷ λόγῳ[6], « selon la formule », ce qui signifie aussi que la forme n'est pas pleinement οὐσία, pleinement substance[7].

1. Voir par exemple W. Jaeger, *Aristote. Fondements pour une histoire de son évolution*, traduit et présenté par O. Sedeyn, Paris, Éditions de l'Éclat, 1997, p. 225-226; O. Hamelin, *Le Système d'Aristote*, Paris, Alcan, 1920, p. 405-406; W.D. Ross, *Aristotle's Metaphysics*, Oxford, Clarendon Press, 1924, Introduction, p. LXXVIII; J. Owens, *The Doctrine of Being in the Aristotelian Metaphysics*, Toronto, Pontifical Institute of Mediaeval Studies, 1978 (1951), p. 467-470. M. Burnyeat évoque cependant le « mythe du Premier Moteur comme "pure forme" » (*A Map of* Metaphysics Zeta, Pittsburgh, Mathesis Publications, 2001, n. 155, p. 77 et n. 8, p. 130).

2. À l'exception d'une allusion en *Physique* I 9, 192a 34-36, au « principe formel » dont la détermination du nombre et de la nature revient à la philosophie première.

3. 1071a 36; 1071b 20; 1072a 25-26; 1072b 8; 1072b 16; 1074a 36.

4. Les termes ἐντελέχεια et ἐνέργεια ne sont pas attestés avant Aristote; sur les différentes hypothèses proposées quant à leur formation, voir plus bas, chap. IV, p. 107-108.

5. L'expression même de « forme pure », si elle est courante dans la littérature secondaire, ne se trouve jamais chez Aristote : voir sur ce point E.E. Ryan, « Pure Form in Aristotle », *Phronesis*, XVIII, 1973, p. 209-224.

6. H 1, 1042a 29, par opposition à ἁπλῶς qui ne s'applique qu'au composé (1042a 31). *Cf.* aussi *Phys.* II, 193b 4-5, où l'*eidos* est dite séparable seulement *kata ton logon*.

7. Elle est, de même, *ousia kata ton logon*, *cf.* Z 10, 1035b 15; H 1, 1042a 31 et non *ousia malista* (Z 7, 1032a 19; 8, 1034a 4-5). Voir *infra*, chap III.

Il en va autrement pour l'acte qui, lui, implique la séparation, comprise comme subsistance autonome, et vaut de ce fait comme un autre nom pour l'*ousia*[1]. L'acte, cependant, n'est pas seulement un autre nom pour la substance. Identifié à la fin, il l'est aussi au bien[2]. Être en acte, ce n'est pas seulement subsister, c'est subsister comme adéquat à sa forme et à une forme qui, posée comme fin, l'est aussi comme bien. Ou encore, pour les substances composées dans lesquelles la matière introduit un écart par rapport à la forme, et l'en-puissance la possibilité de rejoindre celle-ci, c'est avoir rejoint une forme qui a été posée comme fin. L'acte, ainsi, n'est pas seulement un autre nom pour l'être mais aussi pour le bien : ou plutôt, l'acte, en tant qu'il dit le bien comme réel, ou comme réalisé, nomme l'identité de l'être et du bien.

Confondre l'acte et la forme, désigner le Premier Moteur comme une « forme pure », ou une « forme séparée », c'est donc s'exposer à soutenir ce qu'Aristote n'a nulle part affirmé, mais c'est aussi réduire la singularité de la théologie aristotélicienne : désignant le dieu comme acte, et, plus encore, comme une substance purement actuelle (οὐσία ἐνέργεια, Λ 6, 1071b 20), Aristote l'identifie aussi au bien – non pas au sens où, comme les substances composées, il aurait réalisé son essence, mais au sens où il est une substance essentiellement bonne. Car si le Premier Moteur est *ousia energeia*, alors il faut nier de lui la puissance (δύναμις) : tant *l'en-puissance* (δυνάμει) qui est, dans les substances mobiles et composées, à la fois la marque de leur inadéquation à la forme et le principe d'un mouvement ayant celle-ci pour fin, que la *puissance active* qui qualifie les causes efficientes[3].

1. Cf. *De anima* II, 412a 21 : ἡ δ 'οὐσία ἐντέλεχεια. Voir aussi *Meta.* Z 13, 1039 a 7 : « l'entéléchie sépare (ἡ γὰρ ἐντελέχεια χωρίζει) » ; Λ 5, 1071a 8-9 : « ἐνεργείᾳ μὲν γὰρ τὸ εἶδος ἐὰν ᾖ χωριστόν) ».

2. Sur acte et fin, voir Θ 8, 1050a 9 ; 1050a 21-22 ; sur fin et bien, A 2, 982b 6-7 ; 3, 983a 31-32 ; *Phys.* II 3, 195a 24-26.

3. Signalons cependant qu'une tradition interprétative comprend le Premier Moteur comme une cause efficiente. Voir, notamment, S. Broadie, « Que fait le premier moteur d'Aristote ? (Sur la théologie du livre Λ de la *Métaphysique*) », *Revue philosophique de la France et de l'Étranger*, 183 (1993), p. 375-411, A. Kosman, « Aristotle's Prime Mover », dans M.-L. Gill et J.G. Lennox (éd.), *Self-Motion from Aristotle to Newton*, Princeton University Press, 1994, p. 135-154 ; L. Judson, « Heavenly Motion and the Unmoved Mover », dans M.-L. Gill et J.G. Lennox, *Self-Motion ..., op. cit.*, p. 155-171 ; E. Berti, « Unmoved mover(s) as efficient cause (s) in *Metaphysics* Λ 6 », dans M. Frede et D. Charles (éd.), *Aristotle's* Metaphysics Λ. *Symposium Aristotelicum*, Oxford Clarendon Press, 2000, p. 181-206, et « Ancora sulla causalità del motore immobile », *Methexis*, 20, 2007, p. 7-28.

Ce dieu sans puissance a souvent suscité l'insatisfaction et l'incompréhension des commentateurs[1] : Théophraste, déjà, s'inquiétait de l'ἀσθένεια du Dieu d'Aristote[2], identifiant ainsi l'absence de puissance active à la faiblesse. Parce qu'elle est exclusive d'une pensée de la création, soit de ce surgissement *ex nihilo* qui vaut comme la manifestation première de la toute-puissance divine, la théologie aristotélicienne apparaît encore comme une théologie incomplète[3].

Certes, le Premier Moteur immobile ne vient pas en réponse à la question du surgissement de l'être, mais à celle de l'éternité du mouvement – tant de la continuité du mouvement des astres, que de la perpétuité du cycle de la génération et de la corruption. C'est pourquoi Λ 10 pourra aussi désigner le bien comme la cause de la *taxis*, associée tant au mouvement des sensibles éternels qu'à celui des sensibles corruptibles. S'il n'est pas une cause efficiente, le Premier Moteur n'en a donc pas moins une efficacité, ou une influence sur le monde, qui découle *du fait même* qu'il n'a pas de puissance. Car la substance purement actuelle, excluant, donc, tant la puissance que le mouvement, est requise comme la condition du mouvement (Λ 6 et 7). Il faut encore déterminer la façon dont elle l'est; Λ 7 convoque la notion de cause finale, qu'il faut entendre, cependant, en un sens particulier : non pas au sens où la substance immobile serait elle-même l'acte et la fin des autres substances, mais au sens où, visant leur acte *propre*, celles-ci visent en même temps la nécessité caractéristique du sien. Il n'est pas nécessaire d'avoir recours, pour comprendre ceci, à la notion d'imitation : la relation de l'acte pur aux substances mêlées d'acte et d'en-puissance se laisse déterminer selon les différents rapports d'antériorité de l'acte sur l'en-puissance distingués en Θ 8.

1. W.D. Ross parle ainsi d'une « unsatisfactory conception of God », *Aristotle's Metaphysics*, *op. cit.*, p. CXLIX; voir aussi dans Owens (*The Doctrine of Being…*, *op. cit.*) la comparaison entre la théologie aristotélicienne et la théologie de la toute-puissance (p. 466-468) ainsi que, du même auteur, « The relation of God to the World in the *Metaphysics* », dans P. Aubenque (éd.), *Études sur la* Métaphysique *d'Aristote*. Actes du VIe Symposium Aristotelicum, Paris, Vrin, 1979, p. 207-222; voir encore E. Berti, « Aristotele era un pensatore dualista ? », dans *Studi Aristotelici*, L'Aquila, Japadre, 1975, chap. XII, p. 250.

2. *Met.* 2, 5 b14. Pierre Aubenque lui fait écho lorsqu'il juge que « le monde sublunaire […] offre […] davantage le spectacle de l'impuissance de Dieu que celui de sa force ordonnatrice », *Le problème de l'être chez Aristote*, Paris, P.U.F., 1994, p. 347.

3. R. Jolivet s'étonne ainsi de « cette ignorance, vraiment sereine et tranquille, de la création chez Aristote » (*Essais sur les rapports entre la pensée grecque et la pensée chrétienne*, Paris, Vrin, 1931, p. 77); voir aussi A. Mansion, « Le Dieu d'Aristote et le Dieu des chrétiens », dans *La philosophie et ses problèmes*. Recueil d'études de doctrine et d'histoire offert à Mgr R. Jolivet, Lyon, Vitte, 1960, p. 21-44.

Ainsi, ce n'est pas parce qu'il est sans puissance active que le Premier Moteur est impuissant, sans efficience qu'il est inefficace. Au monde qu'il n'a pas créé, sur lequel il n'intervient pas, comme le Dieu tout-puissant, pour en orienter ou en modifier le cours, pour en rompre ou en bouleverser les lois, le dieu acte pur n'est pas étranger. Son efficacité peut être dite non-efficiente; sa force se confond avec le désir qu'il suscite. Désignant le dieu comme acte, Aristote identifie donc son mode d'être; déterminant le mode de relation de l'acte à l'en-puissance, il identifie son mode d'action.

Mais par là, Aristote identifie aussi le mode d'être et le mode d'action propres au bien. C'est peut-être ainsi qu'il faut comprendre son insistance à affirmer qu'il est, de tous les philosophes, le premier et le seul à avoir posé le bien au principe [1]. On peut s'étonner de le voir revendiquer un geste dont la paternité est communément attribuée à Platon [2] : mais de ce Bien que la *République*, en une unique formule, pose au-delà de l'être et doue de puissance [3], Aristote, lui, détermine le mode d'être, en même temps que la singulière puissance – qui n'est autre, donc, que l'en-puissance.

La singularité de la théologie aristotélicienne comme théologie du bien, et de la puissance propre au bien, ne peut cependant être saisie qu'à condition que soit prise au sérieux la désignation du Premier Moteur comme acte pur. Ceci suppose en particulier que ces inventions aristotéliciennes que sont les notions d'*acte* et d'*en-puissance* ne soient pas réduites à celles de *forme* et de *puissance*. La théologie aristotélicienne, c'est-à-dire la science de la substance immobile et séparée [4], n'apparaît en effet que comme *l'un des champs d'application* d'une ontologie ou, au moins, d'une ousiologie générale, qui a pour fondement les notions d'acte et d'en-puissance. Celles-ci sont en effet comptées, en E 2, 1026a 33-b 1, aux côtés de l'être par accident, de l'être comme vrai et comme faux, et des catégories, comme l'un des principaux sens de l'être [5]. Si elles ne sont pas exclusives des catégories, pas plus que des axiomes dont l'étude est, elle aussi, assignée à l'ontologie, elles ont néanmoins une plus large extension : au contraire des catégories, qui sont autant de figures d'un être

1. *Cf.* A 7, 988b 6-16; Λ 10, 1075a 37 *sq.*; N 4, 1091a 30 *sq.*; voir *infra*, chap. I.

2. Voir par exemple M. Canto-Sperber, « Le bien de Platon et le platonisme en morale », dans *Éthiques grecques*, Paris, P.U.F., 2001, p. 167-205; H.G. Gadamer, *L'Idée du Bien comme enjeu platonico-aristotélicien*, trad. fr. P. David et D. Saatdjian, Paris, Vrin, 1994; B. Dumoulin, *Analyse génétique de la* Métaphysique *d'Aristote*, Montréal-Paris, Bellarmin-Les Belles Lettres, 1986, qui caractérise la première théologie d'Aristote comme une théologie du Bien et comme dépendante, à ce titre, de *Rép.* VI (p. 135).

3. ἐπέκεινα τῆς οὐσίας πρεσβείᾳ καὶ δυνάμει ὑπερέχοντος, VI, 509b 9-10.

4. ou *des* substances immobiles et séparées (χωριστὰ καὶ ἀκίνητα), E 1, 1026a 16.

5. ἔτι παρὰ ταῦτα πάντα τὸ δυνάμει καὶ ἐνεργείᾳ, 1026b 1.

scindé par le mouvement et sont, en tant que telles, inadéquates au dire de l'être premier et immobile [1], elles permettent de penser, des substances mobiles et des substances immobiles, tant la différence que la relation. D'une façon plus générale, acte et en-puissance sont au fondement d'une ontologie anti-parménidienne et qui, de ce parricide renouvelé, tient son extension, permettant de penser aussi bien l'être, que le mouvement, que leur corrélation.

Dunamis et *energeia* tirent cependant leur origine de la pensée du mouvement : le livre Θ de la *Métaphysique* s'ouvre sur la réitération de la proposition de E 2 selon laquelle *dunamis* et *energeia* (ou *entelekheia*) sont l'un des sens de l'être (1045b 32-35). Aristote précise cependant qu'en un sens qu'il qualifie à la fois de κυρίως et de οὐ χρησιμωτάτη (45b 36), qui, donc, serait à la fois premier du point de vue de l'usage courant, et second du point de vue de l'enquête projetée, la *dunamis* se définit comme « principe de changement en autre chose ou en soi-même en tant qu'autre » (Θ 1, 1046a 11) [2]; quant à l'*energeia*, si l'on tend à considérer qu'elle se manifeste surtout dans le mouvement, c'est parce que l'on prend celui-ci comme un indice de l'être (Θ 3, 1047a 32-35) [3]. Le livre Θ peut se lire tout entier comme opérant la translation de ce couple notionnel du champ du mouvement à celui de l'être. L'élucidation progressive du sens ontologique de la *dunamis* et de l'*energeia* n'aboutit pas pour autant à la révocation de leur sens kinétique, mais bien plutôt à sa subsomption sous ce sens premier. Le mouvement, en effet, ne doit pas être compris seulement dans l'ordre de l'interaction, mais dans celui de l'actualisation. Ou encore : le mouvement ne doit pas être compris seulement dans l'ordre de la corrélation d'une *dunamis* active et d'une *dunamis* passive, partageant le champ de l'efficience entre un agent et un patient, mais dans celui de la corrélation de la *dunamis* et de l'*energeia*. S'il a pour principe une *dunamis*, il apparaît aussi comme conditionné par l'acte (*energeia*) ou par l'œuvre (*ergon*) auquel il tend, et en quoi il trouve sa fin (*entelekheia*). Qu'il soit transitif ou immanent, le mouvement apparaît alors comme une transition entre deux états de l'être : l'être en acte, pleinement réalisé, ou parfait, tel, donc, qu'en lui la forme se trouve, sans plus d'écart, instantiée,

1. Je résume ici les principaux résultats de l'analyse de P. Aubenque dans *Le problème de l'être chez Aristote*. Aubenque conclut, à l'éclatement de l'ontologie et de la théologie, la première échouant à dire l'essence, tout en continuant à « signifier l'être à sa façon », la seconde ne disant que l'essence, « dans l'unité de sa présence », et se trouvant condamnée à n'être que négative (*op. cit.*, p. 198 et 406).

2. ἀρχὴ μεταβολῆς ἐν ἄλλῳ ἢ ᾗ ἄλλο; voir aussi Δ 12, 1019a 15-16, 19-20.

3. διὸ καὶ τοῖς μὴ οὖσιν οὐκ ἀποδιδόασι τὸ κινεῖσθαι.

et l'être en-puissance. Car la *dunamis* à son tour ne désigne plus alors seulement un principe de mouvement mais un certain état de l'être, ou plutôt, dit d'abord Aristote, un certain non-être (Θ 3, 1047b 1) mais qui porte une positivité, qui est déjà qualifié, en tant qu'il est l'indice d'un devenir possible et déterminé, préfiguré par l'acte, et visant à le réaliser. L'être en-puissance (δυνάμει) et l'être en-acte (ἐνεργείᾳ) entrent ainsi dans un rapport de corrélation, que Θ 8 explore et détermine comme asymétrique dès lors que l'acte est antérieur à l'en-puissance.

Mais la *dunamis* qui se trouve ainsi corrélée à l'acte, et qui désigne un état de l'être, est alors irréductible à la puissance[1] : l'être en-puissance, coordonné à, et déterminé par l'acte, n'est ni passif ni efficient. Ou encore, l'en-puissance n'est réductible ni à la puissance active ni à la puissance passive. La notion d'en-puissance vient nommer la possibilité même de l'interaction d'un agent et d'un patient en vue d'un changement déterminé et finalisé par l'acte.

La corrélation de l'en-puissance à l'acte n'est donc pas exclusive de celle de la puissance passive à la puissance active : mais elle la subsume, ou se la soumet, en tant qu'elle porte une plus grande intelligibilité. Elle invite à considérer ce qui, dans un choc, une rencontre, ou une interaction, est l'occasion d'un accomplissement[2]. Elle est un point de vue pris sur ce qui, dans le mouvement, fait sens, c'est-à-dire non seulement se fait, mais se parfait, et de telle sorte qu'il ne peut plus y avoir, au-delà, de progrès. L'univers d'Aristote n'est pas exempt de chocs et de rencontres : les substances qui le peuplent ne sont pas des monades leibniziennes, entéléchies douées de spontanéité, puissances d'actualisation de leurs propres virtualités[3]. L'ordre de l'efficience est un ordre réel, mais

1. Le reproche de confusion adressé à Aristote, notamment par Ross dans *Aristotle's Metaphysics, op. cit.*, t. II, p. 241, et par Bonitz, *Index aristotelicus*, Graz, Akademische Druck und Verlagsanstalt, 1955, ou encore par J.-M. Le Blond, *Logique et méthode chez Aristote*, Paris, Vrin, 1939, p. 417, paraît dès lors injustifié. Θ donne à voir une transition de la notion de puissance à celle d'en-puissance, qui va de pair avec la subsomption du modèle de l'efficience sous celui de la finalité.

2. Non pas d'une altération, au sens d'un changement vers des dispositions privatives, mais d'un « progrès de l'être en lui-même et vers son entéléchie » ou encore « vers sa nature » (*De An.* II, 5, 417b 6-7 et 14-16).

3. *Cf.* G. Aubry, « *Dunamis* aristotélicienne et entéléchie leibniziennes » dans M. Lequan (éd.), *Platon et Aristote à la lumière de la philosophie allemande. Penser, être, agir*, *Cahiers Philosophiques de Strasbourg*, 23, 2001, p. 171-195.

subordonné à celui de la finalité[1], qui porte une intelligibilité supérieure, sans être pour autant un simple point de vue, ou un simple « comme si »[2].

L'en-puissance est donc pour un être, la possibilité réelle, inscrite à même les qualités dont le doue son essence, de réaliser celle-ci. L'être en-puissance est un certain non-être, mais qui a à être, et peut devenir ce qu'il est. L'en-puissance est l'indice, et le principe, de ce devenir qui conduit un être à son accomplissement. Il porte à la fois la distance entre un être et ce qu'il a à être, et la possibilité de son franchissement. Si l'acte nomme l'identité, réelle, ou réalisée, de l'être et du bien, l'en-puissance, lui, nomme cette identité comme à réaliser. Il inscrit à même l'être, en même temps que la concrétude de la médiation, la possibilité de la perfection.

Celle-ci, pour autant, n'est pas nécessaire, ou nécessairement réalisée. La puissance en effet est puissance non seulement des contraires, mais aussi de la contradiction : elle est donc puissance d'être A ou non-A, mais aussi, et plus radicalement, puissance d'être ou de n'être pas. La notion d'en-puissance est ainsi au fondement d'une pensée de la contingence, mais qui demeure limitée (la définition radicale de la contingence, proposée par Duns Scot, non pas seulement comme pouvoir être A ou non-A, mais comme pouvoir ne pas être au moment même où l'on est, supposera, à son principe, non pas l'en-puissance mais la toute-puissance)[3]. L'ontologie de l'en-puissance porte donc avec elle à la fois la pensée d'une perfection possible, réalisable ici et maintenant, et celle des échecs, des accidents, des mauvaises rencontres, des médiations infructueuses qui peuvent la contrer.

On peut voir en elle l'instrument d'une « sagesse des limites »[4], ou celui d'une pensée, plus hubristique, de l'immanence accomplie. C'est en celle-ci, nous semble-t-il, que réside la singularité d'Aristote, et c'est elle,

1. Voir sur ce point H. Carteron, *La Notion de force dans le système d'Aristote*, Paris, Vrin, 1923, qui note que chez Aristote « la cause efficiente n'apparaît plus bien souvent que comme une cause occasionnelle » (p. 191).

2. Comme l'affirme notamment W. Wieland (*Die aristotelische Physik*, Göttingen, Vandenhoeck & Ruprecht, 1962, p. 254-278) qui voit en la téléologie un « concept de la réflexion ». Pour une critique de cette thèse, et une discussion des principales lectures de la téléologie aristotélicienne durant ces dernières décennies, voir D. Quarantotto, « Ontologia della causa finale aristotelica », *Elenchos*, XXII, 2001, p. 329-365.

3. *Cf.* G. Aubry, *Genèse du Dieu souverain*, *op. cit.*, chap. v.

4. Selon la formule de Pierre Aubenque, qui souligne cependant que « l'ontologie de la scission » s'accomplit en une « anthropologie de la médiation ». Ainsi, « une élucidation ontologique de l'anthropologie d'Aristote aurait d'une façon générale à montrer comment l'aoriste de l'activité humaine imite le parfait de l'acte divin, comment l'accomplissement qui s'accomplit par l'homme imite l'accomplissement toujours déjà accompli de Dieu », *Le Problème de l'être ...*, *op. cit.*, p. 505.

aussi, que porte avant tout la notion d'en-puissance, dès lors que son sens premier se révèle dans la corrélation avec ce contraire positif qu'est l'acte.

Cependant, le couple conceptuel de l'en-puissance et de l'acte porte non seulement la singularité mais encore la *cohérence* de l'ontologie aristotélicienne. *Dunamis* et *energeia* ne valent pas seulement comme des concepts locaux, et localement opératoires [1], ni comme un sens de l'être parmi les autres, mais comme les fondements d'une ontologie unitaire, et les principes d'une réponse possible à la question disputée de la science recherchée. En effet, leur translation du champ du mouvement à celui de l'être s'accompagne de leur extension depuis les substances sensibles corruptibles jusqu'aux substances sensibles éternelles, puis jusqu'à la substance simple et immobile. Il apparaît ainsi que le champ d'application du couple *dunamis-energeia* excède celui du couple matière-forme en ce qu'il ne se réduit pas aux seules substances sensibles corruptibles. Au contraire de la matière, l'en-puissance peut en effet être attribué aussi aux sensibles éternels; quant à l'acte, déterminé comme excluant l'en-puissance et le mouvement, il nomme la substance simple et séparée. En-puissance et acte permettent ainsi de penser le mouvement puis l'être à l'exclusion de la matière.

On comprend dès lors que *dunamis* et *energeia* puissent être désignées en Λ 5 comme les principes communs à toutes les substances sous la modalité spécifique de l'analogie (1071a 3-6). Certes, l'*energeia* revêt, lorsqu'elle est appliquée à la substance immobile et séparée, un sens particulier, en ce qu'elle exclut l'en-puissance et donc aussi le mouvement. Cette différence, cependant, n'est pas principe de scission mais, au contraire, de relation. C'est précisément parce que le Premier Moteur est *ousia energeia*, sans puissance ni mouvement, que l'on peut penser sa relation aux substances composées d'acte et d'en-puissance. Et cette relation peut être déterminée, on l'a dit, selon les différents modes d'antériorité de l'acte sur l'en-puissance. L'analogie doit donc bien être

1. J.-M. Le Blond (*Logique et méthode ..., op. cit.*, p. 417) en parle ainsi comme de « concepts libérateurs », et P. Aubenque a montré comment ils venaient résoudre les apories fondamentales du même et de l'autre et du commencement (*Le Problème de l'être ...*, p. 443 *sq.*); mais *dunamis* et *energeia* interviennent aussi dans le champ biologique, pour penser par exemple le statut de l'embryon (*Gen. An.* II, 1, 735a 8-9; 3, 737a 18; 4, 740a 24), dans le champ physique pour penser, notamment, l'infini et le continu (*Phys.* III, 6, 206a 18; VIII, 8, 263b 5-7), ou encore dans le champ éthique. Sur cette dernière application, voir G. Aubry, « *Dunamis* et *energeia* dans l'éthique aristotélicienne : l'éthique du démonique » dans G. Romeyer-Dherbey (dir.) et G. Aubry (éd.), *L'Excellence de la vie. Sur l'*Éthique à Nicomaque *et* l'Éthique à Eudème *d'Aristote*, Paris, Vrin, 2002, p. 75-94; sur la première : G. Aubry, « La doctrine aristotélicienne de l'embryon et sa réinterprétation par Porphyre » dans L. Brisson, G. Aubry *et al.*, Porphyre, *Sur la manière dont l'embryon reçoit l'âme*, Paris, Vrin, 2012, p. 47-67.

entendue ici au sens d'une identité de rapports : la relation d'antériorité de l'acte sur l'en-puissance au sein des substances composées est la même que celle de la substance purement actuelle aux substances composées d'acte et d'en-puissance.

Si la voie qu'elles ouvrent dans la *Métaphysique* a été négligée [1], c'est peut-être parce qu'en-puissance et acte ont été trop volontiers considérés comme un simple doublet du couple platonicien matière-forme [2]. On a vu, déjà, quelles pouvaient être les conséquences de la réduction de l'acte à la forme quant à l'interprétation de la théologie aristotélicienne. Mais le primat accordé à la forme est aussi au fondement de la lecture onto-théologique [3] de la métaphysique aristotélicienne : celle-ci procède en effet à l'identification successive de la science recherchée à l'ousiologie, puis de l'*ousia* à la forme, pour identifier finalement la science recherchée à la théologie, comprise comme science de l'*ousia prōtē*, ou encore de la forme pure [4]. Une telle interprétation se trouve confrontée, en premier

1. Des études exclusives leur ont cependant été consacrées : A. Smeets, *Act en Potentie in de Metaphysica van Aristoteles, Historish-philologish Onderzoek van Boek IX en Boek V der Metaphysica.* Met voom woord van Pr. A. Mansion (avec un résumé en français), Louvain, Presses Universitaires, 1952 ; J. Stallmach, *Dynamis und Energeia. Untersuchungen am Werk des Aristoteles zur Problemsgeschichte von Möglichkeit und Wirklichkeit*, Meisenheim am Glan, A. Hain, 1959 ; R. Yepes-Stork, *La doctrina del acto en Aristoteles*, Pampelune, 1993 ; D. Lefebvre, *DYNAMIS. Sens et genèse de la notion aristotélicienne de puissance*, Paris, Vrin, 2018.

2. La réduction est explicite chez G. Reale : « On peut dire que la signification métaphysique de la puissance et de l'acte se réduit à celle du fameux couple de concept : matière et forme » (*Il concetto di « filosofia prima » e l'unità della metafisica di Aristotele*, con due saggi sui concetti du Potenza-Atto e di Essere, Milan, Vita e Pensiero, 1993 (1961), p. 163).

3. J.-F. Courtine a montré comment la caractérisation onto-théologique de la métaphysique par Heidegger faisait fonds sur l'interprétation de la *Métaphysique* d'Aristote proposée par Natorp et par Jaeger : « Métaphysique et ontothéologie », dans J.-M. Narbonne et L. Langlois (éd.), *La métaphysique. Son histoire, sa critique, ses enjeux*, Paris-Québec, Vrin-Presses de l'Université Laval, 1999, p. 137-157.

4. C'est la démarche que suivent notamment O. Hamelin, *Le système d'Aristote*, *op. cit.* ; G. Reale, *Il concetto di « filosofia prima »*, *op. cit.* ; G. Patzig, « Theology and Ontology in Aristotle's *Metaphysics* », dans J. Barnes, M. Schofield, R. Sorabji (éd.), *Articles on Aristotle*, vol. 3 : *Metaphysics*, Londres, Duckworth, 1979, p. 33-50, et, plus récemment, M. Zingano, « L'Homonymie de l'être et le projet métaphysique d'Aristote », dans *La Métaphysique d'Aristote. Revue internationale de Philosophie*, 51, n° 201, 1997, p. 333-356. Pour l'identification, appuyée sur E 1, de la théologie à la science de l'être en tant qu'être, voir Ross, *Aristotle's Metaphysics*, *op. cit.* ; A. Mansion, « L'objet de la science philosophique suprême d'après Aristote, *Métaphysique* E 1 » et « Philosophie première, philosophie seconde et métaphysique chez Aristote », dans *Études aristotéliciennes : Métaphysique et théologie*, Paris, Vrin, 1985, p. 151-68 et p. 165-221 ; V. Décarie, *L'Objet de la métaphysique selon Aristote*, Montréal-Paris, 1961 ; Ph. Merlan, *From Platonism to Neoplatonism*, La Haye, Martinus Nijhoff, 1953 ; J. Owens, *The Doctrine of Being*, *op. cit.*

lieu, à ce que Harold Cherniss appelait déjà « la doctrine paradoxale de la forme pure » [1], c'est-à-dire à la question de savoir comment Aristote peut soutenir à la fois que la forme n'existe pas sans la matière, et qu'il existe des formes pures ; mais elle doit aussi affronter la question de savoir ce que peut être le principe de liaison entre les substances mobiles composées de matière et de forme, et la substance immobile considérée comme forme pure. Ce paradoxe, et cette difficulté, disparaissent dès lors que l'on identifie l'*ousia* non pas à la forme, mais à l'acte, et, plus généralement, dès lors que l'on adopte pour fil directeur non pas le couple de la matière et de la forme, mais celui de l'en-puissance et de l'acte dans son irréductibilité au premier : car l'acte peut bien, au contraire de la forme, exister à l'état séparé, et l'acte pur apparaît bien comme la condition des mouvements caractéristiques des substances composées, corruptibles ou éternelles. Il reste que son articulation à celles-ci se trouve posée par l'ontologie, comprise comme élucidation à la fois de ce sens de l'être que disent la *dunamis* et l'*energeia* et de la relation conditionnante de l'acte à l'en-puissance.

Nous nous proposons donc d'adopter la voie, ouverte par E 2, que dessinent, dans la *Métaphysique*, les notions d'en-puissance et d'acte, dès lors que celles-ci paraissent à même de fonder une ontologie unitaire, et dont la théologie n'est qu'une partie, mais aussi une ontologie singulière, dès lors qu'elle prononce l'identité, donnée dans l'acte, et différée dans l'en-puissance, de l'être et du bien.

1. Voir *Aristotle's Criticism of Plato and the Academy*, Baltimore, The Johns Hopkins University Press, 1944, chap. III.

CHAPITRE PREMIER

LE PROBLÈME DES PRINCIPES ET LA QUESTION DU PLATONISME

La philosophie commence avec l'étonnement non pas que les choses soient plutôt que non, mais qu'elles soient comme elles sont; et elle doit aboutir à ce que l'on s'étonne d'avoir pu éprouver un tel étonnement[1]. Ce qui fait basculer d'un étonnement à l'autre, c'est la connaissance des causes; c'est à celle-ci qu'Aristote, au livre A de la *Métaphysique*, identifie la sagesse, ou la science recherchée[2]. Or parmi ces causes, il en est une que les philosophes ont particulièrement négligée : la cause finale, ou encore le οὗ ἕνεκα καὶ τἀγαθόν, le « en vue de quoi » et le bien[3]. Ils l'ont d'ailleurs manquée de multiples façons : en l'ignorant tout bonnement, comme la plupart des physiologues, en posant le bien comme cause sans identifier son mode de causalité, comme Anaxagore et Empédocle, en réduisant le bien à l'Un, comme les platoniciens. Peu importe que ces critiques soient ou non justifiées; on aura à se demander, en particulier, pourquoi Aristote ne fait pas mention ici de l'Idée platonicienne du Bien, dont il abandonne l'examen à l'éthique. Ce qui compte, c'est ce qu'elles révèlent du projet aristotélicien, et de ce qui, aux yeux d'Aristote lui-même, en fait la singularité. Deux textes, en Λ et en N, font écho à la critique de A : et à chaque fois l'insistance d'Aristote est la même à souligner qu'il est, de tous les philosophes, le premier et le seul à avoir posé le bien au principe. À ce trait, Λ 6 en ajoute un autre : le principe doit être conçu non comme puissance mais comme acte.

1. *Mét.* A 2, 983a 12-23. Nos références à la *Métaphysique* renvoient à l'édition Oxford (Jaeger); sauf mention explicite, les traductions sont de notre fait.

2. *Mét.* A 1, 981b 28-29; 982a 1-3; 2, 983a 21.

3. 983a 31-32; l'association entre cause finale et bien se trouve encore en α, 994b 10-13.

N'est-ce pas, dès lors, dans cette double décision, dont on ignore encore comment les termes s'articulent : poser le bien au principe, dissocier principe et puissance, que résiderait la nouveauté du projet aristotélicien ?

D'UNE CAUSE OUBLIÉE

a. Si l'on admet généralement que la sagesse a pour objet les premières causes et les premiers principes, il reste encore à identifier ceux-ci. On va pour ce faire examiner les opinions communément admises sur le sage (982a 7). Ce premier examen va mettre en lumière différents critères, que le texte associe et entrecroise en deux principales séries, au terme desquelles la sagesse va recevoir une double détermination. Selon la première série, la *sophia* est caractérisée comme science du plus universel (a 25), en même temps que du plus désirable, lequel est aussi le plus connaissable. À terme, elle se trouve identifiée à la science des premiers principes et des premières causes (982b 1-2). Selon la seconde série, la sagesse est caractérisée comme science souveraine, ἀρχικωτάτη (982a 16, 982b 3)[1] : elle est, en tant que telle, identifiée à la connaissance de la fin en vue de quoi doit être faite chaque chose, fin qui est à la fois le bien particulier, propre à chacun, et le souverain Bien dans l'ensemble de la nature[2]. Cette seconde détermination est l'occasion de rappeler que le bien et la fin sont l'une des causes (982b 10).

Si le bien est d'emblée posé comme un objet de la science recherchée, il occupe donc une place à part : il n'est pas immédiatement compté au nombre des premiers principes et des premières causes puisque, à l'inverse, son statut de cause doit être souligné, et il engage une détermination spécifique de la sagesse. Ce statut d'exception de la fin et du bien va se trouver confirmé et, d'une certaine façon, justifié, par la suite des analyses de A. L'examen doxographique qui y est mené a en effet pour objet déclaré de vérifier qu'il n'existe pas d'autres causes que celles qu'Aristote a lui-même recensées, et qu'A 3 énumère : la cause formelle, la cause matérielle, la cause efficiente et la cause finale[3] ; or cet examen va établir non seulement que tous les principes dévoilés par les philosophes

1. En *Éthique à Nicomaque* I, 2, 1094a 27, la politique, elle, est qualifiée d'« architectonique » (*cf.* aussi *Éthique à Eudème* I, 8, 1218b 13) ; cependant, elle n'a pour objet que le bien humain (ἀνθρώπινον, 1094b 7), lequel est aussi un bien πρακτὸν, un bien relatif à la *praxis* humaine (1097a 23).

2. τἀγαθὸν ἑκάστου, ὅλως δὲ τὸ ἄριστον ἐν τῇ φύσει πάσῃ, 982b 6-7.

3. 983a 26-983b 6. Le texte énumère l'*ousia* et le *to ti ēn einai*, puis la *hylē* et l'*hypokeimenon*, puis l'*arkhē tēs kinēseōs* et, enfin, la cause désignée comme « opposée » à celle-ci : le *hou heneka kai tagathon*.

antérieurs peuvent être ramenés à l'une ou l'autre de ces causes[1], mais que, loin d'avoir identifié une cause qu'Aristote aurait négligée, ils ont ignoré celle qu'il a, lui, manifestée d'emblée : la fin et le bien.

Ne seront pris en compte, pour la présente enquête, que les philosophes qui ont admis l'existence du multiple et du mouvement, et qui ont cherché à l'expliquer[2]. Ces derniers ont, pour la plupart, reconnu la cause matérielle, même s'ils l'ont diversement identifiée (à l'Eau pour Thalès, à l'Air pour Anaximène et Diogène d'Apollonie, au Feu pour Hippase de Métaponte et Héraclite d'Ephèse), ou encore identifiée à plusieurs principes (Empédocle), voire à des principes en nombre infini (Anaxagore)[3]. La cause matérielle, cependant, n'explique pas le fait même du changement : elle est ce dont il part et à quoi il aboutit, ou encore ce qui demeure sous lui (983b 8-10), mais elle ne dit pas pourquoi changement il y a, elle ne répond pas au διὰ τί : ce n'est pas de lui-même que l'airain se fait statue, ni le bois, lit (984a 18-25). Sous la pression de la réalité, les philosophes ont donc été contraints de chercher une autre cause, la cause efficiente, ou encore la source du mouvement, ὅθεν ἡ ἀρχὴ τῆς κινήσεως (a 27). Mais, ce faisant, et mus, toujours, par la vérité elle-même, ils ont été amenés à s'interroger non seulement sur la cause du devenir, mais sur celle du devenir et de l'être bien et beau, εὖ καὶ καλῶς, que ni le hasard, ni la fortune, ne suffisent à expliquer (984b 11-15). C'est ainsi qu'Anaxagore posa au principe le *Noūs* ou l'Intelligence, de façon à rendre compte de l'ordre (κόσμος), et de l'arrangement (τάξις) dans la nature (b 16-18). C'est à ce même souci que l'on peut attribuer la position au principe, par Hésiode ou encore par Parménide, de l'Amour et du Désir. Mais si l'on rendait compte du beau et de l'ordre, il fallait rendre compte aussi du désordre et du mal : voilà pourquoi Empédocle distingua la cause des biens, *Philia*, de celle des maux, *Neikos*[4].

Procédant ainsi, cependant, ces différents penseurs n'ont dégagé – et encore, que d'une manière vague et obscure, tels ces soldats mal exercés dont, par hasard, peuvent frapper juste les coups désordonnés – que les causes matérielle et efficiente[5] ; s'ils se sont, à juste titre, interrogés sur la cause du bien, ils n'ont pas identifié le bien comme cause. Ils ont donc échoué à découvrir la cause finale :

> La fin à quoi tendent les actions, les changements, et les mouvements, ils disent bien qu'elle est cause, d'une certaine façon, mais pas au sens où

1. A 5, 986b 14.
2. A 5, 986b 10-27.
3. A 3, 983b 6-984a 18.
4. A 4, 984b 23-985a 10.
5. 985a 13 ; a 31-32 ; 987a 6-8.

> elle l'est naturellement. Ceux, en effet, qui parlent de l'Intelligence, ou de l'Amitié, posent ces causes comme un bien, et cependant ils disent non pas qu'elles sont ce en vue de quoi un être est ou devient, mais que c'est à partir d'elles que sont engendrés les mouvements (*Mét.* A 7, 988b 6-11).

Empédocle et Anaxagore n'ont pas su distinguer la cause finale de la cause motrice ou efficiente. C'est en ce sens qu'on peut dire qu'ils n'ont pas discerné la causalité « naturelle » de la fin ; ceci signifie en fait, comme l'indique la suite du texte, qu'ils n'ont pas discerné le mode de causalité propre au bien, c'est-à-dire qu'ils ont dissocié le bien de la fin. Ainsi, ils ne suffit pas de poser au principe le bien, ou un bien : il faut encore identifier la façon dont il exerce sa causalité. Il faut aussi en faire un véritable principe, et non pas seulement le convoquer, comme Anaxagore, à la façon d'un *deus ex machina*, pour rendre compte de ce que le hasard ne suffit pas à expliquer (985a 20). Enfin, on peut se demander s'il suffit, comme le fait Empédocle, de poser le bien comme cause pour expliquer tous les biens [1] (985a 9-10).

Si l'on se tourne à présent vers Platon, on constate que la lacune est la même. Sa pensée demeure très proche de celle des Pythagoriciens, à ceci près qu'à la thèse selon laquelle les choses existent par imitation des nombres, il substitue celle selon laquelle elles existent par participation aux Formes. Si la substitution de la notion de participation à celle d'imitation n'est que verbale (A 6, 987b 12), en revanche celle des Formes aux nombres est significative ; entre les Formes et les sensibles, Platon pose une classe intermédiaire, celle des objets mathématiques, et il distingue les nombres des sensibles [2]. Il reste que son principal mérite est le même que celui des Pythagoriciens : il réside en ceci qu'il a, comme eux, dégagé la cause formelle, ou du moins qu'il s'en est approché au plus près [3] ; à leur exemple, il identifie celle-ci, en tout premier lieu, à l'Un [4], en quoi il reconnaît la cause du τί ἐστι des Formes, tout comme celles-ci le sont des autres choses [5] ; à côté de la cause formelle, Platon fait aussi usage de la cause matérielle, qu'il identifie cependant non à l'indéfini, à l'instar des Pythagoriciens, mais à la dyade [6]. Enfin, c'est entre chacun de ces deux

1. En écho à cette remarque, voir B 2, 996a 22-26.

2. 6, 987b 16 ; b 27-29. Sur la thèse aristotélicienne du pythagorisme de Platon, voir W.D. Ross, *Aristotle's Metaphysics*, *op. cit.*, Introduction.

3. 5, 987a 20-21 ; 7, 988a 35.

4. 5, 987a 18 ; 6, 987b 21.

5. 6, 988a 10-11.

6. 6, 987b 26 ; 988a 13.

éléments qu'il distribue la causation du bien et du mal, τὴν τοῦ εὖ καὶ τοῦ κακῶς αἰτιάν (988a 14).

L'examen doxographique révèle donc bien que ses prédécesseurs n'ont mentionné aucune autre cause que celles qu'Aristote a lui-même énumérées, mais aussi qu'ils n'ont appréhendé celles-ci qu'à des degrés divers, et que l'on peut ordonner : de toutes, c'est la cause matérielle qui a été le plus généralement identifiée; la cause motrice a elle aussi été clairement posée; la cause formelle, elle, n'a été qu'approchée; quant à la cause finale, elle a été, tout bonnement, ignorée. La critique adressée à Empédocle et Anaxagore peut donc l'être aussi à Platon, qui leur est associé dans le texte conclusif de A 7 : tous trois se sont interrogés sur la cause du bien; ils ont, ce faisant, posé leur principe comme étant un bien; mais ils ont échoué à identifier le mode de causalité propre au bien, c'est-à-dire la causalité finale. Si Empédocle et Anaxagore ont confondu celle-ci avec la causalité efficiente, Platon, lui, l'a confondue avec la causalité formelle :

> Ceux qui disent que l'Un ou l'Être sont de cette nature <*sc.* un bien> disent qu'ils sont la cause de l'essence, mais non qu'ils sont ce en vue de quoi les choses sont et deviennent, de sorte qu'ils se trouvent d'une certaine manière à la fois dire et ne pas dire que le bien est cause : ils disent en effet qu'il l'est non pas absolument, mais par accident (A 7, 988b 11-16).

Ces quelques lignes éclairent à rebours l'affirmation selon laquelle la fin n'a pas été conçue comme cause au sens où elle l'est « naturellement »; elles confirment ainsi l'identité posée par Aristote entre la fin et le bien : dégager la causalité naturelle de la fin, c'est identifier la fin et le bien. De la même façon, poser le bien comme cause « absolument » et non « par accident », c'est le poser comme cause finale au lieu d'en faire un attribut des causes efficiente ou formelle. De là se déduit, *a contrario*, l'exigence aristotélicienne : ne pas se contenter de s'interroger sur la cause du bien, mais poser le bien comme cause; dégager le mode de causalité propre au bien, c'est-à-dire identifier le bien et la cause finale.

Notons cependant qu'à côté de la cause finale, la cause formelle se voit attribuer un statut singulier, dès lors que, dit Aristote, elle a fait l'objet, sinon d'une complète ignorance, du moins d'une simple approximation [1]. C'est donc entre les causes finale et formelle que se partagerait, quoique de façon inégale, la découverte aristotélicienne. Or ces deux causes vont, à l'occasion de la formulation de l'une des apories du livre B, être mises

1. La raison en est formulée en 9, 991a 12-13 : c'est parce qu'elles sont séparées des sensibles que les Formes ne sont pas vraiment des causes formelles.

en conflit. Cette aporie fait écho à la double détermination de la sagesse sur laquelle s'ouvrait A : comme science souveraine et directrice, la sagesse doit, répète Aristote, être science de la fin et du bien, τοῦ τέλους καὶ τἀγαθοῦ, en revanche, comme science des premiers principes et du plus connaissable, elle doit être science de l'essence, οὐσία. Ces causes étant distinctes, on peut juger que leur étude relève de sciences distinctes (996b 10-26).

La tentative de définition de la science recherchée et l'examen doxographique menés au livre A ont donc pour effet de souligner l'importance, pour le projet aristotélicien, de la découverte des causes finale et formelle, en même temps que la possibilité d'un conflit entre celles-ci – conflit qui ne trouvera sa pleine formulation, en même temps que sa résolution, que dans les livres Z et H.

D'UNE CURIEUSE ABSENCE

À l'examen mené en A font écho deux autres textes, en Λ et en N[1] : le premier prend place en Λ 10, à la fin de développement théologique au cours duquel le Premier Moteur a été caractérisé comme acte pur et pensée de la pensée. Il s'ouvre sur la question de savoir si le souverain bien est séparé de l'univers, ou s'il se trouve en lui comme son ordre. Les deux branches de l'alternative sont, répond Aristote, valides. Mais il faut bien les distinguer des absurdités soutenues par d'autres, et notamment par ceux qui, posant au principe les contraires, en identifient un au bien, l'autre au mal. Plus absurde encore, cependant, le refus de voir en le bien et le mal des principes : car « en toutes choses, c'est le bien qui est au plus haut point (μάλιστα) principe » (1075a 37). Cette vérité, certains philosophes l'ont reconnue, mais sans se montrer capables de discerner la façon dont le bien est principe : Empédocle, ainsi, identifie le bien à la *Philia* et fait de celle-ci une cause à la fois motrice et matérielle; Anaxagore, lui, identifie le bien à la cause motrice et le dissocie de la fin (1075b 1-10).

L'examen, ici, n'est plus ordonné par la notion de cause finale, mais par celle de bien. Et Aristote ne cherche plus tant à souligner l'identité du bien et de la fin que le caractère principiel du bien. Celui-ci est en effet affirmé avec une grande netteté : le bien est, en toutes choses, au plus

1. Selon B. Dumoulin (*Analyse génétique de la* Métaphysique *d'Aristote*, *op. cit.*), on ne peut maintenir la thèse de l'ancienneté d'A et de N : A 3-10 se rattache au vocabulaire et aux thèses de ΒΓΔΖ, N serait à sa place à la fin de la *Métaphysique*, quant à Λ 8-10, ils sont sans doute antérieurs à Λ 1-7 : l'affirmation du statut principiel du bien, et la revendication de la singularité de cette position, serait donc bien une thèse constante, et maintenue, d'Aristote.

haut point principe. Il reste qu'il ne peut être vraiment posé comme tel que si l'on identifie la façon dont il l'est : or sur ce point, souligne une nouvelle fois Aristote, tous ont échoué. La critique est cependant affinée : elle distingue désormais Empédocle et Anaxagore; il ne s'agit plus de dire, seulement, qu'ils ont confondu cause finale et cause motrice. À cette confusion s'ajoute, chez Empédocle, celle de la cause motrice et de la cause matérielle; quant à Anaxagore, il a su distinguer le moteur de la fin, mais il a commis l'erreur d'identifier le bien (l'Intellect) au moteur et non à la fin. La critique adressée aux Platoniciens est, quant à elle, très différente de celle du livre A, et très rapide : si le mal est l'un des éléments, alors toute chose y aura part (1075a 35)[1].

Il faut attendre le livre N pour que cette critique soit précisée. La question, cette fois, porte sur le caractère principiel non seulement du bien, mais aussi du beau[2] : faut-il voir en ceux-ci des principes et des éléments, ou sont-ils postérieurs dans l'ordre de la génération? Sont ici visés Speusippe et les Pythagoriciens[3], dont Aristote considère qu'ils s'accordent avec les mythologues pour voir en le bien non pas un principe mais un effet de l'ordre. On peut leur opposer ceux qui, comme Homère, Hésiode, Phérécyde ou les Mages[4], ne posent pas au principe le seul jeu des forces, mais le bien. S'y ajoutent bien sûr, et de nouveau, Empédocle et Anaxagore (N 4, 1091a 30-1091b 11).

Par delà Speusippe, cependant, l'allusion vise Platon : car, précise Aristote, les faiblesses de Speusippe viennent de ce que, cherchant à éviter les difficultés de la doctrine platonicienne, il les a mal identifiées; l'erreur de Platon ne réside pas en ceci qu'il a posé le bien au principe en en faisant un attribut de l'Un, mais en ceci qu'il a fait de l'Un lui-même le principe (1091b 1-3). Plutôt que de maintenir le caractère principiel de l'Un tout en

1. Prolongeant cette critique, Bonitz (*Commentarius in Aristotelis Metaphysicam*, Hildesheim-Zürich-New York, Olms, 1992 (1849)) et Ross (*Aristotle's Metaphysics*, *op. cit.*) soulignent que pour Aristote le bien principiel n'a pas de contraire, et renvoient à Θ 9, 1051a 17-21.

2. Dans la mention du beau à côté du bien on peut lire le principe de la réponse à l'aporie formulée en B 2, 996a 22 *sq.* concernant l'existence du bien dans les êtres immobiles; voir aussi M 3, 1078a 31-b 7, et M. Crubellier, « La Beauté du monde. Les sciences mathématiques et la philosophie première », dans *La* Métaphysique *d'Aristote, Revue Internationale de Philosophie*, 201, 3/1997, p. 307-331.

3. Voir le commentaire de Ross, ainsi que celui de J. Annas, *Aristotle's Metaphysics. Books M and N. Translation with Introduction and notes*, Oxford Clarendon Press, 1976.

4. Phérécyde posait au principe Zeus, associé à Chronos et à Chtonia ou Gê; les Mages enseignaient le dualisme de Zoroastre : selon Diogène Laërce, Aristote identifiait leurs deux figures principielles, Ozmund et Ahriman, à Zeus et Hadès (voir les commentaires de Ross et Annas, *op. cit. supra*).

le dissociant du bien, Speusippe aurait donc mieux fait de poser le bien au principe sans plus l'associer à l'Un. Cette critique rejoint finalement celle formulée en A selon laquelle Platon aurait réduit la cause finale à la cause formelle, elle-même identifiée à l'Un.

On peut donc, en dépit de ces variations, souligner la cohérence, et même l'insistance, des textes de A, Λ et N; ils obéissent tous au même projet : souligner qu'Aristote, le premier, a posé le bien au principe et identifié la façon dont il est principe. C'est, de surcroît, toujours contre les mêmes apparents précurseurs qu'ils défendent sa singularité : Empédocle et la *Philia,* Anaxagore et le *Noūs*, Platon et l'Un.

Ce dernier point, pourtant, a de quoi intriguer : comment se fait-il que nulle part, en A pas plus qu'en Λ ou en N, Aristote ne juge nécessaire de mentionner l'Idée platonicienne du Bien? On l'a dit, l'intérêt de ces textes ne réside pas tant dans ce qu'ils nous enseignent de l'histoire de la philosophie que de la place qu'Aristote considère occuper au sein de celle-ci. Il reste que l'écart est trop grand, ici, entre son histoire et la nôtre, pour ne pas s'en soucier : aux critiques de A, qui portaient, on s'en souvient, sur la réduction de la cause finale à la cause formelle elle-même identifiée à l'Un, les commentateurs, anciens et modernes, opposent ainsi ces textes où Platon fait explicitement mention de la cause finale, et l'identifie au bien[1]; quant au silence de Λ et à la critique indirecte de N[2], qui visait de nouveau la position de l'Un au principe, il paraît difficile de les justifier si l'on songe au rôle principiel qu'assignent au bien des dialogues comme *La République*, le *Timée* ou le *Philèbe*[3].

Mais l'écart est aussi interne à l'œuvre d'Aristote : il se mesure aussi entre les *Éthiques*, où la critique de l'Idée du Bien occupe une place importante, et la *Métaphysique*, où elle est absente des examens portant

1. Voir par exemple Alexandre d'Aphrodise, *In Metaph.* 59, 28 Hayduck, qui cite *Epist.* II, 312e; Ross, *Aristotle's Metaphysics*, *op. cit.*, ad 988d cite pour sa part *Philèbe* 20 d, 53 e; *Timée* 29 d; *Lois* 903 c; on pourrait encore invoquer *Gorgias* 468 b-c, 499 e.

2. D. Sedley considère que l'absence d'un argument explicitement dirigé contre Platon en Λ 10 est le signe du « Platonist background » d'Aristote et manifeste qu'aux yeux de celui-ci Platon ne s'est pas rendu coupable de l'erreur fondamentale qui consiste à nier au bien le statut de principe causal (« *Metaphysics Λ* 10 » dans M. Frede, D. Charles (éd.), *Aristotle's Metaphysics Lambda. Symposium Aristotelicum*, Oxford Clarendon Press, 2000, p. 338). Les textes de A et de N soulignent cependant que chez Platon, ce statut revient en premier lieu à l'Un.

3. C'est pourquoi Gadamer considère qu'Aristote ne fait que transposer « l'intention platonicienne [...] dans le langage prudemment tâtonnant des concepts philosophiques », *L'Idée du Bien comme enjeu platonico-aristotélicien*, Paris, Vrin, 1994, p. 147.

sur les différentes conceptions de la cause finale et du bien principiel. Comment comprendre un tel écart, et une si curieuse absence ?

Aussi surprenant que cela puisse paraître, la question porte en elle-même sa réponse : si l'Idée du Bien n'est pas comptée comme un bien principiel, c'est tout simplement qu'aux yeux d'Aristote, elle n'est pas un principe. Ou encore : elle n'a pas de privilège sur les autres Idées, sinon, peut-être, sur les Idées de valeurs, ce qui justifie son traitement au sein de l'éthique. Le fait est qu'à aucun moment, dans les *Éthiques*, Aristote ne fait mention d'une antériorité, ontologique, ou épistémique, du Bien ; les critiques qui lui sont adressées, dans l'*Éthique à Eudème* comme dans l'*Éthique à Nicomaque*, visent en lui une Idée parmi les autres. Mais c'est aussi – et sur ce point les *Éthiques* rejoignent la *Métaphysique* – que pour Aristote le statut principiel revient, dans l'édifice platonicien, non pas au Bien mais à l'Un.

Le texte de l'*Éthique à Nicomaque* est clair : en l'Idée du Bien, ce que l'on va examiner, c'est avant tout l'Idée, c'est-à-dire le Bien posé comme un universel, conçu καθόλου, tel que l'ont pensé ces amis auxquels il va falloir préférer la vérité [1]. Il n'est pas question de ce Bien que la *République* présente comme « au-delà de l'essence » et ne désigne jamais du terme d'*eidos* [2]. Dans l'*Éthique à Eudème*, de même, il est question de l'Idée du Bien comme étant non pas le principe de tout être, et des autres Idées, mais « le premier des biens et la cause, par sa présence, de la bonté des autres êtres » [3]. Les arguments qui lui sont opposés sont donc, dans un premier temps, ceux que l'on peut opposer à n'importe quelle Idée : « Affirmer l'existence d'une Idée non seulement du Bien mais de quoi que ce soit, c'est parler d'une manière verbale et vide (λογικῶς καὶ κενῶς) » [4].

1. *EN* I 6, 1096a 13.

2. *Rép.* VI, 509b 8-9. Platon applique cependant au Bien le terme d'*idea* (505a 2 ; 508e 2 ; 517b 8 ; 534b 9). Les commentateurs s'efforcent de trouver chez Aristote un écho de ce traitement singulier : Tricot, par exemple, ouvre sa traduction de *EN* I 4 (*Éthique à Nicomaque*, Nouvelle traduction avec introduction, notes et index, Paris, Vrin, 1994 (1959), p. 45) par une note rappelant « la place que tient l'Idée du Bien dans la hiérarchie des Idées platoniciennes [en tant qu'il] donne aux essences intelligibles, non seulement l'intelligibilité, mais encore l'existence et l'être » – rappel nécessaire puisque le texte d'Aristote, en effet, ne mentionne nulle part une telle hiérarchie.

3. *EE* I 8, 1217b 2-5. Là encore V. Décarie « complète » Aristote en commentant : « Tous les êtres tirent du Bien *leur être* (je souligne) et leur bonté, il leur est donc antérieur, sur le plan ontologique, et, en conséquence, il est premier » ; Décarie fait ainsi de la primauté relative posée par Aristote (« le premier des biens ») une primauté absolue (le premier des êtres), ce qui dès lors justifie un renvoi à *Rép.* VI (*Éthique à Eudème*, Introduction, traduction, notes et *Indices*, Paris-Montréal, 1997 (1978), p. 67, n. 79).

4. *EE* I 8, 1217b 20-21 ; cf. *Mét.* A 9, 991a 20-22.

D'autres critiques, cependant, ne visent pas en elle simplement l'Idée mais la méthode même à partir de laquelle elle est posée, et ce faisant aussi son contenu. La méthode, d'abord : celle-ci, dit Aristote dans l'*Éthique à Eudème*, procède à rebours, dès lors qu'elle consiste à déduire la bonté de biens que tout le monde reconnaît comme tels (la justice, la santé *etc*) de celle d'êtres qui ne sont bons qu'aux yeux des adversaires incriminés (les nombres et l'Un). L'argument de ces adversaires serait donc le suivant[1] : 1. les nombres sont des biens; 2. les vertus sont des nombres; 3. donc les vertus sont des biens. Cet argument repose sur une proposition qui n'est énoncée qu'à sa suite : « l'Un est le bien lui-même » (διὰ τὸ εἶναι τὸ ἓν αὐτὸ ἀγαθόν *EE* I 8, 1218a 20-21). Sa majeure apparaît comme la conclusion d'un prosyllogisme que l'on peut reconstituer de la façon suivante : 1. Le bien est l'Un; 2. L'Un appartient aux nombres; 3. donc le bien appartient aux nombres.

Il apparaît dès lors que ce n'est plus seulement une méthode qui est en cause, mais bien une thèse quant à la nature du bien lui-même – et qui identifierait le bien à l'Un. Cette thèse est développée dans la suite du texte. Elle repose, dit Aristote, sur la prémisse, « dangereusement métaphorique », selon laquelle « les nombres désirent l'Un » (a 25-26), mais aussi sur celles, informulées, selon lesquelles l'objet du désir des nombres doit être le bien lui-même, et celui du désir de tous les êtres.

La critique d'Aristote vise donc bien une théorie unitaire et constituée, et non pas seulement des énoncés isolés, et une « métaphore » qu'on pourrait sans autre procès évacuer, et dont certains s'étonnent, dès lors, qu'elle soit « prise au pied de la lettre »[2]. Or cette théorie, Jacques Brunschwig l'a aussi montré[3], peut vraisemblablement être attribuée à Platon[4]. Le texte de l'*Éthique à Eudème* présente d'ailleurs de nombreuses analogies avec le témoignage d'Aristoxène concernant la leçon de Platon sur le Bien : s'y trouve en effet relatée la déception des auditeurs qui,

1. Je suis ici l'analyse de J. Brunschwig, « *EE* I 8, 1218a 15-32 et le ΠΕΡΙ ΤΑΓΑΘΟΥ », dans P. Moraux, D. Harlfinger (éd.), *Untersuchungen zur Eudemischen Ethik*. Akten des 5. Symposium Aristotelicum, Berlin, W. De Gruyter & Co., 1971, p. 197-222.

2. J. Annas, *Aristotle's Metaphysics. Books M and N, op. cit., ad Mét.* N 4.

3. « *EE* I 8, 1218a 15-32 et le ΠΕΡΙ ΤΑΓΑΘΟΥ », art. cit. Voir aussi M.-D. Richard, *L'Enseignement oral de Platon*, Paris, Cerf, 1986, p. 83 *sq.*

4. Le texte parallèle de l'*Éthique à Nicomaque* pourrait plaider en faveur d'une attribution aux Pythagoriciens : Aristote souligne en effet que ceux-ci, suivis par Speusippe, plaçaient « l'Un dans la colonne des biens » (*EN* I 4, 1096b 6). Mais d'une part la thèse n'est pas la même, puisqu'elle ne consiste pas en une identification stricte du Bien à l'Un, d'autre part, et pour cette raison, elle est non pas critiquée mais louée. On peut donc juger que le texte de l'*EE* vise bien la théorie platonicienne des principes et reprend les critiques qui lui étaient adressées dans le Περὶ τἀγαθοῦ.

pensant apprendre quelque chose des « biens humains, comme richesse, santé, force physique » ou bonheur, entendirent parler de mathématiques et prononcer, « enfin, que le Bien, c'est l'Un » [1].

Aussi la critique de l'Idée du Bien dans l'*Éthique à Eudème* va-t-elle dans le même sens, finalement, que les textes qui, dans la *Métaphysique*, faisaient grief aux Platoniciens d'avoir confondu la cause finale et la cause formelle. Mais elle les éclaire aussi : elle permet de comprendre que l'Idée du Bien, dans la *Métaphysique*, ne soit pas autrement traitée, c'est-à-dire à la fois qu'elle ne reçoive pas un traitement distinct de celui des autres Idées, et qu'elle ne soit pas recensée parmi les différentes conceptions du bien principiel. Ce que révèle le texte de l'*Éthique à Eudème* c'est que, du point de vue de l'histoire aristotélicienne de la philosophie, et à rebours de celle qui nous est coutumière, le Bien n'a pas, pour Platon, valeur de principe premier, mais que ce statut revient à l'Un.

Les *Éthiques*, cependant, opposent d'autres critiques encore à l'Idée du Bien. Mais celles-ci, de nouveau, ne visent pas son éventuel statut principiel, mais son univocité, et son inutilité pour la pratique.

De tous les arguments opposés à l'Idée du Bien, le plus fameux, et le plus controversé, est celui selon lequel le bien s'affirme de toutes les catégories, de sorte qu'il ne peut être « quelque chose de commun, d'universel et d'un » [2]. On reviendra plus loin sur la question de savoir comment cette prédication doit être comprise, et de telle sorte que soit justifiée l'affirmation d'Aristote selon laquelle le bon est un plurivoque sans être pour autant un homonyme *apo tukhēs*, dû au hasard (*EN* 1096b 26-7) [3]. Mais il faut déjà souligner que l'objection, une nouvelle fois, ne va pas contre le Bien comme principe, mais contre le Bien comme Idée, prédicat objectivé et hypostasié [4], en même temps que comme *genre*, détermination commune dont la signification univoque peut fonder une synonymie.

1. *Elem. Harm.* II, 30. 10-31.10 Meibom; sur ce texte, voir M.-D. Richard, *L'Enseignement oral de Platon*, *op. cit.*, p. 228 *sq.*, ainsi que V. Décarie, « Aristoxène *revisited* » dans M. Canto-Sperber et P. Pellegrin (éd.), *Le Style de la pensée. Recueil de textes en hommage à Jacques Brunschwig*, Paris, Les Belles Lettres, 2002, p. 375-394. Sur l'ontologie mathématique de Platon, sa pertinence pour l'éthique, et la critique d'Aristote, voir aussi M.F. Burnyeat, « Platonism and Mathematics : a prelude to discussion », dans A. Graeser (éd.), *Mathematics and Metaphysics in Aristotle*. Akten des X. Symposium Aristotelicum, Berne-Stuttgart, Haupt, 1987, p. 213-240.

2. *EN* I 6, 1096a 23-28; *EE* I 8, 1217b 25-33.

3. Voir plus bas, conclusion, p. 197 *sq.* Pour une mise au point récente sur le débat interprétatif, voir A. Stevens, *L'Ontologie d'Aristote au carrefour du logique et du réel*, Paris, Vrin, 2000, p. 144 *sq.*

4. Cf. *EN* I 6, 1096b 1-5; *EE* I 8, 1218a 8-13 : l'Idée, c'est du commun séparé.

C'est en quoi cet argument est corrélatif de celui, développé à sa suite dans l'*Éthique à Eudème*, avant lui dans l'*Éthique à Nicomaque*, selon lequel il ne peut y avoir d'Idée de ce en quoi se trouve une relation d'antériorité et de postériorité[1] : l'argument (emprunté aux Platoniciens et retourné contre eux) vise le Bien à la fois comme κοινὸν καὶ χωριστόν, commun et séparé (*EE* 1218a 4) et comme ἰδέα, Idée (*EE* 1218a 9; *EN* 1096a 19). Dans la *Métaphysique*, il opère explicitement contre l'idée selon laquelle il pourrait y avoir, dans les termes admettant une série, des genres séparés des espèces (τὰ γένη παρὰ τὰ εἴδη B 3, 999a 11). S'il concerne en premier lieu l'Un et l'Être, il est aussi appliqué à tout ce en quoi se trouve du meilleur et du pire : le meilleur étant antérieur, rien ne peut être encore antérieur à lui, de sorte que, là non plus, il ne peut y avoir de genre (999a 13-14).

C'est entre la critique du Bien comme Idée et la critique du Bien comme genre que se partagent les autres arguments des *Éthiques* – ainsi, celui de la multiplicité des sciences qui peut, d'ailleurs, opérer contre les deux[2] : il n'y a pas, souligne Aristote, une science unique du Bien, mais de multiples sciences qui ont pour objet des biens différents, y compris, d'ailleurs, quand ceux-ci relèvent de la même catégorie – du bien selon le temps, qui est l'occasion, la science est la médecine autant que la stratégie[3]. On pourrait considérer que ces biens n'en sont pas : les Platoniciens distinguent ainsi entre les biens véritables, qui sont poursuivis et aimés pour eux-mêmes, et les biens simplement utiles, qui ne le sont qu'en vue des premiers, de sorte qu'ils admettent que le bien se dit en un double sens (διττῶς, *EN* 1096b 13). Cependant, ces biens véritables eux-mêmes ne peuvent être unifiés au sens où ils seraient dits tels en vertu de leur participation à une Idée unique : car il faudrait alors que la même notion du bien (τὸν τἀγαθοῦ λόγον) se manifeste en eux, à la façon dont la notion du blanc se manifeste dans la neige comme dans la céruse. Or le fait est que l'honneur, la sagesse, le plaisir, ont des notions distinctes, et que c'est en tant que biens qu'ils diffèrent. L'alternative est donc la suivante : soit on n'admet d'autre bien qu'une Idée dont ne participent pas les biens particuliers et qui n'est rien d'autre, alors, qu'une forme vide; soit on renonce à voir en le bien un terme commun se disant en rapport avec une idée unique (κοινόν τι κατὰ μίαν ἰδέαν)[4]. Ces biens particuliers, enfin,

1. *EE* I 8, 1218a 1-9; *EN* I 6, 1096a 18.

2. En *Mét.* A 990b 12, l'argument est dirigé contre l'Idée. Mais on sait aussi qu'à un genre commun correspond une science unique : Γ 2, 1003b 9.

3. *EE* I 8, 1217b 37-40; *EN* I 6, 1096a 29-34.

4. *EN* I 6, 1096b 8-26.

admettent une autre forme encore de pluralité : à celles, déjà mentionnées, des catégories et des vertus, il faut ajouter celle des sujets, car chaque être, en vérité, désire son bien propre (ἰδίου ἀγαθοῦ), au point que le bien de l'œil (la vision) n'est pas le même que celui du corps (la santé)[1].

La phrase qui, dans l'*Éthique à Nicomaque*, vient clore cette série d'arguments, résume bien leur enjeu : le bien n'est ni un terme un et prédiqué en commun, ni un être existant à l'état séparé (1096b 32-33)[2]. Or – et l'on se tourne à partir de là vers une autre série d'arguments qui sont, cette fois, d'ordre pratique – même s'il l'était, il ne serait d'aucune utilité pour l'éthique. Celle-ci, en effet, cherche un bien *prakton*, un bien qui soit faisable et à notre portée (l'*Éthique à Eudème* ajoute : le meilleur des *praktōn*, qui est aussi la fin et le premier des biens[3]).

On voit donc que ce n'est pas le statut principiel du Bien que vise la critique menée dans les *Éthiques*, dès lors que ce statut, selon Aristote, revient chez Platon à l'Un. Nulle part il n'est question d'une antériorité du Bien sur les autres Idées : les différents arguments mobilisés ne visent en lui qu'une Idée parmi les autres, et/ou la possibilité de voir en lui un genre commun. Il lui opposent la pluralité (d'ailleurs ordonnée) des biens particuliers, ainsi que leur plurivocité : l'impossibilité de voir en eux des synonymes, relevant d'une définition et d'un genre commun, que l'on pourrait isoler et hypostasier. Au Bien comme genre – introuvable – et comme Idée – inutile et vide – Aristote oppose un bien *prakton*, un bien réalisable par l'homme, déterminé comme le premier terme d'une hiérarchie des biens et des fins, et présenté comme l'objet d'une science elle-même définie, et donnée pour architectonique, que l'*Éthique à Nicomaque* nomme « politique », l'*Éthique à Eudème* « politique, économie, sagesse »[4]. Si la critique du Bien platonicien laisse ouverte cette voie, que les *Éthiques* vont explorer, elle ne ferme pas celle qui consisterait à poser un Bien principiel, dont le rapport aux biens particuliers resterait cependant à déterminer, et de telle sorte qu'il ne soit ni celui d'un genre à ses espèces, ni celui d'une Idée à ses participants.

1. *EE* I 8, 1218a 30-33.
2. Voir aussi *EE* I 8, 1218b 7-8 : le bien n'est ni *koinon* ni *idea*.
3. *EE* I 8, 1218b 10-27.
4. *EN* I 6, 1094a 27 ; *EE* I 8, 1218b 13-14.

PRINCIPE ET PUISSANCE

L'examen doxographique et la critique du platonisme enseignent, on l'a vu, la nécessité de penser la cause finale pour elle-même, sans la réduire aux causes efficiente ou formelle, ainsi que celle de reconnaître en le bien un principe. Mais la pensée du principe, souligne Aristote, doit obéir encore à une autre exigence, plus fondamentale : le principe doit être conçu comme acte – plus encore : comme tel que son *ousia*[1] même soit acte – et non pas comme puissance. Il ne peut donc y avoir de juste pensée du principe qu'à condition que soit reconnue l'antériorité de l'acte sur l'en-puissance. Peu importe de ce point de vue qu'on l'assimile à une cause efficiente, formelle ou matérielle : ce qui est en jeu ici, ce n'est plus son mode de causalité, mais son mode d'être.

Cette exigence fondamentale n'est formulée qu'en Λ 6. Elle est établie au fil d'une argumentation régressive, visant à identifier le mode d'être du principe du mouvement, et dont les étapes sont les suivantes :

– on se propose de montrer qu'il existe une substance éternelle et immobile (1071b 4-5), mais aussi de rendre compte de l'éternité du mouvement (*kinēsis*, b 7). Or il ne sert à rien, pour ce faire, de poser des substances éternelles comme le sont les Idées, si ne se trouve pas en elles un principe capable de causer le changement (δυναμένη μεταβάλλειν, b 15-16) ;

– le principe doit donc avoir une capacité motrice ou productrice (κινητικὸν ἢ ποιητικόν, b 12). Mais de nouveau cela ne suffit pas, car on peut avoir une capacité, ou une puissance, *dunamis,* sans agir, μὴ ἐνεργεῖν (b 12-13) ; à supposer, donc, qu'il existe une autre substance que les Formes, si celle-ci n'agit pas, εἰ μὴ ἐνεργήσει, il n'y aura pas de mouvement (b 17) ;

– cependant, si cette substance, quoiqu'agissante, est en elle-même puissance, ἡ δ' οὐσία αὐτῆς δύναμις, alors le mouvement ne pourra être éternel, car ce qui est en-puissance, τὸ δυνάμει ὄν, peut ne pas être (b 19) ;

– il faut donc qu'il y ait un principe tel que son *ousia* même soit acte, ἡ οὐσία ἐνέργεια (b 20).

Le texte établit ainsi les conditions successives sous lesquelles peut être pensé le principe du mouvement éternel ; il faut :

1. que le principe ait une puissance active
2. que cette puissance agisse actuellement

1. Je laisse indéterminée pour le moment la traduction de ce terme, qui, on le sait, est controversée, et dont le sens en Λ 6 ne peut être compris, en dépit de la possible indépendance éditoriale du traité, qu'à la lumière du travail de définition mené en Z-H-Θ.

3. qu'elle ne soit pas son *ousia* même

4. que l'*ousia* du principe soit acte.

Ces quatre conditions successives peuvent être distribuées en deux groupes : les deux premières viennent rendre compte de l'existence du mouvement en tant que tel, et valent à ce titre pour n'importe quelle cause motrice[1]; les deux dernières visent à rendre compte de l'existence du mouvement *éternel*, et ne valent à ce titre que pour la, ou les substances premières. Elles n'ont donc pas le même statut : l'argument n'établit pas une série de conditions équivalentes, mais progresse, de condition insuffisante en condition insuffisante, jusqu'à une condition nécessaire et suffisante. La question se pose, dès lors, de savoir si celle-ci inclut ou exclut les précédentes (les conditions positives, c'est-à-dire 1 et 2) et si ces dernières, donc, sont, quoique insuffisantes, nécessaires ou non : faut-il que le principe du mouvement éternel soit tel que non seulement son *ousia* soit *energeia*, mais que, de surcroît, il ait une puissance active, et qui agisse actuellement ? Comme le texte en son entier, la réponse à cette question présuppose de nombreuses analyses, en particulier celles menées au livre Θ, qui établissent à la fois l'antériorité de l'*energeia* sur la *dunamis* et la signification ontologique de ces notions : de fait, le passage du premier groupe de conditions au second va de pair avec un nouvel usage de la *dunamis* et de l'*energeia* ; celles-ci ne désignent plus un attribut et un état, mais un mode d'être, plus, l'*ousia* elle-même : il ne s'agit plus d'*avoir* une puissance et d'agir (b 12-17) mais d'*être* en-puissance ou en-acte. La démonstration repose donc sur le sens ontologique de la *dunamis* et de l'*energeia* en même temps que sur l'analyse de leur relation conditionnante ; à ce titre, la proposition à laquelle elle aboutit (le principe du mouvement éternel doit être tel que son *ousia* soit *energeia*) non seulement rend superflue, mais exclut l'attribution à celui-ci d'une puissance active.

Contentons nous donc, pour le moment, de lire ce texte comme un nouvel indice de ce qui, aux yeux d'Aristote lui-même, fait la singularité de sa pensée du principe, et engage une rupture avec les philosophies antérieures. Cette rupture, on l'a vu, tient en un mot : le principe est acte, et non pas puissance. De fait, l'argument que l'on vient de résumer est aussitôt suivi de l'énoncé d'une « aporie », qui elle-même prélude à un nouvel examen doxographique : il semble, objecte-t-on, que ce soit la puissance qui soit antérieure, dès lors que l'on ne peut agir sans en avoir la puissance mais que l'on peut avoir une puissance sans agir. La réponse

1. Voir par exemple *De An.* II, 5, 417a 17-18.

à cette objection repose, là encore, sur le transfert de l'agir à l'être, et de l'action à l'acte : si l'on admet que l'on peut avoir une puissance d'agir sans l'exercer, alors de même on peut avoir une puissance d'être sans être jamais. Poser la puissance au principe, c'est donc admettre qu'il est possible que rien ne soit (b 23-25) et s'exposer, dès lors, à une autre aporie [1].

Voilà ce qu'on peut opposer aux théologiens et aux physiciens qui donnent à la cause matérielle le statut de principe; on retrouve alors l'argument déjà rencontré en A : le bois ne se transforme pas de lui-même, mais sous l'effet de l'art du charpentier [2]. Leucippe et Platon, eux, se distinguent de ces penseurs dès lors qu'admettant l'éternité du mouvement (*kinēsis*) ils admettent bien une *energeia* éternelle, mais sans parvenir à l'expliquer (1071b 32-1072a 6). Aussi l'examen n'est-il favorable, une nouvelle fois, qu'à Anaxagore et à Empédocle, qui seuls paraissent avoir reconnu l'antériorité de l'acte : le *Noūs*, en effet, est *energeia* (1072a 4-6).

On pourrait juger, dès lors, que sur ce point Aristote ne fait que les suivre, de sorte que la position de l'acte au principe ne serait pas un trait singulier de sa doctrine. Mais tout dépend, là encore, du sens que revêt le terme *energeia* dans ces lignes : désigne-t-il l'action, ou l'acte? Appliqué à Leucippe et Platon, il est clair que le terme, comme en *Physique* III 2, 201b 31-3 [3] – et comme il est normal dans un contexte qui, à ce point, demeure physique – désigne le mouvement. Il est plus difficile de comprendre en quel sens il s'applique aux principes d'Anaxagore et d'Empédocle [4]. On sait cependant, par les textes déjà mentionnés de A et de Λ, qu'Aristote considère ceux-ci comme des causes efficientes; on peut donc supposer que, désignant le *Noūs* anaxagoréen comme une *energeia*, il le désigne comme une cause active, et agissante, par opposition à la simple puissance d'agir. Il semble dès lors que ces différents exemples illustrent la deuxième condition distinguée plus haut (le principe du mouvement doit être une puissance dont l'action est effective), mais qu'aucun n'anticipe la condition proprement aristotélicienne : le principe du mouvement doit être tel que son *ousia* même soit acte.

1. Formulée en B 6, 1003a 2-4.
2. 1071b 30; *cf.* A 3, 984a 18-25
3. Voir aussi *De An.* II, 5, 417a 16-17.
4. D'autant que se pose, ici, un problème textuel : en 1072a 5-6, à propos du *Noūs* d'Anaxagore, certains manuscrits donnent la forme au datif, ἐνεργείᾳ, ce qui signifierait que le *Noūs* est non seulement acte mais en acte, et donc que l'acte ne désigne pas seulement son mode d'agir mais son mode d'être.

Des chapitres de l'histoire de la philosophie platonicienne et anté-platonicienne qui s'écrivent aux livres A, Λ et N de la *Métaphysique*, on peut tirer des indices de ce qui, aux yeux d'Aristote, fait la singularité, et la nouveauté, de sa pensée. Si avec lui s'ouvre une nouvelle histoire, et un nouveau moment de la philosophie, c'est en vertu de trois décisions, ou, plutôt, de trois découvertes, ayant trait à la nature du principe :

– le bien est principe (et non pas l'Un)

– le mode de causalité qui lui est propre est la causalité finale (et non pas efficiente ou formelle)

– le principe est tel que son *ousia* est *energeia* (et non pas *dunamis*).

Reste à savoir comment ces indices se composent, et au fil de quelle voie.

CHAPITRE II

DUNAMIS, *ENERGEIA* ET LA SCIENCE RECHERCHÉE

La science recherchée reçoit, au livre Γ de la *Métaphysique*, une nouvelle détermination : elle doit, écrit Aristote, considérer « l'étant en tant qu'étant ». Dès lors que l'être n'est pas un genre, mais se dit selon plusieurs sens, et plusieurs modes, qu'aucun genre ne vient unifier, cette détermination apparaît comme problématique. Aussi l'ontologie nouvellement instituée va-t-elle à son tour se trouver caractérisée comme science des différents modes d'être qu'énumèrent les catégories, et, en premier lieu, comme science de la substance.

Les catégories, cependant, n'épuisent pas les différents sens de l'être. Il faut, à leur liste, ajouter celle que l'on trouve notamment en E 2, et qui leur adjoint l'être selon l'accident, l'être comme vrai et le non-être comme faux, enfin, l'en-puissance et l'en-acte (1026a 33-b 1). L'être par accident et l'être comme vrai se trouvant, dès E 4, mis hors-jeu, ne demeurent que deux divisions : l'être selon les catégories, et l'être selon l'en-puissance et l'en-acte. La question se pose, dès lors, de leur relation : ces deux divisions sont-elles simplement juxtaposées, ou existe-t-il de l'une à l'autre un rapport de fondation possible ? Disent-elles la même chose de l'étant qu'elles divisent ? Couvrent-elles le même champ ?

Notre hypothèse est la suivante : la division de l'être selon l'en-puissance et l'en-acte a une plus large extension que celle selon les catégories. Si celles-ci ne déterminent que les substances mobiles et composées, l'acte se dit aussi de l'immobile et son antériorité sur l'en-puissance permet de penser la relation de la substance immobile aux substances mobiles.

Dunamis et *energeia* sont au fondement d'une ontologie anti-parménidienne, qui articule le mouvement à l'être. Elles répondent ainsi à l'exigence définie en A d'une science capable de rendre compte tant de l'être que du mouvement, tant de l'un que du multiple [1]. Dès le livre Γ, la notion de *dunamis* vient résoudre le dilemme du devenir : la position de l'être en-puissance permet d'éviter l'impasse du surgissement (c'est du non-être qu'advient l'être) comme celle de la coexistence (c'est de contraires préexistant en acte qu'advient tout être).

Il faut cependant attendre les livres Z-H-Θ pour que le couple conceptuel de la *dunamis* et de l'*energeia* n'intervienne plus seulement de façon ponctuelle, mais apparaisse comme le fondement possible d'une ontologie peu à peu déployée. Convoquées pour penser, non plus seulement le devenir, mais l'être en devenir, la substance sensible et mobile, les notions d'en-puissance et d'acte vont, au fil des livres Z-H, se substituer à celles de matière et de forme. C'est au livre Θ que ce processus trouvera, à rebours, sa justification : la pertinence ontologique des deux notions y sera soulignée, et leur transfert depuis le champ du mouvement jusqu'à celui de l'être, élucidé. Au terme du livre Θ, enfin, seront formulées les conditions d'une extension de la *dunamis* et de l'*energeia* depuis le champ des substances corruptibles jusqu'à celui des substances éternelles.

Tel est donc le trajet, indiqué par E 2, que nous nous proposons d'adopter, et au terme duquel *dunamis* et *energeia* apparaissent comme les principes d'une ontologie capable d'articuler non seulement le mouvement à l'être, mais aussi, et ultimement, les substances mobiles à la substance immobile. De cette ontologie, il faudra voir comment elle répond, encore, à l'autre exigence que A formulait avec tant d'insistance : celle d'une science capable non seulement de connaître les principes de l'être et du mouvement, mais aussi de reconnaître la causalité propre au Bien et à la fin.

La science de l'être

a. Définie au livre A de la *Métaphysique* comme science « des premiers principes et des premières causes », la science qu'Aristote appelle désormais « recherchée » [2] est présentée au début du livre Γ comme devant étudier « l'étant en tant qu'étant et ce qui lui appartient en lui-même » (1003a 21). Cette nouvelle détermination englobe cependant la première : les principes et les causes les plus élevés sont, de par leur universalité, au nombre des propriétés essentielles de l'être en tant qu'être (a 26-32) [3].

1. Voir A 5, 986b 13-18 ; 8, 989b 21-29.
2. *Cf.* A 2, 983a 21 ; 982a 4 ; B 2, 996b 3.
3. *Cf.* aussi E 1, 1025b 3-4.

Car considérer l'être en tant que tel, c'est précisément le considérer indépendamment des déterminations qui font de lui un être d'un genre ou d'une espèce déterminée : c'est adopter un nouveau point de vue par quoi, en tout étant, on envisagera qu'il est et non pas *ce* qu'il est[1]. De la même façon, c'est s'intéresser aux propriétés qui lui appartiennent essentiellement en tant qu'étant, et non en tant que « nombres, lignes ou feu » (Γ 2, 1004b 6) : on laissera donc de côté les propriétés caractérisant un genre d'êtres déterminé, telles que le pair et l'impair, la commensurabilité et l'égalité, ou encore « le solide, l'immobile, le mû, le léger et le lourd » (b 14) – bref, on ne se préoccupera pas de ce qui fait l'objet de sciences particulières comme les mathématiques ou la physique. Celles-ci en effet n'ont pas pour objet l'étant en tant qu'étant, mais portent sur des êtres relevant d'un genre particulier : immobiles et non-séparés (les mathématiques), mobiles et séparés (la physique), la théologie portant, pour sa part, sur les êtres immobiles et séparés (E 1, 1026a 13-16).

La déclaration qui en Γ institue l'ontologie, si elle fait de la connaissance des causes, ou de l'aitiologie[2], l'une de ses parties, la distingue en revanche nettement des sciences particulières au nombre desquelles il faut compter la théologie[3].

b. Il reste que cet être qu'on doit, en tout étant, s'efforcer de considérer indépendamment de ses propriétés génériques, ne constitue pas lui-même un genre. C'était là la matière d'une aporie formulée en B 3, 998b 22 *sq.* : l'être, ayant une extension maximale, ne peut être défini ; il ne peut ni rentrer sous lui-même comme genre, ni rentrer sous un genre plus universel que lui[4]. Il n'est rien, lit-on en I, en dehors de la chose, de la qualité ou de la quantité dont il se dit (I 2, 1054a 19). L'être, donc, se donne et se dit selon la diversité des catégories, comme substance,

1. Sur la signification de la formule τὸ ὂν ᾗ ὂν et pour la critique des interprétations « absolutistes » (Owens, Merlan) tendant à l'identifier à l'être absolu ou premier (qui serait au plus haut point ou ne serait rien d'autre qu'être), *cf.* W. Leszl, *Aristotle's Conception of Ontology*, Padoue, Antenore, 1975, part IV.

2. Pour reprendre la terminologie de G. Reale, qui distingue les caractérisations successives de la science recherchée comme aitiologie, ontologie, théologie, ousiologie (*Il concetto di « filosofia prima » ..., op. cit.*, Introduzione).

3. Sur l'irréductibilité de l'ontologie aux autres caractérisations de la science recherchée, voir Leszl, *Aristotle's Conception of Ontology*, *op. cit.* On reviendra plus loin (conclusion, p. 215 *sq.*) sur le problème que pose son apparente détermination théologique en E 1.

4. Voir aussi *An. Post.* II, 7, 92b 13 : « L'être n'est jamais l'essence de quoi que ce soit car il n'est pas un genre ».

quantité, qualité, relation, *etc.* [1], sans qu'on puisse extraire de celles-ci un ou des traits communs qui le définiraient en propre.

Plurivoque, l'être n'est pas pour autant un homonyme (Γ 2, 1003a 34) : la diversité de ses significations peut être ramenée à une unité qui n'est pas celle, καθ 'ἕν, du genre, mais l'unité classiquement nommée « focale » [2], qui désigne en une seule et même catégorie, l'*ousia*, celle par rapport à quoi les autres signifient. Des choses qui sont, on dira qu'elles sont parce que substances, ou parce que chemin vers une substance, ou encore destructions, privations, qualités, productions, générations d'une substance (1003b 7-9).

La science ayant pour objet ce qui est premier, dont le reste dépend et au moyen de quoi il se dit, le philosophe devra s'attacher à l'*ousia*, ses principes et ses causes (b 16-19). Cela ne signifie pas pour autant qu'il ne devra se préoccuper que de celle-ci, mais que, étudiant les autres catégories, il lui faudra préciser la nature de leur relation avec elle (1004a 28-30; 1005a 13-18).

Le programme ainsi assigné à l'ontologie ne se réduit donc pas à l'étude de la substance [3].

c. De la même façon, ce programme devra aussi inclure la connaissance des axiomes. Aristote répond ainsi en Γ 3 à l'aporie formulée en B, 995b 6 : c'est bien à une même science qu'il revient d'étudier les principes de la substance et ceux de la démonstration [4]. Ceux-ci en effet, dans la mesure où ils s'appliquent à tous les êtres et non pas à un genre particulier et distinct, appartiennent de plein droit à la science de l'être en tant qu'être (1005a 22-23). Aussi les sciences particulières en font-elles usage sans jamais les étudier en propre, ni s'interroger sur leur vérité ou leur fausseté [5].

1. Rappelons la liste complète des catégories, telle qu'elle se trouve en *Top.* I 9, 103b 1 et *Cat.* 1b 25 : ce que c'est ou la substance; combien grand; de quelle sorte; par rapport à quelque chose; où; quand; être dans une certaine position; avoir; faire; subir. Sur les diverses interprétations auxquelles elle a donné lieu, on pourra consulter le dossier rassemblé par F. Ildefonse et J. Lallot, *Aristote. Catégories*, Paris, Seuil, 2002. Sur la question de savoir si les catégories sont des divisions de l'être ou du langage, voir aussi la mise au point de A. Stevens, *L'Ontologie d'Aristote au carrefour du logique et du réel*, *op. cit.*, p. 184 *sq.*, qui cite en particulier Δ 7, 1017a 22-24 : « Sont dites être par elles-mêmes toutes les choses que signifient les figures de l'attribution; car d'autant de façons elles sont dites, d'autant de façons l'être signifie ».

2. Depuis l'article de G.E.L. Owen, « Logic and Metaphysics in some earlier works of Aristotle », I. Düring, G.E.L. Owen (éd.), *Aristotle and Plato in the Mid-Fourth Century*, Göteborg, Almqvist & Wiksell, 1960, p. 163-90.

3. Voir, là encore, W. Leszl, *op. cit.*, part. V et VIII.

4. Γ 3, 1005a 21; 1005b 5-8; *cf.* aussi B, 996b 26-33.

5. Γ 3, 1005a 29-30.

De ces principes, le plus ferme, le plus connu, et qui ne dépend de rien d'autre (ἀνυπόθετον), est celui qui énonce « qu'il est impossible que le même simultanément appartienne et n'appartienne pas au même et selon le même »[1]. Pour en dire la primauté, le caractère radicalement inconditionné, Aristote emploie un néologisme forgé par Platon : *anupotheton*. Ce terme, Platon lui-même n'en fait usage qu'à deux reprises, au livre VI de la *République*[2], et à propos de l'Idée du Bien. Comme le souligne Michel Narcy, ce n'est sans doute pas un hasard si Aristote le reprend pour l'appliquer au principe de non-contradiction : mais cet écho ne fait qu'accuser une distance. Car la principialité, ici, est attachée à l'universalité et non plus à la transcendance, et elle est celle, non plus d'un être, mais d'une proposition[3]. L'axiome énoncé, s'il est principe, ne peut être dit cause : il ne dit rien de ce par quoi un étant est, mais formule simplement la condition minimale pour que son dire ait un sens.

Aussi le transfert au principe de non-contradiction de certaines prérogatives de l'Idée du Bien ne vaut-il pas rupture avec le caractère principiel du bien : ce qui est visé, c'est, de nouveau, le Bien platonicien, le Bien comme Idée. Mais, à l'instar de celle menée dans les *Éthiques*, cette critique laisse place à une autre pensée, non platonicienne, du bien – dont le statut principiel, dès lors, devra être autrement fondé, et le rapport à l'être et à la connaissance autrement déterminé.

Les sens de l'être

a. La division catégoriale n'épuise pas la diversité des sens de l'être. De ceux-ci, on trouve deux énumérations complètes en Δ 7 et en E 2. La première opère d'abord une division entre l'être par accident, et l'être par soi. Sous celui-ci, elle range « toutes les choses que signifient les figures de l'attribution » (τὰ σχήματα τῆς κατηγορίας). Elle distingue en outre ce sens par quoi « l'être et le est signifient que c'est vrai, le non-être que c'est, non pas vrai, mais faux ». Enfin, elle ajoute un dernier sens par quoi « l'être et l'étant signifient d'une part ce qui est dit en-puissance, d'autre part ce qui est dit en-acte des choses que l'on vient de citer : nous appelons en effet *voyant* aussi bien ce qui voit en-puissance que ce qui voit en-acte » (1017a 7-1017b2).

1. 1005b 19-20. Pour ce texte comme pour les suivants, la traduction utilisée est celle de B. Cassin et M. Narcy, *La Décision du sens*. Le livre *Gamma* de la *Métaphysique* d'Aristote, Introduction, texte, traduction et commentaire, Paris, Vrin, 1989.

2. 510b 7 et 511b 6-7.

3. Voir *La Décision du sens*, p. 102-104.

C'est à cette énumération que fait écho celle de E 2 :

> L'étant dit absolument se dit en plusieurs sens, dont l'un était l'être par accident, l'autre, l'être comme vrai, et le non-être comme faux, et à côté d'eux il y a les figures de l'attribution [...], et encore à côté d'eux tous l'en-puissance et l'en-acte (1026a 33-b 1).

La suite du texte entreprend aussitôt de disqualifier l'être par accident, dont il n'y a pas de science, et dont dès lors on ne peut rien établir de certain sinon la raison pour laquelle, précisément, il n'y en a pas science (1026b 26). L'examen porte ensuite sur l'être comme vrai et le non-être comme faux qui, à leur tour, vont être éliminés, non pas, cette fois, parce qu'il n'y en a pas de pensée, mais parce que, à l'inverse, ils sont une affection de la pensée (E 4) [1]. De ceci on conclut qu'il faut « passer sous silence l'être comme accident et l'être comme vrai » pour « étudier les causes et les principes de l'être lui-même en tant qu'être » (1027b 33-1028a 4).

Des sens de l'être énumérés en E 2, seuls demeurent donc, à la fin de E 4, l'être selon les catégories et l'être selon l'en-puissance et l'en-acte. Et si le texte formule clairement les raisons pour lesquelles les deux autres sens doivent être éliminés, il ne dit rien de la relation entre ceux qui restent, mais se contente de les juxtaposer. On peut noter, simplement, que la division selon l'en-puissance et l'en-acte vient, en Δ comme en E, à la fin de l'énumération et qu'elle est, dans ce dernier texte, distinguée des trois autres (« et encore à côté d'eux tous l'en-puissance et l'en-acte »).

Les autres listes, moins complètes, que l'on trouve ailleurs [2], ne donnent pas plus d'indications : si l'on retrouve, en Θ 1 ces deux sens, de nouveau juxtaposés (1045b 32-34), le livre N, lui, n'énumère plus que les catégories (1089a 7-9) [3]. Ailleurs, à l'inverse, il n'est plus fait mention que de la division selon l'en-puissance et l'en-acte : c'est le cas en Λ, où l'être n'est plus dit πολλαχῶς mais simplement διττόν, c'est-à-dire en-puissance ou en-acte (2, 1069b 15-16) [4]; en M, de même, l'être est qualifié de διττόν, mais cette dualité, cette fois, est donnée pour celle de l'être en-acte d'une part, de l'être comme matière (ὑλικῶς) d'autre part (3, 1078a 30-31) [5].

1. Sur la divergence entre ce texte et Θ 10 où se lit une conception non pas logique mais ontologique de la vérité, voir P. Aubenque, *Le Problème de l'être ...*, *op. cit.*, p. 164 *sq.*

2. Pour leur relevé complet, voir A. Stevens, *L'Ontologie d'Aristote...*, *op. cit.*, n. 1 p. 183.

3. C'est le cas aussi en *De An.* I 5, 410a 13-15.

4. ἐπεὶ δὲ διττὸν τὸ ὄν, μεταβάλλει πᾶν ἐκ τοῦ δυνάμει ὄντος εἰς τὸ ἐνεργείᾳ ὄν.

5. Voir aussi *Phys.* III 6, 206a 14-15; *De An.* II 1, 412b 8-9.

Doit-on dès lors considérer la double division de l'étant, selon les catégories d'une part, l'en-puissance et l'en-acte d'autre part, comme irréductible ? Ou peut-on établir de l'une à l'autre un rapport de fondation ?

b. Dans *Le Problème de l'être chez Aristote*, Pierre Aubenque affirme ainsi que « les différents sens de l'être se réduisent aux différents modes de la prédication [...] : la distinction de l'acte et de la puissance comme de l'être par soi et de l'être par accident exprimait la possibilité d'une pluralité de significations, beaucoup plus qu'elle ne constituait un premier énoncé de ces significations elles-mêmes » (p. 170). De ce primat donné aux catégories découle une lecture aporétique de la *Métaphysique*, dont on peut rappeler, brièvement, les conclusions : tout d'abord, la doctrine du *pros hen legomenon* ne répond pas à la question « qu'est-ce que l'être ? » mais la redouble plutôt, puisque l'*ousia* (ici traduite par « essence ») ne se confond pas avec l'être, ni ne suffit à l'exprimer, dès lors que les autres significations doivent s'y ajouter. Il y a donc « éclatement <*scil.* du discours sur l'être> entre un discours sur l'essence et un discours qui, pour n'être pas sur l'essence, n'en continue pas moins de signifier l'être à sa façon » (p. 198). Ensuite, Dieu, s'il est un être simple, échappe au discours catégoriel, ou attributif; il n'y a pas de discours commun aux substances mobiles et composées et à la substance simple et immobile. L'ontologie se constituant comme réflexion sur le discours et sur l'expérience fondamentale de la prédication, on doit conclure aussi à l'impossibilité d'une ontologie commune (p. 370-374).

Il reste que ce discours – et l'ontologie qui s'élabore à partir de lui – trouve à son tour son fondement dans le mouvement : commentant Θ 10 Pierre Aubenque souligne que « le "pouvoir naître et périr" est le fondement de la synthèse attributive, que le mouvement est le fondement de la divisibilité requise par le discours » (p. 375). Or ce « pouvoir être et périr » est ce que le texte de Θ 10 donne pour caractéristique des êtres qui sont *dunamei*, en-puissance, et non pas en-acte (1051b 28) – la *dunamis* étant par ailleurs définie, en Δ 12 comme en Θ 1, comme principe de mouvement (1019a 15-16; 19-20; 1046a 11).

On pourrait dès lors se demander si la thèse initiale d'une réduction des sens de l'être – et en particulier de l'être selon l'en-puissance et l'en-acte – aux catégories ne doit pas être renversée : ne faut-il pas considérer comme fondamental ce sens de l'être qui le dit comme passible du mouvement, et donc de cet écart à l'essence où se déploie la pluralité des catégories ? S'il voit en la dissociation de l'en-puissance et de l'acte une « dissociation plus originelle encore que celle de la matière, de la forme et de la privation »

(p. 456), Pierre Aubenque lui refuse cependant ce caractère fondateur : il considère en effet que « l'acte et la puissance présupposent toujours le mouvement comme l'horizon à partir duquel ils signifient » (p. 453). Que le mouvement lui-même soit défini en référence à ces termes n'y change rien, mais manifeste à l'inverse qu'ils ont été constitués pour parler de lui. Subsumant la *dunamis* et l'*energeia* sous le mouvement, Pierre Aubenque fait de celui-ci le donné premier, qu'ontologie et discours ne peuvent que décrire sans prétendre le fonder.

Cette interprétation rencontre cependant une difficulté dès lors qu'Aristote affirme que l'usage de la puissance et de l'acte va au delà de ce qui se dit seulement en rapport avec le mouvement (Θ 1, 1046a 1). Il n'y a là, pour Pierre Aubenque, qu'un « passage à la limite » (p. 439) ; si la notion d'acte peut être appliquée à l'essence divine et au Premier Moteur immobile, ce n'est qu'au prix d'une « théologisation » qui « confirme que la distinction de l'acte et de la puissance est imposée à la pensée diacritique par le mouvement et par lui seul » (p. 440) [1]. La réduction de la *dunamis* et de l'*energeia* aux catégories ne se soutient donc que de celle de leur sens ontologique à leur sens kinétique.

c. On trouve chez Franz Brentano la tentative de réduction inverse : à la suite de Brandis, Trendelenburg et Zeller, Brentano souligne que les concepts de *dunamis* et d'*energeia* ne peuvent s'inscrire dans les catégories [2]. En ces dernières, il voit des divisions, non du prédicat, mais de l'être lui-même, dont elles constituent les genres suprêmes (p. 134). L'être en-puissance étant un certain non-être, il est extérieur à leur champ (p. 137). Quant à l'être en-acte, il est « plus accompli que celui qui se subdivise en catégories, pour autant qu'il est plus accompli que l'être en instance d'accomplissement » *(ibid.)* : les différentes catégories marquent en effet les différents degrés de détermination de la substance première, ce qui autorise leur déduction nécessaire. On commencera ainsi par distinguer entre la substance et l'accident, puis entre accidents absolus (*pathos*) et relations (*pros ti*), puis au sein des accidents absolus entre les accidents inhérents (*enuparchonta*), qui constituent les catégories du

1. L'interprétation de P. Aubenque se trouve confrontée au même embarras lorsqu'il s'agit de rendre compte de la notion de *praxis* comme d'une *energeia* qui exclut le mouvement : on a là en germe, selon l'auteur, l'extension théologique de la notion. Mais d'une part celle-ci en « contredit l'origine technologique », d'autre part, on doit reconnaître un sens large de la *kinēsis* qui engloberait aussi les activités immanentes – et sous lequel, donc, la *praxis* comme l'*energeia* pourraient être subsumées (n. 4, p. 440).

2. *De la diversité des acceptions de l'être d'après Aristote*, trad. fr. P. David, Paris, Vrin, 1992, p. 134.

poson et du *poion*, les opérations (*kinēseis*), qui renferment les catégories de *poiein* et de *paskhein*, enfin les prédicats circonstanciels que sont le *poū* et le *pote* (p. 163-164). La division selon la *dunamis* et l'*energeia*, note aussi Brentano en écho aux remarques de *Métaphysique* Δ et Θ [1], se retrouve analogiquement en chacune (p. 61 ; 151), même si, en tant qu'elle s'applique au mouvement, elle régit proprement ces catégories de la médiation que sont le *poiein* et le *paskhein*. Enfin, et surtout, *dunamis* et *energeia* sont une autre façon de considérer l'étant ainsi divisé : « L'*on energeiai* nous est apparu réellement identique à l'ὄν qui se décompose en catégories », leur seule différence résidant en ceci qu'en le premier on considère « l'être auquel la forme a donné son achèvement », en le second « un être essentiel, définissable, susceptible d'être subsumé en un genre » (p. 199) ; quant à l'*on dunamei*, il n'est autre que cet être considéré comme à déterminer. On peut donc dire, avec Trendelenburg, que « les catégories [sont] partout régies au sens réel par l'*on dunamei et energeiai* » (p. 200)

Cependant, on l'a vu, le texte aristotélicien ne permet pas de trancher en faveur d'une priorité des catégories sur la *dunamis* et l'*energeia*, ou, à l'inverse, de celles-ci sur les catégories. Il faut donc, avant d'accorder l'éventuelle légitimité d'une telle hiérarchisation, déterminer leur fonction respective et leur champ d'application.

L'ÊTRE ET LE DEVENIR

Les sens de l'être distingués par Aristote, et dont il faudra voir s'ils sont ou non au principe de deux ontologies distinctes, et s'ils peuvent (la question n'est pas la même) fonder une ontologie unitaire, ont ceci de commun que tous deux permettent d'articuler à l'être « un certain non-être » [2]. La division catégorielle comme celle selon la *dunamis* et l'*energeia* sont toutes deux au fondement d'une ontologie non-parménidienne, ajustant l'être vénérable, un et immobile, à la multiplicité et à l'altérité, mais qui maintient pourtant, sur l'accident, le multiple et le devenir qu'elle autorise à penser, le primat de la substance, de l'un, et de l'immobilité.

1. 1017a 35-b2 ; 1051a 35-b1 ; *cf.* aussi *Phys.* III, 1, 201a 10-11. Voir J. Vuillemin, *De la logique à la théologie. Cinq études sur Aristote*, Paris, Flammarion, 1967, chap. II.

2. Cf. *Phys.* I, 3, 187a 3 : « οὐθὲν γὰρ κωλύει μὴ ἁπλῶς εἶναι, ἀλλὰ μὴ ὄν τι εἶναι τὸ μὴ ὄν ». Sur la signification de cette expression dans la polémique anti-platonicienne, et en rapport avec le parricide du *Sophiste*, voir P. Aubenque, *Le Problème de l'être…*, *op. cit.*, p. 152 *sq.* et M. Narcy, *La Décision du sens…*, *op. cit.*, p. 92.

a. Des catégories, les analyses de Pierre Aubenque, en particulier, ont montré comment elles venaient en réponse aux apories de la prédication, soit de « ce discours paradoxal où l'être nous apparaît comme étant ce qu'il n'est pas »[1]. Prédiquer, c'est en effet dire d'un être qu'il est à la fois soi et autre que soi, de Socrate qu'il est non seulement Socrate mais assis, de Coriscus qu'il est aussi musicien[2] ou voilé, de Clinias qu'il est aussi ignorant. D'où le sophiste concluera que Clinias, devenu sage, n'est plus[3], ou que celui qui ne connaît pas Coriscus voilé mais le connaît dévoilé, connaît et ne connaît pas le même homme[4]. L'indistinction des sens de l'être – c'est-à-dire, ici, de la substance et de l'accident – a pour effet l'évanouissement de l'être dans ce qui ne le qualifie que de façon contingente et provisoire, la résorption du même dans l'autre et de l'un dans le multiple. Elle aboutit aussi à l'affirmation de la contradiction : le sophiste ne dit pas que Coriscus est inconnu sous un certain aspect et à un certain moment, connu sous un autre, mais qu'il est à la fois connu et inconnu; de même, il proclamera que si Socrate est à la fois homme et assis, alors il est à la fois homme et non-homme.

Contre cela, il faut souligner que « signifier par attribution à une seule chose (καθ' ἑνός) » n'est pas « signifier une seule chose » (Γ 4, 1006b 15-16) : que blanc, cultivé et homme signifient par rapport à Socrate ne revient pas à dire qu'ils aient même signification (soient synonymes), ni que Socrate, étant à la fois homme et blanc, soient par là-même aussi non-Socrate. Or ce terme commun de référence, c'est l'*ousia* et le τὸ τί ἦν εἶναι (1007a 20); se refusant à distinguer l'*ousia* de l'accident, on rendra impossible tout dialogue, dès lors qu'à la question de savoir « s'il est vrai ou non de dire que cela est un homme » ou répondra que c'est « aussi blanc et grand » – et donc on ne répondra pas (1007a 12-14). Procédant ainsi, on ne dira jamais ce qu'est, pour un être, son être essentiel; on « détruira » le *to ti ēn einai* (a 20). Car de même qu'on n'aura pas fait la différence entre Socrate et le grand ou le blanc (le sujet d'attribution, et ses attributs), de même on ne la fera pas entre l'homme et le blanc (l'attribut essentiel et l'attribut accidentel), soit entre ce qui est nécessairement lié au sujet, ce dont, en tant même qu'il est, il ne diffère pas, et ce qui ne fait que le qualifier de façon contingente (1007a 26-27 et 32-33)[5]. À cela il

1. *Le Problème de l'être...*, *op. cit.*, p. 151.
2. *Cf.* Γ 2, 1004b 1; E 2, 1026b 18.
3. Voir Platon, *Euthydème*, 283d.
4. *Réfut. soph.* 24, 179a 33, 179b 1.
5. Sur le rapport entre l'accident et les catégories non substantielles, voir A. Stevens, *L'Ontologie d'Aristote ...*, *op. cit.*, p. 209, qui renvoie notamment à *An. Post.* I, 22, 83a 32.

faut ajouter que « si les contradictoires sont toutes vraies simultanément du même sujet, il est vrai que toutes choses sans exception seront un » (1007b 18-20) ; l'argument vaut également contre « ceux qui tiennent le discours de Protagoras » : l'homme sera à la fois trirème et non-trirème selon qui le perçoit. Aristote poursuit :

> Survient alors le « toutes chose ensemble » d'Anaxagore [...]. Ils ont tout l'air de dire ainsi l'indéterminé (τὸ ἀόριστον), et croyant dire l'étant, c'est du non-étant qu'ils parlent. Car l'étant en puissance, non pas en acte, c'est l'indéterminé (1007b 25-29).

Après la distinction de la substance et de l'accident, c'est donc celle de l'en-puissance et de l'en-acte qui est convoquée ; elle est ici présentée comme levant la confusion non pas entre deux sens de l'être mais entre l'être et le non-être. Cette confusion paraît être à la racine de la première : interrogés sur la substance, les adversaires incriminés répondent sur l'accident, et croient pouvoir poser la contradiction sans voir que ce faisant, c'est de l'être en-puissance qu'ils parlent, et non de l'être en-acte.

L'en-puissance est en effet ce lieu où les contraires peuvent coexister. Un peu plus loin, en Γ 5, Aristote l'énonce clairement ; l'argument s'adresse cette fois à des adversaires sur lesquels peut avoir prise la persuasion (1009a 17-18), dès lors qu'ils ne se contentent pas de parler mais qu'il est possible, sous leur *logos*, d'identifier une *doxa*. Sur cette dernière, on peut apposer le double nom d'Héraclite et de Protagoras[1] : c'est le primat accordé à ce qui apparaît, au *phainomenon*, en même temps que la considération des choses sensibles et du devenir, qui conduit à poser la contradiction. Voyant les contraires provenir du même, on conclut, dès lors que l'être ne peut venir du non-être, qu'ils coexistaient déjà. On aboutit à l'opinion d'Anaxagore, « tout est mêlé à tout », ou aussi bien à celle de Démocrite : le vide et le plein, le non-être et l'être, sont présents, de la même façon, en toute chose. Cette aporie peut être médiquée, pourvu que l'on reconnaisse que :

> L'étant se dit de deux façons ; de sorte qu'il y a une façon selon laquelle il se peut que quelque chose provienne du non-étant, mais de l'autre non, et que le même est bien étant et non-étant simultanément, mais pas selon le même sens d'étant : car en puissance il se peut que le même soit simultanément les contraires, mais en acte non (Γ 5, 1009a 32-36)[2].

1. Sur cette « taxinomie des adversaires », voir B. Cassin, *La Décision du sens ...*, *op. cit.*, p. 42 *sq.*

2. Voir aussi Γ 6, 1011b 20-22.

La distinction de l'en-puissance et de l'en-acte paraît ici être posée sous la *double pression* de la considération des phénomènes et du principe de non-contradiction. Elle permet de penser le devenir sans faillir au principe fondateur de l'être et du discours. Posant l'acte, on fait droit au même et à l'identique à soi, à cette *ousia* requise pour que le dire ait un sens (pour que l'on sache de quoi l'on parle, et que l'on en dise quelque chose, pour que ceci dont on parle demeure sous l'essaim turbulent des accidents), posant l'en-puissance, on fait droit à l'altérité et au changement.

C'est pourquoi la même distinction peut être convoquée non plus contre les discours erratiques de l'autre et du devenir, mais contre les pensées prisonnières du même et de l'immobile : les adversaires, cette fois, de la *Physique.* Aristote y évoque les embarras de ces « derniers des Anciens » qui voulaient à toute force éviter que soient dans une même chose à la fois l'un et le multiple, se condamnant ainsi à des acrobaties linguistiques : supprimant le verbe « est », tel Lycophron, disant non pas « l'homme est blanc », mais « l'homme a blanchi », non pas « l'homme est en marche », mais « l'homme marche ». Pour lever l'aporie, il suffit, de nouveau, de reconnaître « qu'il est possible que le même soit à la fois un et multiple : l'un est, en effet, et en puissance, et en acte » (*Phys.* I, 186a 1-3).

Opposée aux Eléates, la distinction de l'en-puissance et de l'acte joue le même rôle que, contre les sophistes, celle de la substance et de l'accident : elle fonde la possibilité de la prédication. L'accentuation est cependant inverse : s'il s'agissait, en Γ 3, de reconduire le divers des prédicats à l'unité et à l'identité d'un sujet, il s'agit ici d'articuler un même sujet à la pluralité possible des prédicats : de montrer non plus qu'il n'y a d'autre et de multiple qu'en référence au même et à l'un, mais que le même peut être autre et multiple sans cesser d'être un.

b. La division de l'être selon les catégories et celle selon la *dunamis* et l'*energeia* ont, sous cet aspect, la même fonction. D'où l'on pourrait conclure qu'elles participent d'une même stratégie, et fondent un même projet ontologique : compter comme un sens de l'être « un certain non-être » et, tout en dissolvant les apories communes aux « Anciens », construire un savoir capable d'articuler le même à l'autre, l'un au multiple, l'immobile au mouvant.

Il est pourtant une chose que disent la *dunamis* et l'*energeia* et que les catégories ne disent pas : le *devenir* autre du même, le *devenir* multiple de l'un.

C'est à cet effet qu'elles interviennent, une nouvelle fois, dans la polémique contre les Mégariques [1] (*Mét.* Θ 3). La proposition incriminée est la suivante : « c'est quand une chose agit qu'elle peut [agir], mais quand elle n'agit pas, elle ne peut pas [agir] » (1046b 29-30) [2]. Notons qu'ici il n'est pas encore question de l'en-puissance et de l'en-acte comme sens de l'être (cette inflexion ontologique n'interviendra qu'à la fin de Θ 3, en 1047a 30-1047b 2), mais de la puissance et de l'activité – soit de ce sens de la *dunamis* et de l'*energeia* relatif au mouvement dont Aristote prévient cependant, à l'orée du livre Θ, qu'il n'est pas exclusif. Des exemples viennent illustrer cette thèse, empruntés au registre de la nature comme de la *tekhnē*, et aux puissances irrationnelles comme aux puissances rationnelles : un architecte ne peut construire qu'au moment même où il construit, un œil voir ou une oreille entendre qu'au moment même où ils voient et entendent, et de même ne sera froid, chaud ou doux que ce qui est perçu comme tel, au moment même où il l'est – de sorte que l'on retombera sur la thèse de Protagoras [3].

Une telle thèse a pour effet, note Aristote, d'exclure et le mouvement et la génération, *kai kinēsin kai genesin* (1047a 14) : ce qui est debout le sera à jamais, et de même ce qui est assis, car s'il n'a pas la puissance (μὴ δύναται) de se lever, il est impossible (ἀδύνατον) qu'il se lève (a 16-17). Ou bien encore (mais l'hypothèse n'est que suggérée), le devenir ne pourra être conçu que comme discontinu, fait de brusques surgissements : si l'architecte quand il ne construit pas perd la puissance de construire, est-ce donc, s'il se remet à construire, qu'il aura d'un coup recouvré son art ? (1047a 2).

L'alternative paraît implacable : ou bien l'on réduit tout devenir à l'être, et tout futur au présent, disant par exemple que s'asseoir un instant,

1. Je laisse de côté ici la question de l'adéquation entre la thèse dont ils sont, chez Aristote, les porte-parole, et celle (s) qu'ils auraient effectivement soutenue (rappelons qu'on ne dispose d'aucun fragment mégarique) ; on pourra se reporter à R. Muller, *Introduction à la pensée des Mégariques*, Paris, Vrin, 1988.

2. ὅταν ἐνεργῇ μόνον δύνασθαι, ὅταν δὲ μὴ ἐνεργῇ οὐ δύνασθαι. Sur les différentes interprétations que peut recevoir cette thèse, voir M. Burnyeat and others, *Notes on Eta and Theta of Aristotle's* Metaphysics, Study Aid Monograph N° 4, Oxford, Oxford University Press, 1984, p. 61-63, qui distinguent six formulations : « 1. X does not have the ability to (f while not f-ing). (The Law of Contradiction). / 2. If x is not f-ing at time t he has thrown away the opportunity of f-ing at t (the "irrevocability of the present"). / 3. If x fs at certain times, he lacks the ability to f at other times (the thesis of determinism). / 4. If f is not f-ing now he lacks the ability to f (until he recovers the ability). / 5. If x is not f-ing now he lacks the ability to f here and now. / 6. If x is not f-ing now, it is not possible that he ever will f ». Aristote interprète d'abord la thèse au sens 4, avant de montrer comment celui-ci implique le sens 6.

3. 1047a 5-7.

c'est se condamner à rester assis pour l'éternité ; ou bien, si l'on reconnaît que, de fait, je me lève, sans que cet acte ait été précédé d'aucune puissance, on admet une discontinuité. Les Mégariques n'ont d'autre choix que de nier tout devenir, figeant l'être pour l'éternité, ou de penser le devenir comme surgissement, saut discontinu de l'être au non-être et du non-être à l'être. À chaque battement de paupière qui, un infime instant, obstrue la vision, il faudra dire qu'on perd la vue entièrement : « Les mêmes êtres seront aveugles et sourds plusieurs fois par jour » (1047a 9-10).

Mais si les Mégariques abolissent le devenir, c'est parce qu'ils cherchent à détruire la distinction de la puissance et de l'acte, ce qui, souligne Aristote, n'est pas rien, οὐ μικρόν τι (1047a 20). Ce qu'il faut, contre eux, affirmer, c'est donc que la puissance peut être sans l'acte : « Il est possible qu'une chose soit capable (δυνατὸν) d'être et cependant ne soit pas, soit capable de ne pas être et cependant soit » (a 20-22). Ce qui revient à dire qu'une puissance peut, sans contradiction, coexister avec l'acte opposé : ainsi, il n'y a pas d'impossibilité (logique) à ce que quelque chose puisse être qui pourtant ne soit pas (ou ne pas être qui pourtant soit). Et de même on dira capable ce en quoi peut résider sans impossibilité l'acte dont il a la puissance (a 24-26).

La *dunamis* apparaît de nouveau comme l'instrument qui permet de penser le devenir sans faillir au principe de non-contradiction. Mais ce qu'indique déjà la controverse contre les Mégariques, c'est que cet instrument est *nécessaire* : autrement dit, le concept de *dunamis* est tout aussi conditionnant pour la pensée du devenir que l'est, pour celle de l'être, le principe de non-contradiction. Cette nécessité est cependant dérivée : c'est parce qu'on ne peut à la fois penser A et non-A qu'il faut, pour penser le devenir non-A de A ou A de non-A, penser à la fois la nécessaire distinction de l'acte et de la puissance et la possibilité de leur coexistence.

c. Penser le devenir c'est, semble-t-il, penser ou bien l'impensable, ou bien l'impossible. On n'a le choix qu'entre deux impasses : « Il est nécessaire que ce qui advient advienne ou de l'être ou du non-être, or les deux sont impossibles » (*Phys.* I, 191a 28-30) [1].

Si l'on fait du non-être l'origine du devenir, alors il faut penser le surgissement de l'être à partir du néant. Mais la pensée vacille face à cette discontinuité : penser l'avènement de l'être à partir du néant, c'est penser

1. La même alternative se retrouve chez Lucrèce, où elle est posée comme un choix entre l'en-puissance et la puissance divine : entre la semence, si l'être vient de l'être, et le vouloir divin, s'il surgit de rien (*De rerum natura*, I, v. 150 *sq.*).

un effet sans cause, ou une cause qui ne serait rien de ce qu'est l'effet, ou une cause qui serait cause sans être : c'est penser l'impensable.

Mais penser le devenir à partir de l'être, c'est s'acculer à l'impossible, c'est-à-dire à la contradiction. Pour qu'un être devienne, il faut qu'il ne soit pas pleinement être, qu'en même temps il soit et ne soit pas, soit lui-même et autre que soi. Si l'on veut éviter la discontinuité entre la cause et l'effet, on doit poser l'effet dans la cause. On n'échappe alors à l'impasse du surgissement de l'être à partir du néant, que pour tomber dans celle de la coexistence de l'être et de son contraire. L'impasse est scellée : ou bien l'irrationnel, ou bien l'illogique.

> Rien ne vient du non-être, tout vient de l'être, c'est là une conception commune à presque tous les philosophes de la nature : puis, donc, que rien ne devient blanc à partir de ce qui est parfaitement blanc et en aucune façon non-blanc, ce qui devient blanc doit venir de ce qui n'est pas blanc. De sorte que, selon eux, le blanc doit venir du non-être, sauf à admettre que le même soit à la fois blanc et non-blanc (*Mét.*, K (?), 1062b 24-30).

La première option, celle qui, à l'origine du devenir, pose le non-être, n'est pas interrogée : l'hypothèse du surgissement est évacuée d'emblée, sans même que son impossibilité ait à être démontrée. Ne demeure donc que celle de la coexistence des contraires, qui paraît trouver à la fois un fondement empirique dans l'observation des « choses sensibles », et un fondement rationnel dès lors qu'elle est dictée par le refus du surgissement :

> C'est à partir des choses sensibles que ceux qui sont complètement dans l'aporie en arrivent à l'opinion en question, sous cette forme d'abord que les contradictoires et les contraires seront prédiqués simultanément, puisqu'ils voient les contraires provenir du même : si donc le non-étant ne peut venir à être, la chose qui avait ces attributs contraires les avait exactement de la même manière ; c'est bien ce que dit Anaxagore : tout est mêlé à tout ; Démocrite aussi, car pour lui le vide et le plein se trouvent de la même manière dans n'importe quelle partie, et bien entendu l'un d'eux est étant, l'autre non-étant (*Mét.* Γ 5, 1009a 22-30) [1].

On comprend qu'Aristote traite les Physiologues avec moins de sévérité que ces adversaires qui, parlant sans rien dire, posent la contradiction, et qu'il aille jusqu'à affirmer que « d'une certaine façon ils parlent correctement » (a 31). Ce qui leur manque c'est, on l'a vu, la distinction entre l'en-puissance et l'en-acte ; or celle-ci permet de dépasser *ensemble* les deux apories, de résoudre d'un coup l'impasse de la contradiction et

1. Voir aussi *Phys.* I, 4, 187a 27-187b 1.

celle du surgissement : posant l'en-puissance, on peut dire qu'« il y a une façon selon laquelle il est possible que quelque chose provienne du non-étant » et, de même, qu'« il y a une façon selon laquelle le même est bien étant et non-étant simultanément » (a 32-34). Le devenir peut ainsi être pensé sans saut discontinu du non-être à l'être, ni position en l'être de la contradiction.

Il reste que le non-être ainsi posé n'est pas absolument non-être, mais doit être compté comme un sens de l'être. C'est ce que souligne un texte de Λ qui, dès lors, entreprend de reformuler de manière acceptable l'option du surgissement comme celle de la coexistence :

> Et puisque l'être est double, tout changement s'effectue de l'être en-puissance à l'être en-acte (par exemple du blanc en puissance au blanc en acte, et de même dans le cas de la croissance et du décroissement). De sorte que ce n'est pas seulement par accident qu'il peut y avoir génération à partir du non-être, mais que c'est à partir de l'être que tout est engendré, de *l'être cependant compris comme en-puissance et non de l'être en-acte.* Et tel est l'Un d'Anaxagore : plutôt que de dire, en effet, « tout est mêlé à tout » – et de même pour le mélange d'Empédocle et d'Anaximandre, ou pour la doctrine de Démocrite – il vaut mieux dire « tout était en-puissance, mais non en-acte » (Λ 2, 1069b 15-23; je souligne).

La *dunamis* apparaît ainsi comme l'instrument même de la pensée du devenir. De ceci on peut conclure, déjà, que la division de l'être selon l'en-puissance et l'en-acte dit quelque chose que la division catégorielle ne dit pas : du non-être à l'être, du même à l'autre, de l'un au multiple, elle permet de penser non seulement l'articulation mais le passage.

Il faut voir à présent comment *dunamis* et *energeia* permettent de penser non seulement le devenir mais l'être en devenir : comment ce sont eux (et non le couple conceptuel, auquel on les réduit trop souvent, de la matière et de la forme) qui constituent les concepts adéquats de la substance composée et mobile.

CHAPITRE III

FORME, ACTE ET *OUSIA*

Au contraire de celui de l'en-puissance et de l'en-acte, le couple de la matière et de la forme n'est jamais compté par Aristote au nombre des sens de l'être. Il est pourtant devenu l'un des motifs fondamentaux de l'aristotélisme scolaire, au point que les notions de *dunamis* et d'*energeia* sont volontiers identifiées l'une à la matière, l'autre à la forme [1]. Ceci a pour effet, en particulier, que l'on affirme généralement que le Premier Moteur immobile est « forme pure » [2], alors même qu'Aristote ne le désigne jamais que comme acte, et n'emploie jamais de terme dont la traduction pourrait être « forme pure » [3]. Cette indistinction de l'acte et de la forme est aussi à l'origine de l'affirmation, tout aussi répandue, selon laquelle Aristote accepterait l'existence de « formes séparées » [4], c'est-

1. Voir par exemple O. Hamelin, *Le Système d'Aristote*, Paris, *op. cit.*, p. 261 *sq.*; L. Robin, *Aristote*, Paris, P.U.F., 1944, p. 85; G. Reale, *Il Concetto di filosofia prima e l'unità della metafisica di Aristotele*, *op. cit.*, p. 163 et premier appendice, « La dottrina aristotelica della potenza, dell'atto e dell'entelecheia nella *Metafisica* », p. 372; J. Owens, *The Doctrine of Being…*, *op. cit.*, p. 409.

2. Voir par exemple W. Jaeger, *Aristote. Fondements pour une histoire de son évolution*, *op. cit.*, p. 225-226; W.D. Ross, *Aristotle's Metaphysics*, *op. cit.*, Introduction, p. LXXVIII; O. Hamelin, *Le Système d'Aristote*, *op. cit.*, p. 405-406; J. Owens, *The Doctrine of Being…*, *op. cit.*, p. 467-470.

3. Voir E.E. Ryan, « Pure Form in Aristotle », *Phronesis*, XVIII, 1973, p. 209-224.

4. Voir par exemple M. Frede : « Substance in Aristotle's *Metaphysics* », dans A. Gotthelf (dir.), *Aristotle on Nature and Living Things*, Pittsburgh-Bristol, Mathesis Publication-Classical Press, 1985. Voir aussi D. Bostock, *Aristotle's Metaphysics. Books Z and H*, Oxford, Clarendon Press, 1994, qui tout en soulignant que la forme n'est séparable que selon la formule, τῷ λόγῳ, ajoute : « The exceptional forms that are genuinely separable are presumably the unmoved mover (s) of the universe » (p. 251). M.L. Gill, de même, souligne que les formes « depend for their existence on an underlying subject », mais considère cependant que la théorie aristotélicienne « includes a special group of forms that can exist without matter, of which the Prime Mover is an instance, and these forms are separate not only in account but also in existence » (*Aristotle on Substance. The Paradox of Unity*, Princeton, University Press, 1985, p. 38).

à-dire capables de subsister de façon indépendante, indépendamment de leur articulation à la matière, ou de leur instantiation dans un individu particulier.

Il ne s'agit pas là d'une simple affaire de vocabulaire. Il est vrai que les termes qui disent l'acte, ἐνέργεια et ἐντελέχεια, sont une invention aristotélicienne là où celui de forme, εἶδος, appartient, avec l'importance que l'on sait, au lexique platonicien : on voit mal ce qui aurait conduit Aristote à forger deux néologismes pour désigner ce qu'un concept répertorié suffisait déjà à nommer. Mais ce qui est plus étonnant, c'est qu'identifiant acte et forme, et attribuant à Aristote la position de formes séparées, on en vienne à lui attribuer une doctrine qu'il a lui-même combattue chez Platon – quitte, ensuite, à lui reprocher d'être finalement demeuré platonicien…

L'indistinction de la forme et de l'acte nous paraît en effet être à la source de nombreuses critiques adressées à la métaphysique aristotélicienne : on demandera ainsi comment celle-là peut à la fois admettre l'existence de formes séparées et affirmer que la forme n'est jamais donnée sans la matière[1]; on s'interrogera sur la cohérence d'une ontologie ayant pour objet aussi bien les substances composées de matière et de forme que les formes pures[2]; on déplorera le caractère abstrait, l'intellectualisme, d'une théologie de la forme pure[3]. Et pourtant, la réduction de l'acte à la forme est aussi à la base de la lecture traditionnelle (« onto-théologique ») de la *Métaphysique*. Celle-ci procède en effet par réductions successives : de l'ontologie à l'ousiologie, puis de l'*ousia* à la forme, puis de la forme à la forme séparée pour conclure que la science recherchée est la théologie et a pour objet la substance simple et immatérielle – la forme pure[4].

Il paraît donc important, pour tenter de soustraire Aristote à des critiques qu'appellent seules certaines interprétations, de saisir par où acte et forme diffèrent. Cette différence tient en deux principaux points :

– l'acte seul implique la subsistance; ou encore, l'acte seul est pleinement *ousia* – ce qui se dit aussi « l'entéléchie sépare » (ἡ ἐντελέχεια χωρίζει) (Z 13, 1039a 7). La forme, à l'inverse, n'est pas οὐσία ἁπλῶς, car

1. A l'instar de R. Cherniss, *Aristotle's Criticism of Plato and the Academy*, *op. cit.*, chap. III. Cherniss parle du Premier Moteur comme d'une « sorte d'Idée platonicienne » (*ibid.*, p. 219).

2. Voir par exemple P. Aubenque, *Le problème de l'être…*, *op. cit.*, p. 380.

3. *Cf.* W.D. Ross, *Aristotle's Metaphysics*, *op. cit.*, p. CXLIX; J. Owens, *The Doctrine of Being…*, *op. cit.*, p. 466-468.

4. Voir *supra*, Introduction, p. 31, n. 4. La réduction de l'acte pur aristotélicien à la forme a aussi des effets sur l'interprétation du concept thomasien d'*actus purus essendi* : voir sur ce point, G. Aubry, *Genèse du Dieu souverain*, *op. cit.*, p. 176-177.

elle n'existe pas à l'état séparé. Si elle est séparable, c'est en un sens très restreint, τῷ λόγῳ, écrit Aristote, soit « selon la formule », au sens, donc, où elle peut être pensée, et définie, sans la matière, mais non au sens où elle pourrait subsister par elle-même, indépendamment de toute instantiation matérielle. On comprend dès lors qu'Aristote ne parle pas de forme pure, ou « séparée » : il n'y a pas de sens, sauf à être platonicien, à admettre de telles entités, là où l'on peut, à l'inverse, parler d'acte pur. Et c'est bien pourquoi, aussi, le Premier Moteur doit être conçu non pas comme une forme, mais comme un acte pur ;

– l'acte, cependant, ne dit pas l'être seulement comme séparé, capable par lui-même de subsister, mais aussi comme identique à la fin et au bien. Cette signification axiologique n'apparaîtra, avant d'être confirmée en Λ, qu'au livre Θ, soit au terme du parcours par lequel la notion d'acte va se substituer à celle de forme.

Car le texte aristotélicien donne bien à voir, au long des livres Z-H-Θ, cette substitution – ce qui explique la possible confusion des deux notions ; mais il en indique aussi, ce faisant, la procédure et les conditions – ce qui marque bien qu'elles ne sont pas de simples synonymes. Il faut donc tenter à la fois de saisir la distinction entre acte et forme et de comprendre les raisons de leur confusion. Le principal opérateur de celle-ci nous paraît être la notion centrale des livres Z-H et, dans une moindre mesure, Θ : la notion d'*ousia*, ainsi que celle, qui lui est étroitement corrélée, de séparation. L'une des grandes difficultés du livre Z tient en effet à la conservation partielle du sens platonicien des notions d'*ousia* et de séparation, qui conduit à conserver à la forme son primat. Aristote cependant élabore aussi son concept propre d'*ousia*, qu'il associe à la séparation entendue non plus comme existence hors des sensibles, mais comme capacité d'existence indépendante. Ainsi redéfinie, l'*ousia* exclut la forme.

Cette tension entre deux sens de l'*ousia* se traduit par la distinction, en Z, entre *ousia malista* et *ousia prōtē*, et par la promotion, corrélative, de deux candidats au statut d'*ousia* : le composé de matière et de forme, et la forme. C'est l'intervention, au livre H, de la notion d'acte qui permettra de résoudre cette tension : l'acte en effet satisfait à la fois aux critères platoniciens et aux critères aristotéliciens de l'*ousia*, permettant dès lors de penser tant l'intelligibilité que la permanence, tant l'essence que la substance.

OUSIA ET SÉPARATION

Chez Platon, le terme *ousia* peut désigner indifféremment la réalité, l'existence, ou l'essence, le « ce qu'est une chose » (le *ti esti*) ; il s'applique aussi bien à l'être par opposition au devenir, qu'à la totalité du réel, ou à l'inverse à ses termes composants [1].

Platon, cependant, nomme aussi *ousia* l'être intelligible, les Idées ou les Formes. Les caractères distinctifs en sont alors, avec l'intelligibilité, la permanence, l'immuabilité, l'éternité. En revanche, Platon ne fait jamais de la séparation entendue *en son sens aristotélicien* comme capacité d'existence indépendante, un critère distinctif de l'*ousia* [2]. C'est Aristote qui, expliquant à sa manière la genèse de la théorie des Idées, associe leur caractère d'*ousiai* au fait qu'elles doivent exister hors – *et indépendamment* – des sensibles : Platon, explique-t-il, a été conduit à penser que l'universel (τὸ καθόλου) et la définition commune (κοινός ὅρος), ne peuvent exister dans les réalités sensibles et sans cesse en changement (A 6, 987b 1-7) ; ce faisant, il a posé que les Formes ou Idées existent séparément des sensibles, et ainsi que l'*ousia* est séparée de ce dont elle est *ousia* [3], ce qui est impossible (991b 1-2). Ainsi décrit, le platonisme consiste à distinguer du sensible son principe d'intelligibilité (l'universel et la définition) et à doter ce dernier d'une existence autonome. Les Formes platoniciennes sont donc doublement séparées et doublement *ousiai* : elles sont hors des sensibles et subsistent indépendamment d'eux, et elles sont à la fois *ousiai des* sensibles, essences des réalités en mouvement, et *ousiai haplōs*, par elles-mêmes substances.

Au début du livre Z, Aristote va, pour sa part, poser une série de questions, qui vont conduire à distinguer, corrélativement, ces deux sens de l'*ousia* et ces deux sens de la séparation :

– qu'est-ce qui est *ousia ?*

– y a-t-il ou non des *ousiai* à côté des sensibles (παρὰ τὰς αἰσθητὰς) ? [4]

– y a-t-il une *ousia* séparée (τις χωριστὴ οὐσία) ?

– qu'est-ce que l'*ousia* ? (Z 2, 1028b 28-32).

1. Voir S. Mansion, « La première doctrine de la substance : la substance selon Aristote », repris dans *Études Aristotéliciennes,* Louvain, ISP, 1984, p. 283-303.

2. *Cf.* G. Fine, « Separation », *Oxford Studies in Ancient Philosophy*, 2, 1984, p. 31-87.

3. ἔτι δόξειεν ἂν ἀδύνατον εἶναι χωρὶς τὴν οὐσίαν καὶ οὗ ἡ οὐσία.

4. La même question est formulée en B 1, 995b 10-18 et B 2, 996a 34-998a 19, auxquels cependant Z ne renvoie pas. Comme le souligne M. Burnyeat, le but ultime de l'enquête amorcée ici est de résoudre les questions controversées sur les êtres non sensibles : contrairement à ce qu'affirmait Jaeger, la question initiale de Z pointe déjà vers Λ 6-10, M et N : *A Map of* Metaphysics *Zeta, op. cit.*, p. 13.

Aristote a préalablement justifié cette étude de l'*ousia* en rappelant[1] que si l'être se dit en plusieurs sens, l'*ousia* est le premier (πρῶτον) de ceux-ci, de sorte que la question sur laquelle on ne cesse, toujours et encore, d'enquêter, et qui est source, toujours, d'embarras : « qu'est-ce que l'être ? » peut se formuler : « qu'est-ce que l'*ousia* ? » (Z 1, 1028a 14-15 et b 2-4). Le primat de l'*ousia* sur les autres catégories va pourtant à son tour recevoir une justification que l'on ne trouvait pas en Γ 2 : si des termes comme marcher, être en bonne santé, ou s'asseoir ne signifient pas l'être de cette façon prioritaire, c'est qu'aucun d'entre eux n'est καθ' αὑτὸ, n'a d'existence indépendante, ni ne peut être séparé de la substance (χωρίζεσθαι τῆς οὐσίας) (1028a 23-24). Ce qui est, ce n'est pas la marche, la bonne santé ou la position assise, mais la chose qui marche, va bien ou s'asseoit. Seule, donc, de toutes les catégories, l'*ousia* peut être séparée (a 34), et seule elle peut être dite être absolument (ἁπλῶς, a 31). La séparation, entendue comme capacité d'existence indépendante, est donc ce qui, ici, établit le primat de l'*ousia* sur les autres catégories.

Cependant, comme l'être, la priorité est un plurivoque[2] : on peut aussi être *prōton* du point de vue de la formule (λόγῳ), ou encore de la connaissance (γνώσει) – or, sous cet aspect aussi la priorité de l'*ousia* peut être affirmée, dès lors que sa définition est comprise dans celle des autres catégories et que, de même, on pense connaître une chose quand on sait ce qu'elle est plutôt que de quelle qualité, de quelle quantité ou en quel lieu (1028a 34-b 1).

Reste à savoir ce qu'est l'*ousia* et ce qui peut être dit *ousia*. Aristote va, à cet effet, examiner les réponses déjà apportées : l'opinion selon laquelle ce sont les corps qui sont le plus manifestement *ousiai* (les plantes, les animaux, les corps naturels, les astres...) ; mais aussi la thèse de Platon selon laquelle, à côté des corps sensibles, il faut compter les Formes et les êtres mathématiques comme *ousiai* (Z 3).

Ce faisant, on va aussi examiner les critères présidant à ces réponses ou permettant, plus généralement, de dire d'un être quelconque qu'il est bel et bien une *ousia*. Or parmi ces critères il en est un qui, au fil du livre Z, va apparaître comme discriminant : celui, précisément, de la séparation, entendue en son sens aristotélicien comme capacité d'existence indépendante.

1. Comme le note M. Burnyeat (*A Map of* Metaphysics *Zeta*, *op. cit.*, p. 12), la référence (qu'on pourrait penser être à Δ 7) ne compromet pas l'indépendance de Z, car elle renvoie vraisemblablement à un autre ouvrage. On aurait ainsi deux ensembles distincts, ΑΒΓΕ d'une part, et ΖΗΘ d'autre part, qui tend vers ΛΜΝ.

2. πολλαχῶς μὲν οὖν λέγεται τὸ πρῶτον (1028a 31-32).

Autrement dit Aristote va, aux différentes entités prétendant au titre d'*ousia*, appliquer le critère qui a déjà établi le primat de l'*ousia* elle-même sur les autres catégories. Or la forme va échouer à remplir ce critère dès lors qu'elle n'est pas absolument séparée, qu'elle ne peut subsister indépendamment du composé. Ne pouvant être absolument séparée, elle ne peut, au contraire du composé, être dite *ousia malista*, principalement *ousia*.

La réinterprétation de la notion de séparation est ainsi au fondement de la dissociation de la forme et de l'*ousia*. Ou encore : le concept aristotélicien de séparation, qui est au fondement du concept aristotélicien d'*ousia*, conduit à affirmer qu'il n'y a pas de formes séparées, et donc que les formes ne sont pas (pleinement) des *ousiai*.

Tels qu'ils sont réélaborés dans le livre Z, les concepts d'*ousia* et de séparation viennent donc jouer contre le platonisme en son entier : ils fonctionnent comme des instruments polémiques dirigés contre sa pièce maîtresse – la théorie des Formes, telle, du moins, qu'Aristote la présente.

Pourtant (et c'est là, on l'a indiqué, l'une des grandes difficultés du livre Z, l'une des sources, aussi, de la confusion qui nous occupe) le platonisme ne va pas tant être rejeté qu'intégré. Parmi les traits caractéristiques de l'*ousia*, Aristote va conserver, à côté du critère de la séparation, ceux qui, chez Platon, justifiaient le primat de la forme : tels la permanence, ou l'intelligibilité. Or ceux-ci permettent bien de dire que la forme est *ousia*, mais en un sens qualifié. Le livre Z se donne ainsi comme une hiérarchie combinatoire des critères qui, à son tour, va déterminer une hiérachisation des différents êtres prétendant au titre d'*ousia*, mais aussi la distinction de différents degrés d'*ousia* [1]. De nouveau, la même procédure va être appliquée aux différents candidats qui permettait déjà, en Z 1, de hiérarchiser l'*ousia* elle-même et les autres catégories : seule l'*ousia*, on l'a vu, pouvait être dite être absolument (*haplōs*), ce qui n'interdisait pas que les autres catégories fussent aussi en quelque façon; ici, de même, seul le composé (*sunolon*) pourra être dit absolument *ousia*, ce qui n'interdit pas que la forme soit aussi *ousia* en quelque façon.

Et de même encore, les différents sens de la primauté distingués pour établir le primat de l'*ousia* sur les catégories, vont être convoqués de façon à hiérarchiser les différents êtres prétendant au statut d'*ousia* : c'est ainsi

1. Sur la distinction par Aristote de différents degrés d'*ousia*, M. Burnyeat renvoie encore à *Cat.* 5, 2b 7-27; 3b 33-4a 9; *GC* I, 3, 318b 15, *A Map of* Metaphysics *Zeta*, *op. cit.*, n. 13, p. 16.

que si la forme ne peut être dite absolument *ousia*, elle n'en conserve pas moins un primat du point de vue de la formule et de la connaissance [1].

De cela on pourrait conclure que le livre Z donne aussi à voir un conflit entre les différents critères de l'*ousia*, et par là même entre les conceptions qu'ils impliquent et les candidats qu'ils promeuvent : le critère aristotélicien de la séparation aboutissant à concevoir comme *ousia* ce qui, d'un être, assure la subsistance, et conduisant à désigner le composé comme *ousia malista*, le critère platonicien aboutissant à concevoir comme *ousia* ce qui, d'un être assure la persistance et l'intelligibilité, et conduisant à désigner la forme comme *ousia prōtē* (cette primauté étant, cependant, qualifiée).

Or c'est précisément ce conflit que va résoudre en H la substitution de la notion d'acte (*energeia*) à celle de forme. Cette substitution n'est pas l'indice d'une simple équivalence, ou d'une synonymie; la notion d'acte enrichit celle de la forme, en désignant celle-ci comme forme du composé, soit dans sa nécessaire articulation à la matière. Elle nomme ainsi l'unité de l'individu subsistant, ou séparé, *tode ti kai khōriston*, avec son principe de permanence et d'intelligibilité. Seule, ainsi, la notion d'acte satisfait à tous les critères de l'*ousia*, en ce qu'elle permet de concilier l'exigence aristotélicienne de subsistance autonome et d'individualité avec celle, platonicienne, de permanence et d'intelligibilité.

À la hiérarchie combinatoire de Z se substitue ainsi une synthèse intégrative. De fait, la substitution de l'acte à la forme va de pair avec celle de la puissance (*dunamis*) à la matière : et celle-ci à son tour va autoriser la réintégration du candidat matière, que Z 3 avait éliminé. Car, de nouveau, considérer la matière comme *dunamis* c'est la considérer dans son union avec la forme, et comme élément du composé.

Ce changement terminologique, qui, on le voit, n'est pas une simple variation mais porte bien une avancée conceptuelle, va de pair, aussi, avec l'adoption d'un nouveau point de vue, introduit dès Z 17 : celui de la causalité. Considérer la forme comme acte, c'est en effet la considérer en

1. Cette dualité des critères, et la conservation partielle du sens platonicien, rend extrêmement difficile la traduction du terme *ousia* : comme principe de détermination et d'intelligibilité, l'*ousia* peut être traduite par « essence » et c'est en ce sens qu'elle va être identifiée à la forme (qui cependant, et en tant que telle, sera le plus souvent désignée comme *ousia de*…); comme principe d'existence autonome, l'*ousia* sera traduite par *substance*. La discussion de Z ayant pour objet d'élucider et de hiérarchiser ces différents sens, soit de déterminer, parmi les différents critères proposés, celui ou ceux qui sont véritablement discriminants de l'*ousia*, on ne peut opter d'emblée pour une traduction qui aurait pour effet de produire une lecture univoque. On a donc pris le parti, aussi longtemps qu'on suit le texte, de translittérer le grec, jusqu'à ce que sa progression même permette de marquer le primat d'un sens de l'*ousia* sur l'autre.

tant qu'elle a agi à titre de fin, c'est-à-dire comme principe d'un devenir au terme duquel la matière est pleinement déterminée par la forme, et la forme réalisée dans une matière.

La question demeure, cependant, de savoir s'il y a des *ousiai* séparées, et ce qu'elles sont. À cette question, Z n'autorise qu'une réponse négative : la forme ne pouvant être absolument *ousia* dès lors qu'elle ne peut être absolument séparée, l'*ousia* séparée ne peut être forme. Cette réponse négative permet donc déjà d'éliminer l'option platonicienne. Mais, refusant d'identifier l'*ousia* séparée à la forme, Aristote ne renonce pas à la déterminer autrement : à la déterminer comme acte, donc – la question se posant dès lors de savoir comment, s'il ne peut y avoir de forme sans matière, il peut en revanche y avoir un acte sans puissance.

LE LIVRE Z : FORME ET *OUSIA*

a. *Les termes de la combinatoire*

Le livre Z se donne comme un examen à la fois des différents critères de l'*ousia* et des différents candidats au statut d'*ousia*. Parmi ces termes, cependant, il faut aussi distinguer entre ceux qui sont légués par la tradition (platonicienne, mais pas seulement), et ceux qui sont proposés, ou élaborés, par Aristote lui-même.

On trouve ainsi, dès 1028b 34-35, une première énumération, présentée comme renvoyant aux quatre principales significations de *ousia* : le *to ti ēn einai*, le *katholou*, le *genos*, l'*hupokeimenon*, soit le « ce que c'était d'être » [1], l'universel, le genre, et le substrat.

On a là une suite de termes logiques, dont le dernier, cependant, paraît recevoir un statut particulier : il est détaché des trois autres, en même temps que présenté comme la seule réponse absolue à la question « qu'est-ce que l'*ousia?* »; *to ti ēn einai*, *katholou* et *genos*, en effet, sont présentés comme étant non pas simplement *ousia*, mais *ousia de* quelque chose (οὐσία ἑκάστου) [2].

1. De nouveau on est confronté avec ce terme à un problème de traduction. De nombreux commentateurs conservent la « quiddité » des médiévaux (c'est le cas notamment de P. Aubenque qui réserve le terme « essence » à la traduction d'*ousia*). J. Brunschwig a proposé pour sa part « l'essentiel de l'essence ». Le *to ti ēn einai* désigne en effet l'essence, mais comme déterminée, incluant l'énoncé non pas seulement du genre et de l'universel (le *genos* et le *katholou* ici énumérés), mais aussi des dernières différences. Au fil de Z, il va être donné comme l'objet de la définition, et la forme va lui être identifiée.

2. « Et de fait, l'essence, l'universel et le genre sont considérés comme l'*ousia* de chaque chose, et en quatrième lieu le substrat ».

Ces différents termes, cependant, admettent aussi une détermination historiographique. Dans le livre A, ils étaient distribués entre deux courants de pensée : des Platoniciens, Aristote expliquait qu'ils s'étaient approchés au plus près de la cause formelle, désignée comme « *tēn ousian kai to ti ēn einai* » (983a 27-28), et par eux identifiée au *katholou*[1] ; tandis que les Physiologues en étaient restés à la cause matérielle, autrement désignée comme « *tēs ousias hupomenousēs* » (983b 10-11). La liste de Z 3 fait donc écho aux équivalents du terme *ousia* légués par la tradition – les Platoniciens répondant : l'*ousia,* c'est le *to ti ēn einai* et l'universel (le *katholou* englobant le *genos*), qu'ils identifient à la Forme séparée ; les Physiologues répondant, eux : l'*ousia,* c'est l'*hupokeimenon,* qui dans la terminologie aristotélicienne correspond à la matière[2]. Ces candidats historiques impliquent cependant aussi un double critère : l'*ousia,* c'est l'essence et l'universel, ce qui détermine et définit ; l'*ousia,* c'est le substrat, ce qui demeure.

Si la liste de Z 3 accentue cette dernière réponse, c'est aussi parce qu'elle opérait, dans les *Catégories,* comme un critère de l'*ousia.* Celle-ci s'y trouvait en effet définie comme « ce qui ne se dit pas d'un sujet ni n'est dans un sujet » (5, 2a 12-13)[3] – soit à la fois comme ce qui subsiste de façon indépendante, sans avoir besoin d'un support ou d'un substrat différent d'elle, et comme ce qui ne peut être affirmé dans le jugement d'aucun sujet qui représenterait une autre réalité qu'elle-même. Cette double définition négative détermine donc deux critères, l'un ontologique, l'autre logique : l'*ousia* est à la fois ce qui subsiste de façon indépendante, et le dernier sujet d'attribution, ou le dernier référent du discours. Or, ce qui, dans les *Catégories,* satisfait à ce double critère, et est désigné comme *ousia* à la fois *prōtē* et *malista,* c'est, dit Aristote, tel homme donné, *ho tis anthrōpos,* Callias, Socrate, bref, un singulier (5, 2a 13-14)[4]. Fondant son concept propre de l'*ousia,* Aristote procède donc à une radicale inversion du platonisme, dès lors que c'est le sensible singulier, et non plus l'Idée-Universel, qui est donné comme le *fondement* de toute réalité. L'universel, c'est-à-dire non pas *cet* homme, Socrate, Callias, mais l'homme en général,

1. 987b 3 ; 988a 10.

2. Sur l'analogie de structure entre A et Z voir F. Wolff, « Qu'est-ce que se demander ce qu'est la réalité ? », dans M. Narcy et A. Tordesillas (dir.), *La* Métaphysique d'*Aristote* : *perspectives contemporaine*, Bruxelles-Paris, Ousia-Vrin, 2006.

3. Οὐσία δέ ἐστιν ἡ κυριώτατά τε καὶ πρώτος καὶ μάλιστα λεγομένη ἣ μήτε καθ' ὑποκειμένου τινὸς λέγεται μήτε ἐν ὑποκειμένῳ τινί ἐστιν οἷον ὁ τὶς ἄνθρωπος ἢ ὁ τὶς ἵππος.

4. Les *Premiers Analytiques* ajoutent : le sensible singulier (I, 27, 43a 25-27 : *to kath'hekaston kai aisthēton*).

correspond, lui, dans la terminologie des *Catégories*, à l'*ousia deutera*. Il remplit la première condition mais non la seconde : espèces et genres se disent en effet d'une *ousia prōtē*, et ne renvoient pas à un « ceci », mais à une multiplicité [1].

On voit cependant que, pour le singulier comme pour l'universel, Aristote utilise le terme d'*ousia*; c'est la traduction latine qui va cliver l'*ousia* première et l'*ousia* seconde en *substantia* et *essentia* [2]. Dans les *Catégories*, l'*ousia* signifie aussi bien la substance – l'être qui subsiste par soi et est en même temps le plus déterminé – que l'essence, qui est l'un de ses déterminants, et répond elle aussi à la question « *ti esti* ? ».

C'est à ce point que reprend Z : on va en effet reprendre le critère *hupokeimenon*, le critère, donc, des *Catégories*, dans sa double acception, logique et physique (sujet/substrat). Ce faisant, on va l'appliquer à trois candidats désignés par des termes qui sont, eux, absents des *Catégories* : la matière (*hylē*), la forme (*morphē*) et leur combinaison (*to ek toutōn = to sunolon*) (1029a 2-5) [3].

À partir de là va se développer une combinatoire complexe puisqu'on va à la fois :

– examiner les candidats aristotéliciens (matière, forme, composé) à la lumière du critère *hypokeimenon* (Z 3);

– déterminer un nouveau critère, plus satisfaisant, et discriminant : celui du *khōriston kai tode ti* (Z 3, 1029a 27-28) [4];

– confronter les candidats historiques à ces différents critères;

– examiner l'équivalence entre candidats aristotéliciens et candidats historiques.

Le but de cette combinatoire, cependant, n'est pas d'éliminer certains candidats et certains critères au profit d'autres, mais plutôt d'établir entre eux un système d'équivalences, et de les hiérarchiser en vue de distinguer

1. 2a 14-19; 3b 16-21.

2. Saint Augustin signalant par ailleurs que le latin *essentia* traduit le grec *ousia* (*Cité de Dieu* XII, 2; *De Trinitate* V, 2, 3). Voir la présentation des *Catégories* par F. Ildefonse et J. Lallot (*Catégories*, *op. cit.*), ainsi que J.-F. Courtine, « Note complémentaire pour l'histoire du vocabulaire de l'être (Les traductions latines d'ΟΥΣΙΑ et la compréhension romano-stoïcienne de l'être) », dans P. Aubenque (dir.), *Concepts et catégories dans la pensée antique*, Paris, Vrin, 1980, p. 34-87, repris dans *Les Catégories de l'être. Études de philosophie ancienne et médiévale*, Paris, P.U.F., 2003, p. 11-77.

3. Même énumération en *De An.* II, 1, 412a 7-9, qui cependant traduit aussi *hylē* en *dunamis*, et *eidos* en *entelekheia*.

4. En Δ 8, Aristote distinguait déjà deux principaux sens de l'*ousia* : le sujet ultime, *hupokeimenon eskhaton*, et le *tode ti kai khōriston* – la forme étant alors désignée comme de cette nature (1017b 23-26).

différents degrés d'*ousia* – dont il faudra voir, dès lors, s'ils correspondent à ceux des *Catégories*.

b. *L'examen des candidats*

La matière (Z 3)

On commence donc par appliquer le critère substrat (*hupokeimenon*) et par examiner le candidat matière. Ce faisant, on met à l'épreuve aussi bien le critère des *Catégories* que l'identification, opérée par les Physiologues, du substrat à la cause matérielle. De fait, l'*ousia* va d'abord être définie en des termes très proches de ceux des *Catégories* comme « ce qui n'est pas prédiqué d'un sujet, mais dont le reste est prédiqué » (1029a 7-9). Quant à la matière, on va, pour savoir si elle satisfait ou pas à ce critère, s'efforcer de la considérer en elle-même, au terme d'un exercice d'abstraction visant à dépouiller le corps de ses affections, ses qualités, sa quantité, ou encore ses puissances (*dunameis*, a 13). La matière étant ce qui alors demeure, elle paraît bien être un substrat au sens physique du terme, celui-là même qui conduisait les Physiologues à la désigner comme *ousia hupomenousē* (a 18-19). Mais elle semble aussi satisfaire à la signification logique du critère *hupokeimenon*, dès lors qu'elle apparaît aussi comme le sujet ultime de la prédication (a 21-22).

Or c'est précisément l'adéquation de la matière au critère *hupokeimenon*, dans sa double acception logique et physique, qui va manifester l'insuffisance de ce critère – et par là aussi la nécessité de compléter l'analyse des *Catégories*. La sanction est brève : de ce qui précède, on doit conclure que la matière est *ousia* : « or c'est impossible : on juge en effet que le caractère d'être séparé et d'être un ceci appartiennent au plus haut point à l'*ousia* » (a 27-28) [1].

L'examen du premier candidat a donc mis en évidence la double insuffisance du critère des *Catégories* et de la réponse des Physiciens : pas plus qu'il ne suffit de répondre, à la question « qu'est-ce que l'*ousia* ? », l'*ousia*, c'est le substrat, il ne suffit de répondre, à la question « qu'est-ce qui est *ousia* ? », l'*ousia* c'est la matière. Il va falloir promouvoir à la fois un nouveau critère et de nouveaux candidats. Ce nouveau critère, celui du *khōriston kai tode ti*, n'en conserve pas moins un trait de l'*ousia* telle que définie dans les *Catégories* : la capacité d'existence indépendante. La première analyse de Z a donc pour effet à la fois d'accentuer ce trait,

1. καὶ γὰρ τὸ χωριστὸν καὶ τὸ τόδε τι ὑπάρχειν δοκεῖ μάλιστα τῇ οὐσίᾳ.

et de distinguer la notion de capacité d'existence indépendante, ou de subsistance, de celles de substrat et de sujet.

Le to ti ēn einai *(Z 4-7)*

À ce point, on a perdu (provisoirement) un candidat, et gagné un critère. Demeurent deux candidats : la forme et le composé, qui paraissent être plus *ousia* (*ousia mallon*) que la matière (a 29-30). On n'a pas cependant, dit Aristote, à s'occuper du composé : celui-ci, en effet, est à la fois « postérieur et évident » (31-32). Le cas de la forme, en revanche, est le plus embarrassant (a 34) – la principale raison de cet embarras étant que la question de la forme engage celle du platonisme.

S'amorce en effet ici l'autre aspect de la combinatoire de Z, à savoir la position d'équivalences entre candidats historiques et candidats aristotéliciens : de fait, là où l'on s'attendait à voir se développer l'examen du candidat forme, c'est une analyse du *to ti ēn einai* qui se déploie (1029b 12), soit de l'essence et de l'objet de la définition (Z 4-6). De la forme, *eidos*, il ne sera pas question avant Z 6.

Cette approche est qualifiée de *logikōs* (1029b 12) : on peut comprendre ce terme selon l'une des trois définitions qu'en donne Simplicius, comme signifiant que l'on va se donner pour objets des principes généraux et non pas particuliers et propres au sujet traité[1]. La démarche suivie en Z 4-5 pourrait cependant être aussi à bon droit qualifiée de « logique », dès lors qu'elle procède à partir des concepts de l'*Organon*, laissant (provisoirement) de côté ceux de forme et de matière – et qu'elle peut à ce titre être considérée comme préliminaire à la considération de ces derniers[2].

L'approche logique de l'*ousia* va être régie par deux questions principales : d'abord, n'y a-t-il d'essence que de la substance (Z 4-5) ? Ensuite, dans quels cas l'essence est-elle identique à la substance (Z 6) ?

On part donc de la définition logique de l'essence comme ce qui est dit par soi (καθ' αὑτό, b 14). Dans les *Seconds Analytiques*, le premier sens du « par soi » nomme précisément ce qui est mentionné dans la définition d'un être donné et constitue son *ousia* (I 4, 73a 34-73b 5). En Z 4, de même, l'analyse de la définition va opérer comme un critère de l'essence. On va en

1. Cf. *In Phys.* 440.19-441.2 : ἥ λογικὴν λέγει τὴν κοινοτέραν καὶ οὐ προσεχῆ οὐδὲ ἰδίαν τοῦ προκείμενου οὐδὲ ἐξ οἰκείων ἀρχῶν. Je suis ici l'analyse de M. Burnyeat, *A Map of* Metaphysics *Zeta*, *op. cit.*, p. 19-24.

2. « Le sens d'Andronicus », comme l'appelle M. Burnyeat, qui montre comment il est ici relié si étroitement à celui de Simplicius qu'ils peuvent être traités comme un (*ibid.*, p. 25).

conclure qu'il y a essence de tout ce dont on peut rendre compte dans une définition (1030a 6-7). On n'affirme pas, cependant, que le *to ti ēn einai* est l'*ousia*, mais seulement qu'il appartient en priorité à l'*ousia*. Selon la démarche caractéristique de Z on va établir non pas une exclusivité, mais un ordre de priorité : ainsi, l'essence appartient en priorité et absolument, *prōtōs men kai haplōs*, à l'*ousia* (30a 30 ; 30b 5) – ou encore *malista kai prōtos kai haplōs* (1031a 13-14). Aux autres catégories, en revanche, elle n'appartient que secondairement (ἑπομένως, 30a 23), d'une certaine façon (πὼς, a 23), pas absolument (οὐχ ἁπλως, a 31).

Associant ainsi essence et définition, on demeure dans une logique platonicienne (on sait que l'adverbe *logikōs* est aussi fréquemment appliqué à la méthode des Platoniciens[1]), même si Z 5 établit que la définition peut rendre compte non seulement des substances simples, mais aussi des substances composées en tant que composées, à condition que leur composition ne soit pas accidentelle.

La question se pose alors de savoir s'il existe des substances identiques à leur essence : or ce sont de tels êtres que les Platoniciens nomment « Idées » – nul écart, ainsi, entre l'Idée du Bien et l'essence du Bien, l'essence de l'Homme et l'Idée de l'Homme. Les Idées platoniciennes sont des êtres en lesquels le *to ti ēn einai* est *ousia*, ce qui les qualifie comme *ousiai proterai*, substances antérieures (1031b 2-3). Formulant ce point, Aristote va très clairement désigner le *to ti ēn einai*, ou l'essence, comme principe d'intelligibilité, et l'*ousia* comme principe d'être : si elles étaient séparées l'une de l'autre, écrit-il, il ne pourrait y avoir de connaissance de celle-ci, et celle-là n'existerait pas (31b 2-3)[2].

Autrement dit, la question directrice est de savoir *dans quelle mesure la substance est identique à son essence*, soit de mesurer l'écart entre un être et son principe d'intelligibilité : ce n'est pas encore de savoir si l'essence peut elle-même être considérée comme une substance, c'est-à-dire comme capable d'une existence séparée[3]. Il sera alors temps, en Z 14-15, de polémiquer contre les Idées, soit contre la doctrine qui pose les formes-essences comme des *ousiai*, mais aussi de demander si l'on ne doit pas

1. C'est le cas notamment en *EE* I 8, 1217b 21 ; *cf.* aussi *Mét.* Λ 1, 1069a 27-28 ; M 8, 1084b 23-25 ; N 1, 1087b 18-21 (pour d'autres références, voir Burnyeat, *A Map of* Metaphysics *Zeta*, *op. cit.*, p. 20-21). L'adverbe peut à ce titre revêtir un sens dépréciatif, que l'on trouve par exemple en Z 4, 1030a 25.

2. καὶ εἰ μὲν ἀπολελυμέναι ἀλλήλων, τῶν μὲν οὐκ ἔσται ἐπιστήμη τὰ δ' οὐκ ἔσται ὄντα.

3. Ce n'est pas l'adjectif *khōriston* qui vient ici nommer la séparation, mais le verbe *apolelusthai* (31b 3).

penser autrement que comme des formes les substances identiques à leur essence, et dignes à ce titre d'être considérées comme *ousiai proterai.*

La forme, et l'équivalence eidos/to ti ēn einai *(Z 7-12)*

Mais il faut, avant d'en arriver là, établir l'équivalence entre l'essence et la forme, soit entre le *to ti ēn einai* et l'*eidos.* C'est à quoi s'emploient les chapitres suivants (de Z 7 à Z 12) où réapparaît le terme *eidos.*

À l'approche logique succède, en Z 7-9, une approche physique[1] : on va en effet s'interroger sur les principes de la génération et de la production. On va donc cette fois adopter sur le composé, et sur la relation en son sein de la matière et de la forme, un point de vue synchronique. Cette analyse a pour objet principal de mettre en évidence la permanence de la forme tout au long du processus de génération (que celui-ci soit naturel ou technique), soit de fonder le principe de synonymie : le produit de la génération a même forme (ὁμοειδής) que le générateur, « c'est un homme qui engendre un homme » (7, 1032a 24-25; 1033b 32).

Mais ce faisant, on va aussi établir l'équivalence entre l'*eidos* et le *to ti ēn einai* : la forme est l'équivalent physique de l'essence. Elle est l'ensemble constant de propriétés caractéristiques des membres de la même espèce qui se transmet au cours du processus de génération. La forme est donc l'essence telle qu'elle se trouve réellement instantiée par des individus particuliers : « J'appelle forme l'essence de chaque chose et sa substance première » (1032b 1-2)[2].

Il faut cependant encore mettre cette équivalence à l'épreuve d'une vérification logique : à quoi s'emploient Z 10-11. Cette épreuve est d'autant plus nécessaire que la forme, dès lors qu'elle est l'essence concrètement, ou physiquement, instantiée, n'est jamais donnée sans la matière. On revient donc au point de vue logique et statique de Z 4-5, et au problème, rendu plus urgent par l'analyse physique, de la définition du composé.

Z 4-6 a manifesté en l'essence un principe d'intelligibilité, Z 7-9, tout en établissant l'équivalence entre essence et forme, a manifesté en la forme un principe de permanence. On retrouve donc en la forme deux traits caractéristiques de l'*ousia,* et plus précisément de l'*ousia* telle que définie par Platon. On comprend dès lors qu'en 1032b 1-2 ait été posée une double

1. Ces deux chapitres sont traditionnellement considérés comme une insertion, cependant justifiée. Pour les arguments philologiques, voir Burnyeat, *A Map of* Metaphysics *Zeta*, *op. cit.*, p. 29 *sq.*

2. εἶδος δὲ λέγω τὸ τί ἦν εἶναι ἑκάστου καὶ τὴν πρώτην οὐσίαν. Voir aussi 1035b 32 : εἶδος δὲ λέγω τὸ τί ἦν εἶναι.

équivalence de la forme, à l'essence et à l'*ousia* : « J'appelle forme l'essence de chaque chose et sa substance première ». Notons cependant que l'*ousia* à laquelle la forme se trouve identifiée est doublement qualifiée : à la fois comme *ousia de* (comme dans la liste de Z 3), et comme *ousia prōtē.*

Ce qualificatif, on s'en souvient, est celui qu'Aristote, dans les *Catégories*, appliquait à l'individu : d'où la question disputée de savoir si d'un texte à l'autre le concept d'*ousia* s'est radicalement modifié, ou si les deux points de vue sont conciliables. Pour y répondre, et avant de se demander ce qu'est l'*ousia*, il faut se demander ce que signifie ici *prōtē.* On a déjà, et à plusieurs reprises, rencontré ce terme en Z. La question de son sens constitue un enjeu essentiel. La démarche de Z, en effet, n'est pas excluante mais hiérarchisante : on cherche à établir une priorité au sein de l'*ousia*, à la façon dont on a établi la priorité de l'*ousia* elle-même sur les autres catégories. Or les toutes premières lignes de Z rappelaient que, comme l'être, le *prōton* est un plurivoque. Z 1 distinguait ainsi une priorité du point de vue de la formule (λόγῳ) de la connaissance (γνώσει) et du temps (χρόνῳ) (1028a 32-33).

Or il semble bien que la forme puisse être dite *ousia prōtē* en ces trois sens : l'approche précisément qualifiée de *logikē* a établi son identité à l'essence et à l'objet de la définition; elle s'ouvrait par une réflexion sur ce qui est le plus intelligible (*gnōrimōteron*, 1029b 2); l'approche physique, quant à elle, a établi son antériorité dans la génération.

La forme peut donc prétendre au titre d'*ousia prōtē.* Mais (et l'essentiel est là), le texte même de Z distingue entre *ousia prōtē* et *ousia malista.* Dans les *Catégories*, à l'inverse, ces termes étaient associés : l'*ousia prōtē* y était dite, aussi, *malista* et *kuriōtata* (5, 2a 11-12). Or si la dénomination d'*ousia prōtē* est appliquée en Z à la forme, celle d'*ousia malista* l'est, elle, au composé, *sunolon* : ce qui est *ousia malista* c'est un homme, une plante – non pas ce principe inengendré de la génération qu'est la forme, mais l'engendré concret, mêlé de forme et de matière (Z 7, 1032a 19-20). De la même façon, l'*ousia* sans qualification, l'*ousia* « tout court » va être définie en 1037a 29 de la façon suivante : « ἡ γὰρ οὐσία ἐστὶ τὸ εἶδος τὸ ἐνόν ἐξ οὗ καὶ τῆς ὕλης ἡ σύνολος λέγεται οὐσία » : « l'*ousia* est la forme immanente à partir de quoi et de la matière on parle de substance composée ». L'*ousia prōtē* doit donc être distinguée tant de l'*ousia malista* que de l'*ousia* « tout court », ou *haplōs*, laquelle n'est pas la forme, mais la forme *immanente*, associée à la matière avec laquelle elle constitue le composé. Cette distinction est explicitement formulée dans les lignes qui précèdent, en rapport avec le problème de la définition : la définition n'inclut pas la matière, qui est indéterminée, mais opère κατὰ τὴν πρώτην οὐσίαν (Z 11, 1037a 27-28). L'*ousia prōtē*, ou la forme, se trouve donc associée au *logos* en tant même qu'elle exclut la matière, et elle est, dans le même temps, distinguée de l'*ousia* comme telle.

On comprend dès lors que la forme soit dite, comme l'essence, *ousia aneu hulēs* (Z 7, 1032b 14), *ousia* sans matière, ou encore *ousia kata ton logon* (1035b 15), *ousia* selon la formule[1]. La proposition de 1032b 1-2 peut alors être traduite de la façon suivante : « J'appelle forme l'essence (τὸ τί ἦν εἶναι) de chaque chose, c'est-à-dire son *ousia prōtē* ». Elle donne simultanément la définition de la forme et la signification de l'*ousia prōtē* : forme et *ousia prōtē* ne sont rien d'autre que l'essence.

Si l'*ousia prōtē* n'est pas la même en Z et dans les *Catégories*, c'est donc que *prōtē* n'a, d'un texte à l'autre, pas le même sens. Dans les *Catégories*, l'*ousia prōtē* s'oppose à l'*ousia deutera* (les espèces et les genres : l'universel), en Z elle se distingue de l'*ousia malista* et *haplōs*. Or l'*ousia malista* de Z correspond bien à l'*ousia prōtē* des *Catégories* : elle désigne bien l'individu.

De celui-ci, la forme est clairement distinguée : la forme signifie *toionde*, « de telle espèce » ; elle n'est pas un *tode kai hōrismenon*, un être individuel défini, mais elle produit et engendre, à partir d'un individu, un être de telle espèce (Z 8, 1033b 21-24). La forme est simplement ce qui fait que l'individu est un *toionde*, d'une certaine espèce. Pas plus que la matière, donc, elle ne répond au critère *tode ti*[2].

L'application du critère *tode ti* (celui du *khōriston* n'interviendra que plus tard)[3] permet donc de hiérarchiser différents degrés d'*ousia* : l'*eidos* n'est pas pleinement *ousia* ; elle est seulement *ousia prōtē*, son antériorité étant à la fois épistémologique, comme l'a montré l'analyse logique, et chronologique, comme l'a montré l'analyse physique. La forme n'est donc *ousia* qu'au sens platonicien, comme objet de la définition, principe d'intelligibilité et de permanence, bref, en tant qu'elle n'est rien d'autre

1. La formule s'applique à l'âme, dite « ἡ κατὰ τὸν λόγον οὐσία καὶ τὸ εἶδος καὶ τὸ τί ἦν εἶναι τῷ τοιῷδε σώματι » (15-16).

2. En 1037a 1-2, de même, l'*eidos* et le *to ti ēn einai* sont opposés ensemble au *tode ti* ; et en 1037b 27, il est rappelé que l'*ousia* signifie une chose une et un individu, « ἕν τι καὶ τόδε τι ».

3. Sur le rapport entre ces deux critères, et la question de savoir si leur lien est seulement d'extension ou bien de signification, voir la discussion entre Granger et Shields : H. Granger, « Aristotle on the Subjecthood of Form », *Oxford Studies in Ancient Philosophy*, 13, 1995, p. 135-59 ; Ch. Shields, « The Subjecthood of Souls and Some Other Forms : A Response to Granger », *ibid.*, p. 161-176 ; H. Granger, « The Subjecthood of Form : A Reply to Shields », *ibid.* p. 177-185. Ces trois textes sont repris dans L.P. Gerson (éd.), *Aristotle's Critical Assessments*, t. I, *Logic and Metaphyics*, London-New York, Routledge, 1999, p. 203-244.

que l'essence comprise comme identité spécifique, et transmise, par l'art ou la génération, d'un individu à un autre au sein desquels elle s'articule à une matière, constituant alors, et alors seulement, une *ousia malista*.

Il y a donc une tension entre l'*ousia prōtē* et l'*ousia malista* – qualificatifs qui ailleurs peuvent se trouver conjoints comme ils l'étaient en 1031a 13-14, où le *to ti ēn einai* était dit appartenir à la substance *malista kai prōtos kai haplōs*. Cette tension, qui est celle entre le candidat forme et le candidat composé, reflète la tension entre les critères platoniciens de l'*ousia* (permanence et intelligibilité), et les critères aristotéliciens (existence autonome ou séparation, et individualité). Si l'analyse de Z 7 *sq.* la manifeste, elle indique aussi, et déjà, les moyens de la résoudre, en introduisant, à l'occasion de l'étude de la génération, les notions de *dunamis* et d'*entelekheia*[1]. Leur substitution, en H, à celles de matière et de forme, autorisera la réconciliation des candidats, des critères, et ce faisant aussi des deux séries d'*ousia*, *prōtē*, et *malista* : et c'est à la fin de Θ que la réflexion initiale de Z sur l'antériorité trouvera son aboutissement, puisque l'acte y sera dit antérieur à la fois τῷ λόγῳ et τῇ οὐσίᾳ, tant du point de vue de la formule que du point de vue de la substance (Θ 8, 1049b 11)[2]. Il sera alors possible de penser les *ousiai proterai* non pas, à la manière de Platon, comme des formes-essences abusivement séparées de la matière qu'elles déterminent et de l'individu qu'elles définissent, mais comme des actes doués tant d'une subsistance autonome que d'une pleine intelligibilité.

L'universel et le genre (Z 13-16)

L'analyse de Z 9-12 a permis à la fois d'établir l'équivalence entre forme et essence, *eidos* et *to ti ēn einai*, et de nuancer, en la qualifiant, celle entre forme et *ousia*. Ce faisant, elle a aussi été l'occasion d'examiner la légitimité des critères platoniciens de l'*ousia* : la forme-essence, en effet, est dite *ousia kata ton logon*, *ousia* selon la définition, ce qui, cependant, ne la qualifie pas comme *ousia malista* mais uniquement comme *ousia prōtē*. Or on se souvient que, dans l'analyse qu'il proposait de la genèse de la théorie des Idées, Aristote suggérait que c'était précisément le problème de la définition qui avait conduit Platon à distinguer, sous l'espèce des

1. 1034b 1 ; b 17-19.

2. En Δ 11, on distingue l'antériorité du point de vue de la connaissance (et l'on range sous ce sens l'antériorité *kata ton logon*, selon la formule, et celle *kata tēn aisthēsin*, selon la sensation) d'une part, et l'antériorité du point de vue de la nature et de l'*ousia*, d'autre part : ce dernier sens s'applique aux choses qui peuvent exister sans les autres et sans lesquelles les autres ne peuvent exister ; il est donné pour fondamental (1018b 30-1019a 12).

Formes ou Idées, l'universel des sensibles, et à poser en lui une *ousia* capable d'une existence séparée (A 6, 987b 1-7). Ainsi décrit, le platonisme est donc ce qui fait de l'objet de la définition non pas seulement une *ousia prōtē*, mais une *ousia* au sens plein. On peut considérer que, sur ce point, Z 9-12 a déjà largement amendé la théorie des Idées.

Cependant, si l'on a d'une part confirmé l'identité entre forme, essence et objet de la définition et, d'autre part, qualifié celle entre ces trois termes et l'*ousia*, on a jusqu'à présent laissé de côté un autre terme fondamental de l'équation platonicienne : celui d'universel.

Or le *katholou* avait été compté en Z 3 aux côtés du substrat, de l'essence et du genre, parmi les candidats au statut d'*ousia*. Ainsi, et selon la procédure déjà suivie, on va à la fois poursuivre l'examen des candidats (pour, d'ailleurs, y mettre fin puisqu'universel et genre vont être examinés ensemble), tester la validité des critères qui les supportent et, enfin, examiner l'équivalence entre candidats historiques et candidats aristotéliciens. On va donc s'interroger sur l'équivalence entre forme et universel, et sur le rapport entre l'*eidos* et le *to ti ēn einai* tels qu'on les a définis et le *katholou* tel que le conçoit Platon. Travaillant ainsi sur l'articulation de la forme et de l'essence à l'universel, on va œuvrer au cœur même de la théorie des Idées.

Que l'universel ne soit pas *ousia*, Aristote l'affirme d'emblée, et sans ambiguité : il paraît impossible qu'un terme universel, quel qu'il soit, soit substance (1038b 8-9). L'universel ne répond ni au critère de la détermination, dès lors qu'il est commun à plusieurs choses (b 11-12), ni au critère substrat, dès lors qu'il est toujours affirmé d'un sujet (comme l'établissaient, déjà, les *Catégories*) (b 16). Ainsi, l'universel ne peut même pas être dit *ousia* en ce sens qualifié et réduit où l'est l'essence.

Une fois évincée la prétention de l'universel au titre d'*ousia*, il reste à examiner la question de son équivalence à la forme et à l'essence. Celle-ci est plus complexe, dès lors que forme et essence sont bien un certain type d'universel, déterminé [1]. Mais le point fondamental n'est pas là : la rupture avec le platonisme ne passe pas, comme le veut la lecture traditionnelle, par la distinction entre l'universel et la forme, et l'affirmation selon laquelle la forme *seule* serait *ousia* [2] ; elle passe avant tout par l'affirmation

1. 1035b 28 énumérait ainsi « homme », ou « cheval », comme des termes s'appliquant *katholou* ; il est dit peu après (35b 35-36a 1) que le *logos* est du *katholou* ; en 1036a 28-29 *eidos* et *katholou* sont désignés ensemble comme étant l'objet de la définition : « τοῦ γὰρ καθόλου καὶ τοῦ εἴδους ὁ ὁρισμός ». 1037b 30 précise cependant que la définition porte sur le genre premier et les différences, la dernière différence étant l'*eidos* et l'*ousia* (1038a 26).

2. La lecture traditionnelle, on l'a vu, si elle identifie l'*ousia* à la forme, nie généralement que l'universel soit *ousia*. Il lui faut alors distinguer la forme aristotélicienne de l'universel

selon laquelle la forme ou l'essence *elle-même* n'est pas pleinement *ousia*, l'idée, donc, selon laquelle il ne suffit pas d'être *ousia kata ton logon* pour être *ousia malista*.

Le contraste entre ces deux sens d'*ousia*, entre, donc, l'essence et la substance, va se trouver accentué à l'issue de cette analyse, en Z 15. De tous les candidats énumérés au début du livre, puis un à un examinés, deux, seulement, sont donnés comme étant l'*ousia* : le *sunolon* et le *logos*, ou encore le *logos* uni à la matière et le *logos* seul (1039b 20-21). En ceux-ci, on reconnaît les candidats désignés comme étant *ousia malista* et *ousia prōtē*, soit le composé et la forme, à ceci près que le terme *logos* s'est substitué à celui d'*eidos*. Ce choix lexical n'est pas indifférent, mais vient souligner ce qui justifie la prétention de la forme au titre d'*ousia* : ce qui fait d'elle un principe de détermination et d'intelligibilité, et l'objet de la définition, soit, précisément, une *ousia logikē*.

Mais, ce faisant, Z 15 va aussi accentuer ces critères – d'autant plus volontiers, peut-on penser, que la critique du *katholou* a permis d'évacuer tout risque de confusion avec le platonisme : au *logos* comme impérissable et objet de définition on oppose ainsi les sensibles individuels comme périssables et indéfinissables (1039b 23-31). Le contraste se trouve ainsi accentué entre l'individu et son principe d'intelligibilité : en quoi l'on pourrait voir une confirmation du platonisme si, par un tour paradoxal, l'argument ne se trouvait appliqué aux Idées elles-mêmes; si celles-ci sont des individus, et, à ce titre, séparées, alors elles ne peuvent être définies (1040a 8-9). Cependant, et simultanément, l'autre critère de l'*ousia*, la séparabilité, va se trouver aussi rappelé, au détour là encore d'un examen de la théorie des Idées : leurs partisans ont raison, si celles-ci sont des *ousiai*, de les poser comme séparées (16, 1040b 28-30).

Au terme du livre Z, ainsi, soit au terme de la première enquête sur l'*ousia*, on se trouve confronté à l'accentuation de la tension entre l'*ousia prōtē* ou *logikē* et l'*ousia malista*, c'est-à-dire entre la forme et le composé. La solution platonicienne ayant été évacuée, on est reconduit au problème dont elle est née (et que B donnait comme de tous le plus difficile (999a 24 *sq.*)) : comment penser la relation entre l'individu et son principe d'intelligibilité ? Ce problème, les analyses de Z permettent de le reformuler en termes aristotéliciens : comment penser l'unité du *tode ti*

platonicien, ce qui peut se faire *via* la position de formes individuelles, ou encore via la distinction entre la forme-espèce et l'universel. Pour la première option, voir M. Frede et G. Patzig, *Aristoteles* Metaphysik Z. *Text, Ubersetzung und Kommentar*, Munich, Beck, 1988, notamment p. 51-52; pour la seconde, M. Zingano, « L'*ousia* dans le livre Z de la *Métaphysique* », dans M. Narcy et A. Tordesillas (éd.), *La* Métaphysique d'*Aristote*, *op. cit.*

kai khōriston, de l'individu subsistant de façon autonome, et de sa forme-essence ? Ce problème est lié à un autre, formulé dès Z 1, et rappelé à la fin de Z 16 (1041a 2-3) : sachant que la forme, pas plus que l'universel, ne peut être séparée, qu'elle n'est donc pas absolument *ousia*, comment penser les substances éternelles et intelligibles ? Au terme de Z, donc, et une fois compris que la position platonicienne de Formes-individus n'est pas une solution, on se trouve encore confronté à deux questions :

– comment penser le rapport de la substance individuelle avec son essence ?

– comment penser la subsistance de l'essence ?

c. *Le nouveau départ (Z 17)*

Z 17 annonce un nouveau départ dans l'analyse de l'*ousia* : on va désormais la considérer du point de vue des principes et des causes. Il est possible, ajoute Aristote, que ce nouveau point de vue éclaire la question de la substance séparée (κεχωρισμένη, 1041a 7).

Comme les précédentes analyses, ce nouveau départ conduit d'abord à mettre en relief l'essence : interrogeant la cause, c'est d'abord le *to ti ēn einai* que l'on recherche. En la désignant ainsi, cependant, on continue de s'exprimer *logikōs* (a 28) ; car la cause peut aussi être la fin, ou le en vue de quoi (*tinos eneka*) ou encore la première cause motrice (τί ἐκίνησε πρῶτον, a 30). Si celle-ci ne s'applique qu'au devenir, la cause finale, elle, peut aussi être recherchée pour l'être (ἐπὶ τοῦ εἶναι, a 32).

Le nouveau départ dans l'analyse de l'*ousia* invite donc à considérer la forme dans sa fonction causale et explicative. Or ce qui se trouve par-là mis en lumière, ce n'est pas la nature de la substance séparée, comme on pouvait l'espérer, mais bien au contraire la corrélation de la forme à la matière au sein de la substance composée. La forme est cause au sens où elle est ce par quoi la matière est déterminée : et c'est en tant que telle qu'elle est *ousia* (1041b 8-9) [1].

On lit généralement ces lignes comme la conclusion de Z, et comme l'affirmation ultime de l'identité entre forme et *ousia* [2]. Or il semble qu'elles marquent bien plutôt l'insuffisance de ce résultat, et du point de vue qui y

1. À supposer que l'on retienne ici le texte des MSS, τοῦτο δ 'ἐστὶ τὸ εἶδος, contesté par Christ. Autrement dit, et comme le soulignent Ryan (« Pure Form in Aristotle », art. cit.) et Burnyeat (*A Map of* Metaphysics *Zeta*, *op. cit.*), le mot *eidos* n'apparaît qu'une fois, et dans une phrase rejetée comme douteuse.

2. Voir par exemple F. Wolff (dans M. Narcy et A. Tordesillas (dir.), *La* Métaphysique *d'Aristote…*, *op. cit.*).

mène : si Z 17 marque un nouveau départ, et si celui-ci est nécessaire, c'est d'abord parce qu'il substitue à l'analyse logique et statique une analyse dynamique, prenant en compte la cause. Procédant ainsi, c'est-à-dire d'un point de vue non plus logique, mais physique (*logikōs / physikōs*), on va mettre en évidence le caractère nécessaire de l'articulation de la forme à la matière, et donc son inadéquation au projet initial, rappelé au début du chapitre 17, et qui vise à élucider la nature de la substance séparée.

Autrement dit, ce qu'a montré Z, c'est que, si la forme peut être dite *ousia* d'un point de vue logique, elle ne peut être séparée ni ne convient à la pensée du séparé : que, donc, elle ne peut être pleinement *ousia,* ni ne convient à la pensée des *ousiai proterai.*

Le nouveau départ inauguré en Z 17 souligne du même coup la nécessité de substituer, à celui de la matière et de la forme, un nouveau couple conceptuel. C'est à quoi s'emploie le livre H qui va tout à la fois traduire et reprendre l'analyse en termes, cette fois, de *dunamis* et d'*energeia*[1]. Considérée dans sa fonction aitiologique, et non plus seulement logique, et prise comme fin, la forme, en effet, est acte. Or la notion d'acte, en tant qu'elle se substitue, mais *en la complétant,* à celle de forme, permet de réconcilier les différents critères de l'*ousia*, soit de résoudre la tension entre *ousia prōtē* et *ousia malista.*

L'acte est *ousia*, absolument, et au sens plein, et tant des points de vue logique et épistémologique qu'ontologique et aitiologique. Si l'acte permet de penser l'*ousia* selon le double critère de la séparation et de l'intelligibilité, il permet aussi de penser les substances intelligibles et séparées, comme le montrera Λ. Quant à la notion de *dunamis*, son corrélat, elle va permettre de réintégrer le candidat que Z avait écarté : la matière.

Les notions de *dunamis* et d'*energeia* ont donc ceci de remarquable qu'elles permettent de donner une extension maximale à la notion d'*ousia* sans que celle-ci se paye de son équivocité mais, au contraire, en résolvant le conflit entre substance et essence, tout comme celui entre substances simples et substances composées.

1. Celles-ci, on l'a vu, sont peu présentes dans les analyses de Z. Elles intervenaient cependant à l'occasion de la critique du platonisme, en Z 13, qui montrait qu'une substance en-acte ne peut être constituée d'autres substances en-acte (1039a 2 *sq.*), et en Z 16, qui mettait en garde contre l'identification des parties des corps et des corps élémentaires, qui ne sont qu'en-puissance, à des substances (1040b 5 *sq.*).

LE LIVRE H : ACTE ET *OUSIA*

Le livre H s'ouvre sur un rappel des principaux candidats au statut d'*ousia*, comme des principaux critères de l'*ousia*, soit sur un résumé de Z [1]. Ce faisant, il en manifeste aussi la ligne directrice : puisque l'essence (le *to ti ēn einai*) est l'*ousia* et que, de celle-ci, la définition rend compte, on s'est avant tout préoccupé d'examiner la définition et la prédication essentielle (1, 1042a 17-18). La démarche de Z se trouve donc une nouvelle fois caractérisée comme une démarche logique, procédant de l'identification de l'*ousia* à l'essence. H 1 rappelle cependant qu'à côté du critère essence on a dégagé un critère substrat (*hupokeimenon*, 1042a 13) : or celui-ci conduit à retenir trois candidats au statut d'*ousia* : non seulement le *logos* et la figure (*morphē*), mais aussi la matière et le composé (a 26-30).

Il manifeste cependant leur insuffisance : le *logos* et la *morphē* ne sont séparables que, précisément, du point de vue de la formule (τῷ λόγῳ χωριστόν), quant au composé, s'il est χωριστὸν ἁπλῶς, absolument séparé, il est aussi passible de génération et de corruption (a 28-31). Apparaît donc ici, une nouvelle fois, la scission déjà soulignée entre l'exigence de permanence et celle de subsistance autonome. Le critère *hupokeimenon*, s'il permet de réunir tous les candidats, paraît, de ce fait, de nouveau insuffisant, ce qui explique qu'il faille le doubler des critères de la séparation et de l'individualité.

H 1 marque cependant un progrès par rapport en Z en ce qu'il procède à la réintégration du candidat matière, mis jusque là hors-jeu. Cette réintégration est rendue possible par l'application du critère *hupokeimenon*, mais aussi par l'introduction des notions de *dunamis* et d'*energeia* [2]. Ce sont celles-ci qui, avec la distinction entre les deux degrés de séparation, τῷ λόγω et ἁπλῶς, constituent le principal apport théorique et stratégique de ce chapitre inaugural.

La matière va en effet se trouver définie comme ce qui, sans être un *tode ti*, une chose individuelle, en acte, l'est cependant en puissance (1042a 27-28). Si considérée en elle-même, comme l'avait fait Z 3, la matière répond au critère *hupokeimenon*, considérée comme en-puissance elle répond aussi au critère *tode ti*; du critère *khōriston*, qui aux côtés de celui *tode ti* avait justifié son élimination, il n'est à ce point pas question.

1. Sur le caractère systématique de ce résumé, voir le relevé de M. Burnyeat, *A Map of* Metaphysics *Zeta*, *op. cit.*

2. Rappelons que l'élimination provisoire de la matière en Z 3 résultait d'un travail d'abstraction au cours duquel on s'était efforcé en particulier de la considérer indépendamment de ses *dunameis* (1029a 13).

Cette première analyse permet de caractériser la matière non pas simplement comme *ousia*, mais comme *ousia en-puissance* (1042b 10). Et à son tour, elle invite à considérer non pas simplement l'*ousia* mais l'*ousia* comme acte, ὡς ἐνέργειαν (10-11).

Procédant ainsi on va, après la matière, s'intéresser à la forme. Dans la suite du texte, le terme *energeia* va se trouver systématiquement associé à celui d'*eidos*. C'est le cas en 1043a 20 : le *logos* des différences est *logos* de la forme et de l'acte, *tou eidous kai tēs energeias*; en 1043b 1 : l'essence appartient à la forme et à l'acte, *tōi eidei kai tēi energeiai*. Il le sera aussi à ceux de *logos* (1043a 12-13, où *energeia* et *logos* sont opposés ensemble à la matière), et de *morphē* (1043a 28; a 30).

L'*energeia* hérite ainsi, en H, de toutes les caractéristiques de l'*eidos* mises en lumière par Z : elle est ce qui se prédique de la matière en tant qu'elle en est le principe de détermination (2, 1043a 6); énonçant la dernière différence, on énonce l'acte autant que la forme (1043a 20) : décrivant une maison comme un tas de pierres, de briques et de bois, on décrira sa matière, ou encore la maison en-puissance; la décrivant comme « un réceptacle destiné à contenir des biens et des corps », on décrira la maison en acte (1043a 14-18).

Ce que H 3 fait apparaître, cependant, c'est qu'il n'est pas toujours aisé de distinguer l'acte du composé : le terme maison, par exemple, désigne-t-il « un abri fait de briques et de pierres arrangées de telle et telle façon », ou seulement un abri ? Le terme animal, une âme dans un corps ou une âme ? Il apparaît que la distinction entre élément matériel et élément formel a quelque chose d'artificiel; la forme n'est pas seulement ce qui fait que des pierres dressées en murs, du bois agencé en toiture, sont une maison : elle est l'organisation même des pierres en murs, du bois en toiture (de même, l'âme ne se surajoute pas à un corps qui serait déjà pourvu d'organes, déjà capable de croître, de se nourrir, de bouger etc : elle est cette organisation et ces capacités mêmes). Ainsi, la substance composée est une unité, l'unité de l'élément matériel et de l'élément formel – et en tant que telle elle peut être dite une entéléchie, et une certaine nature, ἐντελέχεια καὶ φύσις τις (1044a 9)[1].

1. Soit la première apparition en H du terme *entelekheia*, qui ne sera vraiment introduit, et ce faisant aussi justifié, qu'en Θ. Il est ici couplé à celui de *phusis*, qui donne déjà un indice sur son sens, en tant qu'il désigne le composé comme une unité dynamique (la nature est principe de mouvement immanent) ayant la forme pour fin, et pouvant être dit entéléchie en tant qu'il a atteint cette fin (*cf.* Δ 4, 1015a 10-11; 14-15; 17-19).

À cela, H 4 ajoute que n'importe quelle chose ne peut avoir n'importe quelle matière : une scie ne peut être faite de laine ou de bois (1044a 29) [1]. Si le point de vue logique faisait apparaître la détermination de la matière par la forme, le point de vue aitiologique fait apparaître la détermination de la forme par la matière. Ceci vaut bien sûr aussi pour la génération : la cause formelle portée par la semence mâle ne peut se développer que dans une matière déterminée (les menstrues), sur laquelle elle agira comme une cause motrice, déterminant son organisation (H 4 1044a 34 *sq.*). Cette analyse manifeste aussi qu'en un sens cause formelle et cause finale sont la même (1044b 1). Considérée du point de vue aitiologique, c'est-à-dire prise comme cause, la forme est donc à la fois principe et fin d'une modification de la matière, au terme de laquelle elle se trouve pleinement réalisée en celle-là – ou au terme de laquelle la matière se trouve pleinement réalisée en elle.

Si c'est le critère *hupokeimenon*, ajouté à la notion d'en-puissance, qui a permis la réintroduction du candidat matière, on voit cependant que celui-ci a aussi été réexaminé à la lumière de l'autre critère (celui des Platoniciens, et non plus des Physiologues) : le critère *to ti ēn einai*. Il apparaît alors que, considérée comme en-puissance, la matière est un élément de la substance, et que, si elle est déterminée par la forme, elle détermine aussi, en quelque façon, celle-ci, au sens où n'importe quelle forme ne peut s'imposer à n'importe quelle matière : de sorte qu'il apparaît que dans le cas des substances composées l'énoncé définitionnel doit prendre en compte aussi l'élément matériel – et que, ultimement, le critère essence comme le critère substrat conduit à le réhabiliter.

Mais la question se pose alors de savoir quelle est la cause de cette unité de la matière et de la forme dans la substance concrète, ou dans la nature (H 6). De cette unité, la doctrine des Formes-substances est impuissante à rendre compte, qui revient au contraire à composer une substance donnée d'une pluralité d'autres substances : l'homme, par exemple, de l'Idée d'Animal et de celle de Bipède. En revanche, cette unité apparaît comme donnée si l'on considère que la substance concrète n'est pas séparée de son essence, c'est-à-dire qu'en son sein la forme s'articule nécessairement à sa matière et, plus encore, que son essence même consiste en une telle

1. En somme (et comme l'écrit Focillon à propos de l'activité artistique) « La matière impose sa propre forme à la forme » (*La Vie des formes*, Paris, P.U.F., 1964 (1934), p. 51). On comprend dès lors que la définition formelle elle-même doive prendre en compte cette qualité de la matière, même si demeure une indétermination résiduelle (ainsi la forme de la maison détermine la qualité solidité, mais non la nature du matériau employé, pierres, briques, ou bois) ; voir sur ce point Aubenque, *Le Problème de l'être…*, *op. cit.*, p. 480.

articulation. L'homme, ainsi, n'est pas constitué d'une pluralité de Formes (en-acte), il est l'articulation d'une forme à une matière, ce qui revient à dire que matière et forme sont chacune l'homme, l'une en-puissance, et l'autre en-acte (1045a 23-24).

Adopter le langage de l'en-puissance et de l'en-acte c'est donc penser l'unité de ce que le langage encore platonicien, et abstrait, de la matière et de la forme invitait à distinguer : c'est dire que la forme n'est que dans une matière déterminée, et que la matière n'est qu'en tant qu'elle est, ou peut être, déterminée par une forme. Aussi H se conclut-il sur l'affirmation selon laquelle :

> La matière prochaine et la forme sont une seule et même chose, l'une en-puissance et l'autre en-acte – de sorte que chercher la cause de leur unité, c'est comme chercher la cause de l'être-un : en effet, chaque chose est une, et l'en-puissance et l'en-acte sont d'une certaine façon une unique chose (1045b 17-23)[1].

L'en-puissance c'est l'unité de la matière et de la forme vue du côté de la matière, l'acte, l'unité de la matière et de la forme vue du côté de la forme. Matière et forme ne sont que des points de vue abstraits adoptés sur l'individu concret, *tode ti kai khōriston*, en tant que celui-ci est une forme en-acte c'est-à-dire réalisée dans une matière pleinement déterminée au terme d'un processus régi par la cause motrice.

H ne fait donc pas que répéter l'analyse de Z en en modifiant les termes : en substituant le point de vue aitiologique au point de vue logique engagé par la critique du platonisme et l'analyse des rapports entre universel, *ousia*, et définition, il apporte une solution, qui devra encore être complétée par Θ et ne prendra tout son sens qu'en Λ, au problème de l'*ousia*. L'*ousia*, ce n'est ni la matière ni la forme, c'est le composé, mais c'est aussi la matière comme en-puissance de la forme, la forme comme en-acte dans une matière – les deux comme constituant l'unité d'un individu à la fois déterminé et séparable. L'acte répond en effet à tous les critères de l'*ousia* : en tant qu'il hérite des caractéristiques de la forme, il dit la détermination et la permanence; en tant qu'il nomme la forme comme liée à une matière, il dit aussi l'individu et le séparé. *L'acte dit donc l'ousia à la fois comme substance et comme essence* : plus précisément, il dit l'essence (la forme) comme essence d'une substance, et la substance (composée) comme substrat de l'essence. Par la notion d'acte, le conflit sur lequel s'achevait Z, entre critère platonicien et critère aristotélicien

1. En faveur de l'authenticité de ces lignes, suspectée par Jaeger, voir M. Burnyeat and others, *Notes on Eta and Theta of Aristotle's Metaphysics*, *op. cit.*, p. 44.

de l'*ousia* entre *ousia prōtē* et *ousia malista*, et ce faisant aussi entre le candidat forme et le candidat composé, se trouve donc résolu.

L'autre question directrice de Z demeure cependant en suspens : comment penser les substances séparées au sens, cette fois, platonicien du terme ? On n'a, sur ce point, atteint de conclusion que négative : si la forme ne peut demeurer à l'état séparé, et ne peut, à ce titre, être pleinement *ousia*, les substances séparées ne peuvent être pensées comme des formes. Il n'y a pas de sens, sauf à être platonicien, à parler de « formes pures ». Mais cette conclusion paraît condamner aussi ce que, du platonisme, l'on souhaite conserver : l'affirmation qu'il existe des substances simples, immatérielles. Au terme de Z-H, la question qui se pose est donc de savoir comment l'on peut penser la séparation *en son double sens*, platonicien, et aristotélicien : comment, donc, l'on peut penser la subsistance autonome d'êtres immatériels. À cette question c'est une nouvelle fois la notion d'acte qui, au livre Λ, apportera une solution.

CHAPITRE IV

LE SENS ONTOLOGIQUE DE LA *DUNAMIS* ET DE L'*ENERGEIA*

En E 2, l'en-puissance et l'en-acte étaient comptés, aux côtés de l'être par accident, de l'être comme vrai, et des catégories, au nombre des sens de l'être (1026a 33-b 2). En les substituant à ceux de matière et de forme, le livre H a mis en évidence, en la *dunamis* et l'*energeia*, les concepts adéquats de la substance sensible, permettant d'en penser tant la composition que l'unité. C'est cette ligne que prolonge le livre Θ : il poursuit en effet l'enquête sur l'être, en l'étudiant non plus du point de vue de l'*ousia* et des catégories, mais du point de vue de la *dunamis* et de l'*energeia*. D'emblée, celles-ci sont présentées comme un autre sens de l'être que celui que disent les catégories – sans pour autant que ces deux approches soient données pour exclusives (Θ 1, 1045b 32-34). D'un point de vue conceptuel, Θ s'inscrit donc dans la continuité de l'enquête ouverte en E 2 : le sens ontologique de la *dunamis* et de l'*energeia* y est réaffirmé, et proposé à l'élucidation.

Si ce sens est celui que nous poursuivons à présent, écrit Aristote, il n'est cependant pas manifeste d'emblée, car il se distingue du sens courant. Il faut, pour le dégager, considérer un autre usage des termes de *dunamis* et d'*energeia*, par quoi ceux-ci ne s'appliquent pas seulement au mouvement (1045b 35-46a 2). Le livre Θ va ainsi procéder à un transfert du sens kinétique au sens ontologique de la *dunamis* et de l'*energeia*. Selon une procédure semblable à celle qui, en Z, était appliquée à l'*ousia*, le sens initial, légué par l'usage et par la tradition, ne va pas être supplanté par le sens nouveau dégagé par l'enquête, mais plutôt subsumé sous celui-ci qui apparaît à son fondement – premier, donc, non pas « pour nous » mais « en soi ». Ce sens ontologique de la *dunamis* et de l'*energeia* n'apparaît que dans leur corrélation. Il suppose que la *dunamis* ne soit pas considérée seulement dans l'ordre de l'articulation du passif à l'actif, mais dans celui de l'en-puissance à l'acte. Il faut, pour que la *dunamis* apparaisse comme un sens de l'être, ne pas en rester au jeu des puissances, à l'articulation de la puissance active et de la puissance passive qui partagent le champ de l'efficience entre un agent et un patient. Cela suppose que l'on adopte un autre point de vue sur le mouvement qui procède de cette corrélation, pour le considérer non plus seulement du point de vue des puissances qui y président, mais de celui de l'être qui est à sa fin. Le sens ontologique de la *dunamis* et de l'*energeia* n'apparaît donc qu'à condition que l'on considère le mouvement non plus seulement comme effet de la rencontre entre un agent et un patient, mais comme transition entre deux états de l'être. Ce qui importe, dès lors, ce n'est plus le partage initial entre puissance active et puissance passive, mais la distinction et l'articulation entre l'en-puissance, *dunamei*, considéré univoquement, et par-delà la distinction entre passif et actif, comme principe de mouvement, et l'acte qui se trouve à sa fin. Le transfert du sens kinétique au sens ontologique s'accompagne ainsi de la subsomption du modèle de l'efficience sous celui de la finalité.

Il permet aussi, et ultimement, de penser les conditions d'un autre transfert, par quoi *dunamis* et *energeia* permettront de penser non plus seulement l'articulation du mouvement à l'être, mais celle des substances mobiles, composées, et contingentes, aux substances immobiles, simples et nécessaires.

LE SENS PRÉ-ARISTOTÉLICIEN DE LA *DUNAMIS*

a. Le livre Θ s'ouvre on l'a vu sur la distinction entre le sens courant de la *dunamis* et le sens ontologique proposé à l'élucidation. Il faut donc, pour mesurer la singularité du geste d'Aristote, tâcher de repérer ce sens courant, et les usages du terme légués par la tradition.

Dans son *Étude sur le terme δύναμις dans les dialogues de Platon*[1], Joseph Souilhé a retracé l'évolution du terme d'Homère à Aristote. Il distingue trois principaux moments : le premier, pré-platonicien, où la *dunamis* viendrait désigner la force physique (Homère), puis la puissance royale ou divine (Hésiode), avant de s'étendre aux êtres inanimés ou aux collectivités (Xénophon, les orateurs) ; le moment platonicien, préparé par l'usage médical et sophistique du terme, où la *dunamis* revêt le sens de propriété ou de qualité pensée non plus seulement, comme c'était le cas

1. J. Souilhé, *Étude sur le terme δύναμις dans les dialogues de Platon*, Paris, Alcan, 1919.

chez les sophistes et les médecins, en rapport avec l'action ou l'effet qu'elle autorise, mais, en-deçà, dans sa relation avec l'*ousia* qu'elle caractérise tout en la manifestant : le sens majeur serait dès lors celui de propriété ou de qualité révélatrice de l'être[1]; enfin, le moment aristotélicien, dont la singularité tiendrait en un double coup de force : l'articulation de la *dunamis* au changement; son opposition à l'acte. L'évolution ainsi retracée va du concret à l'abstrait, de la force à la puissance[2].

Cette analyse a été contestée par David Lefebvre[3], pour qui le mouvement est inverse, allant de l'idée de capacité, comprise comme une puissance à la fois déterminée et déterminante, se tenant sur le seuil de la différence de l'actif et du passif, à celle de force ou de puissance active. David Lefebvre étudie le terme δύναμις à travers la clause κατὰ δύναμιν, son unique lieu d'emploi, à quelques exceptions près, chez Homère et chez Hésiode. En celle-ci, il voit l'une des formules du « sens grec de la mesure », ou encore de la « sagesse des limites » : agir *kata dunamin*, c'est agir dans les limites d'une nature, pensée comme seconde, subordonnée au divin, comme dans celles du champ d'exercice et des circonstances qui lui sont imposées. C'est chez Platon que « la question philosophique de la *dynamis* trouve son lieu de naissance » : à travers la distinction et l'articulation des puissances active et passive, et l'insistance sur la dimension épistémologique et ontologique de la puissance, pensée à la fois comme « principe de connaissance et condition de l'être ». Une tension se manifesterait cependant, entre un usage descriptif de la puissance comprise comme « attribut caractéristique d'une nature », permettant à la fois « de la connaître, de la définir et d'agir sur elle », et un usage normatif, visant à déterminer, parmi les différentes puissances d'une nature donnée, celle qui lui convient en propre.

b. La nouveauté du concept aristotélicien de *dunamis*, tel qu'il est élaboré dans la *Métaphysique* et, en particulier, au livre Θ, nous paraît, on l'a dit, résider en trois principaux points :

1. Voir par exemple *Lachès* (192b 5), où il s'agit de trouver la définition du courage comme de cette *dunamis*, « toujours la même » qui s'exerce à l'égard du plaisir, de la douleur, comme aussi de tous les maux, ou encore *Protagoras* (349b 3), où l'on demande si les différentes vertus de savoir, sagesse, courage, justice et sainteté manifestent une seule et même chose, où si à chacune correspond une *ousia* distincte, ayant une *dunamis* propre.

2. L'analyse de Souilhé rejoint à ce titre celle de P. Chantraine qui dans le mot δύναμις reconnaît « un nom d'action de première importance » et traduit par « "force" au sens le plus général » (*Dictionnaire étymologique de la langue grecque*; Histoire des mots, Paris, Klincksieck, 1968-1980, p. 301).

3. D. Lefebvre, *DYNAMIS*, *op. cit.*, p. 342-343.

– sa désignation comme un sens de l'être, et comme un sens de l'être qui, conformément au programme défini en A et à l'exigence posée en Γ, permet de penser le devenir;

– sa corrélation à l'acte;

– la subsomption de la corrélation puissance active-puissance passive sous la corrélation en-puissance-en-acte, et, par-là, du modèle de l'efficience sous celui de la finalité.

Il faut cependant, pour mesurer l'originalité d'une telle conception, la comparer brièvement aux textes platoniciens qui paraissent l'anticiper, et où le concept de *dunamis* paraît être le plus élaboré.

Au livre V de la *République*, Platon propose une définition de la *dunamis*[1], qui a ceci de remarquable qu'elle confère au terme une extension maximale, tout en rendant compte de l'usage qui en est fait depuis l'*Hippias mineur* ou le *Charmide*. Les *dunameis* sont désignées non pas comme un sens de l'être, mais comme un genre d'êtres (γένος τι τῶν ὄντων); elles sont ce par quoi « nous pouvons ce que nous pouvons, et en général toute autre chose peut précisément ce qu'elle peut »[2]. En sont données pour exemple la vue, ou l'ouïe. Comme telles, les *dunameis* sont très nettement opposées à des qualités comme la couleur ou la forme, qui permettent de « distinguer certaines choses, et dire que les unes sont différentes des autres »; en une *dunamis*, on considère simplement « sur quoi elle porte et ce qu'elle effectue (ἀπεργάζεται) » (477d 1). La *dunamis* est ici étroitement associée au pouvoir et à l'action. D'une chose, elle ne permet pas de dire ce qu'elle est, de déterminer ses propriétés distinctives, mais de dire ce qu'elle peut faire, et ce qu'elle fait. Aussi bien, il ne s'agit pas d'utiliser la *dunamis* comme critère de l'être, mais d'utiliser l'action comme critère de la *dunamis*, étant posé que d'un même effet portant sur une même chose on peut juger qu'il a pour principe une seule et même *dunamis* (477dv1-3). La puissance est ainsi articulée à un *ergon*, une opération ou un objet (le terme admet les deux sens, sur quoi jouera, on le verra, l'argument d'Aristote en Θ), qui la détermine et l'oriente[3]. Dans

1. Sur la question du statut de cette définition, voir D. Lefebvre, *DYNAMIS*, *op. cit.*, p. 237 *sq.*

2. 477c 1-2. Trad. P. Pachet.

3. Sur la notion d'*ergon*, voir aussi *Rép.* I, 352d 8-353e 2, qui la définit comme ou bien ce qu'une chose est seule à pouvoir accomplir, ou bien ce qu'elle accomplit mieux que toutes les autres, et l'articule ainsi étroitement à la notion d'excellence, *aretē*. Comme le souligne D. Lefebvre (*op. cit.*, p. 265), l'articulation de la *dunamis* à l'*ergon* compris comme fontion propre autorisant le déploiement d'une excellence, vient jouer contre la notion de puissance indéterminée, non-normée, la « toute-puissance » tyrannique ou politique à laquelle aspirent les orateurs, et dont, comme le livre I de la *République*, le *Gorgias* présente une critique.

cette articulation de la *dunamis* à l'*ergon*, qui, cependant, demeure lâche (le terme ἔργον n'est pas utilisé, mais seulement le verbe ἀπεργάζεται), et n'est associée ni à un modèle causal, ni à une ontologie, on peut déjà reconnaître une détermination téléologique et normative de la puissance (ici univoquement caractérisée comme active) qui joue contre l'idée de puissance indifférenciée et non-normée.

Ce couple de la puissance et de l'action n'est pas non plus associé aux notions de latence et de manifestation, ni à celles de potentialité et d'effectivité. Celles-ci sont véhiculées par un autre couple conceptuel, repérable, lui, dans le *Théétète* : celui de l'*hexis* et de la *ktēsis*, soit de l'avoir effectif et de la simple acquisition. D'un vêtement qu'on possède sans le porter, on dira qu'on l'a acquis mais non qu'on l'a, de même pour des oiseaux que l'on tiendrait captifs dans une volière sans les attraper, ou d'une science déjà apprise mais non ressaisie par la pensée (197b-198 d). Le terme *dunamis* intervient cependant aussi dans ce contexte, mais en un sens distinct de ceux d'*hexis* et de *ktēsis*; le propriétaire de la volière détient, sur les oiseaux qui y sont enfermés, une double puissance : celle de les attraper ou de les relâcher, aussi souvent qu'il lui plaît (197c 7-9). La *dunamis* apparaît donc ici comme la puissance tant de la possession que de l'usage et ce non pas selon un schéma progressif, comparable à celui qu'Aristote élaborera en *De Anima* II, 5, et où la puissance native (celle par exemple qu'a tout homme d'apprendre la grammaire) est transformée en *hexis* par l'étude, puis peut s'exercer en une *energeia* [1], mais selon un schéma réversible et alternatif.

Le terme *dunamis* intervient plus tôt dans le même dialogue, à l'occasion, donc, toujours, d'une enquête épistémique, et dans le cadre de l'examen de la première définition de la science, qui identifie celle-ci à la sensation. Cette doctrine a été successivement assimilée au relativisme de Protagoras et au mobilisme d'Héraclite. Elle donne lieu à une troisième assimilation, qui fait intervenir cette fois « les mystères », ou encore le *mythos*, de penseurs plus subtils, plus délicats, κομψότεροι, que certains non-initiés qui se refusent à compter comme être, *ousia*, ce qu'ils ne peuvent prendre à pleines mains : les actions, par exemple, *praxeis*, ou encore les générations, *geneseis*, ou encore l'invisible. Pour ces subtils initiés, à l'inverse, « le tout est mouvement [...] ; du mouvement il y a deux formes, chacune d'extension infinie, mais ayant pour puissance, l'une,

1. 417a 22-417b 2. Notons que le lexique aristotélicien inverse, ici, celui du *Théétète* puisque l'*hexis* passe de la désignation de l'exercice et de l'effectivité à celle de la simple possession, ou disposition.

d'agir, l'autre, de subir (δύναμιν δὲ τὸ μέν ποιεῖν ἔχον, τὸ δὲ πασχείν)[1] ». De leur interaction et de leur frottement naissent, en nombre infini, des rejetons jumeaux : le senti, et la sensation. C'est dans le même temps, ainsi, que naissent la vision et le blanc, et ils ne sont blanc et vision que par cette rencontre : car il n'est d'agent que par rencontre avec un patient, de patient que par rencontre avec un agent, et ce qui, en telle rencontre, est agent, peut en telle autre devenir patient. Il faut dire, dès lors, que « rien n'est un, en soi et par soi, mais à chaque fois vient à être pour telle chose (τινι ἀεὶ γίγνεσθαι), et le mot "être" est à éliminer de toutes parts »[2].

La *dunamis* est ici divisée en active et en passive[3]. Puissance d'agir et puissance de pâtir sont à la fois relatives l'une à l'autre et réversibles. Des mouvements, elles sont donc moins des principes que des propriétés, elles-mêmes mouvantes et circonstancielles. La *dunamis* active ou passive n'en est pas moins articulée, par-delà le contexte épistémologique de la discussion, à une ontologie : ontologie paradoxale, puisque, présentée comme subtile en ce qu'elle accorde l'être au devenir, elle aboutit à la négation de l'être au profit du devenir.

C'est cependant dans le *Sophiste* que la dimension ontologique de la *dunamis* platonicienne est la plus lisible. Le terme intervient dans le cadre de la gigantomachie qui met aux prises les Fils de la Terre et les Amis des Formes. Comme les non-initiés du *Théétète*, les premiers n'admettent pour être que ce qu'ils peuvent étreindre de leurs mains, ce qui offre « contact et résistance » ; ils définissent comme le même le corps et l'*ousia*. Les seconds luttent pour établir que l'*ousia* véritable, ce sont les formes, intelligibles et incorporelles ; aux corps, ils attribuent la *genesis* et non l'*ousia*. À ce combat sans fin, l'Étranger va tenter de mettre un terme en proposant une définition de l'être :

> Ce qui possède une puissance, quelle qu'elle soit, soit d'agir sur n'importe quelle autre chose naturelle, soit de pâtir (δύναμιν εἴτ' εἰς τὸ ποιεῖν… εἴτ' εἰς τὸ παθεῖν) – même dans un degré minime, par l'action de l'agent le plus faible, et même si cela n'arrive qu'une seule fois – tout cela, je dis, existe réellement. Et par conséquent, je pose comme définition qui définit

1. 156a 4-6. Trad. M. Narcy.
2. 157a-b. Trad. M. Narcy.
3. La même distinction se retrouve dans le *Phèdre*, à l'occasion de l'exposé de la méthode d'Hippocrate : il faut, pour connaître une nature donnée, examiner sa nature, et se demander ce que, par nature, elle doit faire, et sur quoi, et ce dont, par nature, elle doit pâtir, et de quoi – examiner, donc, sa *dunamis* εἰς τὸ δρᾶν et εἰς τὸ παθεῖν (270c 7-d 4). Sur la corrélation actif-passif voir encore *Gorgias*, 476b 4-d 7, où cependant le terme *dunamis* n'apparaît pas.

les êtres que ceux-ci ne sont autre chose que puissance (οὐκ ἄλλο τι πλὴν δύναμις)[1].

La *dunamis* est ici posée comme le trait définitionnel de l'être. Elle en est d'abord présentée comme une propriété distinctive (est ce qui possède, κεκτημένον, une *dunamis*) et qualifiée comme puissance d'agir ou de pâtir, avant d'être pour elle-même donnée comme constitutive de l'être. La définition sera plus bas reprise sous une forme abrégée : ce qui délimite les êtres, c'est « la présence d'une puissance, même minime, d'agir ou de pâtir » (248c 4-5).

Cette définition est recevable par les Fils de la Terre dès lors qu'il est certaines choses, les vices et les vertus, dont ils n'osent dire ni qu'elles sont des corps, ni qu'elles ne sont pas des êtres. Or ces choses-là sont bien douées d'une puissance : celle d'être présentes ou absentes en l'âme ; à ce titre, il faut bien admettre qu'elles sont (247a 7). C'est de cette acceptation embarrassée qu'est induite la définition proposée, laquelle, en retour, doit conduire l'adversaire à accepter de compter l'âme aussi au nombre des êtres dès lors que, siège des vices et des vertus, elle est ce en quoi sont présentes ces puissances. La conviction des amis des Formes est plus difficile à emporter : à ceux-ci on tente, sans succès, de faire admettre que la communauté qu'ils posent entre l'âme et les Formes réside, là encore, en une puissance d'agir et de pâtir née de leur rencontre (248b 5-6). La connaissance est une action, l'être connu, une passion, de sorte qu'il faut reconnaître qu'en l'*ousia* même, en tant qu'elle est connue, et non pas seulement en la *genesis*, ont lieu mouvement et passion. Les *eidophiles* refusent cette conclusion, mais l'étranger et Théétète, à leur tour, refusent ce qui découle de ce refus : que l'être, « solennel et sacré, dénué d'intellect, [...] se dresse immobile » (249a 1-2) – effrayante doctrine en réaction à laquelle l'Étranger va entreprendre de déduire les genres de l'être, parmi lesquels le mouvement et le repos, et ce faisant les conditions de leur puissance de communication, δύναμις τῆς κοινωνία» (254c 5).

La *dunamis* apparaît ici comme l'instrument à la fois, contre les « matérialistes », d'une extension de la notion d'*ousia* à l'incorporel en tant qu'il possède la puissance d'agir et de pâtir, et, contre les « idéalistes », d'une inclusion dans l'*ousia*, en tant qu'elle est objet de connaissance, des traits considérés par eux comme caractéristiques de la *genesis* : la passion, et le mouvement.

Ainsi, elle ne détermine plus seulement, comme en *République V*, un genre d'êtres ; elle ne fonde plus seulement, comme dans le *Théétète*, une

1. 247d 7-e 3. Trad. N. Cordero.

« anti-ontologie », niant l'être au profit du seul devenir; elle délimite en elle-même, et non pas seulement en tant que liée à une action, un usage, ou une fonction, la classe des étants.

De ce bref examen des principaux lieux d'élaboration de la *dunamis* platonicienne, on peut conclure que le concept aristotélicien s'y trouve « en-puissance », à travers l'articulation normative de la *dunamis* à l'*ergon*, la distinction entre capacité et effectivité, le projet d'une ontologie unificatrice de l'être et du devenir, mais sous la forme seulement d'anticipations parcellaires et éclatées qu'il reviendra à Aristote d'articuler et de systématiser.

c. La notion de *dunamis* est présente dès les premiers écrits d'Aristote, associée, à chaque fois, à un contexte éthique[1]. C'est le cas dans le *Protreptique* : le terme y apparaît avec sa signification courante, classique, de « faculté » ou de « puissance »[2]. Mais on le trouve aussi, et déjà, articulé à celui d'*energeia* : le fragment 14[3] s'ouvre sur l'affirmation selon laquelle « vivre » se dit en deux sens, selon la puissance, et selon l'acte, τὸ μὲν κατὰ δύναμιν τὸ δὲ κατ' ἐνέργειαν. Cette distinction est aussitôt explicitée au moyen de celle entre la simple possession (ὅσα τε ἔχει [...] καὶ δυνατὰ) et l'usage (τὰ χρώμενα τῇ δυνάμει) : ainsi, on dit voyants les vivants qui ont la capacité de voir même s'ils gardent les yeux fermés, tout comme ceux qui exercent cette capacité. Le contraste opère aussi entre l'usage (τὸ χρῆσθαι) et la simple possession (τὸ κεκτῆσθαι τὴν δύναμιν καὶ τὴν ἐπιστήμην ἔχειν). La distinction platonicienne, et issue du *Théétète*, entre la possession et l'avoir effectif est ainsi retraduite en une série d'équivalences qui, à la *dunamis*, font correspondre la simple possession (*ktēsis*, mais aussi *hexis*), et à l'*energeia*, l'usage (*khrēsis*)[4]. La corrélation *dunamis*/*energeia* oppose ainsi avant tout la capacité à son usage, la faculté à son exercice. Ici, elle se trouve aussi associée à une réflexion sur la plurivocité et la priorité de signification, en quoi on a pu reconnaître les prémices de l'idée, fondatrice de l'ousiologie aristotélicienne, de signification focale : est en effet désignée comme prioritaire la signification selon l'acte. Enfin, la distinction revêt aussi un sens normatif, et téléologique : le cas est envisagé, en effet, d'une *dunamis* à laquelle correspondent plusieurs

1. Comme le souligne D.W. Graham, qui y voit le signe que « the original motivation for Aristotle's distinction [...] is ethical », *Aristotle's Two Systems*, Oxford, Clarendon Press, 1990, p. 191. Sur la *dunamis* chez le jeune Aristote, voir aussi E. Berti, « Genesi et sviluppo della dottrina della potenza e dell'atto in Aristotele », *Studia Patavina*, 5, 1958, p. 477-505.

2. *Cf.* Ross 7 et 9.

3. = Jamblique, *Protr.* 11 (56. 13-59. 18 Pistelli).

4. Voir de même le fragment 4.

actes, ou différents usages; d'une flûte, par exemple, on peut se servir sans vraiment en jouer (comme d'un simple bout de bois, ou encore pour émettre des sons stridents...). Or on parlera plus proprement d'usage pour qui s'en sert « d'une manière belle et exacte », καλῶς καὶ ἀκριβῶς, et de ce bon usage, on peut dire, aussi, qu'il est la fin [1] de l'instrument. La notion d'*energeia* se trouve associée non seulement à celle d'usage, mais aussi à celle de bon usage et de fin et par là, ultimement, à celle d'*ergon* – le texte ayant ultimement pour objet de déterminer l'*ergon* de l'âme, soit non seulement sa fonction, mais l'acte en quoi réside proprement sa fin.

C'est avec ce sens normatif et téléologique que la notion d'*ergon* intervient encore dans le fragment 6 : l'accomplissement de l'*ergon*, en effet, est ce en vertu de quoi une chose peut être dite bonne, *agathos*, ce en quoi aussi réside sa vertu, *aretē*. Or dans le cas d'un être composé, cet *ergon* ne peut être immédiatement déterminé : constitué de différentes parties, un tel être l'est aussi de multiples actes et de multiples puissances. Sa fin réside en l'accomplissement de son meilleur *ergon*, sa *dunamis* la plus propre, celle, donc, de cette partie de lui en quoi réside au plus haut point son identité. Pour l'homme, sa fin et son bonheur résident en l'accomplissement de sa puissance de penser, *phronēsis*, qui est à la fois sa part divine et son identité la plus propre. La notion de *dunamis* est ainsi articulée à celles d'*ergon* et d'*energeia* qui, elles-mêmes, le sont à celle de fin, *telos*.

Le *Protreptique* associe étroitement des notions présentes, mais disjointes, chez Platon : celles d'usage effectif, d'*ergon* et de fin, qui se conjoindront en les termes – d'invention aristotélicienne – d'*energeia* et d'*entelekheia*. Ce faisant, il jette aussi les bases de l'argument fondateur de l'éthique aristotélicienne, que l'on retrouvera dans l'*Éthique à Eudème* comme dans l'*Éthique à Nicomaque* : celui selon lequel la fin et le bonheur de l'homme résident en l'accomplissement, l'*energeia*, de sa *dunamis* définitionnelle [2].

Dans les *Topiques*, le terme *dunamis* intervient, de nouveau, dans un contexte éthique : au livre IV, la *dunamis* est opposée à la *proairesis*, au choix délibéré. Il faut, souligne Aristote, être attentif à ne pas ranger

1. La notion de fin (τὸ τέλος καὶ τὸ οὗ ἕνεκα) est aussi très présente dans le fragment 11.

2. Voir G. Aubry, « *Dunamis* et *energeia* dans l'éthique aristotélicienne : l'éthique du démonique », art. cit. Dans l'*Éthique à Nicomaque*, la *dunamis* définitionnelle de l'homme se trouve caractérisée comme étant la puissance rationnelle. Celle-ci, cependant, est divisée en deux éléments, le *logistikon*, qui a pour objet le contingent, et l'*epistēmonikon*, qui a pour objet le nécessaire. À une même *dunamis* (qui, elle-même, doit être choisie parmi les multiples *dunameis* dont l'homme est composé, mais qui, seule, définit son humanité) correspondent ainsi deux actes, et deux vertus : la *phronēsis* et la *sophia*.

des choses passibles de blâme sous le genre de la capacité. D'un homme qui peut voler, on ne dira pas qu'il est un voleur, ou, plus généralement, d'un homme capable de mal agir qu'il est mauvais. La simple capacité ne suffit pas à justifier une telle dénomination. Un dieu ou un homme bon sont eux aussi capables de faire le mal[1] : mais le mauvais est celui qui non seulement peut le mal, mais le choisit – en qui, donc, la capacité du mal par tous partagée se double de la *proairesis* (126a 30-36).

Comme dans le *Protreptique*, la réflexion menée ici est d'ordre à la fois linguistique et éthique. La *dunamis* n'est pas considérée cette fois dans son articulation à l'*energeia*, mais par opposition à la *proairesis*, et caractérisée à ce titre comme axiologiquement neutre. De nouveau, ce texte jette les fondements d'une thèse centrale de l'éthique aristotélicienne, et qui permet de soustraire celle-ci à l'accusation de naturalisme : ce qui autorise à qualifier un être rationnel de bon ou de mauvais, ce ne sont pas ses capacités, sa puissance native, ou encore son caractère (*ēthos*). Contrairement à ce qu'affirme l'aristocratisme platonicien, il n'y a pas de bons ou de mauvais naturels; il n'y a pas de sens, en particulier, à parler d'un naturel vertueux : car la vertu, l'*Éthique à Nicomaque* le dira, n'est pas une *dunamis*, une puissance native, une qualité innée, pas plus que ne l'est le vice. C'est une *hexis*, une disposition acquise par l'habitude (*ethos*), au moyen de la répétition d'un même acte, et dont l'actualisation, à son tour, est suspendue à la *proairesis*.

La notion de *dunamis* donne donc lieu, dès les premiers textes d'Aristote, à une élaboration qui l'associe aux questions fondatrices de l'éthique en faisant d'elle un instrument de leur élaboration et de leur résolution. Sa signification ontologique, déjà lisible dans le *Sophiste*, en est cependant absente[2] : elle constitue la marque propre du livre Θ de la *Métaphysique*. La notion va ainsi passer de l'éthique à l'ontologie *via* la physique : mais à une ontologie qui, tout en autorisant la distinction entre la physique et l'éthique (non naturaliste), se déterminera cependant comme axiologique.

1. Δύναται μὲν γὰρ καὶ ὁ θεὸς καὶ ὁ σπουδαῖος τὰ φαῦλα δρᾶν (*Top.* IV, 5, 126a 34) ; le texte ajoute qu'une capacité est toujours souhaitable, même celle de faire le mal, et que c'est à ce titre qu'on peut l'attribuer au dieu ou à l'homme de bien (126a 36).

2. La définition du *Sophiste* donne néanmoins lieu à une discussion au livre V des *Topiques*, qui interroge la validité de la désignation de la puissance d'agir ou de pâtir comme un propre de l'être (V, 9, 138b 27-139a 9) ; *cf.* aussi *Top.* VI, 7, 146a 21-33.

De l'interaction à l'actualisation

Avant d'être élucidée en *Métaphysique* Θ comme un sens de l'être, la *dunamis* apparaît dans les textes physiques comme l'instrument de la pensée du changement et de l'action. Elle est alors pensée dans l'ordre de la corrélation, non pas de l'en-puissance à l'acte, mais de la puissance active à la puissance passive. Le modèle est celui, mécaniste, de l'efficience. Ce modèle est cependant subsumé sous un autre qui, à la corrélation *dunamis* active / *dunamis* passive, substitue celle de la *dunamis* à l'*energeia*, intégrant dès lors le schème de l'efficience sous celui de la finalité. De cette intégration, la définition du mouvement et sa caractérisation comme acte commun du moteur et du mû, apparaît comme un moment essentiel : elle invite en effet à voir en la *kinēsis* non pas seulement le résultat du jeu entre deux puissances, l'une active et l'autre passive, mais la transition entre deux états de l'être. L'interaction, dès lors, n'apparaît plus que comme un moyen pour l'actualisation, le jeu des puissances comme l'occasion de la réalisation de l'en-puissance.

Si les textes physiques donnent déjà à voir cette substitution, il reviendra cependant à Θ de la justifier et de la fonder ontologiquement.

a. Dans le *De Generatione et corruptione*, l'un des lieux où il expose sa théorie de l'action, Aristote paraît se ranger aux côtés des mécanistes : à l'exception de Démocrite et de Leucippe, écrit-il, les anciens physiciens ont négligé la question « de l'action et de la passion et de la manière dont certains corps agissent, tandis que d'autres subissent les actions naturelles » (I, 315 b 5-7). Pour répondre à cette question, lui-même attribue à tout corps sensible « une puissance d'agir ou de pâtir, ou des deux à la fois » (δύναμιν ποιητικὴν ἢ παθητικὴν ἢ ἄμφω, *De Caelo* I, 7, 275b 5-6).

De l'interaction on rend compte, d'abord, au niveau des éléments premiers, le feu, l'air, l'eau, la terre, et des contraires dont ils sont composés et qui président à leur transformation réciproque : le chaud et le froid, le sec et l'humide. Ce niveau est *infra*-physique. Les éléments premiers, en effet, en tant qu'ils n'ont ni forme, ni principe autonome de mouvement, ne peuvent être considérés comme des *phuseis*, des natures : ce sont les ingrédients ultimes des corps composés[1].

1. Aristote en parle comme de *dunameis* au sens de « forces premières » (*Part. An.* II, 1, 646a 14-15) ; voir aussi *Météor.* I, 3, 340a 15-17, qui mesure la *dunamis* des éléments. Sur le statut et la fonction des éléments premiers, voir M.-L. Gill, *Aristotle on Substance. The Paradox of Unity*, Princeton, University Press, 1989.

Dans un premier temps, le modèle est simple ; leur action réciproque s'explique par la mise en présence de deux *dunameis*, l'une active, et l'autre passive :

> Ce qui est capable d'être chaud (τὸ δὲ δυνάμενον θερμὸν εἶναι) doit nécessairement s'échauffer quand l'agent qui échauffe (τοῦ θερματικοῦ) est présent et s'approche de lui (*GC* I, 7, 324 b 8-10).

Si le verbe δύναμαι est ici utilisé pour qualifier le patient, il peut aussi bien s'appliquer à l'agent (en *Top.* 126a 5 et 6, ainsi, τὸ δυνατὸν, ce qui peut, ce qui est capable de, est utilisé comme un synonyme de τὸ ποιητικὸν, l'agent producteur, la cause efficiente : τὸ δυνατὸν ἢ τὸ ποιητικὸν). La *dunamis* apparaît comme le principe unique de l'action et de la passion. De celles-là, les règles sont énoncées dans le *De Generatione* : dans le cas d'agents matériels, l'action implique un contact ; elle suppose aussi que l'agent et le patient appartiennent à un même genre, mais soient différents en espèce ; ils doivent, en tant que tels, pouvoir être tour à tour actifs ou affectés ; l'action a pour effet une assimilation du patient à l'agent ; mais dans le cas, toujours, d'un agent matériel, elle peut entraîner en retour une passion (I, 6-7). Si la *dunamis* détermine aussi bien l'agent que le patient, c'est donc selon un schème réversible, et dans une relation de co-implication.

À cette première formule, qui rend compte de l'action par la corrélation d'une *dunamis* passive et d'une *dunamis* active, va cependant succéder une autre, qui substitue au couple des puissances celui de l'en-puissance et de l'acte :

> S'il se trouve en-puissance un être d'une certaine espèce, et en-acte un être de la même espèce (τὸ μὲν δυνάμει, τὸ δ' ἐντελεχείᾳ τοιοῦτον), alors, par nature, le premier être, en tant qu'il est ce qu'il est, pâtit de toute part (*GC* I, 9, 326b 31-33).

L'agent n'est plus déterminé seulement comme actif, mais comme en acte (*cf.* aussi 320b 19) ; plus encore, il n'a de *dunamis* active que pour autant qu'il est actuel. Le *De Anima* formule ce principe : « Tout ce qui est patient et mû l'est sous l'effet d'une cause efficiente et se trouvant en acte » (πάντα δὲ πάσχει καὶ κινεῖται ὑπὸ τοῦ ποιητικοῦ καὶ ἐνεργείᾳ ὄντος, II, 5, 417a 17-18). Quant au patient, il n'est pas seulement passif, mais en-puissance. S'il peut y avoir action de l'un sur l'autre, c'est parce que l'effet est déjà présent, *dunamei*, en le patient : le feu, par exemple, n'échauffe que ce qui est déjà chaud en-puissance[1].

1. Cf. *Phys.* VIII, 4, 255a 24. Sur la difficulté d'Aristote à concevoir une pure transitivité, *cf.* H. Carteron, *La Notion de force dans le système d'Aristote*, Paris, Vrin, 1923.

Ces rôles sont réversibles; le processus de transformation des éléments est, en effet, cyclique :

> Ce qui est chaud en-acte est froid en-puissance, et ce qui est froid en-acte est chaud en-puissance, de sorte que, à moins qu'ils ne s'égalisent, ils se transforment l'un dans l'autre (*GC* II, 7, 334 b 23-25).

Ce cycle obéit au principe du meilleur, et a une finalité propre, puisqu'il imite le mouvement des cieux (336b 25-337 a 8).

Mais la finalisation globale du cycle n'est pas exclusive de finalités partielles : les éléments ont une fin propre, identifiée par Aristote à leur lieu naturel – le haut (pour le feu et l'air), le bas (pour la terre et l'eau) (335a 20-21). Or, à son tour, l'évolution d'un élément vers son lieu naturel ne s'explique plus par l'interaction d'une *dunamis* passive et d'une *dunamis* active, mais par la corrélation d'une potentialité et d'un acte. On pourrait être tenté d'attribuer au lieu une *dunamis* active, une efficience, et conclure, de son antériorité sur le corps, celle-là même qu'exprime Hésiode en plaçant à l'origine de toute chose le chaos, à sa « prodigieuse puissance (θαυμαστή δύναμις) » (*Phys.* IV, 1, 208b 29-34)[1]. Mais cette pensée mythique et religieuse est inadéquate : le lieu n'est cause en aucun sens, et, en particulier, il n'est pas cause motrice[2]. De même, les éléments sont dépourvus tant de puissance active que de spontanéité. Leur mouvement vers le lieu ne doit donc pas être compris sur le modèle de l'action, ou de l'interaction d'une puissance active et d'une puissance passive, mais sur celui de l'actualisation, et de la corrélation de l'en-puissance et de l'en-acte. Les éléments premiers, en effet, sont en-puissance vers leur lieu, qui est aussi leur acte (*Phys.* VIII, 4, 255a 30-31) : ceci doit être compris au sens où, sans être capables de le rejoindre spontanément, ils se dirigent naturellement vers lui dès lors que leur mouvement n'est pas contraint. Ainsi, l'eau est air en-puissance, et une fois devenue air, et légère, elle est en-puissance le haut, qui est le lieu du léger, et si rien n'y fait obstacle, elle actualisera cette potentialité en montant (255b 10-22)[3]. Un tel mouvement s'explique donc uniquement par la corrélation de l'en-puissance et de l'*energeia*, et par l'orientation nécessaire de la première vers la seconde, quoique l'on puisse attribuer le rôle de cause motrice à ce qui lève les obstacles susceptibles de l'entraver (b 25-26); mais on peut dire aussi bien que le mouvement des éléments premiers vers leur lieu

1. La formule rappelle celle que Platon, dans les *Lois*, applique aux Idées (X, 898e).

2. *Ibid.* 209a 22; rappelons que la cause efficiente (ποιητικὸν) est incluse dans la cause motrice (*GC* I, 7, 324b 14-15).

3. *Cf.* aussi *De Caelo* IV, 3.

a pour principe non pas une automotricité, non plus qu'une puissance active de mouvoir, mais bien une puissance passive d'être mû (b 29-31).

Le cas du changement élémentaire apparaît donc comme exemplaire de la substitution du modèle de l'actualisation à celui de l'interaction, et ce faisant aussi du modèle de la finalité à celui de l'efficience. Aristote part du lieu où l'explication mécaniste paraît la plus justifiée : les éléments premiers, les soubresauts originaires de la matière. Mais précisément, ceux-ci ne sont pas, comme les *dunameis* qui remplissent la *khōra* du *Timée* (52e), des forces brutes et désordonnées : ce sont des puissances passives, dépourvues d'automotricité et de spontanéité, et qui, cependant, sont des principes de mouvement, et portent une orientation ou une tendance. Entre leur acte et elles, la puissance active, l'efficience, n'intervient que comme une cause extérieure ; elle n'est rien de plus que l'occasion de leur actualisation.

Du niveau *infra*-physique, des éléments, ce schéma peut être appliqué à celui des φύσεις. À la fin de *Phys.* VIII, 4, Aristote indique le principe de cette extension : une *phusis* se définit par la double immanence de la forme et du mouvement (*Mét.* Δ 4, 1014b 18 ; *Phys.* II, 1, 192b 21-23). C'est comme telle que la *phusis* est une espèce de la *dunamis* : la *dunamis* est principe de mouvement ou de changement en soi-même ou en autre chose, la *phusis* est principe de mouvement en soi-même. Or, des êtres mêmes qui sont capables d'automotricité, il faut cependant affirmer qu'ils sont, en un sens, mus par autre chose, dès lors que l'on peut distinguer en leur sein entre le moteur et le mû (255b 35). On peut à partir de là opérer deux distinctions, qui ne se recouvrent pas : un mouvement peut être φύσει ou βίᾳ, naturel ou contraint, et il peut aussi être ὑφ' ἑαυτοῦ ou ὑπ' ἄλλου, spontané ou impulsé (255b 33-34). Mais un mouvement impulsé n'est pas nécessairement contraint : loin d'être violence, la transitivité peut être l'occasion de l'actualisation de la tendance naturelle.

La théorie de la génération permet encore de vérifier ce point : l'impulsion vient de l'extérieur, mais elle enclenche un processus interne, un programme de développement autonormé et autofinalisé [1]. Là encore,

1. Sur la théorie aristotélicienne de la génération, voir notamment D.M. Balme, « *Anthrōpos anthropōn gennai.* Human is generated by Human », dans G.R. Dunstan (éd.), *The Human Embryo. Aristotle and the Arabic and European Tradition*, University of Exeter Press, 1990 ; J. Cooper, « Metaphysics in Aristotle's Embryology » dans D. Devereux et P. Pellegrin (dir.), *Biologie, Logique et métaphysique chez Aristote*, Paris, Éditions du CNRS, 1990, p. 55-84 ; G. Aubry, « La doctrine aristotélicienne de l'embryon… », art. cit. Sur le rôle dans celle-ci de la cause finale, voir M. Matten, « Four Causes in Aristotle's Embryology », *Apeiron* 22, 1989, p. 159-179, repris dans L.P. Gerson (éd.), *Aristotle's Critical Assessments*, t. II, Londres-New York, Routledge, 1999, p. 278-96.

celui-ci peut être compris dans un premier temps selon le modèle de l'efficience : le mâle intervient comme le principe moteur et l'agent, ὡς κινοῦν και ποιοῦν, la femelle comme le principe passif, παθητικόν (*Gen. An.* I, 20, 729a 29-30). La *dunamis* du sperme (772a 11-12) introduit dans le sang menstruel un premier mouvement, qui, à son tour, va en actualiser d'autres, présents en-puissance tant dans la semence mâle qu'en la femelle (768a 11-14), et régis par la finalité (743b 2-4). De nouveau, donc, l'interaction et la corrélation des puissances n'apparaissent que comme le moyen de l'actualisation.

Ce modèle, enfin, vaut aussi pour le changement psychologique. Dans le *De Anima*, il est appliqué, d'abord, à la sensation. Au contraire de l'intellection, celle-ci implique l'intervention d'une cause extérieure (τὰ ποιητικὰ τῆς ἐνεργείας ἔξωθεν, II, 5, 417b 20); l'objet sensible joue donc ici le rôle de l'agent, le sens, du patient. Pourtant, le sensible n'est pas la cause d'une passion ou d'une altération au sens où l'on entend d'ordinaire ces termes (417b 2 *sq.*) : la couleur rouge ne blesse ni ne détruit l'œil[1]; elle lui permet au contraire d'exercer sa fonction en devenant voyant. Ce type singulier d'altération implique à son tour de penser sur un mode spécifique le rapport de la *dunamis* à l'*energeia*. Le *De Anima* expose ainsi un « triple schème », présent aussi dans le *De Generatione Animalium*[2], et appliqué, dans la *Physique*, au cas du changement élémentaire[3]. Tel qu'il est exposé dans le *De Anima*, ce schème distingue entre deux degrés de *dunamis*. La première, selon « le genre et la matière » est une capacité native et non exercée - celle en vertu de laquelle tout homme est susceptible, en tant simplement qu'il est homme et doué de raison, d'apprendre la grammaire; la seconde est une capacité déjà travaillée, exercée, dont l'effectuation n'impose pas d'apprentissage supplémentaire, mais, simplement, la volonté et l'absence d'obstacles - la décision de se mettre au travail ou d'ouvrir un livre pour qui a déjà appris à lire; vient enfin l'entéléchie, soit l'exercice actuel du savoir (je reconnais, la lisant, que cette lettre est un A) (417a 26 29). Le cas de la perception,

1. Voir sur ce point, et contre R. Sorabji, M. Burnyeat : « Aristote voit du rouge et entend un "do" : combien se passe-t-il de choses? Remarques sur *De Anima* II, 7-8 », dans G. Romeyer Dherbey (dir.) et C. Viano (éd.) : *Corps et âme. Sur le* De Anima *d'Aristote*, Paris, Vrin, 1996, p. 149-167.

2. II, 1, 735a 9-11. Voir G. Aubry, « Capacité et convenance : la notion d'*epitēdeiotēs* dans la théorie porphyrienne de l'embryon » dans L. Brisson, M. H. Congourdeau, J.-L. Solère (dir.), *L'Embryon (formation et animation) dans l'Antiquité et au Moyen Âge*, Paris, Vrin, 2012, p. 47-67.

3. VIII, 255b 1-8 : les éléments sont en réalité en-puissance seconde, ou en entéléchie première, par rapport à leur acte, le lieu naturel.

comme celui du changement élémentaire, doit être conçu comme une transition de la *dunamis* seconde à l'entéléchie. Ce type d'altération (*alloiōsis*) n'affecte ni ne détruit la nature du sujet mais, au contraire, est « un progrès [de celui-ci] vers lui-même et vers l'entéléchie » (εἰς αὐτὸ γὰρ ἡ ἐπίδοσις καὶ εἰς ἐντελέχειαν) (417b 6-7). L'altération doit être ici comprise comme un changement (*metabolē*) allant dans le sens non pas de dispositions privatives (*sterētikas diatheseis*), mais de dispositions stables (*hexeis*), et de la nature du sujet (417b 14-16)[1]. Cependant, dans le cas de l'apprentissage du savoir, le passage de la *dunamis* première à la *dunamis* seconde doit lui aussi être conçu comme une altération-amélioration. De l'élève recevant l'enseignement du maître, on ne peut dire qu'il pâtit (417b 14) comme le froid sous l'action de la chaleur, ou l'œil sous l'effet d'une lumière aveuglante (pourvu en tout cas que le maître ne soit ni sadique ni incompétent). Il ne paraît pas justifié, dès lors, d'identifier la transition *dunamis* 1-*dunamis* 2 à l'altération-destruction, et la transition *dunamis* 2-entéléchie à l'altération-progrès, non plus que de faire correspondre strictement à chacun de ces stades une puissance de devenir et une puissance d'être[2]. Le passage de la *dunamis* 1 à la *dunamis* 2 peut lui-même être conçu, on vient de le voir, comme un progrès, quant à celui de la *dunamis* 2 à l'entéléchie, il peut aller de pair, ainsi dans le cas du changement élémentaire, avec un mouvement (*kinēsis*)[3], et il doit dans tous les cas être conçu comme une *alloiōsis*, laquelle relève bien de la *metabolē*[4]. Plus encore que sur la distinction entre deux degrés de *dunamis* et entre mouvement (*kinēsis*) et changement (*metabolē*), il semble donc qu'il faille insister sur celle entre deux types d'altération, l'une, privative, et l'autre positive[5]. Cette distinction souligne une nouvelle fois que l'intervention

1. Sur la distinction *hexis/diathesis* voir *Cat.* 8b 25 : l'*hexis* est une disposition stable, soustraite à l'alternance des contraires, comme l'est la *dunamis* seconde ou entéléchie première.

2. C'est la thèse fameuse de L.A. Kosman, « Substance, Being, and Energeia », *Oxford Studies in Ancient Philosophy*, II, 1984, p. 121-149, que suit notamment M.-L. Gill, *Aristotle on Substance…*, *op. cit.*

3. *Phys.* VIII, 4, 255a 32-34.

4. *Phys.* V, 2, 226b 2 ; en VII, 3, 247b 1 *sq.*, Aristote refuse cependant d'appliquer le terme d'altération aux modifications noétiques, et notamment au passage du savoir en-puissance au savoir en-acte, pour le réserver aux transformations qualitatives des êtres sensibles, ou de la partie sensitive de l'âme.

5. Même s'il est vrai que ces distinctions se recoupent partiellement, dès lors que la transition de la *dunamis* seconde à l'acte ne peut être conçue que comme une altération positive : le grammairien au repos ne peut qu'actualiser sa science, et non redevenir ignorant, là où l'enfant peut être en-acte ignorant ou savant.

de la cause efficiente et de l'agent externe peut valoir comme l'occasion d'un progrès immanent.

b. De la transition entre modèle de l'interaction et modèle de l'actualisation, la définition du mouvement comme acte commun du moteur et du mû apparaît, aussi, comme un moment essentiel.

En *Phys.* III, le mouvement est défini comme entéléchie de ce qui est en-puissance, en tant que tel[1] (201a 10-11). De cette définition, on donne l'illustration suivante : le mouvement de construction est l'acte du constructible comme l'apprentissage est celui de la capacité d'apprendre, ou la guérison, de la capacité de guérir. Le mouvement, autrement dit, est l'acte de la *dunamis* d'un être non en tant que tel, mais comme mobile (a 27-29) : le processus de fabrication d'une statue n'est pas l'acte de l'airain comme airain, mais de l'airain en tant qu'il peut devenir statue. Aussitôt proposée, cette définition est désignée comme étant en quelque sorte par défaut; du mouvement, en effet, on ne peut dire qu'il est ni privation, ni puissance, ni acte : il faut donc, ultimement, et aussi difficile que cela puisse paraître, le définir comme acte inachevé, ἐνέργεια ἀτελὲς, par opposition à l'acte simple, ἐνέργεια ἁπλῆ (201b 31-35)[2]. De ce dernier, il n'est, à ce point, pas proposé de définition, mais on peut cependant le caractériser *a contrario* comme acte de la chose en tant que telle : si le processus de fabrication de la statue manifeste en l'airain sa capacité de transformation ou sa plasticité, la statue achevée manifeste, elle, ces qualités

1. ἡ τοῦ δυνάμει ὄντος ἐντελέχεια ᾗ τοιοῦτον. Pour une analyse de cette définition, voir M.-L. Gill, *Aristotle on Substance...*, *op. cit.*, chap. VI; R. Brague, « Note sur la définition du mouvement (*Phys.* III, 1-3) », dans F. de Gandt et P. Souffrin (dir.), *La Physique d'Aristote et les conditions d'une science de la nature*, Paris, P.U.F., 1991, p. 107-120.

2. On voit qu'ici le terme *energeia* se substitue à celui d'*entelekheia* dans la désignation du mouvement. Sur l'utilisation du terme *entelekheia* dans la définition du mouvement, voir L. Couloubaritsis, « La notion d'*entelecheia* dans la *Métaphysique* », dans A. Motte et Ch. Rutten (éd.), *Aristotelica. Mélanges offerts à Marcel De Corte, Cahiers de Philosophie ancienne*, 3, 1985, p. 129-155; E. Berti, « Il concetto di atto nella *Metafisica* di Aristotele », dans M. Sanchez Sorondo (éd.), *L'Atto aristotelico e le sue ermeneutiche*, Rome, Herder, 1990, p. 3-61. Berti montre que l'usage de *entelekheia* de préférence à *energeia* dans la définition du mouvement permet tout d'abord d'éviter une tautologie : en effet (et comme le soulignera Θ), *energeia* peut également désigner le mouvement; mais le terme *entelekheia* indique de surcroît que le mouvement est bien une actualité, et non pas seulement une actualisation, qu'en lui donc quelque chose s'accomplit. Pour une étude plus générale des usages respectifs de ces deux termes, voir Chang-Huan Chen, « The Relations Between the Terms ἐνέργεια and ἐντελέχεια in the Philosophy of Aristotle », *Classical Quarterly*, 8, 1958, p. 12-17, qui montre qu'on peut les considérer comme équivalents, même si le terme *energeia* apparaît plus souvent dans des contextes kinétiques, celui d'*entelekheia* dans des contextes statiques.

essentielles qu'en sont le lisse, le poli, ou la résistance. Le mouvement, donc, manifeste la puissance d'un être quel qu'il soit, et indépendamment de ce qu'il est, soit ce par quoi un tel être peut devenir autre qu'il n'est. De cette distinction entre deux types d'*energeia*, on a pu conclure à celle entre deux espèces de *dunamis*, l'une kinétique, l'autre ontologique[1], soit entre une puissance de devenir et une puissance d'être. Aristote précise bien, cependant, que cette distinction n'est que de définition (κατὰ τὸν λόγον, 201a 33), et non de sujet. C'est la même puissance que l'on peut considérer, et définir, selon deux actes : l'un accomplit *son être même de puissance*, l'autre, *l'être dont elle est la puissance*. Le mouvement est donc bien l'entéléchie de la puissance en tant que telle, dès lors qu'être une puissance, c'est être principe de mouvement, mais la puissance est toujours puissance d'un être qui, par ce mouvement, devient ce qu'il est. Par conséquent, la distinction ne passe pas entre deux puissances, mais entre le devenir comme être de la puissance, et l'être en vue de quoi ce devenir est.

Or, et précisément, la définition du mouvement n'en reste pas là : à sa caractérisation, sur laquelle on s'arrête souvent, comme entéléchie de la puissance en tant que telle, succède en effet sa caractérisation comme acte commun du moteur et du mû. Toutes deux participent d'une même stratégie qui incite à considérer le mouvement non plus (et selon le schéma mécaniste) comme effet de la corrélation entre deux puissances, mais comme médiation entre deux états d'un être, l'un caractérisé univoquement, et par-delà la distinction entre action et passion, comme en-puissance, l'autre comme acte.

Si l'analyse du mouvement fait appel à la distinction entre moteur et mobile, et donc entre agent et patient, cette distinction se trouve d'emblée relativisée : de fait (et conformément aux lois régissant l'action entre substances matérielles qu'énonçait le *De Generatione et corruptione*) le moteur meut en étant lui-même mû – quoiqu'il existe aussi, précise Aristote, un moteur immobile. L'agent, donc, est en même temps patient, et le patient à son tour peut devenir agent, de sorte que tout peut être aussi bien agent que patient, *poiētikon kai pathētikon* (201a 23-27). Mais à cela il faut ajouter que l'acte est le même de l'agent et du patient : on pourrait penser que l'acte (*energeia*) du premier réside dans le fait d'agir, *poiēsis*, et l'acte du second dans celui de pâtir, *pathēsis* ; de fait, la fonction et la fin, l'*ergon kai telos*, d'un agent résident dans l'action, *poiēma*, ceux d'un patient dans la passion, *pathos* (202a 23-24). Mais en vérité, l'action du

1. Voir notamment Kosman, « Substance, Being, and Energeia », art. cit.

moteur n'est autre que le mouvement impulsé au mobile, et la passion du mobile, le mouvement impulsé par le moteur – leurs deux fonctions, *erga*, se confondent donc en une seule et même *energeia*, qui est un seul et même mouvement. Ce dernier, cependant, admet deux définitions, selon qu'on le considère comme l'acte du moteur ou comme celui du mû, de la même façon que la distance qui sépare deux points peut être considérée à partir de l'un ou de l'autre (une même route, comme allant de Thèbes à Athènes ou d'Athènes à Thèbes, ce qui ne signifie pas que Thèbes et Athènes soient une seule et même chose). De même que plus haut on opposait la distinction de définition à celle de sujet, de même ici on souligne que l'identité de l'acte n'implique pas celle de l'essence ou de la définition : dire que le mouvement est le même du moteur et du mû ne signifie pas qu'action et passion soient la même chose, qu'il n'y ait pas de différence, par exemple, entre apprendre et enseigner. Ainsi :

> Rien n'empêche qu'un seul et même acte appartienne à deux choses, non pas au sens où leur être est le même, mais au sens où ce qui est en-puissance l'est relativement à l'agir (ὡς ὑπάρχει τὸ δυνάμει ὂν πρὸς τὸ ἐνεργοῦν, 202b 8-10).

La dualité de l'agent et du patient, ou du moteur et du mû, se résorbe ainsi, selon le point de vue précisé, dans celle de l'en-puissance et de l'en-acte. L'en-puissance, *to dunamei*, recouvre *aussi bien la puissance active que la puissance passive* : il est un point de vue pris sur ces deux puissances en tant qu'elles sont au principe d'un seul et même mouvement, ou encore, en tant qu'elles sont le sujet d'un seul et même accomplissement.

c. La définition du mouvement comme acte de l'en-puissance en tant que tel et comme acte commun de l'agent et du patient, n'est qu'une étape de la subsomption du schème de l'interaction sous celui de l'actualisation : de fait, le mouvement, s'il est dit *energeia*, n'est qu'une *energeia atelēs*, un acte inachevé, ou encore un acte qui n'a pas rejoint sa fin. Considéré par rapport à la *dunamis*, il peut être dit entéléchie, dès lors que la puissance s'accomplit en lui, ou trouve en lui sa fin en tant qu'elle est puissance, mais considéré en lui-même, il est encore séparé de son *telos* propre. De même, donc, que le livre III de la *Physique* a subsumé la corrélation des puissances sous le mouvement comme acte de l'en-puissance, de même le livre Θ de la *Métaphysique* va ranger le mouvement sous l'*energeia* comprise, cette fois, non comme *atelēs* mais comme identique au *telos*. Il faut, avant de voir comment il opère, et comment il manifeste, par là, le sens ontologique de l'en-puissance et de l'en-acte, s'arrêter un moment sur les notions d'*energeia* et d'*entelekheia*.

Au contraire de celui de *dunamis*, les termes d'ἐνέργεια et d'ἐντελέχεια sont tous deux d'invention aristotélicienne. Si Θ 3 paraît faire allusion à un usage courant d'ἐνέργεια (1047a 30), par quoi le terme s'appliquerait en priorité au mouvement, un tel usage n'est pourtant pas attesté avant Aristote. On a proposé plusieurs hypothèses quant à sa dérivation[1]; la plus vraisemblable est qu'il vient, non pas du verbe ἐνεργέω, qui signifie agir, accomplir, exécuter, car on devrait alors avoir ἐνεργία, mais plutôt de l'adjectif ἐνεργής, « agissant, actif, efficace », d'ailleurs présent en *Topiques* I, 12, 105a 19.

Le terme ἐντελέχεια, de même, ne se trouve que chez Aristote. Le problème se pose, là encore, de sa formation. L'adjectif ἐντελεχής n'est pas attesté avant Philon; ἐντελής, accompli, parfait, se trouve dès avant, mais n'est utilisé ni par Aristote ni par Platon. Le terme serait cependant formé sur ἐντελές et ἔχω, ou encore dérivé (selon Chantraine)[2] de l'expression ἐντελὲς ἔχειν, que l'on trouve notamment chez Aristophane, précédée d'une négation, pour désigner ce qui n'est pas bon, pas en ordre. L'idée fondamentale serait donc celle de complétion, de perfection.

C'est en Θ que seront établies les conditions de l'équivalence entre ces deux notions, à travers la double médiation de celles d'*ergon* et de *telos*, en même temps que leur signification ontologique. Celle-ci est cependant lisible en d'autres lieux. Si elle est indiquée, on l'a vu, en Δ 7, en E 2, en Λ 2 et en M 3, elle apparaît aussi dans la *Physique*, où la distinction de l'en-puissance et de l'en-acte est donnée comme une division de l'un (I, 186a 1-3), ou de l'être (II, 193b 7-8; III, 201a 10-11; 206a 14-15). Il en va de même dans le *De Anima* : en II, 412b 8-9, on lit que l'un et l'être se disent en plusieurs sens, mais qu'ils sont, au sens propre, l'entéléchie (τὸ κυρίως ἡ ἐντελέχειά ἐστιν). Un peu plus haut, à l'occasion de la définition de l'âme, il était dit que l'*ousia* est entéléchie : ἡ δ' οὐσία ἐντελέχεια

1. *Cf.* D. Graham, (*Aristotle's Two Systems*, *op. cit.*, chap. VII) qui voit en ἐνεργός une contraction de la formule ἔν ἔργῳ, au travail; G. Blair, « The Meaning of "Energeia" and "Entelecheia" in Aristotle », *International Philosophical Quarterly*, VII, 1967, p. 101-117, et « Aristotle on 'ΕΝΤΕΛΕΧΕΙΑ : A Reply to David Graham », dans *American Journal of Philology*, 114, 1993, p. 91-97, qui considère que le terme ne peut venir de *energos*, mais plutôt d'une forme active rare du verbe ἐργάζεσθαι (travailler, produire, accomplir), et marque ainsi non pas l'effectivité, mais l'activité immanente.

2. P. Chantraine, *Dictionnaire étymologique de la langue grecque*, Paris, Klincksieck, 1968-1980, p. 352 ; Graham, (*Aristotle's Two Systems*, *op. cit.*,) propose là encore une étymologie alternative : ἐντελῶς ἔχειν. Blair (« Aristotle on 'ΕΝΤΕΛΕΧΕΙΑ : A Reply to David Graham », art. cit.) critique la dérivation à partir de ἐντελής comme celle de ἐντελῶς : *entelekheia* ne signifierait pas être dans la fin, mais avoir la fin en soi.

(412a 21)[1]. On trouve donc un sens de l'acte, que Θ 6 rappellera, par quoi celui-ci ne signifie rien d'autre que l'être, ou encore que l'*ousia*. C'est cette identité de l'acte à l'*ousia*, comprise comme unité de l'essence et de la substance, qu'établissait, on l'a vu, le livre H : la notion d'*energeia* s'y substituait à celle d'*eidos*, à la forme comprise comme essence, principe d'intelligibilité et de détermination, mais venait dire celle-ci comme unie à la matière au sein du composé. Ce qui, en H, qualifiait l'acte et non la forme comme *ousia*, c'était le fait de pouvoir être à l'état séparé, soit de façon indépendante.

Cette équivalence entre l'acte et la séparation, comprise, donc, en son sens aristotélicien comme capacité d'existence indépendante, apparaît encore dans la *Physique*, à l'occasion de l'analyse du vide, où il est dit qu'il n'existe pas d'extension différente des corps, ni séparée, ni en-acte, οὔτε χωριστὸν οὔτε ἐνεργείᾳ (IV, 213a 32-33)[2]. Et Z 13 note de même, à l'occasion du raisonnement établissant qu'une même substance ne peut être constituée de substances en acte, que « l'entéléchie sépare » (ἡ γὰρ ἐντελέχεια χωρίζει, 1039a 7). Une équivalence s'indique ainsi entre l'acte, la séparation comprise comme capacité d'existence indépendante, et, de ce fait, l'*ousia*.

Si cette équivalence était au principe de la substitution, en H, de la notion d'acte à celle de forme, ce changement terminologique procédait aussi, on s'en souvient, de l'adoption d'un nouveau point de vue, non plus logique et statique, mais dynamique, qui invitait à considérer la forme dans sa fonction causale et explicative, et notamment à prendre en compte, dans l'analyse du devenir comme dans celle de l'être, les causes motrice et finale (Z 17, 1041a 30-32). L'analyse de H 4 manifestait en particulier que la forme peut être principe et fin d'une modification de la matière, au terme de quoi elle se trouve pleinement réalisée en celle-ci et constitue avec elle une unité que le terme d'acte vient nommer (H 6, 1045b 17-23). La notion d'acte enrichit donc celle de forme, et ce faisant aussi y supplée, en ce qu'elle dit la forme non seulement comme substantielle, ou capable d'une existence autonome, mais aussi comme fin. L'équivalence entre acte et fin sera là encore formulée en Θ : τέλος δ 'ἡ ἐνέργεια (8, 1050a 9), puis

1. Plus précisément, c'est par la médiation du terme *ousia* qu'*entelekheia* se substitue à *eidos* dans la seconde définition. Sur les définitions successives de l'âme, les limites de l'analogie forme-matière, et l'utilisation des notions de puissance et d'acte pour dire l'unité de l'âme et du corps, voir J.L. Ackrill, « Aristotle's Definitions of Psuchē », repris dans J. Barnes, M. Schofield, R. Sorabji (éd.), *Articles on Aristotle*, t. IV, *Psychology and Aesthetics*, Londres, Duckworth, 1979, p. 65-75.

2. Voir aussi *Phys.* IV, 217b 21.

réitérée *via* la médiation de la notion d'*ergon* : τὸ γὰρ ἔργον τέλος, ἡ δὲ ἐνέργεια τὸ ἔργον (1050a 21-22).

Enfin, la médiation des notions d'*ergon* et de *telos*, est au principe encore d'une dernière équivalence qui, en Λ, sera formulée comme une identité : entre, cette fois, acte et bien. L'identification entre fin et bien est opérée, on l'a vu, à plusieurs reprises dans la *Métaphysique*, à l'occasion, notamment, de la définition de la science maîtresse en A (982b 6-7; b 10) mais aussi de l'énumération des quatre causes, la cause finale étant dite τὸ οὗ ἕνεκα καὶ τἀγαθόν, « le ce en vue de quoi et (ou : c'est-à-dire) le bien » (3, 983a 31-32). Elle est lisible, de même, en *Phys.* II, 195a 24-26, à l'occasion, là encore, de l'exposé des causes; on distinguera ce qui l'est « comme fin (*telos*) et comme bien (*agathon*) des autres choses : la cause finale, en effet, veut être la meilleure parmi les autres choses et leur fin ».

Identifié à la fin et à la cause finale, le bien l'est aussi à l'*ergon*, la fonction propre : c'est le cas en *EN* I, 1097b 27 : « C'est dans l'*ergon* que paraissent résider le bien et le bon, τἀγαθὸν καὶ τὸ εὖ ». Le texte se propose dès lors de déterminer la fonction propre de l'homme en tant que tel, c'est-à-dire de distinguer, parmi ses activités, celle qui accomplit son essence : il faut donc trouver celle de ses *energeiai* qui constitue proprement son *ergon*. L'homme, en effet, est constitué de plusieurs puissances ou *dunameis*, rationnelle, mais aussi sensitive ou végétative, et est à ce titre capable de multiples actes, mais dont la plupart ne le définissent pas en propre : la nutrition et la croissance, par exemple, lui sont communes avec les plantes, la vie sensitive avec le cheval, le bœuf ou n'importe quel animal. De l'*ergon* de l'homme, il faut dire dès lors qu'il réside en cette *energeia* de l'âme qui s'accompagne de raison et qui s'exerce, aussi, selon son excellence (1098a 1-16)[1].

Un écart s'introduit donc ici entre l'*ergon* et l'*energeia*, que redouble encore la qualification de celle-ci *kat'aretēn*, selon l'excellence ou la vertu. En cet écart on peut voir la marque que l'éthique aristotélicienne n'est pas un naturalisme, mais distingue, pour l'homme, entre ce qu'il est ou peut être, et ce qu'il a à être. S'il suffit, pour être une plante ou un bœuf accompli, de réaliser les puissances constitutives d'un végétal ou d'un animal, l'homme, lui, n'accomplit son essence qu'à condition de choisir entre les *dunameis* qui le constituent, et donc entre les *energeiai* dont il est capable : en choisissant, en lui, la puissance rationnelle, et l'acte qui

1. Sur l'argument de l'*ergon*, voir A. Gomez-Lobo, « The Ergon Inference », *Phronesis* 34, 1989, p. 43-57.

lui correspond, et que doit encore orienter la vertu, plutôt que la *dunamis* végétative ou sensitive [1]. En l'homme, donc, la *proairēsis*, le choix délibéré, intervient comme une médiation nécessaire entre la puissance et son accomplissement (thème qui, on l'a vu, était déjà présent dans les *Topiques* et le *Protreptique*).

Cependant, dans la *Métaphysique* même, la notion d'acte paraît pouvoir être dissociée de son sens normatif : c'est le cas en Θ 9, soit immédiatement après le raisonnement, sur lequel on reviendra, qui a établi à la fois l'antériorité de l'acte sur l'en-puissance, et l'extension possible de cette notion aux substances sensibles éternelles. Le propre de celles-ci, et ce qui les qualifie comme telles, est d'être purement actuelles, et donc exemptes de *dunamis* : toute puissance en effet est puissance des contraires mais aussi de la contradiction, et toute puissance d'être, de ce fait, est aussi puissance de n'être pas. Mais dire ceci, c'est dire qu'à toute puissance correspondent deux actes, soit un contraire positif et un contraire négatif. Ainsi, ce qui est capable de se bien porter l'est aussi de tomber malade, ce qui est capable de repos l'est aussi de mouvement, ce qui est capable de construire, ou d'être construit, l'est aussi de détruire, ou d'être détruit (1051a 5-10). C'est ce qu'affirmait également H 5, où la question était posée de savoir comment la matière est puissance des contraires. On peut dire, ainsi, qu'un corps est en-puissance à la fois malade et sain, ou que de l'eau est en-puissance à la fois vinaigre ou vin. De l'un des contraires, il faut dire qu'il correspond à la disposition (*hexis*) et à la forme (*eidos*), de l'autre, à la privation (*sterēsis*) et à la corruption (*phthora*). En revanche, on ne peut dire du vin lui-même qu'il est la matière du vinaigre, ou qu'il est vinaigre en-puissance, ni de l'homme vivant qu'il est mort en-puissance : en effet, ce n'est pas le composé lui-même qui est puissance des contraires, mais c'est, en son sein, la matière. Ce n'est pas le vivant donc, qui est mort en-puissance, mais sa matière qui, tout en étant vivante ou animée en acte, demeure en même temps puissance et matière du cadavre (1044b 29-1045a 2).

1. Voir G. Aubry, « *Dunamis* et *energeia*… », art. cit. Il peut y avoir un conflit entre les différentes *energeiai* : voir par exemple *Eth. Nic.* VII, 14, 1154b 20-24 et, sur le problème que pose à cet égard le livre VII de l'*EN*, G. Aubry « The Pain of the Living and Divine Pleasure : *Nicomachean Ethics* VII, 14, 1154a 22-b 34 », dans C. Natali (éd.), *Aristotle's* Nicomachean Ethics, *Book VII*, *Symposium Aristotelicum*, Oxford, University Press, 2009, p. 237-263. Cette question engage celle de la conception « inclusive » ou « dominante » de l'*eudaimonia*, soit celle de savoir si le bonheur consiste en plusieurs *energeiai* ou en une seule (voir *EN* VII, 1153b 10-11).

Il faut noter qu'à l'occasion de cette analyse, le terme d'*energeia* n'est pas utilisé. Il l'est, en revanche, en Θ 9, et bel et bien appliqué, dans l'exemple de la santé et de la maladie, au contraire négatif (1051a 12-13). Le raisonnement vise à établir que le bon contraire, ou la bonne *energeia*, est meilleur que la bonne *dunamis*. Il fait appel au principe de non-contradiction : dès lors que les contraires peuvent coexister en-puissance mais non en-acte, il faut dire que la *dunamis* du bien l'est en même temps du mal, là où la bonne *energeia* ne peut être en même temps mauvaise. Mais le même raisonnement s'applique à la mauvaise *energeia*, qui, en tant qu'elle ne peut être en même temps bonne, sera dès lors pire que la mauvaise *dunamis*[1].

Si ce texte prolonge les précédentes analyses de Θ en ce qu'il souligne la distinction entre l'acte et la puissance essentiellement caractérisée comme puissance des contraires, il va cependant contre l'identification, progressivement posée au fil de Θ 8, de l'acte à la forme et à la fin, qui elle-même a permis d'établir l'antériorité de l'acte sur la *dunamis*, cette antériorité pouvant être posée à la fois selon la formule, τῷ λόγῳ, et selon la substance, τῇ οὐσίᾳ. Mais c'est que Θ 9 explore un autre sens encore de l'antériorité : le chapitre XII des *Catégories* distingue en effet une antériorité selon « le meilleur et le plus estimable », sens d'ailleurs désigné comme étant de tous « le plus inapproprié ». Or la formule τὸ βέλτιον καὶ τὸ τιμιώτερον est précisément celle que l'on trouve en Θ 9 (1051a 4). Le passage, dès lors, paraît avoir avant tout pour objet d'établir, selon les différents sens qui en ont été distingués, l'antériorité de l'acte sur la puissance. De ce point de vue, il s'inscrit dans la continuité de Θ 8. Il manifeste cependant aussi, sans l'explorer, une tension entre les caractéristiques de l'acte auxquelles fait appel la démonstration de l'antériorité selon l'*ousia*, et celles auxquelles fait appel la démonstration de l'antériorité selon le meilleur (démonstration qui conduit à poser aussi une antériorité selon le pire) – le paradoxe étant ici que l'antériorité ousiologique fait appel à une conception normative, ou axiologique, de l'acte en tant qu'il est identifié à la forme et à la fin, là où l'antériorité axiologique, soit « selon le meilleur et le plus estimable », ne fait appel qu'à une conception ontologique de l'acte, qui, dès lors, est opposé à la puissance des contraires comme l'effectif au possible.

Il faut donc noter cette tension entre le sens purement ontologique de l'acte, par quoi celui-ci est un autre nom pour l'être effectif et pour l'*ousia*, et son sens axiologique, par quoi il ne nomme pas seulement

1. Voir aussi *Top.* III, 5, 119a 27.

l'être, mais l'être dans la fin et, par là-même, le bien[1] – tension qui naît de la caractérisation de la puissance comme puissance des contraires, en vertu de laquelle l'acte peut être identifié tant au contraire positif (la forme) qu'au contraire négatif (la privation). Ces deux significations sont successivement lisibles en Θ, qui donne ainsi à voir non seulement l'élaboration de la détermination ontologique de l'*energeia* par-delà sa détermination kinétique, mais encore l'élaboration de sa signification axiologique, qui se surajoute à son sens ontologique. Θ peut donc se lire aussi comme le passage de l'*energeia* comprise comme *kinēsis* à l'*energeia* comprise comme *ousia*, et, enfin, à l'*energeia* comprise en ce sens dont Aristote dit qu'il tend vers l'*entelekheia*, et qui porte une dimension normative.

LE LIVRE Θ

Le livre Θ s'ouvre, on l'a dit, sur la réaffirmation du sens ontologique de la puissance et de l'acte. À la différence de E 2, cependant, il n'évoque pas, après les sens de l'être qui se disent selon les catégories, celui qui se dit selon l'en-puissance et l'en-acte, τὸ δυνάμει καὶ ἐνεργείᾳ (1026b 1-2), mais celui qui se dit κατὰ δύναμιν καὶ ἐντελέχειαν καὶ κατὰ τὸ ἔργον (1045b 33-34). Dans cet écart de formulation, on peut lire l'indice de la démarche propre à Θ : le sens ontologique de la *dunamis* et de l'*energeia*, qu'indique l'emploi de la formule au datif, *to dunamei kai energeiai*, ne va pas être exploré d'emblée. On va partir du sens kinétique de ces notions, désigné comme correspondant à leur usage courant, mais non au projet

1. Le cas est le même que celui du parfait, *teleion* (notons que Δ ne propose pas de définition de l'*energeia*, ni de l'*entelekheia*, mais seulement de la *dunamis* : reste que certaines déterminations de ces deux notions sont comprises dans celle de *teleion*). Celui-ci en effet peut se dire « tantôt au point de vue du bien », tantôt « d'une manière générale » (Δ 16, 1021b 31-33), et même, mais par extension, du mal. En un premier sens, on nommera parfait, ou accompli « ce en dehors de quoi il n'est pas possible de saisir même une de ses parties » ; en un deuxième sens, « ce qui sous le rapport de l'excellence propre et du bien, n'est pas surpassé dans son genre » (b 15) ; en un troisième sens, le terme désignera l'excellence, *aretē* ; enfin, « les choses qui ont atteint leur fin, cette fin étant posée comme bonne (σπουδαῖον), sont aussi appelées parfaites car avoir atteint sa fin (τὸ ἔχειν τὸ τέλος), c'est être parfait » (b 23-25). Par extension du deuxième sens (μεταφέροντες), on pourra cependant parler d'un « sycophante accompli », ou d'un « voleur accompli » (comme on le fait d'un « parfait salaud ») – et même d'« un bon voleur » ou d'« un bon sycophante », s'ils excellent en leur genre ; et par extension du dernier sens, on appliquera le terme à toute limite, même si celle-ci n'est pas un *telos*, et l'on dira « parfaitement perdu, parfaitement détruit, lorsqu'il ne manque rien à la destruction et au mal, et qu'ils sont arrivés au dernier degré ». C'est en ce sens que « la mort (ἡ τελευτὴ) est appelée, par métaphore, du nom de fin (τέλος), parce que l'une et l'autre sont des termes extrêmes » (1021b 28-29).

de l'enquête. Et c'est ensuite seulement que l'on va montrer comment la *dunamis* et l'*energeia* excèdent ce qui se dit seulement en rapport avec le mouvement (1046a 1-2).

Cette extension, cependant, est aussi un approfondissement : le sens ontologique va être progressivement extrait du sens kinétique, et le sens « recherché » du sens courant, mais comme ce que ceux-ci supposent. Or les notions d'*entelekheia* et d'*ergon* que met en évidence le début de Θ jouent un rôle fondamental dans la transition du sens kinétique au sens ontologique de l'*energeia* : ce sont elles qui servent de médiation entre l'*energeia* comme nom du mouvement et l'*energeia* comme sens de l'être. Plus encore, elles permettent d'entendre ce que l'*energeia* dit de l'être : non seulement la subsistance ou la présence, mais la fonction en quoi s'accomplit la forme ou l'essence (*en-ergon*), et ce faisant aussi la fin (*en-telos*). L'*energeia* se trouve dès lors coordonnée à la *dunamis* non plus seulement comme l'effectif au possible, ni seulement comme le mouvement à son principe, mais comme la fin à ce que y tend.

Par là, la transition du sens kinétique au sens ontologique va aussi de pair avec un transfert du modèle de l'efficience et de la corrélation des puissances à celui de la finalité et de l'actualisation de l'en-puissance. Ce dernier modèle, on l'a vu, est déjà à l'œuvre dans les écrits physiques et biologiques, mais Θ va lui donner un fondement ontologique. Enfin, le livre Θ amorce encore l'extension des notions d'en-puissance et d'en-acte par-delà le champ des substances sensibles corruptibles jusqu'à celui des substances sensibles éternelles.

a. On va donc partir de l'étude du sens kinétique (soit de ce sens qui est à la fois *kuriōs*, premier du point de vue de l'usage courant, et *mē khrēsimotatos*, pas le plus utile, pas celui qu'on recherche), et qui concerne à la fois la *dunamis* et l'*energeia* (il n'est plus question ici de l'*ergon* ni de l'*entelekheia*). Entre ces deux termes, il faut cependant noter une légère dissymétrie : ce sens courant, premier non pas en soi mais pour nous, c'est-à-dire dans la langue commune, est en premier lieu un sens de la *dunamis* (ce qui est normal dès lors qu'au contraire de ce dernier, le terme *energeia* n'est pas un mot usuel mais une invention aristotélicienne). À l'inverse, c'est de l'analyse de l'*energeia* que doit pouvoir être dégagé ce sens philosophique de la *dunamis* qui nous intéresse.

Ce sens usuel de la *dunamis* est celui qu'explorait déjà le livre Δ qui, cependant, ne considérait pas la notion dans sa corrélation à l'*energeia*. Si Θ reprend la définition première et les différents sens distingués par Δ, c'est cependant en les ordonnant et en opérant un tri entre eux : ainsi, la *dunamis* y est d'emblée désignée comme un plurivoque (1046a 4-5), mais parmi ses significations, certaines vont être désignées comme purement homonymiques (c'est-à-dire comme n'ayant de rapport qu'accidentel avec le sens premier) (a 5)[1] : c'est le cas du sens arithmétique ou géométrique, par quoi *dunamis* peut signifier la puissance d'un nombre ou d'une ligne[2]. Les autres sens de la *dunamis*, à l'inverse, peuvent tous être renvoyés à un sens premier : celui de « principe de changement en autre chose ou en soi-même en tant qu'autre »[3]. Ce sens premier de la *dunamis* est donc un sens actif. Cependant, la définition proposée en Θ ne le manifeste pas comme tel, puisqu'elle n'indique pas si le changement en question est agi ou subi. En Δ, en revanche, la même définition formulée sur le mode actif est complétée sur le mode passif (« principe de changement ou de mouvement en autre chose ou en soi-même en tant qu'autre, ou encore sous l'effet d'autre chose ou de soi-même en tant qu'autre » (1019a 19-20)).

Mais, à la suite de l'énoncé de ce sens premier, Θ mentionne aussi la puissance passive, *dunamis tou pathein* : de fait, la puissance de pâtir peut elle-même être caractérisée comme « principe de changement passif sous l'effet d'autre chose ou de soi-même en tant qu'autre » (1046a 12-13). Ainsi, en Δ comme en Θ, la distinction entre puissance active et puissance passive s'efface devant la caractérisation univoque de la *dunamis* comme *arkhē*, comme principe de changement : mieux, la distinction entre actif et passif est donnée comme un trait du changement plus que de la puissance qui y préside.

Principe d'un changement actif *ou* passif, la *dunamis* l'est aussi d'un changement transitif *ou* immanent : on peut se changer soi-même en autre ou être changé par soi-même comme par un autre. En même temps que la division entre puissance active et puissance passive, c'est le partage du champ de l'efficience entre un agent et un patient, tous deux constituant des sujets distincts, qui est ici remis en cause.

1. Voir sur ce point l'analyse de A. Stevens, *L'Ontologie d'Aristote…*, *op. cit.*, p. 105-109.

2. Le *De Interpretatione* désigne aussi comme homonyme un sens du possible, *dunaton*, par quoi celui-ci ne désigne pas seulement le potentiel, c'est-à-dire ce qui peut être, et être en-acte, mais ce qui est vrai, et peut à ce titre s'appliquer à ce qui est (en-acte), et est à ce titre nécessaire (tout ce qui est étant, pour Aristote, nécessaire tandis qu'il est) (13, 23a 6-16). On reviendra plus loin sur la question de la relation, et de l'éventuelle confusion, entre possible et potentiel.

3. ἀρχὴ μεταβολῆς ἐν ἄλλῳ ἢ ᾗ ἄλλο (1046a 11). Cette définition reprend celle donnée en Δ 12, à un point près : l'absence du terme *kinēsis* (en Δ on lisait : ἀρχὴ κινήσεως ἢ μεταβολῆς ἢ ἐν ἑτέρῳ ἢ ᾗ ἕτερον (1019a 15-16 ; a 19). Cette absence peut s'expliquer par le souci d'éviter la confusion, possible à ce stade, entre la *dunamis* et l'*energeia*, en tant que celle-ci peut aussi nommer la *kinēsis*.

Ce point va, peu après, être explicitement souligné : « Il est donc évident qu'en un sens la puissance d'agir et la puissance de pâtir sont une » (1046a 19-20) : on ne peut dire d'une chose qu'elle a une puissance ou une capacité qu'à condition que celle-ci trouve à s'exercer, et donc qu'une autre chose ait, elle, la capacité de la subir – pas de médecin capable de guérir sans malade à soigner, ni de feu sans bois à brûler. Ces puissances sont cependant partagées entre un agent et un patient et, quand elles cohabitent en un même sujet, il faut distinguer en celui-ci la part active et la part passive (a 22-29). Aussi brève qu'elle soit, cette analyse rappelle celle qui, en *Physique* III, aboutissait à la définition du mouvement comme acte commun du moteur et du mû : comme elle, elle distingue entre les catégories d'agent et de patient et celle de sujet (le partage entre ce qui agit et ce qui pâtit n'opère pas nécessairement en des individus distincts); en revanche, et sur un mode là encore comparable, elle invite à dépasser la distinction entre ce qui agit et ce qui pâtit pour considérer l'unité de l'effet.

Principe de mouvement, la *dunamis* peut aussi l'être de résistance à un mouvement de détérioriation ou de destruction : elle est en tant que telle un état d'impassibilité, une *hexis apatheias* – c'est aussi une puissance que de ne pouvoir être broyé, fléchi, détruit, que de pouvoir, donc, se maintenir dans cet état permanent que nomme la notion d'*hexis* (Δ 1019a 26-32, Θ 1046a 13-16). Il faut noter qu'en revanche, la capacité de résistance à un mouvement vers le meilleur n'est pas qualifiée de *dunamis* : au contraire, on nommera *dunamis* la capacité d'agir ou d'être agi ou bien simplement ou bien *kalōs*, d'une façon bonne (46a 17) [1]. On note déjà, à propos de la *dunamis*, cette gradation entre un sens neutre et un sens normatif qu'engagera la notion d'*energeia*.

La *dunamis*, qu'elle soit active ou passive, se trouve ainsi toujours associée à une positivité, et à une possession (*hexis*). C'est son contraire, l'impuissance (*adunamia*), et l'impuissant (*adunaton*), que l'on associe à la privation, *sterēsis* (a 29-32) [2].

1. Ce sens normatif est d'abord associé en Δ à la *proairesis* (1019a 24); plus loin, il sera cependant étendu aux êtres inanimés (1019b 13).

2. Ce point est moins clairement formulé en Δ, où il donne lieu à une sorte de raisonnement par l'absurde : supposons que l'on puisse nommer puissance le principe de changement vers le meilleur *comme* vers le pire; on périrait alors en vertu d'une puissance de périr, ou encore parce que l'on *a* une telle puissance. Si la *dunamis* est toujours associée à un état positif et à une possession (*hexis*), et si l'on compte néanmoins la privation comme une *dunamis*, alors il faut que la *sterēsis* elle-même soit une *hexis*, la privation une possession. La *dunamis* serait alors un homonyme : on serait puissant parce que l'on a une *hexis* ou parce que l'on a une privation – ce qui est une contradiction (1019a 5-10). Précisons cependant que les manuscrits EJT et A^b donnent des versions différentes des lignes 1019b 8-10, et que Christ, Ross et Jaeger estiment que l'une et l'autre sont corrompues.

On comprend dès lors que le sens actif du terme soit désigné, en Θ, comme étant le premier et celui à partir duquel les autres sens peuvent être dérivés et organisés. Ce primat s'explique d'abord, et simplement, parce que la puissance passive suppose une puissance active (on ne peut être soigné sans médecin, chauffé sans feu)[1]. Mais il s'explique aussi, et plus fondamentalement, du fait que la puissance, *qu'elle soit active ou passive*, demeure univoquement caractérisée comme un principe de mouvement, et comme étant de l'ordre de la possession et de la positivité.

b. Θ 2 prolonge l'analyse de la *dunamis* en proposant une autre distinction, qui n'oppose plus la puissance active à la puissance passive, mais la puissance rationnelle, ou accompagnée de *logos*, à la puissance irrationnelle. Cette analyse marque un progrès par rapport à Θ 1, en ce qu'elle considère cette fois la relation de la puissance à son effet. Elle donne ce faisant aussi une extension maximale à la notion, en manifestant que celle-ci s'applique tant aux êtres animés qu'aux êtres inanimés, et tant au champ de la nature qu'à celui de la *tekhnē*. Ces divisions, d'ailleurs, ne recoupent pas celle entre puissance rationnelle et puissance irrationnelle, puisque, comme le précisera Θ 5, des êtres animés mais dépourvus de *logos* n'ont de puissance qu'irrationnelle (1048a 4).

Le propre de la puissance rationnelle est de pouvoir être puissance de deux effets contraires, *tōn enantiōn*, là où la puissance irrationnelle ne l'est que d'un seul contraire : ainsi, l'art médical peut produire la maladie ou la santé, tandis que le feu ne peut qu'échauffer. Le *logos*, en effet, « montre à la fois la chose et sa privation » (1046b 8-9) : le thème de la privation, *sterēsis*, abordé en Θ 1, est ici réintroduit. La privation, dont on a vu qu'elle ne pouvait en aucun cas caractériser la puissance, mais son contraire, l'impuissance, est donnée comme objet du *logos* qui la régit. Cet objet n'est cependant que dérivé, ou « d'une certaine façon par accident » (1046b 13) : c'est en considérant d'abord le contraire positif, ou la forme, puis en niant celui-ci que le raisonnement[2] montre le contraire négatif. Le primat du contraire positif est ainsi maintenu.

1. Sur le primat du sens actif et « hétérokinétique » de la *dunamis*, voir M. Frede, « Aristotle's Notion of Potentiality in *Metaphyics* Θ », dans T. Scaltsas, D. Charles, M.-L. Gill (éd.), *Unity, Identity and Explanation in Aristotle's Metaphysics*, Oxford, Clarendon Press, 1994, p. 173-195. Frede montre bien, contre Bonitz et Ross, qu'il n'y pas de confusion entre la notion de puissance et celle d'en-puissance, mais qu'Aristote distingue un sens premier de la *dunamis*, et des sens dérivés, que le concept d'en-puissance va unifier.

2. Sur le terme *logos*, et les deux sens (forme et raisonnement) que met en jeu l'analyse, voir Myles Burnyeat and others, *Notes on Books Eta and Theta of Aristotle's* Metaphysics, *op. cit.*, p. 52-55, ainsi que l'analyse de D. Lefebvre, *DYNAMIS…*, *op. cit.*, p. 406 *sq.*

Cette analyse permet de concilier deux exigences apparemment conflictuelles, mais également essentielles à la pensée aristotélicienne de la puissance : *affirmer sa positivité, tout en introduisant en elle une indétermination.* Θ 2 invite ainsi à considérer non seulement la relation de la puissance à son effet, mais la modalité de cette relation. Enfin, et de nouveau, à cette caractérisation neutre de la puissance se joint une caractérisation normative : la puissance rationnelle peut être au principe de deux effets contraires, soit d'une forme ou de sa privation, mais elle peut de surcroît simplement produire ou produire bien, εὖ ποιεῖν (1046b 28)[1].

c. C'est cette double question, du rapport de la puissance à l'effectivité, et de la modalité de ce rapport, qui ouvre à la critique des Mégariques. La formulation de leur thèse articule pour la première fois, sous la forme de deux verbes conjugués, la *dunamis* à l'*energeia*, ou, plutôt, le pouvoir à l'action : « C'est quand une chose agit qu'elle peut <agir>, mais quand elle n'agit pas, elle ne peut pas <agir> » (1046b 29-30)[2].

Contre cette thèse, il faut affirmer non seulement la distinction de l'acte et de la puissance, mais, plus précisément, qu'avec un acte donné peut coexister non seulement la puissance dont il est l'effet, mais la puissance d'un acte autre, et opposé : ainsi, ce qui est debout a, au moment même où il l'est, non seulement la puissance d'être debout, mais aussi celle de s'asseoir, et inversement, un œil clos (si c'est par le sommeil, ou pour cligner, et non sous l'effet d'une maladie ou parce qu'il est aveugle) conserve la puissance de voir, tout comme un architecte au repos celle de construire. À la thèse mégarique, on oppose donc qu'« il est possible qu'une chose soit capable d'être et cependant ne soit pas, soit capable de ne pas être et cependant soit » (1047a 20-22). Cette thèse, qui, comme le manifestent les exemples, est générale, c'est-à-dire vaut pour les puissances rationnelles comme pour les puissances irrationnelles, revient à affirmer *un excès* de la puissance, comme puissance des contraires, sur l'acte en tant que (en vertu du principe de non-contradiction) celui-ci ne peut manifester que l'un des deux contraires. C'est en un tel excès que réside, on l'a vu, la condition de possibilité du devenir, soit de l'advenue d'un acte autre que celui qui est déjà effectif et effectué. La notion de puissance, comme puissance des contraires, apparaît de ce fait aussi déterminante

1. On trouve en *Phys.* VIII, 1, 251a 28-b 1, comme ce sera le cas aussi en Θ 8, une tentative d'unification des puissances rationnelles et irrationnelles, qui désigne ces dernières comme étant, elles aussi, puissances de deux effets contraires selon qu'elles sont absentes ou présentes : ainsi le froid ne peut que refroidir, mais il peut aussi, par son absence, réchauffer.

2. ὅταν ἐνεργῇ μόνον δύνασθαι, ὅταν δὲ μὴ ἐνεργῇ οὐ δύνασθαι. Sur les différentes formulations qu'admet cette thèse, voir M. Burnyeat and others, *Notes on Books Eta and Theta ...*, *op. cit.*, p. 61-63 et, *supra*, chap. II, p. 63, n. 2.

pour la pensée du devenir que l'est, pour celle de l'être, le principe de non-contradiction qui pose l'impossibilité de la coexistence en acte des contraires.

Si la critique des Mégariques permet de reconnaître en la *dunamis* la condition de possibilité du devenir, elle ouvre aussi à la compréhension de ce sens ontologique qui est l'objet de l'enquête de Θ, et de même, à celle du sens ontologique de l'*energeia*. C'est en effet à la fin de Θ 3 que s'amorce la transition du sens kinétique au sens ontologique de ces deux notions. Cette transition concerne, en premier lieu, l'*energeia*. Elle est d'abord présentée comme une extension terminologique, portant sur le nom même d'*energeia*, ἡ ἐνέργεια τοὔνομα, et comme déjà opérée par le langage courant : « Le mot *energeia*, qui se rapproche de celui d'*entelekheia*, a été étendu, à partir des mouvements dont il se dit surtout, aussi aux autres choses » (1047a 30-31). Il s'agit donc d'une extension d'usage qui modifie la compréhension du terme : qui invite à y entendre non seulement l'activité, mais aussi ce qui résonne en l'*entelekheia* et qu'Aristote, à ce point, ne formule pas. Or, il faut souligner que la doctrine mégarique, telle du moins qu'elle vient d'être présentée, donne à voir une telle extension : car elle fait place à l'*energeia*, tout en supprimant le mouvement et le devenir, *kinēsis kai genesis* (1047a 14). Ainsi, et alors même qu'elle identifie *energeia* et *dunamis*, elle paraît postuler une distinction entre *energeia* et *kinēsis*.

La critique des Mégariques porte donc une double, et paradoxale, positivité : elle invite à penser à la fois le devenir en rapport avec la *dunamis*, et l'*energeia* en rapport avec l'être. Ce faisant, elle indique aussi le double enjeu de l'enquête : penser à la fois le devenir et l'être; déterminer leur mode d'articulation.

L'extension du sens kinétique au sens ontologique de l'*energeia* est présentée comme un approfondissement : autrement dit, et conformément à ce que Θ 1 notait déjà, c'est le sens ontologique qui est premier. En effet, si l'on a tendance à considérer que l'*energeia* se manifeste surtout dans le mouvement, *c'est en tant qu'on prend celui-ci comme un indice de l'être* : on ne l'attribue pas à ce qui n'est pas – et ce, au contraire d'autres attributs comme le concevable ou le désirable.

Cependant, de ces autres attributions, on peut aussi tirer un enseignement : si l'on dit de choses qui ne sont pas qu'elles sont concevables ou désirables, « c'est parce que, sans être en-acte, elles seront en-acte (οὐκ ὄντα ἐνεργείᾳ ἔσονται ἐνεργείᾳ) » (1047a 35-b 1)[1]. Or ne pas

1. On note ici l'apparition de la forme au datif, ἐνεργείᾳ, réservée à la signification ontologique du terme, et corrélative de la forme δυνάμει.

être en-acte mais pouvoir l'être, c'est aussi un mode d'être : celui que nomme l'en-puissance. De certaines choses qui ne sont pas, mais peuvent cependant être, on dira, ainsi, qu'elles sont *dunamei* (τῶν γὰρ μὴ ὄντων ἔνια δυνάμει ἐστίν, 1047b 1). La possibilité de l'acte est ce qui discrimine, au sein du non-être, l'en-puissance. Ce qui est en-puissance, cependant, n'est pas, « parce qu'il n'est pas en entéléchie (ἐντελεχείᾳ) » (1047b 2). Le terme *entelekheia* se substitue ici à celui d'*energeia*, conformément au principe d'extension indiqué plus haut : il nomme ce mode d'être opposé à l'en-puissance qui est celui du mouvement, mais aussi d'« autres choses » (comme, par exemple, de ce qui est conçu et pas seulement concevable, obtenu et pas seulement désirable). Il intervient comme un autre nom pour l'être effectif, réalisé, qui n'a plus à être mais qui est déjà – disant ainsi, comme l'adjectif *entelēs* dont il dérive, la complétion, mais sans revêtir encore le caractère normatif que Θ 8 lui confèrera en l'associant cette fois à la notion de *telos*.

d. Au terme de Θ 3, on a reconnu en la *dunamis* à la fois la condition du devenir et un mode d'être, et en l'*energeia* le mode d'être qui lui est opposé et qui caractérise, par-delà le mouvement, tout ce qui est effectif. Tout en définissant l'en-puissance comme ce qui n'est pas en-acte, on l'a aussi distingué du non-être en le caractérisant comme ce qui *peut* être en-acte. Il faut donc poursuivre l'examen de ce qui se joue dans cet écart, soit de la modalité du rapport de l'en-puissance à l'acte.

La discussion de Θ 4 ne porte ni sur la *dunamis* ni sur la *dunamei*, mais sur le *dunaton*. Ce terme cependant peut désigner tant le possible que le puissant, ou le capable, tout comme l'*adunaton* peut désigner l'impossible autant que l'impuissant (*cf.* Θ 1, 1046a 29). En Θ 3, le *dunaton* a été défini par la *dunamis* comme « ce pour quoi il n'y aura rien d'impossible à ce qu'existe l'acte (*energeia*) dont il est dit avoir la puissance (*dunamis*) » (1047a 24-26). Le terme, ici, paraît donc désigner ce qui est capable, ou puissant.

Le livre Δ le définit autrement, comme : ce dont le contraire n'est pas nécessairement faux; ce qui est vrai; ce qui peut être vrai (12, 1019b 28-33). Ainsi caractérisé sans rapport avec la *dunamis*, *dunaton* ne signifie plus puissant, mais possible. Δ l'oppose à l'impossible, *adunaton*, défini comme « ce dont le contraire est nécessairement vrai » (est impossible, par exemple la commensurabilité de la diagonale du carré avec ses côtés), et distingue le possible (*dunaton*) et l'impossible (*adunaton*) ainsi définis, de la puissance (*dunamis*) et de l'impuissance (*adunamia*) (1019b 17-24).

Reste que les définitions de Δ portent encore une équivocité : en son deuxième sens (ce qui est vrai), le possible inclut le nécessaire, ou ce qui ne peut pas ne pas être; selon sa première et sa troisième définition, en revanche, il s'identifie au contingent (τὸ ἐνδεχόμενον)[1]. C'est ce dernier sens que mentionne *Pr. An.* I, 32a 18-20 : « ce qui n'est pas nécessaire et dont on peut penser qu'il existe sans que cela entraîne d'impossibilité ».

Le possible est donc défini tantôt par inclusion, tantôt par exclusion du nécessaire. En son premier sens, il peut être identifié à la possibilité logique : sera dit possible ce qui n'est pas contradictoire; le nécessaire – ce qui ne peut pas ne pas être – peut dès lors être dit possible, au sens où il est vrai (non-contradictoire) de dire qu'il est. Mais le possible peut aussi être identifié au contingent : il ne désigne plus, alors, ce qui ne peut pas ne pas être (ni ne pas être vrai), mais ce qui peut être ou ne pas être, ou encore, ce qui peut être ceci ou cela. En ce second sens, le possible ne s'oppose plus au contradictoire, mais paraît pouvoir s'identifier à la puissance, comprise comme puissance des contraires (être A ou non-A), et des contradictoires (être ou ne pas être)[2].

Θ 4 commence par revenir sur la définition de Θ 3 en en retenant non pas la caractérisation par la puissance, mais l'opposition à l'impossibilité. De celle-ci on doit conclure qu'il n'est pas vrai de dire qu'une chose est possible mais ne sera pas (par exemple, qu'il est possible de mesurer la diagonale du carré, mais que cela n'aura pas lieu). On rejoint alors la définition donnée plus haut de l'en-puissance comme ce qui sera en-acte (1047a 35-b 1). Il semble de ce fait qu'Aristote procède à une double identification : du possible à l'en-puissance, et de l'en-puissance à un futur actuel. On aurait là une position déterministe, revenant à affirmer que tout ce qui est possible est appelé à être, et qu'il est impossible que ce qui est appelé à être ne soit pas.

Jaakko Hintikka considère ainsi que le devenir aristotélicien est régi par un « Principe de Plénitude », dont la formule générale serait la suivante : « Toute possibilité doit être réalisée à un moment donné du temps ». Chez Aristote, ce principe revêtirait une forme particulière : « Aucune possibilité inqualifiée ne demeure inactualisée à travers une infinité de temps ». On aurait là une conception « statistique » des modalités, caractérisée par le recouvrement des déterminations modales

1. J. Hintikka (*Time and Necessity. Studies in Aristotle's theory of modality*, Oxford, Clarendon Press, 1973) illustre cette équivocité (que signale on l'a vu le *De Interpretatione*, 13, 23a 6-16) par le schéma suivant :

nécessaire contingent impossible
―――――――――――――
possible

2. Rappelons que sous le terme d'opposés (ἀντικείμενα), Aristote distingue, à côté de la privation et de la possession, et des relatifs, les contraires (ἐναντία), et la contradiction (κατ 'ἀντίφασιν).

et temporelles : le nécessaire étant ce qui est toujours, l'impossible, ce qui n'est jamais, le contingent, ce qui n'est pas éternel[1].

La suite de Θ 4, et jusqu'à Θ 5, a cependant pour objet de contrer le déterminisme. Cette tentative passe tout d'abord par la distinction entre l'impossible et le faux. Une position déterministe forte revient en effet à énoncer que rien n'est possible qui ne sera pas, et qui ne sera pas vrai[2]. Cette position suppose une triple réduction, non seulement du possible au potentiel et du potentiel à l'actuel, mais encore de l'actuel au vrai. Elle admet une formulation plus extrême encore, qui ajouterait à la définition du possible par le futur actuel, celle de l'impossible par l'inactuel : ce qui n'est pas maintenant est impossible. Le possible, dès lors, n'est plus seulement ce qui sera mais ce qui est déjà (maintenant). On retrouve ici la thèse des Mégariques, qui n'admettent de puissance que simultanée à l'acte.

Or Aristote, à l'inverse, affirme clairement que *l'inactuel n'est pas l'impossible.* Des choses ne sont pas maintenant qui cependant seront. C'est pourquoi il importe de distinguer l'impossible du faux : « Il est faux que tu sois debout maintenant, mais ce n'est pas impossible » (Θ 4, 1047b 12-14).

La question demeure cependant de savoir si une chose peut être dite possible, ou encore en-puissance, qui ne sera jamais. Le possible, en d'autres termes, peut-il désigner *l'irréel*, c'est-à-dire ce qui, tout en n'étant pas contradictoire, n'est pas, ni ne sera ? C'est à cette question que répond Θ 5 : le texte s'ouvre sur une nouvelle division de la *dunamis*, selon qu'elle est innée (par exemple, les sens), ou acquise (par la pratique, comme l'art de jouer de la flûte, ou par l'étude). Il rappelle aussi la distinction entre puissances rationnelles et irrationnelles. Enfin, il propose

1. J. Hintikka, *Time and Necessity…*, *op. cit.*, chap. V ; voir aussi « Necessity, Universality and Time in Aristotle » dans J. Barnes, M. Schofield, R. Sorabji (éd.), *Articles on Aristotle*, vol. 3 : *Metaphysics*, Londres, Duckworth, 1979, p. 108-124, et S. Knuuttila, *Reforging the Great Chain of Being. Studies in the History of Greek Modalities*, Dordrecht-Boston-London, Reidel, 1981. Pour une discussion, voir R. Sorabji, *Necessity, Cause and Blame. Perspectives on Aristotle's theory*, Ithaca N.Y., Cornell University Press, 1980, chap. VIII.

2. Voir l'Argument Dominateur de Diodore Cronos (Epictète, II, 19, 1-5) : « Toute proposition vraie concernant le passé est nécessaire. L'impossible ne suit pas logiquement du possible. Est possible ce qui n'est pas actuellement vrai et ne le sera pas ». L'argument consiste à démontrer l'incompatibilité entre ces propositions. C'est la troisième, à savoir la définition du possible comme ce qui n'est pas vrai et ne le sera pas, qui ne s'accorde pas avec les autres : car s'il existe un possible tel qu'il n'est pas réalisé, alors il faudra dire qu'il n'a pas été, et un impossible aura suivi du possible. De ceci il faut conclure que tout possible doit se réaliser. Voir J. Vuillemin, *Nécessité ou contingence. L'aporie de Diodore et les systèmes philosophiques*, Paris, Minuit, 1984, chap. I et II.

une nouvelle définition du possible (*dunaton*) : par rapport à celles de Θ 3 et 4, cette définition présente la particularité de le caractériser en relation non plus avec l'acte ou avec son être futur, mais avec ses propres conditions d'existence. Le possible est en effet relatif à des circonstances actuelles : ce qui est possible l'est *kai pote kai pōs*, à un moment donné, et d'une certaine façon (1048a 1). Cette définition du possible a pour effet de le rapprocher maximalement du potentiel. Elle marque bien qu'en dépit de l'indétermination du terme *dunaton*, Aristote a tendance à penser le possible non pas tant comme ce qui peut être conçu, et est non-contradictoire, que comme ce qui peut être : qu'il ne distingue pas nettement, en d'autres termes, le possible logique du possible réel, et répugne en effet à dire possible ce qui, tout en pouvant être au sens où il est non-contradictoire, ne sera jamais. En vertu de cette nouvelle définition, on appellera donc possible ce qui, si toutes les conditions sont réunies, doit s'actualiser – et même, ce qui doit nécessairement s'actualiser (ἀνάγκη, 1048a 6). La formule est celle du déterminisme [1].

Cependant, tout en y souscrivant, Aristote va aussi délimiter la sphère de validité du déterminisme : celui-ci est en effet restreint aux puissances irrationnelles. C'est dans leur cas seulement que, quand l'agent et le patient se rencontrent sous certaines conditions, il est nécessaire que l'un agisse et l'autre pâtisse ; dans le cas des puissances rationnelles, en revanche, cela n'est pas nécessaire, οὐκ ἀνάγκη (1048a 5-8). La démonstration repose là encore sur le principe de non-contradiction : les puissances rationnelles sont puissances de deux effets contraires ; or deux contraires ne pouvant être actualisés au même moment par une même puissance, l'un d'entre eux, seulement, doit être actualisé. Ce qui est alors nécessaire (ἀνάγκη, a 10) – mais, cette fois, d'une nécessité logique, dictée par le principe de non-contradiction – c'est qu'intervienne, en plus de la *dunamis*, un autre principe : le désir ou le choix délibéré, *orexis* ou *proairesis*, qui va choisir entre les deux contraires (a 10-11).

On peut dès lors reformuler la définition initiale, de façon à ce qu'elle vaille pour le δυνατὸν κατὰ λόγον : il est nécessaire (ἀνάγκη, a 14),

1. Voir la discussion de ce texte par R. Sorabji dans M. Burnyeat and others, *Notes on Books Eta and Theta*, *op. cit.*, p. 115-116 : Sorabji considère qu'Aristote échappe au déterminisme pour deux principales raisons : d'abord à cause de la clause « si les conditions sont réunies » – celles-ci peuvent ne l'être que sous l'effet de coïncidences, lesquelles ne sont pas nécessitées. Il n'en reste pas moins que la séquence causale allant de la cause agissant sous ces conditions à l'effet est elle-même nécessaire ; ensuite, parce que la formule n'interdit pas que les *dunameis* puissent agir et être activées avant que les conditions ne soient réunies. Mais, de nouveau, l'argument n'est pas contraignant car en vertu de la définition donnée, l'effectuation est alors incertaine, et l'on doit donc hésiter à parler de possible.

quand ce qui est capable selon la raison désire quelque chose dont il a la puissance, qu'il fasse cette chose. La séquence nécessaire part cette fois de la puissance *en tant qu'*elle est modifiée par le désir et/ou le choix – et donc par la liberté. Il reste que, là encore, l'attribution d'une telle puissance implique la prise en compte des circonstances de son effectuation (a 16). Sera donc possible, selon cette nouvelle détermination, ce que décide ou désire l'agent, *et* ce qu'autorisent les circonstances (que doit d'ailleurs intégrer sa délibération) : la définition du possible *kata logon* dessine les deux pôles – la liberté de l'agent, les limites de l'action – entre lesquels va se déployer l'éthique aristotélicienne[1].

Θ 5 achève ainsi d'explorer le rapport de la puissance à son effet, en distinguant deux modalités de celui-là, elles-mêmes déterminées par la distinction antérieure entre puissances irrationnelles et puissances rationnelles : dans le cas des premières, le rapport de la puissance, définie comme intégrant les conditions de son effectuation, à son effet est nécessaire[2];

1. Voir les analyses de P. Aubenque dans *La Prudence chez Aristote*, Paris, P.U.F., 1986 (1963); voir aussi en *EN* III 3, la définition de l'acte volontaire comme « ce dont le principe réside en l'agent lui-même connaissant les circonstances particulières au sein desquelles son action se produit » (1111a 20-21).

2. Autrement dit, la nécessité, même dans le cas des puissances irrationnelles, ne vaut que pour le possible qualifié, ou défini en rapport avec les circonstances de son effectuation : on ne peut affirmer que, quelles que soient les circonstances, le feu doit brûler le bois (c'est-à-dire que le bois soit sec ou mouillé, le feu vif ou mourant etc). À ceci il faut ajouter que non seulement la réunion des circonstances propices à l'effectuation peut-être conditionnée par l'accident, mais qu'elle peut aussi être interrompue par celui-ci (il peut se mettre à pleuvoir). Autrement dit, et dès lors qu'on intègre la prise en compte de l'accident, la nécessité, dans l'ordre même des puissances irrationnelles, n'est pas absolue, mais de l'ordre de la fréquence – le ὡς ἐπὶ τὸ πολύ reçoit lui aussi une détermination circonstancielle (voir L. Judson, « Chance and "Always for the most part" in Aristotle », dans L. Judson (éd.), *Aristotle's Physics. A Collection of Essays*, Oxford, Clarendon Press, 1991, p. 73-99). Ce qu'il désigne, c'est précisément une liaison d'événements et de circonstances. Sur l'accident (συμβεβηκός), voir E 2, 1026b 30-33, où il est défini par opposition tant au nécessaire qu'au fréquent. L'accident peut engendrer une série causale nécessaire, mais il est par lui-même l'unique exception à la nécessité (E 3, 1027a 31; 1027b 1-16). L'accident, en effet, est défini comme ce qui n'a pas de cause; comme tel, il est extérieur au processus de la génération (1027b 13). Il résulte de la rencontre de deux causes dont aucune ne peut, par elle-même, être considérée comme sa *dunamis* (1027a 5-7). L'absence de cause signifie donc ici l'absence de cause déterminée. C'est pour avoir négligé la distinction entre la cause de la conjonction causale produisant l'accident et la cause de l'accident lui-même, que certains philosophes ont pu nier l'existence de ce dernier (*Phys.* II, 4, 196a 1-16). L'accident a donc bien, en un sens, une cause efficiente, mais qui n'est elle-même qu'accidentelle. On peut cependant le dire plus rigoureusement sans cause, au sens où il n'a pas de cause finale. Dans la *Physique*, c'est le critère de la finalité qu'Aristote adopte pour le caractériser. Ce critère préside notamment à la distinction entre la τύχη et l'αὐτόματον, la fortune et le hasard. Le fait de fortune est celui qui, sans avoir été voulu ni choisi, se présente néanmoins sous l'aspect de la finalité

dans le cas des secondes, il est médié par l'intervention du désir et de la délibération.

La *proairesis* intervient ainsi comme un principe de contingence, susceptible d'inaugurer une séquence causale nécessaire. Si la définition circonstancielle du possible ne laisse pas de place au possible logique mais tend à identifier possible et potentiel, en revanche la distinction est maintenue entre le potentiel et l'actuel.

Mais à cela il faut ajouter – et c'est ce que fera Θ 8 – que la puissance considérée en elle-même, et non dans sa relation avec l'effet, est un principe de contingence. Toute puissance, prise non pas comme principe d'action mais par opposition à l'acte, considérée, donc, dans sa détermination ontologique et non pas seulement kinétique, est le lieu d'une indétermination essentielle. Tout être qui est, non pas purement actuel, mais mêlé d'en-puissance, peut être ou ne pas être (8, 1050b 9-13). Cette contingence fondamentale affecte toutes les puissances, qu'elles soient rationnelles ou irrationnelles, dès lors qu'elle affecte leur être même de puissance – ainsi le feu ne peut, dans des circonstances adéquates, que brûler, mais ce qui est feu en-puissance peut être ou n'être pas feu, et le feu en-acte demeure lui-même passible d'autres transformations.

C'est sur cette contingence essentielle de la puissance que repose l'argument antidéterministe du *De Interpretatione*. Aristote y distingue non plus seulement, comme en Θ 4, l'impossible du faux, mais le possible du vrai : de certaines propositions possibles, on ne peut dire, à l'avance, si elles seront vraies ou fausses. Ainsi, il est possible que, demain, une bataille navale ait ou n'ait pas lieu. Si la bataille navale a lieu, alors la première branche de la disjonction pourra être dite vraie, l'autre, fausse. De plus, de l'événement lui-même, une fois advenu, on pourra dire qu'il est nécessaire. En effet, tout ce qui est est nécessaire tandis qu'il est et le passé ne peut être modifié (19a 24-25). Mais tant que les possibles demeurent irréels, seule la disjonction qui les pose peut être dite nécessaire (19a 29-30) [1]. Le possible est ainsi dissocié à la fois de l'actuel, du nécessaire, et du vrai. Dans un premier temps, l'argument paraît valoir avant tout pour les puissances rationnelles : c'est ce que suggère (avec l'exemple de la bataille

pour un être capable de volonté et de choix (l'homme parti se promener et qui rencontre son débiteur) ; on parlera de hasard à propos de faits se produisant avec l'apparence de la finalité pour des êtres eux-mêmes incapables de poser une finalité (l'enfant heureux, le cheval sauvé par sa venue en tel lieu, le trépied qui retombe sur ses pieds) (197b).

1. Pour une autre accentuation, voir G.E.M. Anscombe, « Aristotle and the Sea-Battle », *Mind*, LXV, 1956, p. 1-15 ; S. Waterloo, *Passage and Possibility. A Study of Aristotle's Modal Concepts*, Oxford, University Press, 1982.

navale suspendue à une décision stratégique) le développement qui lui est donné, et par quoi Aristote répond au fatalisme plus encore qu'au déterminisme, et à une anticipation de l'Argument Paresseux au moins autant qu'à l'Argument Dominateur[1] : si tout possible devait être, et être vrai, alors « on n'aurait plus besoin de délibérer et de se donner du mal » (18b 31-32).

Mais Aristote lui donne encore une autre extension : si le futur dépend de la décision et de l'action humaine, il est vrai aussi, et cette fois d'une manière générale (ὅλως), que « dans tout ce qui n'agit pas toujours il est une possibilité d'être et de ne pas être » (19a 10-11). Cette indétermination en vertu de laquelle le futur doit être dit contingent, et ni vraies ni fausses les propositions portant sur lui, affecte dès lors aussi les événements relatifs à des puissances irrationnelles[2].

e. Au terme de Θ 5, et quand bien même la fin de Θ 3 a amorcé l'enquête ontologique, c'est principalement la *dunamis* kinétique que l'on a explorée. Les premières lignes de Θ 6 ferment ce premier moment : à présent que l'on a traité de la *dunamis* relative au mouvement, il faut, écrit Aristote, s'intéresser à l'*energeia.* On constate de nouveau la dissymétrie déjà relevée : c'est l'étude de l'*energeia,* et non de la *dunamis*, qui préside à l'extension du sens kinétique au sens ontologique de l'*energeia* comme de la *dunamis.*

De fait, l'*energeia* et la *dunamis* vont d'emblée être caractérisées comme deux façons distinctes pour une chose d'ὑπάρχειν, d'exister[3]. Elles sont ainsi désignées comme deux modes d'être distincts, et dont la différence, cependant, ne paraît pouvoir être saisie que dans leur opposition. Cette opposition construit l'en-puissance comme relatif à l'*energeia* – rejoignant par-là la définition du *dunaton* en Θ 3 comme ce dont l'acte peut exister (ὑπάρξῃ ἡ ἐνέργεια, 3, 1047a 24-25). Ainsi, l'en-puissance doit être compris comme l'Hermès qui est dans le bois, ou la demi-ligne dans la ligne entière, parce que l'un et l'autre peuvent être séparés (ἀφαιρεθείη, 1048a 23), ou encore à la façon de qui sait sans contempler, s'il peut contempler. Si l'en-puissance ne se trouve ainsi caractérisé que relativement à l'*energeia*, celle-ci à son tour n'est pas

1. Un argument de ce type est rapporté par Ammonius, sous le nom d'Argument du Moissonneur, voir Vuillemin, *Nécessité ou contingence…*, *op. cit.*, p. 85, et, pour son lien avec l'Argument Paresseux, L. Robin, *Pyrrhon et le scepticisme antique*, Paris, P.U.F., 1944, p. 120.

2. Voir en 19a 13-15 l'exemple du manteau qui peut être coupé ou non.

3. ἔστι δὴ ἐνέργεια τὸ ὑπάρχειν τὸ πρᾶγμα μὴ οὕτως ὥσπερ λέγομεν δυνάμει, 1048a 30-32.

définie, mais implicitement identifiée au séparé dans le premier exemple (l'Hermès et la demi-ligne), à l'exercice dans le second (la contemplation) (1048a 32-35).

De fait, poursuit Aristote, on n'a pas besoin, pour comprendre ce que signifient ces termes, d'en donner une définition : leur signification apparaîtra assez au travers d'une induction, qui prend la forme d'une analogie (1048a 35-37). Celle-ci ordonne les termes suivants : ce qui construit / ce qui peut construire ; ce qui est éveillé / ce qui dort ; ce qui voit / ce qui a la vue mais garde les yeux fermés ; ce qui a été séparé de la matière / la matière ; ce qui est accompli/ce qui est brut, informe. La première série de termes définit l'*energeia*, la seconde, le *dunaton*. Ce que manifeste l'analogie, ce n'est pas une identité de signification, mais une égalité de rapport ; c'est de celle-ci cependant que la signification de l'*energeia* doit être tirée. Or les différents exemples donnés ressortissent à deux types de rapport : celui du mouvement, *kinēsis*, à la *dunamis*, et celui de la substance, *ousia*, à une certaine matière, *hylē* (1048b 8-9).

Ainsi formulée, l'analogie opère comme un pivot entre Θ 1-5 et Θ 7-8 : ainsi, les exemples illustrant l'*energeia* kinétique (la construction et la vision) sont les mêmes que mettait en œuvre la critique des Mégariques[1]. Quant aux deux suivants, qui illustrent le rapport ousiologique de l'*energeia* à la *dunamis*, Θ 7 et 8 vont, l'un après l'autre, les analyser et les justifier.

Pourtant, et de par sa structure même, l'analogie ne peut opérer une transition du sens kinétique au sens ousiologique de l'*energeia* mais donne à voir, de l'un à l'autre, une *équivalence*. Il faut donc la lire à la lumière du livre Θ *en son entier*. En effet, les différentes significations de l'*energeia* qu'elle propose et réunit sous la distinction fondamentale *kinēsis / ousia*, ont été, ou vont être, une à une justifiées : le mouvement, l'exercice effectif, mais aussi l'*ergon* ou le séparé (sens déjà souligné au début du passage avec l'exemple de l'Hermès et de la demi-ligne, et qui le sera encore à la fin avec la désignation de l'infini et du vide comme êtres extérieurs à l'analogie et en qui l'en-puissance est découplé de l'*energeia* puisqu'ils ne peuvent être à l'état séparé (χωριστόν, 1048b 15)). La suite de Θ et notamment le chapitre 8, va s'employer à justifier celles de ces équivalences qui ne l'ont pas été, soit celles qui portent le sens ousiologique

1. L'exemple de la vision est généralement considéré comme problématique par les commentateurs, qui s'étonnent qu'il soit rangé sous l'*energeia* kinétique ; en *De Anima* III, 2, 426a 2, Aristote parle cependant bien de la sensation (en l'occurrence, l'audition) comme d'un mouvement, le même pour l'agent et le patient, mais se produisant dans le patient.

de l'acte : entre *energeia* et *ergon*, en particulier, mais aussi entre *energeia* et forme, ou entre *energeia* et *telos*. L'élucidation du sens ontologique de l'*energeia* va, ce faisant, aller de pair avec celle du sens ontologique de la *dunamis* : il va falloir justifier non seulement l'équivalence *energeia-ousia*, mais aussi l'équivalence *dunamis-hylē* (Θ 7).

Mais Θ 8 va aussi montrer, conformément à ce qu'affirmait déjà Θ 3, que c'est ce sens ontologique qui est premier : il apparaîtra ainsi que le mouvement peut être dit *energeia* en tant qu'il est pris comme manifestation de l'être ou encore de l'œuvre, ou encore de la fin. C'est donc le sens kinétique qui va apparaître comme une extension du sens ontologique, et d'un sens plus déterminé en vertu duquel l'acte n'est pas seulement un autre nom pour l'être, mais pour l'être dans la fin.

Les dernières lignes de Θ 6 (1048b 18-35) sont éminemment problématiques pour des raisons d'ordre à la fois historique et conceptuel [1]. Elles sont en effet absentes de l'une des traditions manuscrites (EJ) et considérées à ce titre par Jaeger comme une addition de la main d'Aristote, ou encore, comme une addition reproduisant les termes d'Aristote dans un autre contexte. Cette dernière hypothèse paraît la plus probable, car, comme le souligne Myles Burnyeat, le passage s'accorde mal avec le contexte de Θ : il établit en effet une opposition entre l'*energeia* et la *praxis* d'une part, la *kinēsis*, de l'autre. Les deux premières sont caractérisées comme ayant leur fin en elles-mêmes; on en donne pour exemple la vision [2], la sagesse, et la pensée. La *kinēsis*, à l'inverse, est caractérisée comme n'ayant pas en elle-même sa fin, ou comme étant *atelēs* : ainsi de l'amaigrissement, de l'apprentissage, de la marche, ou de la construction [3]. Or la *kinēsis* et l'*energeia* n'ont jusqu'ici jamais été opposées, mais traitées au contraire

1. Voir M. Burnyeat, « Κίνησις *vs* ἐνέργεια : A Much Read Passage in (but not of) Aristotle's *Metaphysics* », *Oxford Studies in Ancient Philosophy*, 34, 2008, p. 219-292.

2. Laquelle, on s'en souvient, était donnée par l'analogie comme un cas de *kinēsis*, tout comme la veille ou la construction. On peut dès lors se demander si l'interpolation (si c'en est une) n'est pas le fait d'un commentateur soucieux de souligner que la vision n'est pas *kinēsis* mais *energeia*, et de marquer la différence entre ces deux notions. C'est à une telle stratégie qu'obéit, selon Burnyeat, l'interpolation. Mais elle vise selon lui à justifier non pas l'exemple de la vision, mais celui, donné en 1048a 34, de la contemplation. Ce dernier paraît cependant moins embarrassant, dès lors qu'il intervient avant l'analogie et que rien n'oblige de ce fait à le considérer comme un cas de *kinêsis*.

3. Aristote propose ce faisant un « test linguistique » pour différencier les mouvements, ou les processus, des actions. Voir J.L. Ackrill, « Aristotle's Distinction between *Energeia* and *Kinesis* » dans R. Bambrough (éd.), *New Essays on Plato and Aristotle*, Londres, Routledge & Kegan Paul, 1965, p. 121-141, avec les remarques de Burnyeat, *loc. cit.*

comme équivalentes[1]. C'était le cas dans l'analogie qui précédait, et dont les termes s'ordonnaient selon le rapport de la *kinēsis* à la *dunamis*, ou de l'*ousia* à la *hylē*; mais Θ 3, de même, présentait l'*energeia* comme désignant couramment le mouvement; et il en ira de même encore en Θ 8, qui énoncera les conditions de l'équivalence entre *kinēsis* et *energeia*, et où l'on lira que le mouvement peut être considéré comme une forme d'*energeia* en tant que, dans certains cas, il peut valoir comme fin (καὶ ὧν κίνησις τὸ τέλος, 1050a 17). Loin d'être opposée à l'*energeia* comme ce dont la fin est immanente à ce qui n'a pas sa fin en soi, la *kinēsis* sera présentée comme une forme d'*energeia* en tant qu'elle peut elle-même valoir comme fin, ce qui incite, donc, à suspecter les dernières lignes de Θ 6.

f. Θ 7 et 8 peuvent se lire, on l'a dit, comme la justification progressive de l'analogie proposée en Θ 6. Ils vont en effet établir l'équivalence entre les différents termes que cette dernière ordonnait : *energeia/kinēsis/ ousia*, d'une part, et *dunamis/hylē*, d'autre part. Θ 7 étudie ainsi les conditions de validité de l'équivalence *hylē/dunamis*. La question posée est en effet celle de savoir quand on peut dire d'une matière qu'elle est en-puissance. L'analyse se situe aussi, ce faisant, dans le prolongement de Θ 5 : elle va définir le *dunaton* du côté de la puissance passive, comme il l'avait été du côté de la puissance active. Deux cas sont distingués : celui des produits de la *tekhnē*, sur lesquels opèrent des puissances rationnelles, et celui des *phuseis*, des êtres naturels. Dans le premier cas, la matière pourra être dite en-puissance à condition tout d'abord que rien en elle ne fasse obstacle à sa transformation, et donc qu'elle ait déjà été suffisamment transformée : c'est ainsi que la terre ne peut être dite statue en-puissance parce qu'il lui faut subir un changement avant de devenir bronze. Le bronze en revanche peut être dit statue en-puissance, car ses qualités sont telles (solidité *etc*) qu'il peut accueillir la forme d'une statue, et qu'il n'est besoin pour cela que d'un changement supplémentaire[2]. Dans le second cas, celui des *phuseis*, ou des êtres qui ont en eux-mêmes le principe de leur génération, on formule deux critères : l'absence d'obstacles extérieurs, et la capacité de se transformer par soi-même (1049a 14-17).

1. Le terme *praxis*, lui, n'apparaît nulle part en Θ, mais uniquement dans des contextes éthiques – il constitue ainsi, selon Burnyeat, un indice quant à l'origine probable du passage.

2. Aristote propose à ce point un nouveau « test linguistique », qui s'appuie sur ceci que l'on peut dire d'un objet qu'il est fait « de quelque chose » (un coffret, par exemple, « de bois »), ce dernier terme indiquant sa matière prochaine, et celle dont on peut dire, dès lors, qu'elle est en-puissance de l'objet en question (1049a 18-24). Voir B. Besnier, « *Ekeininon* », dans M. Canto-Sperber et P. Pellegrin (éd.), *Le Style de la pensée…*, *op. cit.*, p. 132-154.

Comme c'était déjà le cas en Θ 5, on formule donc ici des conditions restrictives, qui interdisent de dire de n'importe quelle matière qu'elle est en-puissance de n'importe quelle forme. L'en-puissance ne se dit que d'une matière déterminée en rapport avec une forme déterminée. Plus précisément, *l'en-puissance indique la possibilité même du rapport de telle matière à telle forme.* Tout en formulant les conditions de l'équivalence *dunamis-hylē* posée par l'analogie, Θ 7 justifie ainsi la formule de H selon laquelle « la matière prochaine et la forme sont une seule et même chose, l'une en-puissance et l'autre en acte » (1045b 18-19).

Si l'en-puissance nomme la capacité de la matière d'accueillir une forme déterminée, l'écart de la *dunamis* à l'*hylē* n'en est pas moins maintenu, en même temps que mesuré. On peut en effet, pour les produits de la *tekhnē* comme pour les *phuseis*, établir un critère commun : celui de l'unicité du changement. Le potentiel est ainsi distingué de la possibilité indéterminée en vertu de laquelle n'importe quelle matière pourrait accueillir n'importe quelle forme. Mais il est aussi distingué de l'actuel, dès lors que de l'un à l'autre est posée la nécessité du changement.

Si Θ 7 prolonge les analyses de Θ 5, une modification de perspective s'y marque aussi : en effet, la question posée n'est plus celle de savoir, seulement, quand une chose donnée est capable, *dunaton*, mais quand elle est en-puissance, *dunamei*. Ainsi, on ne demande plus seulement quand la matière est capable de subir telle transformation – en maison, ou en statue –, mais quand elle est maison ou statue en-puissance. Et, ce faisant, on demande aussi quand la maison elle-même est en-puissance (δυνάμει οἰκία, 1049a 8). Un double déplacement se marque ici : d'abord, la distinction entre puissance active et puissance passive, dont on était parti, s'efface devant la notion d'en-puissance. Cela se marque dès 1049a 4, où l'on définit comme sain en-puissance, *dunamei*, ce qui a la puissance passive d'être guéri. Est maison en-puissance, de même, ce qui peut être construit, ou homme en-puissance ce qui cette fois peut de soi-même, en étant donc à la fois agent et patient du changement, devenir homme. La notion d'en-puissance vient ainsi nommer, *par-delà la distinction entre puissance active et puissance passive, la possibilité même de l'interaction d'un agent et d'un patient en vue d'un changement déterminé.*

Ensuite, on ne demande plus seulement quand une chose est en-puissance *d*'une autre, mais quand une chose est en-puissance *dans* une autre : ce faisant, on ne s'interroge plus seulement sur l'en-puissance comme principe de changement, mais sur l'en-puissance comme mode d'être. Tout en justifiant l'équivalence posée par l'analogie de Θ 6 entre matière et *dunamis*, Θ 7 amorce ainsi la transition du sens kinétique au sens ontologique de la *dunamis*.

g. Cette transition va être achevée au chapitre 8, qui va aussi organiser les différents résultats des précédentes analyses.

Le texte s'ouvre sur une redéfinition de la *dunamis*, qui prend en compte le point de vue adopté sur les *phuseis* au chapitre précédent : cette nouvelle définition, plus large, est en effet formulée de façon à inclure les êtres naturels. On appellera *dunamis* « d'une façon générale, tout principe de mouvement ou de repos, πάσης ἀρχῆς κινητικῆς ἢ στατικῆς » (1049b 7-8). De la même façon, les êtres naturels sont définis en *Physique* II comme « ayant en eux-mêmes un principe de mouvement et de repos » (192b 14). La nature peut dès lors être dite appartenir au même genre que la *dunamis*, puisqu'elle est au principe du mouvement immanent (1049b 8-9) [1]. Ainsi redéfinie, la *dunamis* va être envisagée dans l'ordre de l'*immanence* plus que dans celui de la transitivité : on intègre là encore les résultats du chapitre précédent qui définissait l'en-puissance *à la conjonction de l'actif et du passif, et par-delà cette distinction*. La définition extensive de la *dunamis* marque ainsi l'adoption définitive d'un nouveau point de vue, en vertu duquel la puissance ne sera plus considérée dans l'ordre de la corrélation de l'agent et du patient, mais dans sa relation à l'acte. La *dunamis* apparaîtra dès lors comme le principe d'un mouvement qui peut avoir lieu au sein du même, qui est essentiellement finalisé (même s'il peut n'avoir d'autre fin que lui-même), et qui est transition d'un certain non-être à la pleine réalité.

De fait, et dans la continuité toujours de l'analogie de Θ 6, on va commencer par considérer le rapport de la *dunamis* et de l'*energeia* – ce qui est l'unique moyen, selon Θ 6, de comprendre ces notions en elles-mêmes, mais qui va aussi permettre de justifier les différentes équivalences posées par l'analogie.

Ce rapport est défini selon une triple antériorité : l'*energeia* est antérieure à la *dunamis* à la fois selon la formule, *logoi*, selon la substance, *ousiai*, et, mais d'un point de vue seulement, selon le temps. De fait, l'antériorité *khronoi* vaut du point de vue de l'identité formelle, mais non de celui de l'identité numérique : comme l'affirmait en Z le principe de synonymie, c'est un homme (en-acte) qui engendre un autre homme (en acte) ; mais au sein d'un même individu, l'en-puissance précède l'en-acte,

1. Comparer à Δ 4, ou en-puissance et acte divisent la nature comme principe de mouvement immanent, et où celle-ci est définie du côté de la matière comme de celui de la forme. La *phusis* apparaît ainsi comme la corrélation immanente de l'acte et de l'en-puissance.

l'enfant, l'homme, et la semence, l'enfant. L'élucidation de ce premier rapport d'antériorité donne ainsi à voir une première subsomption du sens kinétique sous le sens ontologique : d'un individu en-acte, on doit dire en effet qu'il est engendré à partir de l'en-puissance par un autre individu en-acte, de sorte que l'on peut dire que « ce qui meut est déjà en-acte, τὸ δὲ κινοῦν ἐνεργείᾳ ἤδη ἔστιν » (1049b 24-27). L'en-puissance n'est plus présenté ici comme un principe de mouvement, mais comme un *état transitoire entre deux actes*. Et l'*energeia* à son tour n'est plus identifiée au mouvement, mais à l'état de celui qui meut en tant qu'il est identique par la forme (τῷ εἴδει, 1049b18 et b29) au mû.

L'antériorité selon la formule est, elle, qualifiée d'évidente (b 13) : c'est par rapport à l'acte que l'on définit l'en-puissance. Les exemples donnés, la vue, la construction, et le visible, sont les mêmes que dans les précédents chapitres, et caractérisent l'*energeia* dans l'ordre du mouvement (la construction) comme de l'acte, et la *dunamis* dans l'ordre de l'actif (ce qui peut construire ou voir), comme dans celui du passif (ce qui peut être vu) (1049b 12-15).

À partir de 1050a 4, on va explorer le troisième rapport d'antériorité, celui selon l'*ousia*. C'est là le cœur de Θ 8, et même de Θ en son entier, puisque va y être accomplie la triple transition du sens kinétique au sens ontologique, du modèle de la transitivité et de la corrélation des puissances au modèle de la corrélation *dunamis-energeia* en tant qu'il vaut pour le changement transitif comme pour le changement immanent, et, enfin, du modèle de l'efficience au modèle téléologique.

L'antériorité selon l'*ousia* n'est pas donnée d'abord comme une antériorité dans l'ordre de l'existence, mais comme une antériorité dans celui de la forme et de l'essence (1050a 5) : cet ordre est en effet inverse de celui qui procède selon le temps et la génération. Ce qui est antérieur selon l'*ousia* est postérieur selon la génération : l'adulte est postérieur à l'enfant, l'homme à la semence, alors même que c'est en eux que se trouve la forme qui, en l'enfant ou en la semence, n'est pas encore pleinement présente. Mais cette inversion d'un ordre à l'autre s'explique du fait que l'antériorité de l'acte selon l'*ousia* est celle de la forme *comme fin* : l'acte est le « en vue de quoi », le τὸ οὗ ἕνεκα, de la génération (1050a 8-10).

On rejoint donc ici les analyses de Z-H où la substitution de la notion d'acte à celle de forme procédait de l'adoption d'un point de vue aitiologique, et non plus seulement logique, par quoi la forme était considérée dans sa fonction causale, et envisagée comme fin. Mais on constate du même coup que l'antériorité de l'acte selon l'*ousia* n'est pas seulement celle, logique, de la forme-essence, ou encore de l'*ousia prōtē* de

Z : l'antériorité de l'acte selon l'*ousia* est celle *de la fin*, c'est-à-dire de la forme comme terme d'un processus qui l'a réalisée dans une matière – et, donc, dans ce composé que Z qualifiait d'*ousia malista*[1].

Or, *c'est cette antériorité de l'acte comme fin qui donne la clef de la corrélation nécessaire de la dunamis et de l'energeia.* De fait, les termes qui dans la série d'exemples de Θ 6 n'étaient que mis en rapport par l'analogie, sont désormais *corrélés*. On ne dit plus seulement que l'*energeia* est à la *dunamis* comme celui qui construit à l'art de construire, ou comme celui qui voit à celui qui est doué de vue, mais que c'est *pour* construire que l'on apprend l'architecture, *pour* voir que l'on a la vue, *pour* contempler que l'on a la puissance de contempler (1050a 11-14). L'acte, dès lors, n'apparaît plus seulement comme ce par rapport à quoi l'on définit la puissance, mais comme ce pour quoi la puissance est. Et l'on constate du même coup que, conformément à ce qu'énonçait Θ 6, la signification des notions de *dunamis* et d'*energeia* est donnée par leur rapport même. En effet, on va à la fois réitérer l'identité de l'acte à la fin, et caractériser la puissance relativement à lui : « L'acte est la fin, et c'est en vue de lui que la puissance est acquise » (1050a 9-10). *Dunamis* et *energeia* sont donc corrélées selon un rapport à la fois téléologique et asymétrique, puisque la puissance est pour l'acte, mais non l'acte pour la puissance.

C'est à la lumière de cette corrélation que les différents termes posés par l'analogie vont être repris et justifiés. On commence par la matière, dont le rapport à l'*ousia* était dit, au chapitre 6, analogue à celui de la *dunamis* à la *kinēsis*. De nouveau, on ne pose plus seulement une égalité de rapport entre les différents termes, mais on justifie l'équivalence entre les termes inférieurs de l'analogie, et on les *corrèle* aux termes supérieurs. Ainsi, « la matière est en-puissance parce qu'elle peut aller vers la forme » (1050a 15). On intègre ici les résultats de Θ 7 pour poser l'équivalence entre matière et en-puissance ; or ce qui justifie cette équivalence, c'est que la matière soit téléologiquement déterminée par la forme. Ce faisant, on élucide aussi le rapport entre forme et acte : « et quand elle <*sc.* la matière> est en acte, alors elle est dans la forme » (a 15-16). Comme à la fin de H, l'acte vient ici nommer l'unité réalisée de la matière et de la forme.

1. Rappelons qu'en Δ 11, l'antériorité et la postériorité selon « la nature et l'*ousia* » sont définies comme un rapport asymétrique en vertu de quoi le postérieur dépend de l'antérieur qui pour sa part peut être sans lui (1019a 2-4). Sur la compatibilité de cette définition avec l'analyse de Θ 8, voir S. Makin, « What does Aristotle mean by Priority in Substance? », *Oxford Studies in Ancient Philosophy*, 24, 2003, p. 209-238. La relation téléologique indiquée par Θ n'est en rien incompatible avec la dépendance ontologique soulignée par Δ, dès lors que l'acte comme *telos* est pensé à la fois comme principe de développement, et comme pleine manifestation de l'être.

Cette analyse éclaire donc à rebours les résultats de H, et notamment la formule de 1045b 18-19 : si l'en-puissance dit l'unité de la matière et de la forme prise du côté de la matière, et l'acte l'unité de la forme et de la matière prise du côté de la forme, c'est *parce que l'en-puissance est la possibilité même du mouvement de la matière vers la forme comme fin, et l'acte, la forme comme réalisée dans une matière.* La *dunamis* vaut donc comme un autre nom pour la matière en tant qu'elle dit son unité possible avec la forme, l'*energeia*, comme un autre nom pour la forme en tant que forme dans une matière – et donc comme un autre nom pour l'*ousia malista* de Z.

Des quatres principaux termes de l'analogie, *hylē, dunamis, ousia* et *kinēsis*, les trois premiers ont ainsi été simultanément justifiés et corrélés. Un seul demeure : celui de *kinēsis.* La question se pose, comme pour les précédents, de savoir à la fois comment il s'articule aux autres, et comment il peut valoir comme un équivalent pour l'*energeia.* Cette équivalence semblait déjà présupposée par la remarque de Θ 3 selon laquelle « le mot *energeia*, qui se rapproche d'*entelekheia*, a été étendu, à partir des mouvements dont il se dit surtout, aussi aux autres choses » (1047a 30-31). Le sens ontologique de l'*energeia*, cependant, était présenté comme étant au fondement du sens kinétique ; si le mouvement pouvait être dit *energeia*, c'était en tant qu'on le prenait comme un indice de l'être. Le terme *entelekheia* venait alors nommer ce mode d'être opposé à l'en-puissance ; il intervenait comme un autre nom pour l'être effectif, réalisé. Or, il prend désormais une autre résonance. Le texte de Θ 8 poursuit en effet : « Et il en va de même pour les autres choses aussi, comme pour celles dont le mouvement est la fin (*telos*) » (1050a 17). Ce qui justifie désormais l'équivalence entre *energeia* et *kinēsis*, c'est que le mouvement peut lui aussi être *telos* [1]. Et si *energeia* et *kinēsis* peuvent dès lors être dites *entelekheia*, ce n'est pas seulement au sens où elles nomment l'être effectif et complet par opposition à l'être incomplet que dit l'en-puissance, mais parce qu'elles nomment cet être qui, pour l'en-puissance, est sa fin.

1. On donne l'exemple des maîtres qui jugent qu'ils ont atteint leur fin quand ils peuvent montrer leur élève *energounta* – en train de traiter lui-même un sujet, d'exécuter un mouvement, ou de jouer un morceau de musique. S'il n'en était pas ainsi ce serait, écrit Aristote, « l'Hermès de Pauson ». L'image est peu claire : il semble que Pauson ait peint des figures en trompe-l'œil, difficiles à localiser (on a peut-être ici aussi un écho à l'exemple de la statue d'Hermès donné en Θ 6). De la même façon, d'un savoir non manifesté, on ne peut déterminer s'il a vraiment été assimilé et s'il est « à l'intérieur ou à l'extérieur » (1050a 20-21).

Cependant, cette nouvelle équivalence, non plus seulement entre *kinēsis* et *energeia* mais entre ces deux termes et celui d'*entelekheia*, va être posée par la médiation d'un nouveau terme, celui d'*ergon* : « Car l'*ergon* est la fin, et l'*energeia* est l'*ergon*. C'est pourquoi le terme *energeia* est dérivé de celui d'*ergon*, et tend vers l'*entelekheia* » (1050a 21-23). L'*ergon* intervient ainsi comme la médiation entre l'*energeia* et le *telos*, et donc aussi entre l'*energeia* et l'*entelekheia*. Il était présent, on l'a vu, dès les premières lignes de Θ 1, présenté, aux côtés de ceux de *dunamis* et d'*entelekheia*, comme un sens de l'être (1045b 34). On le trouvait aussi, en un sens à la fois normatif et téléologique, dans le *Protreptique*. Ce terme va, ici, permettre d'*unifier* le sens kinétique et le sens ontologique de l'*energeia*, en même temps que de ranger le premier sous le second.

S'il peut jouer ce rôle, c'est grâce au double sens qu'il revêt : de fait, *ergon* signifie à la fois la *fonction* propre, entendue comme l'acte en quoi s'accomplit l'essence, et l'*œuvre*. Or, la suite du texte va précisément distinguer entre deux types d'acte : l'un intransitif, en quoi rien d'autre ne s'accomplit que lui-même, l'autre transitif, qui produit un être extérieur à lui-même. Pour illustrer le premier, on donne l'exemple de la vision, qui est l'*ergon*-fonction de la vue [1], et vaut par elle-même comme un *telos*, une fin; pour le second, l'exemple de la construction qui, elle, aboutit à un *ergon*-œuvre, la maison, et n'est pleinement qu'avec celle-ci. On comprend dès lors que le mouvement puisse être dit *energeia* : parce qu'il a bien un *ergon* et un *telos*, qui ne se confondent pas avec lui, mais sont son œuvre, ou ce qu'il produit, et en quoi, dès lors, on peut dire que lui-même est.

De fait, « l'action de construire une maison réside dans la maison qui est construite, et elle vient à être et est en même temps que la maison » (1050a 28-29). Cette affirmation peut, au premier abord, paraître problématique : on tendrait spontanément à distinguer l'activité transitive de ce qu'elle produit, et l'être de la maison de celui du mouvement de construction, puisque la maison n'est pleinement qu'une fois que, précisément, le mouvement n'est plus. On peut cependant la comprendre à la lumière de l'analyse du mouvement en *Physique* III, et de sa caractérisation comme acte commun du moteur et du mû : Aristote affirmait déjà que l'*ergon* et le *telos* de l'agent et du patient, ou du moteur et

1. On retrouve ici (1050a 24) l'identité *ergon-khrēsis* déjà posée par le *Protreptique*; voir aussi *Eth. Eud.* 1219a 13-18, qui distingue explicitement entre deux sens d'*ergon*, l'un identique à l'usage ou à la fonction, l'autre qui en diffère en ce qu'il produit quelque chose en plus.

du mû, résident en une seule et même *energeia* (202a 22-23). De la même façon, il semble que la phrase de Θ 8 n'ait de sens que si, par la maison, on entend non pas la maison achevée, mais la maison comme objet du mouvement de construction. On comprend alors que l'acte de construire vienne à être et soit en même temps que la maison *en train d'être construite* dès lors que ces deux mouvements (construire/être construit) n'en font qu'un. L'œuvre et la fin de l'activité transitive ne résident pas dans le produit achevé, mais dans la production même. Et la *kinēsis* peut être dite *telos*, et donc aussi *energeia*, si son *ergon* est, non pas l'œuvre achevée, et en quoi elle-même s'achève et s'épuise, mais l'œuvre en train d'être faite et avec quoi, dès lors, elle se confond. L'écart n'est plus si grand, de ce fait, entre activité immanente et activité transitive, sinon que dans le premier cas l'activité ne produit rien d'autre qu'elle-même, dans l'autre, est la production même [1] : dans un cas, donc, il n'y a pas d'autre *ergon* que l'*energeia*, dans l'autre, l'*energeia* est dans l'*ergon* (1050a 34-35).

Si la notion d'*ergon*, comprise à la fois comme fonction et comme œuvre, permet ainsi d'unifier *kinēsis* et *energeia*, cette unification s'opère cependant sous le sens ontologique (et non kinétique) de l'*energeia*. De fait, si la *kinēsis* peut être dite *energeia* ce n'est pas seulement en tant qu'elle peut valoir comme *telos* mais en tant qu'elle est production d'une œuvre, d'un *ergon* : or cet *ergon*, comme l'affirmait la formule de 1050a 28-30, est ce en quoi elle-même vient à être et est. Être dans son *ergon*, ou être *energeiai*, en acte, c'est donc être pleinement dans son être. Le point est plus évident dans le cas des activités immanentes, dès lors que l'*ergon*, dans leur cas, est fonction et non pas œuvre : l'*energeia* réside alors dans le sujet (1050a 35) qui trouve en lui-même, et non dans l'objet qu'il produit, la plénitude de son être.

Cette analyse s'achève par la position d'une identité entre *energeia*, *ousia* et *eidos* : « de sorte qu'il est évident que l'acte est la substance et la forme » (1050b 1). Ce qui précède incite à comprendre ici le terme *ousia* au sens de substance, et non pas seulement d'essence, comme c'était le cas en 1050a 5. On a vu en effet que l'acte était identique à la forme comme *fin* et terme de l'en-puissance, à la forme, donc, comme réalisée dans une matière. Si l'acte est antérieur à la puissance du point de vue de l'*ousia*, cette antériorité n'est donc pas seulement celle, logique, de la forme-

1. Où l'on constate que, contrairement à ce qui se passe dans le texte problématique de Θ 6, le distinction *poiēsis-praxis* ne sert pas une opposition mais, au contraire, une unification entre *kinēsis* et *energeia* – ce qui va donc encore en faveur de la thèse de l'interpolation.

essence et de l'*ousia prōtē*, mais aussi celle de la substance et de l'*ousia malista*.

À ce point de Θ 8, on a donc achevé, par la médiation des termes de *telos* et d'*ergon*, de justifier l'équivalence entre les termes supérieurs de l'analogie, *energeia*, *kinēsis* et *ousia*, de même qu'on avait justifié celle entre les termes inférieurs, *dunamis* et *hylē*. Mais ce faisant, on a aussi subsumé un rapport analogique sous l'autre, en manifestant dans la corrélation *dunamis-kinēsis* un cas particulier de la corrélation *hylē-ousia* : la puissance valant comme un moyen pour la matière d'atteindre la forme posée comme fin, et donc comme un moyen pour la venue à l'être de la substance comme unité de la matière et de la forme, le mouvement pouvant lui-même valoir, dans le cas des activités transitives, comme fin et comme réalisation de l'essence. On a ainsi achevé la transition du sens kinétique au sens ontologique de la *dunamis* et de l'*energeia*, en même temps qu'établi la priorité du sens ontologique sur le sens kinétique.

La fin de Θ 8 amorce cependant un autre processus : celui-ci ne vise plus à manifester le sens ontologique de la *dunamis* et de l'*energeia*, mais à étendre leur champ d'application par-delà les substances sensibles corruptibles. Or, si la première opération supposait d'établir à la fois l'équivalence et la corrélation entre les différents termes de l'analogie de Θ 6, la seconde impose à l'inverse de la défaire. L'acte ne peut en effet être attribué aux substances sensibles éternelles qu'à condition d'être dissocié de la *dunamis*, redéfinie comme puissance de la contradiction (de même, il ne pourra être étendu, en Λ, à la substance simple qu'à condition d'exclure le mouvement). Mais dans la mesure où Θ 6 la présentait comme indissociable de sa corrélation à l'en-puissance, c'est la compréhension même de la notion d'acte qui paraît dès lors remise en cause : comment entendre l'*energeia* à l'exclusion de l'en-puissance ? Qu'en est-il d'un acte qui n'est plus l'unité, dans la fin, de la matière et de la forme ? Peut-on, dans ces conditions, maintenir son identité à l'*ousia* ?

Ces questions ne trouveront de réponse définitive qu'en Λ. Θ 8 se contente d'amorcer le processus d'extension de l'*energeia* : la notion est en effet appliquée aux substances sensibles éternelles. Or, cette application permet de dégager un autre sens encore, et plus fondamental (1050b 6), de l'antériorité de l'acte selon l'*ousia* : si l'acte est antérieur à l'en-puissance selon l'*ousia*, c'est aussi parce que, au contraire de l'en-puissance, il qualifie de telles substances. Or, celles-ci sont plus substances que les substances sensibles périssables, dès lors qu'éternelles elles ne peuvent cesser d'être et sont donc nécessaires (1050b 18)[1]. Il est clair, de nouveau, que l'antériorité selon l'*ousia* signifie bien une antériorité selon la substance et non pas seulement selon l'essence : elle indique ici une hiérarchie dans la modalité d'existence, les substances éternelles étant plus, dès lors qu'elles ne sont pas menacées de n'être pas, que les substances périssables.

Cet approfondissement de la notion d'antériorité selon la substance implique aussi une nouvelle caractérisation de l'en-puissance, préparée par les analyses modales de Θ 4 et 5, mais qui jusqu'à présent n'avait pas été envisagée pour elle-même : la *dunamis* va en effet être définie comme étant non pas seulement des contraires (*enantiōn*, 2, 1046b 5), mais de la contradiction (*antiphaseōs*, 8, 1050b 34). La puissance n'est pas seulement puissance d'être ceci ou cela, mais puissance d'être ou de n'être pas. Cette nouvelle définition est rendue possible par la transition de la détermination kinétique à la détermination ontologique de la *dunamis* : elle suppose qu'en celle-ci on ne considère plus seulement la puissance d'agir ou d'être agi, mais la puissance comme mode d'être – non plus seulement, donc, ce que c'est qu'être puissance *de*, mais ce que c'est qu'être *en*-puissance. Ce faisant, cette nouvelle définition œuvre aussi dans l'écart, déjà marqué au chapitre 5, entre le potentiel et l'actuel : on avait vu alors que l'actualisation des puissances irrationnelles pouvait être interrompue par l'accident, et que celle des puissances rationnelles était médiée par le choix délibéré. Des puissances rationnelles comme irrationnelles on affirme donc désormais que puissances d'être, elles le sont aussi de n'être pas (1050b 11-12; b 30-34). Ce pouvoir ne pas être se décline selon les différentes catégories. Mais il faut l'entendre ici en un sens absolu, soit selon la substance. Ainsi, il faut affirmer que rien de ce qui du point de vue de la substance est impérissable – rien, donc, de ce qui est absolument impérissable – n'est absolument en-puissance ou encore en-puissance du point de vue de la substance (1050b 16-17). Les substances éternelles et nécessaires sont donc en-acte.

La corrélation de l'en-puissance et de l'acte est ici brisée : l'acte n'est plus présenté comme la fin et le principe de la *dunamis*, mais comme exclusif de celle-ci. *Energeia* et *dunamis* nomment des modes d'être opposés, dont l'un est propre au nécessaire, comme ce qui ne peut pas ne pas être, l'autre au contingent, comme ce qui peut être ou ne pas être. Dissociée de la *dunamis*, l'*energeia* demeure en revanche associée à la

1. On retrouve, dans cette identification de ce qui est toujours au nécessaire, la conception statistique des modalités soulignée par Hintikka, *Time and Necessity*, *op. cit.* Voir aussi *De Caelo* I, 12.

kinēsis : en effet, les substances sensibles éternelles sont en mouvement. Mais le mouvement dans leur cas n'est pas transition d'un état de l'être à l'autre, ou de l'en-puissance à l'acte : exclusif de l'en-puissance [1], il se confond avec leur acte même – où l'on vérifie, donc, que pour certains êtres la *kinēsis* peut valoir comme *telos* et comme manifestation de l'être. Enfin, dissocié de l'en-puissance, ce mouvement n'en demeure pas moins associé à la matière, ou du moins à un certain type de matière (1050b 22) [2].

La fin de Θ 8 donne donc à voir la dissociation des termes que le début du chapitre avait associés : ceux de *dunamis* et d'*hylē*, et surtout, ceux de *dunamis* et d'*energeia*. L'identification *kinēsis-energeia* est en revanche confirmée.

Cependant, et c'est là un point essentiel, si la corrélation en-puissance-acte se trouve rompue au sein des substances sensibles éternelles, elle n'est pas moins maintenue à un autre niveau : il faut en effet se souvenir que l'analyse de ces substances était le moyen d'établir le sens le plus profond de l'antériorité de l'acte sur la puissance selon l'*ousia*. Cette antériorité indiquait une hiérarchie dans la modalité d'existence, les substances sensibles éternelles et purement actuelles étant plus, en tant qu'elles ne peuvent pas ne pas être, que les substances sensibles périssables et mêlées d'en-puissance. Mais elle indique aussi un rapport de dépendance : si les substances sensibles éternelles et nécessaires sont premières, écrit Aristote, c'est aussi parce que « si elles n'étaient pas, rien ne serait » (1050b 19) [3].

Ainsi, la corrélation de l'en-puissance à l'acte a beau être rompue au sein des substances sensibles éternelles, elle opère encore entre celles-ci et

1. Sauf de l'en-puissance en un sens relatif, et non en ce sens absolu où il se dit par rapport à la substance; ainsi, les astres peuvent être dits en-puissance par rapport au lieu (1050b 21) : ils sont en-puissance de se mouvoir en tel ou tel lieu, mais non d'être ou non en mouvement. Cette distinction permettra, en Λ, de réattribuer l'en-puissance aux sensibles éternels.

2. La notion de « matière locale » apparaît en H 2, 1042b 6, où elle est distinguée de la matière engendrée et corruptible. Voir aussi *De Caelo* I, 2, à propos du cinquième élément dont la propriété est de se mouvoir naturellement en cercle, et I, 3, où il est dit que les corps mûs de façon circulaire sont exempts de pesanteur comme de légèreté, et à ce titre soustraits aux contraires. La question se pose de savoir si la cause ultime de la corruptibilité (et avant elle, comme l'indique Θ 8, de la fatigue) est la puissance de la contradiction, ou la matière en tant que composée d'éléments qui eux-mêmes ont des qualités et des mouvements contraires et agissent à ce titre comme un principe de décomposition (voir par exemple *Mét.* E 3, 1027b 10) – à moins qu'il ne faille associer les deux, et considérer que la puissance de la contradiction est un effet de la matière comme constituée de contraires.

3. L'idée n'est pas autrement développée : mais le *De Generatione* explique que le mouvement du premier ciel est la cause de la continuité du cycle de la génération et de la corruption, là où celui du soleil le long de l'écliptique est la cause de la génération et de la corruption comme telles (II, 10, 336b 2-4). Voir plus loin Λ 6.

les substances sensibles corruptibles : les substances purement actuelles pouvant être dites antérieures aux substances mêlées d'acte et d'en-puissance, cette antériorité marquant à la fois une hiérarchie dans le mode d'être et un rapport de dépendance.

De la fin de Θ 8, deux principales conclusions peuvent donc être tirées quant au sens et au statut des notions d'acte et d'en-puissance :

– d'abord, il peut y avoir acte sans puissance. Il semble de ce fait – et c'est le principal acquis par rapport aux analyses de Z-H mais que Λ viendra encore consolider – que l'acte puisse être non seulement un autre nom pour l'*ousia* composée de matière et de forme (ou pour la matière comme réalisée en une forme, la forme en une matière), mais pour l'*ousia* comme telle. L'acte vient alors nommer un degré supérieur d'être, qui, en tant qu'il est exempt d'en-puissance, se caractérise par la nécessité, comprise comme impossibilité de n'être pas;

– l'en-puissance, comme pouvoir être ou n'être pas, nomme un degré d'être inférieur, que caractérise la contingence, mais n'en demeure pas moins corrélé à l'acte en un rapport de dépendance que marque aussi l'antériorité selon l'*ousia*.

Parce qu'elle dissocie l'acte de l'en-puissance tout en maintenant, de l'en-puissance à l'acte, un rapport de dépendance, l'analyse des substances sensibles éternelles prépare l'extension, qu'opèrera le livre Λ, de la notion d'*energeia* aux substances simples et immobiles – extension qui autorisera l'unification de la théorie de la substance, et qui permettra aussi de penser, des substances simples et des substances composées, tant la relation que la différence.

Les dernières lignes de Θ 8 annoncent cet enjeu : elles visent en effet à démontrer, contre les Platoniciens, que le principe doit être pensé comme acte et non comme puissance [1]. Le raisonnement procède par l'absurde : si le principe est puissance, et si, ainsi qu'on l'a vu, l'acte est antérieur à la puissance, alors il doit y avoir, antérieur au principe-puissance, un principe-acte; et il faudra dire dès lors qu'il y a quelque chose qui a plus de savoir que le savoir absolu, plus de mouvement que le mouvement (1050b 36; 51a 1). À la fin de Θ, on esquisse ainsi une réponse à la seconde question que posait Z, soit non seulement : qu'est-ce que l'*ousia*?, mais : comment penser l'*ousia* séparée (au sens platonicien, mais autrement que comme Platon)? À cette question comme à la première, il semble que la notion d'acte puisse apporter une solution.

1. Pour l'attribution, par Platon, de la *dunamis* aux Idées, voir notamment *Parménide* 134 d.

L'ÊTRE COMPRIS SELON L'EN-PUISSANCE ET L'EN-ACTE

Dans son cours de 1931, consacré à Θ 1-3, *De l'essence et de la réalité de la force*, Heidegger souligne d'emblée que *dunamis* et *energeia* sont, chez Aristote, un sens de l'être, et que ce sens de l'être est irréductible à celui que disent les catégories [1]. Si, n'étudiant que les trois premiers chapitres de Θ, Heidegger ne se donne pour objet que la *dunamis kata kinēsin*, il y voit cependant déjà à l'œuvre cette détermination ontologique. L'analyse d'Aristote dévoilerait en effet « la force en son essence », « l'être fort en tant que tel », comme résidant en le « rapport du ποιεῖν à un πάσχειν : l'*être-fort est les deux en tant que un – ὡς μία.* Le rapport est *inclusion* ». À cette compréhension ontologique se mêle cependant une compréhension ontique, en vertu de laquelle la force n'est plus considérée pour elle-même, dans son être-force, mais au travers d'un étant déterminé, et doit dès lors être de nouveau scindée en deux forces, l'une active, et l'autre, passive. Ce qu'Aristote veut manifester, c'est précisément « l'imbrication interne des concepts ontologiques et ontiques de la force » (p. 110-111) .

Dans le dépassement de la distinction entre puissance active et puissance passive, Heidegger ne voit donc pas l'abandon de la logique de la force, mais son élucidation. De ce fait, le sens ontologique de la *dunamis* est selon lui lisible dès le premier chapitre de Θ, et se donne indépendamment de sa corrélation à l'*energeia*. Ultimement, et comme le manifeste la critiquc des Mégariques, ces deux notions s'opposent comme deux modes de présence, l'une ineffective, l'autre manifestée [2].

Le mouvement du livre Θ, tel qu'on a tenté de le retracer, nous paraît à l'inverse avoir pour objet de soustraire la *dunamis* à la logique de la force [3], comprise comme conjonction d'une puissance active à une puissance passive, pour la corréler à l'*energeia*. La distinction entre puissance d'agir et puissance de pâtir est en effet *dépassée en la notion d'en-puissance*,

1. *Aristote, Métaphysique* Θ *1-3. De l'essence et de la réalité de la force*, trad. fr. B. Stevens et P. Vandevelde, Paris, Gallimard, 1991, p. 18-19. Pour une comparaison entre ce cours et les analyses de Θ 10 dans le cours de 1930, *De l'essence de la liberté humaine*, voir P. Rodrigo, « Heidegger lecteur d'Aristote : *DUNAMIS* et *ENERGEIA* sous le regard phénoménologique », *Les Études philosophiques*, 3, 1990, p. 353-372.

2. Voir *ibid.*, p. 171-72. Dans le même sens, voir R. Brague : « Ce qui donne à l'acte de l'emporter sur la puissance, c'est qu'elle mesure mieux que la puissance la plénitude de la présence de ce qu'elle est » (*Aristote et la question du monde*, Essai sur le contexte cosmologique et anthropologique de l'ontologie, Paris, P.U.F., 1988, p. 431).

3. Qu'il me soit permis, ici, d'insister une nouvelle fois sur ce point, y compris contre la lecture que m'attribue D. Lefebvre (*DYNAMIS*..., *op. cit.*, p. 467-468), selon lequel mon interprétation rejoindrait celles qui poussent « la *dynamis* ou l'*arkhē* vers le sens de la force ».

qui dit la possibilité même de leur interaction en vue d'un changement déterminé, par quoi une matière donnée peut recevoir une forme elle aussi définie. Le chapitre 8 qui, en même temps qu'il justifie les équivalences posées par l'analogie du chapitre 6, corrèle les deux notions en établissant l'antériorité de l'*energeia* sur la *dunamis*, désigne en l'*energeia* la fin de ce changement. Ce faisant, Θ 8 justifie aussi l'étymologie des termes mêmes, d'invention aristotélicienne, *energeia* et *entelekheia*, en posant l'identité entre acte, *ergon* (fonction ou œuvre), et fin. Par là, l'acte n'apparaît plus seulement comme un autre nom pour l'*ousia*, telle que la définissaient Z-H, soit comme l'unité réalisée, et capable à ce titre de demeurer à l'état séparé, de la matière et de la forme. L'acte dit quelque chose de plus que l'*ousia* : non pas seulement la subsistance, mais l'être-dans-la-fin. Et si la *kinēsis* peut-être dite *energeia*, ce n'est pas seulement parce que l'être peut se manifester dans le mouvement, mais parce que le mouvement est, pour certains êtres, leur fin. Dès lors, *dunamis* et *energeia* ne s'opposent plus seulement comme ce qui peut être à ce qui est pleinement, ou comme le potentiel à l'actuel. Elles s'articulent comme le mouvement orienté – la tendance – à sa fin.

C'est cette articulation, souligne Aristote, qui révèle la signification des deux notions, et c'est elle aussi qui implique l'antériorité de l'*energeia* sur la *dunamis*. Cette antériorité se déduit encore de ce que, là où il ne peut y avoir en-puissance sans acte, il peut à l'inverse y avoir acte sans en-puissance, tout comme il y a des substances purement actuelles sans lesquelles ne pourraient être les substances mêlées d'acte et d'en-puissance. L'acte, de ce fait, n'apparaît plus seulement comme un autre nom pour l'*ousia* composée, mais pour l'*ousia* comme telle, et la puissance, univoquement caractérisée comme puissance des contraires, est désignée comme le principe d'une contingence fondamentale. La démonstration en Θ 8 de l'antériorité de l'acte selon l'*ousia* implique cependant que celui-ci soit identifié au contraire positif, à l'être, donc, et à la fin.

La notion d'acte se charge par là d'une signification axiologique, la même qu'elle avait déjà dans le *Protreptique* où elle fait son apparition. Si l'identité entre acte et bien n'est pas explicitement posée en Θ (elle le sera en revanche en Λ), elle est cependant supposée par l'identification entre acte, fin et *ergon* – cette dernière notion intervenant, on l'a vu, dès Θ 1 et jouant un rôle fondamental dans l'élucidation du sens ontologique de l'*energeia*. Si le lieu de naissance de la notion d'*energeia* est l'éthique, et si cette notion passe ensuite à l'ontologie, c'est donc pour fonder une *ontologie axiologique* qui, en elle, prononce l'identité de l'être, de la fin, et par là même, du bien.

Le propre de l'ontologie de la *dunamis* et de l'*energeia* nous paraît dès lors résider en ceci qu'elle permet de penser l'être autrement que comme puissance, et autrement que comme présence. L'être, tel que le disent la *dunamis* et l'*energeia*, n'est pas seulement ce qui est là, ni seulement ce qui agit. La *dunamis*, on l'a dit, n'est réductible ni à la puissance active, ni à la puissance passive, mais doit être pensée comme la possibilité d'un mouvement orienté vers l'acte. Quant à l'acte, il ne dit pas seulement la présence, mais l'être-dans-la-fin et le bien comme réalisé ou (quand il exclut l'en-puissance) comme réel : la substance ayant réalisé son essence comme bonne, ou la substance essentiellement bonne. L'acte apparaît alors comme le nom ontologique du bien. Il dit l'unité de l'être et de la valeur, la conjonction même de l'idéal et du réel. Tout acte est une perfection, aussi éphémère soit-elle, un lieu d'absoluité, un inaliénable achèvement. Est en-acte ce qui, pour infime qu'il soit, a été réussi, ce en quoi une Idée s'est ici et maintenant, même pour un bref instant, incarnée. Le bien aristotélicien, on y reviendra, n'est pas un universel abstrait, une Forme sans substantialité, ni un idéal vide : il est, pour chaque être, une possibilité propre, et qui peut être effectuée. Ontologie axiologique, l'ontologie de l'acte apparaît aussi comme une ontologie de la non-scission.

Aristote, cependant, en même temps que l'identité, pense la différence de l'être et du bien. Cette différence, cet écart, c'est l'en-puissance qui vient les nommer. S'il n'est pas absolument, l'être en-puissance n'est pas non plus un absolu non-être. Il est sur le mode à la fois du pas encore et du toujours déjà : être en-puissance, c'est être en attente de ce qu'on sera. Mais c'est aussi, dès lors que l'en-puissance est pour un acte et un devenir déterminés, porter son devenir et sa fin en soi : être en-puissance, c'est pouvoir devenir ce que l'on est. Si l'en-puissance dit l'écart entre un être et ce qu'il a à être (son acte, donc, en quoi résident aussi sa fin et son bien), il dit aussi la possibilité de l'annuler. L'en-puissance pose à la fois la distance et son franchissement : s'il dit la différence, c'est comme une identité provisoirement différée. Pas plus donc, que le bien n'est un idéal vide (ou une Forme-Idée), l'en-puissance n'est un désir indéfini, voué à l'inaccomplissement[1].

1. Pierre Aubenque, dans *Le problème de l'être…*, *op. cit.*, consacre de très belles pages aux notions de scission et de médiation. Plus que sur la médiation, cependant, il insiste sur la scission, plus que sur l'accomplissement, sur l'écart. Notre lecture ne fait, en un sens, que modifier cette accentuation. Mais du même coup, loin de voir dans la pensée d'Aristote une métaphysique de l'inachèvement et une sagesse des limites, nous y voyons une ontologie de la perfection, qui porte, aussi, une éthique du dépassement : ce qui est important, ce n'est pas que l'être ne soit pas immédiatement parfait, l'homme pas nécessairement divin, mais qu'à travers le notion d'en-puissance, ils soient posés comme pouvant l'être, à travers la notion d'acte comme l'étant, même fugitivement.

Aristote, par là, évite le malheur de la scission. Mais il ne tombe pas pour autant dans la naïveté de l'immédiateté. Avec la *dunamis* s'introduit la médiation du temps, du mouvement, voire, avec la *dunamis meta logou* et en l'homme, de la liberté. Cet écart introduit la possibilité de la rencontre, de l'erreur, de l'accident. Ontologie de la non-scission, l'ontologie de l'en-puissance et de l'acte laisse place, aussi, à la pensée de l'échec ou du gâchis. Si l'acte pose le bien et la fin comme réels, l'en-puissance comme à réaliser, le passage même de l'en-puissance à l'acte n'est jamais assuré. Le potentiel ne peut être dit un futur actuel, l'actualisation de l'en-puissance n'est jamais nécessaire, dès lors qu'elle peut être suspendue par le choix délibéré, ou interrompue par l'accident. La fleur peut être piétinée avant d'avoir éclos, l'animal tué avant d'avoir engendré, l'enfant peut mourir avant d'avoir pensé, et l'homme, sans avoir jamais fait le choix de la pensée.

Enfin, la distance entre l'acte et l'en-puissance laisse place, non seulement à la différence, mais à l'altérité. L'en-puissance dit, on l'a vu, la possibilité de l'articulation de la puissance active à la puissance passive en vue d'un changement déterminé. Par là, l'efficience n'est pas supprimée (les substances aristotéliciennes ne sont pas des monades), mais subsumée sous la finalité : l'altérité est requise comme un moment de ce progrès vers soi (εἰς αὑτὸ ἐπίδοσις, *De An.* 417b 7), de ce cheminement vers l'identité accomplie qu'est le processus qui va de la *dunamis* à l'*energeia*. Si l'être en-puissance est un être soumis au temps, au mouvement, il est aussi (Plotin le soulignera) un être dépendant. Pour être lui-même, il a besoin d'un autre. Il ne le devient que sous la condition de son intervention. Autant qu'à celle de l'interruption, de l'accident, la pensée de l'en-puissance laisse donc place à la pensée de l'occasion : non plus de la mauvaise, mais de la bonne rencontre.

L'efficience, cependant, n'est qu'un moyen pour la finalité, et la causalité transitive pour le développement immanent. Or, l'articulation de la *dunamis* et de l'*energeia* a encore ceci de remarquable qu'elle permet de penser l'efficace de la fin et du bien. On l'a vu, l'en-puissance n'est pas pensé dans l'ordre de la force. Il est cependant au principe d'un mouvement, ou d'un changement, qui a pour principe la forme comme fin, soit l'acte. Or la fin n'agit pas, au sens, du moins, où elle n'est pas une cause efficiente : τὸ δ' οὗ ἕνεκα οὐ ποιητικόν (*GC* I, 7, 324b 15); si elle l'est, c'est seulement par métaphore, κατὰ μεταφοράν (b 16). La fin, donc, est efficace, sans être efficiente. Si elle agit, ou a un effet, ce n'est pas comme une cause efficiente, en mettant en œuvre une puissance active, mais c'est comme acte et fin de l'en-puissance. On peut dire, dès lors, que si *l'acte nomme le mode d'être du bien et de la fin, l'en-puissance nomme son mode d'action*. Le bien comme acte est effectif, comme fin de l'en-puissance, efficace. Mais cette efficacité est non-efficiente.

La corrélation de l'en-puissance et de l'acte permet ainsi de penser la spécificité de la causalité finale comme causalité effective mais non efficiente. C'était là, on s'en souvient, l'un des projets définis en A, et dont Aristote revendiquait l'originalité : Empédocle, Anaxagore et Platon ont échoué à identifier la causalité propre au bien et à la fin, en la confondant, les premiers, avec la causalité efficiente, le second, avec la causalité formelle. Or, identifier cette causalité implique précisément de ne penser le bien ni comme puissance et cause efficiente, à la façon de l'Amitié ou de l'Intelligence, ni comme en-puissance, à la façon des Formes séparées. Platon, dans la *République*, attribuait au Bien la *dunamis*[1] : mais si l'on veut penser la puissance du bien, il faut penser celui-ci non comme *dunamis*, mais comme *energeia*, et comme fin de l'en-puissance.

C'est donc dans l'articulation de la *dunamis* à l'*energeia* que réside le secret de la puissance du Bien, cette « force démonique (δαιμονίαν ἰσχύν) » qui fait que les choses sont disposées en vue du meilleur et du plus parfait » et dont Socrate relate sa quête dans le *Phédon*[2]. Lui aussi, un temps, a cru la trouver chez Anaxagore, avant de constater que, comme les autres physiciens, celui-ci se contentait du jeu de la matière et de la force; et, à son tour, Socrate a renoncé à identifier la puissance propre au Bien, substituant à la quête de la causalité finale celle de la causalité formelle[3]. On comprend dès lors que le livre A de la *Métaphysique*, qu'on peut lire en partie comme un écho à ce texte du *Phédon*, englobe Socrate et Anaxagore dans une même critique : pour réussir là où tous deux ont échoué, il faut comprendre que *la puissance du bien est démonique, ou divine, en ceci, précisément, qu'elle n'est pas une puissance.*

On se donne alors les moyens de la penser autrement que comme ce jeu de forces que décrivent les mécanistes et les physiologues. Un tel ordre est celui d'une nécessité absurde, dont Platon, dans le *Timée*, a fourni une description exemplaire à travers celle de la *khōra* où s'entrechoquent les éléments premiers (52d-e). A cette nécessité dépourvue de sens, identique, en fait, au hasard, et à la « cause errante » (48a) s'oppose celle qui relève de la forme, du démiurge et, ultimement, du Bien (46d).

1. VI, 509b 9-10.

2. *Phédon* 99c 2 et 97c *sq.*

3. *Ibid.*, 99d. Sur le « δεύτερος πλοῦς » de Socrate, voir en particulier G. Fine, « Forms as Causes : Plato and Aristotle », dans A. Graeser (éd.), *Mathematics and Metaphysics in Aristotle*, Akten des X. Symposium Aristotelicum, Berne-Stuttgart, Haupt, 1987, p. 69-112.

Chez Aristote aussi coexistent ces deux nécessités. La nécessité absurde est celle de la matière quand elle n'est pas régie par la forme[1]. Dès lors qu'elle se réduit à un enchaînement de causes que n'ordonne aucune fin, on peut l'identifier à l'accident (*Phys.* II, 8, 198b 23-27). Cette nécessité brute, insubordonnée, est aussi celle de la matière comme pur jeu de puissances, c'est-à-dire comme constituée par les éléments premiers (qu'Aristote, comme Platon les forces désordonnées qui remplissent la *khōra*, nomme du terme de *dunameis*)[2], et régie uniquement par leurs qualités et leurs mouvements[3]. Or, à cette nécessité de la matière comme puissance s'oppose celle de la matière comme en-puissance, c'est-à-dire comme ordonnée par la forme et par la fin. Celle-ci n'est pas exclusive de la nécessité mécanique : elle l'explique. Si le mécaniste ne prend en compte que le jeu des causes matérielle et efficiente, le physicien considère ce jeu comme lui-même causé, c'est-à-dire comme subordonné à une fin. Il lui faut donc « parler des deux causes, mais plutôt de la fin ; car celle-ci est cause de la matière, mais non la matière de la fin »[4]. Le physicien doit donc considérer tant la nécessité de la matière, qu'Aristote nomme aussi nécessité absolue (ἁπλῶς), que la nécessité de la fin, ou encore la « nécessité hypothétique » (ἐξ ὑποθέσεως, *Phys.* II, 9, 199b 34-35 ; *Part. An.* 639b 25 ; 642a 10). Pour expliquer la génération d'une maison, il ne suffit pas de dire que les pierres sont naturellement portées vers le bas, parce qu'elles sont lourdes, le bois vers le haut, parce qu'il est léger : il faut encore dire que le bois et les pierres sont assemblés « en vue de couvrir et de protéger » (*ibid.* 200a 7). D'elle-même, la matière ne peut s'organiser, précisément parce que les éléments premiers qui la constituent ont des qualités contraires, qui déterminent des mouvements et des finalités opposés. L'opposition entre les deux types de nécessité, absolue et téléologique, recouvre donc aussi celle entre les finalités conflictuelles dont est habitée la matière, et la finalité unificatrice de la forme.

La nécessité hypothétique régit tant les faits de nature que ceux de choix. Elle est donc compatible tant avec la contingence qu'avec la fréquence, soit la modalité des phénomènes naturels en tant que leur

1. Voir par exemple *Gen. An.* V, 778b 16-17, qui oppose clairement ces deux types de nécessité : celle qui est imposée par la forme, et est en vue d'une fin, en vertu de laquelle, par exemple, un animal doit avoir un œil car cette propriété est comprise dans son essence et requise pour son fonctionnement, et celle qui dérive de la matière et n'est, ni n'advient, en vue d'une fin (778a 31-32), en vertu de laquelle, par exemple, cet œil est bleu.

2. *Timée*, 52e ; *Part. An.* II, 1, 646a 14-15 ; *Météor.* I, 3, 340a 15-17.

3. Cf. *Phys.* II, 8, 198b 13-15 ; II, 9, 200a 1-5.

4. *Ibid.*, 200a 32-34 ; sur le primat de la cause finale, voir aussi *Part. An.* 639b 15 *sq.*

régularité peut être interrompue par l'accident (*Phys.* II, 196b 18-21). Elle ne vaut pas pour autant comme un simple concept heuristique, ou un simple « comme si »[1], mais bien comme un principe constitutif, dès lors que l'en-puissance inscrit au cœur même des êtres, naturels comme artificiels, l'efficacité de la fin, et l'acte, sa réalité.

1. Contrairement à ce qu'affirme W. Wieland (*Die aristotelische Physik*, *op. cit.*, p. 254-278), qui, par souci de défendre Aristote contre les réductions mécanistes (pour un exemple récent, voir Z. Bechler, *Aristotle's Theory of Actuality*, State University of New York Press, 1995), en fait une sorte de kantien avant l'heure : la téléologie serait un « concept de la réflexion » plus qu'un « objet d'investigation », et la finalité un simple idéal régulateur (dans le même sens, voir aussi J.-M. Le Blond, *Logique et méthode chez Aristote*, *op. cit.*). Cette interprétation ne laisse aucune place à la notion de *dunamis*, Wieland déplorant d'ailleurs qu'Aristote ne se soit pas donné les moyens de penser une orientation de la matière vers la forme. Or, toute tentative d'interprétation de la finalité chez Aristote doit prendre en compte la spécificité de la notion aristotélicienne de cause (*aitia*), à la fois comme principe réel et comme principe d'explication (voir M. Frede, « The Original Notion of Cause », dans M. Schofield, M. Burnyeat, J. Barnes (éd.), *Doubt and Dogmatism*, Oxford, Clarendon Press, 1989 (1980), p. 217-249 et J.M. Moravcsik, « What Makes Reality Intelligible? Reflexion on Aristotle's Theory of *Aitia* », dans L. Judson (éd.), *Aristotle's Physics*, *op. cit.*, p. 30-47). Mais elle doit aussi faire droit aux notions de *dunamis* et d'*energeia*, dès lors que celles-ci permettent de répondre tant à la lecture « régulatrice » (la fin ne peut être un simple « comme si », si l'acte s'inscrit dans l'être), qu'à la lecture réductionniste (l'en-puissance, efficace de la fin, n'est pas la puissance, ni l'efficience).

CHAPITRE V

L'ACTE PUR ET L'UNIFICATION DE L'OUSIOLOGIE *MÉTAPHYSIQUE* Λ

Le livre Λ de la *Métaphysique* répond aux exigences définies en A : poser le bien au principe; déterminer son mode propre de causalité comme étant celui de la cause finale, et non de la cause efficiente ou formelle. Ces deux exigences se résolvent en une seule proposition : le principe est acte, et sans puissance. L'acte reçoit ici sa pleine signification : c'est lui, et non la forme, qui est le mode d'être de la substance séparée; mais il vient aussi nommer le bien principiel.

En même temps que son sens le plus plein, la notion d'acte trouve en Λ sa plus grande extension : déjà appliquée à la fin de Θ aux substances mobiles éternelles, elle l'est désormais aussi à la substance immobile et séparée. Elle apparaît de ce fait, et au contraire de la forme qui, ne pouvant être à l'état séparé, ne peut se dire de la substance simple, comme le concept unificateur de l'ousiologie. Aussi Λ 5 pourra-t-il désigner en la *dunamis* et l'*energeia* les principes communs à toutes les substances, par analogie.

Une question se pose en effet, à quoi répond cette dernière précision : si la première substance immobile est acte pur, si en elle, donc, l'acte est disjoint de l'en-puissance, ne retrouve-t-on pas, identique, mais transféré à l'acte, le « problème de la forme pure »?[1] Comment, donc, s'il ne peut y avoir de forme sans matière, peut-il y avoir un acte sans en-puissance? Et l'acte a-t-il le même sens lorsqu'il se dit avec et sans l'en-puissance? Appliquée au premier moteur immobile, la notion d'acte revêt, on l'a dit, son sens plein, tant ontologique qu'axiologique : l'analogie ne doit donc pas être comprise comme indiquant une pluralité de significations, en vertu

1. Cf. *supra*, chap. III, p. 67-68.

de quoi l'acte aurait un autre sens, appliqué au premier moteur, que celui qu'il a pour les substances composées, mais plutôt, et comme c'était déjà le cas en Θ 6, comme une égalité de rapports. La relation conditionnante de l'acte à l'en-puissance que dégageait en Θ 8 l'analyse des substances mobiles et composées, s'applique en effet aussi au rapport de la substance immobile à ces dernières. Elle admet cependant différentes modalités, celles-là même que déclinait, en Θ 8, l'exploration des différents sens de l'antériorité de l'acte sur l'en-puissance. Le rapport d'antériorité de l'acte à l'en-puissance au sein d'une même substance est donc analogue au rapport de la substance purement actuelle aux substances mêlées d'acte et d'en-puissance.

Les notions de *dunamis* et d'*energeia* permettent dès lors de penser tant la différence que la relation entre les différentes sortes de substances. Mieux : leur mode de relation se déduit de leur différence même. Mais il faut alors admettre que la théologie d'Aristote n'est qu'un moment de son ontologie : c'est en effet l'exploration du sens ontologique de la *dunamis* et de l'*energeia* et de la relation d'antériorité de l'acte sur l'en-puissance, qui permet de poser la priorité de l'acte pur, en même temps que de déterminer la nature de sa relation aux autres substances.

Si les concepts de *dunamis* et d'*energeia* permettent simultanément d'unifier l'ousiologie et d'y intégrer la théologie, ils portent aussi toute la singularité de la pensée aristotélicienne de l'être, et, au sein de celle-ci, de l'être premier, en tant que ce dernier n'est pas conçu comme excès de puissance, mais comme réalité du bien.

La lecture ici proposée de Λ est donc une lecture ontologique[1] et, à ce titre, unitaire. Λ ne peut être lu comme la juxtaposition de deux enquêtes, dont l'une aurait pour objet les substances sensibles, l'autre les substances immobiles – non plus que comme culminant dans cette dernière et constituant à ce titre un traité de théologie[2]. Ce que Λ propose c'est, en réponse à une question formulée dès son premier chapitre, l'élucidation des principes communs à toutes les substances, mobiles comme immobiles, sensibles comme séparées. Cette question trouve une première réponse, partielle, en Λ 5 qui désigne en la *dunamis* et l'*energeia* les principes communs aux substances sensibles en leur entier, tant

1. Au sens où nous lisons Λ comme un traité d'ousiologie générale, mais dont l'unité repose sur ce sens de l'être que disent la *dunamis* et l'*energeia*.

2. La lecture traditionnelle de Λ est à la fois bipartite et théologique : pour une description de cette tradition interprétative, voir F. Baghdassarian, *Aristote. Métaphysique. Livre Lambda*, Paris, Vrin, 2019, p. 13-14.

corruptibles qu'éternelles. À cela s'ajoute que, loin de clore, comme le veut l'interprétation traditionnelle, une étude des substances sensibles à laquelle succèderait, de Λ 6 à Λ 10, une étude des substances séparées, Λ 5 marque à l'inverse leur continuité en désignant également en l'*energeia* (et non en la forme, comme le font les Platoniciens) le mode d'être du séparé. Plus encore, Λ 5 énonce de la sorte la condition de possibilité de l'intégration de la théologie à l'ousiologie, ou à la science unitaire de toutes les substances. C'est en tant qu'*energeia* que la substance immobile et séparée *a* un principe commun avec les substances mobiles et composées, et c'est en tant qu'*ousia energeia* qu'elle *est* elle-même à leur principe. Λ 6 démontrera en effet que le mouvement éternel a pour condition une *ousia energeia*, une substance purement actuelle, et, en tant que telle, exempte de puissance comme d'en-puissance.

Autrement dit, l'intégration de la théologie, ou de la science du séparé, à l'ousiologie, ou à la science unitaire de toutes les substances, n'équivaut en rien à sa réduction. La notion d'*energeia* assure *à la fois l'univocité du discours ontologique, et le primat du principe théologique*. Parce qu'il est *energeia*, le premier moteur immobile *a* un principe commun avec les substances mobiles qui, elles, sont composées d'acte et d'en-puissance; et parce qu'il est *ousia energeia*, parce qu'en lui l'acte va sans l'en-puissance, il *est* à leur principe.

Lire Λ comme un traité d'ousiologie générale, soit un traité des principes communs à toutes les substances, n'équivaut donc pas à en nier la composante théologique, ni même à la secondariser ou à la considérer comme « accidentelle »[1]. L'unité de Λ est celle d'une *intégration hiérarchique* : certes, la théologie est intégrée à l'ousiologie, mais dans le même temps l'ousiologie pose le primat du principe théologique.

Outre qu'elles assurent l'unité de la science de la substance et l'intégration à celle-ci du principe théologique, les notions de *dunamis* et d'*energeia* portent aussi, on l'a dit, la singularité de la pensée aristotélicienne du divin. Loin de la réduire, la lecture ontologique de Λ sur elles fondée permet à l'inverse de manifester les traits distinctifs de la théologie d'Aristote. C'est en tant qu'*ousia energeia* que le premier moteur immobile est exempt tant de puissance que d'en-puissance. Mais c'est aussi en tant que tel qu'il est la condition du mouvement éternel : en d'autres termes – et il faut souligner, par-delà l'apparent paradoxe, la force de cette proposition d'Aristote – *c'est son absence même de puissance*

1. Selon la formule de S. Fazzo, *Commento al libro* Lambda *della* Metafisica *di Aristotele*, Naples, Bibliopolis, 2014, p. 59-61.

qui est la condition de son efficacité. Une telle efficacité doit, on l'a déjà souligné [1], être décrite comme non-efficiente. Λ 7 caractérisera le premier moteur immobile comme une cause finale, en un sens particulier qu'il faudra préciser, mais ce caractère final de sa causalité se déduit déjà de sa désignation, en Λ 6, comme *ousia energeia*, et de l'élucidation, en Θ 8, de la relation d'antériorité selon l'*ousia* de l'*energeia* sur la *dunamis*. Le débat, récemment réactivé, sur la nature de la causalité du premier moteur trouve ainsi une réponse à même l'ontologie, soit à travers l'élucidation, conduite dans le livre Θ, du sens ontologique de la *dunamis* et de l'*energeia*. C'est, de nouveau, ce sens de l'être qui permet d'appréhender, sans reste ni mystère, le mode d'action comme le mode d'être du principe premier. Le désigner comme *ousia energeia*, c'est le poser comme étant le bien réel et sans puissance, mais aussi comme antérieur aux substances composées d'acte et d'en-puissance, et comme conditionnant leur mouvement à titre de fin.

Une telle proposition porte également un enjeu anti-platonicien, lequel régit plusieurs des lignes problématiques de Λ. D'abord, parce qu'elle identifie en l'acte, et non en la forme, le mode d'être du séparé. Ensuite, parce que, désignant comme acte le séparé, elle en pose aussi la causalité – là où les Platoniciens échouent, selon Aristote, à penser leurs principes comme des causes. Enfin, parce qu'elle garantit tant le primat du bien que son lien aux autres substances.

Lire Λ de manière unitaire, et chercher cette unité dans l'ontologie, c'est-à-dire dans ce sens de l'être que disent la *dunamis* et l'*energeia*, ce n'est donc pas en nier, ni en minorer, la part théologique. C'est en revanche affirmer, contre les lectures onto-théologiques qui la scissionnent entre une science de l'être commun et une science de l'être premier, l'unité de la métaphysique. C'est aussi reconnaître une continuité entre les différents traités qui nous sont parvenus sous le nom de *Métaphysique*. La date de rédaction du livre *Lambda* est débattue par les commentateurs [2]. Mais il faut de toute façon distinguer entre la question historique de son statut éditorial et celle de son lien conceptuel à d'autres livres de la

1. Cf. *supra*, Introduction, p. 14.

2. À l'hypothèse formulée par Jaeger d'une date de rédaction précoce, datant du séjour d'Aristote à Assos, s'opposent ainsi celles de commentateurs plus récents, comme M. Burnyeat (*A Map …*, *op. cit.*, p. 148-149), ou encore S. Fazzo, qui défend l'idée d'une rédaction postérieure à celle des livres centraux (*Commento…*, *op. cit.*, p. 83). Sur les indices de datation que peut fournir l'exposé, en Λ 8, des thèses astronomiques de Callipe, voir l'introduction de M. Frede à M. Frede et D. Charles (éd.), *Aristotle's* Metaphysics Λ, Oxford, Clarendon Press, 2000, p. 47, ainsi que F. Baghdassarian, *Aristote…*, *op. cit.*, p. 303-305.

Métaphysique[1], à travers les problèmes qu'il reprend, déplace ou résout, les analyses sur lesquelles il fait fond. Déterminantes à ce titre nous paraissent être celles menées dans les livres centraux, et tout particulièrement dans le livre Θ. L'élucidation du sens ontologique de la *dunamis* et de l'*energeia* qui oriente Θ en son entier, celle, en Θ 6, de leur relation analogique puis, en Θ 8, de l'antériorité de l'acte sur l'en-puissance, fournissent, en Λ, les bases conceptuelles tant de l'unification analogique des principes de la substance, que de la position au principe de l'*ousia energeia*.

On nous objectera que l'usage en Λ des notions de *dunamis* et d'*energeia* est, sinon rhapsodique, du moins déséquilibré. Massivement mobilisées en Λ 6 et 7, ces notions sont absentes du chapitre introductif que constitue Λ 1, comme des analyses de Λ 3, et peu présentes en Λ 8 et 10[2]. Pourtant, ces interventions successives et modulées au fil de Λ de *dunamis-energeia* (ou, et il faudra s'interroger sur cette variation, de leur forme au datif, δυνάμει-ἐνεργείᾳ) viennent à chaque fois en réponse aux différentes questions soulevées par Λ 1, et qui valent programme pour le livre en son entier : qu'est-ce qu'un principe (dans sa différence notamment d'avec l'élément, *stoikheion*, et la cause, *aitia*) ? Quels sont les principes communs aux substances sensibles ? Quelle est la nature de la substance séparée (est-elle ou non une forme) ? Enfin, et ces deux questions sont intrinsèquement liées, de quelle façon la substance séparée est-elle cause, *et* y a-t-il des principes communs à toutes les substances, sensibles ou séparées ?

À partir de là, le mouvement de Λ peut se schématiser de la façon suivante. Le chapitre 1 constitue une introduction à la fois programmatique et doxographique. Il est régi par une opposition entre les Physiologues et les Platoniciens, diversement déclinée, mais qui se dessine sur fond d'un accord : c'est de la substance que l'on recherche les principes et les causes. Reste à savoir ce qui est substance, et ce qui est principe de la substance. Ces deux questions déterminent deux partages : à la première, les Physiologues répondent que la substance, ce sont les καθ᾽ἕκαστα, les réalités singulières, les Platoniciens, que c'est le καθόλου, l'universel. À la seconde, les Physiologues répondent que sont principes les éléments

1. La parenté avec les apories du livre B est ainsi fortement soulignée par F. Baghdassarian, *Aristote…*, *op. cit.*, p. 32-34.

2. M. Zingano considère ainsi que leur rôle dans l'analyse des substances sensibles menée en Λ 2-5 est « modeste » (« Individuals, Form and Movement : from Lambda to Z-H », dans C. Horn (éd.), *Aristotle's* Metaphysics *Lambda. New Essays*, Berlin, De Gruyter, 2016, p. 139-155 : p. 146). On verra pourtant que leurs occurrences aux chapitres 2 et 5 sont déterminantes.

(matériels) des corps, les Platoniciens qu'est principe l'immatériel. Et ces deux partages s'accompagnent d'un autre, lequel oppose, cette fois, ceux qui conçoivent l'univers comme un tout, mais moyennant la réduction des principes à une unité de composition matérielle ; et ceux qui, posant l'immatériel au principe mais échouant à déterminer sa causalité et son lien avec ce dont il est principe, n'ont de l'univers qu'une conception disjonctive ou « épisodique ». Cette grande opposition entre les Physiologues et les Platoniciens oriente Λ, non au sens où elle dessinerait une alternative, mais parce qu'il s'agit de la dépasser. Contre les Physiologues, il va falloir penser les principes autrement que comme des éléments matériels ; et contre les Platoniciens, il va falloir penser l'immatériel – ou le séparé – autrement que comme forme, et identifier son mode de causalité et sa relation à ce dont il est principe. On pourra, dès lors, dégager pour toutes les substances, sensibles ou séparées, une unité principielle qui ne se réduise pas à une identité de composition matérielle ; et, dans le même temps, maintenir, au sein de cette unité, une hiérarchie qui ne soit pas épisodique ou disjonctive.

C'est à ces exigences que va répondre, en Λ, l'usage des notions de *dunamis* et d'*energeia*. Λ 2 va ainsi substituer la notion d'en-puissance à celle de matière, pour l'étendre, par-delà les substances sensibles corruptibles, aux substances sensibles éternelles. À ce résultat positif succède, en Λ 3, un résultat négatif, mais déterminant, puisqu'on va établir, contre Platon, que la forme ne peut être séparée. En Λ 4, c'est, cette fois, contre sa réduction par les Physiologues à celle d'élément, que va être redéfinie la notion de principe. Véritable pivot de Λ, le chapitre 5 va intégrer ces différents résultats, tant négatifs que positifs : l'extension de la *dunamis* aux sensibles éternels, l'exclusion de la forme comme mode d'être du séparé, la distinction entre principe et élément – et apporter, dès lors, deux réponses fondamentales aux questions posées dans le chapitre introductif : la substance séparée doit être conçue comme acte et non comme forme ; *dunamis* et *energeia* sont, par analogie, les principes communs à toutes les substances sensibles. À partir de là, l'enjeu central des chapitres 6 à 10 va consister, contre l'épisodisme platonicien, à déterminer et explorer le ou les mode(s) de relation entre la substance séparée et les autres substances. Λ 6 ayant démontré qu'elle est, comme *ousia energeia*, la condition de leur mouvement, il restera à identifier son mode de causalité comme étant celui de la fin (Λ 7) et du bien (Λ 9), mais aussi la façon dont cette causalité opère dans le cas des sensibles éternels (Λ 8), et, finalement, de l'univers entier (Λ 10).

LES LIGNES PROBLÉMATIQUES DE Λ 1

Λ 1 admet, jusque dans ses dernières lignes, une lecture intégralement doxographique. Le texte est structuré, on l'a dit, par une opposition première, entre les Physiologues (ou « les anciens philosophes ») et les Platoniciens (ou « les philosophes d'aujourd'hui »). Sous cette opposition s'en distribuent d'autres : entre holistes et épisodiques, καθ᾽ἕκαστα et καθόλου, *phusikōs* et *logikōs*. Cette nature doxographique de Λ1 n'exclut pas que s'y inscrive un programme : mais ce programme n'est pas formulé comme tel. Il doit être dégagé dialectiquement de cette série d'oppositions, et ne peut être réduit à la validation de l'un ou l'autre de ses termes. Un tel programme peut être résumé en quatre principales questions :

– la première a un statut particulier, puisqu'elle est d'ordre à la fois épistémologique et ontologique. Elle porte non seulement sur la nature, mais sur la définition même du principe (*arkhē*), de la cause (*aitia*), et de l'élément (*stoikheion*), ainsi que sur leur différence. Elle traverse le livre Λ tout entier, mais selon deux accentuations critiques distinctes : jusqu'à Λ 5, il s'agira avant tout d'établir, contre les Physiologues, que les principes ne sont pas des éléments matériels ; à partir de Λ 5 et jusqu'à Λ 10, il s'agira avant tout de montrer, contre les Platoniciens, que, et comment, le principe peut être cause ;

– la deuxième question, explicitement formulée en 1069a 32-33, est celle de savoir s'il y a des principes communs aux substances sensibles, qu'elles soient éternelles ou corruptibles. Elle sera traitée et résolue en Λ 2 ;

– la troisième question, qui n'est pas formulée comme telle, mais comme une mention d'ordre doxographique, a trait à la nature de la substance immobile c'est-à-dire, plus précisément, à son caractère « séparé ». Elle sera traitée en Λ 3 et résolue en Λ 5 ;

– la dernière question est celle de savoir s'il existe des principes communs à toutes les substances, mobiles et immobiles, sensibles et séparées. C'est celle que formulent les dernières lignes, abondamment discutées, de Λ 1 (1069a 34-b 1). Elle trouvera une réponse en Λ 4 et 5.

La grande opposition Physiologues/Platoniciens se dessine sur fond d'un accord, entre ses deux protagonistes, mais aussi avec la démarche qu'Aristote donne comme étant la sienne propre. C'est des substances que l'on recherche les principes et les causes (1069a 18-20), or, de la substance, les Physiologues comme les Platoniciens ont chacun à sa façon posé la priorité. Soulignons qu'il n'est pas question ici de démontrer le primat de la substance, comme en Γ 2, non plus que de déterminer ce qui est substance, comme en Z. Plutôt que l'indice de l'isolement ou de l'antériorité de Λ, on peut voir là le signe que les résultats de Γ 2 et de Z sont tenus pour acquis. C'est parce que l'on sait, désormais, à la fois que la substance est première, et ce qui est substance, que l'on peut s'interroger sur les principes et les causes des substances. De fait, le critère discriminant de la substantialité dégagé en Z 3 1029a 27-28, à savoir la séparation, au sens, spécifiquement aristotélicien, de capacité d'existence indépendante, est rappelé dès ces premières lignes de Λ 1. On lit, en 1069a 24 : « En outre, aucune autre chose que la substance n'est séparée (χωριστόν) » [1]. Ce critère sera, de nouveau, explicitement mentionné à la première ligne de Λ 5 : « Puisque certaines choses sont séparées, tandis que d'autres ne sont pas séparées, ce sont les premières qui sont substances » (1070b 36-1071a 1).

Ce double rappel du critère de la substantialité manifeste bien que l'enquête menée en Z n'est pas ignorée mais, à l'inverse, intégrée. Elle est également déplacée et approfondie : parce que l'on n'enquête plus sur ce qui est substance, mais sur les principes et les causes des substances, on va s'interroger, non plus seulement sur la séparation comme critère de la substantialité, mais sur l'existence d'une substance séparée, au sens, cette fois, platonicien du terme, c'est-à-dire existant hors et indépendamment des substances sensibles. Il faudra voir si une telle substance existe, mais aussi quelle en est la nature – c'est-à-dire, plus précisément, si l'on peut, comme le veulent les Platoniciens, la penser comme forme – et, enfin, si elle a un principe commun avec les autres substances et doit elle-même être posée à leur principe. Or, et là encore, un tel programme est partiellement annoncé à la fin de Z 2, où l'on demande « quelles choses sont substances; s'il y a ou pas des substances en dehors des substances sensibles; comment existent celles-là; s'il y a une substance séparée, et pourquoi et comment, ou aucune substance en dehors des sensibles » (Z 2, 1028b 28-31). L'enquête de Z s'en tenant à la première question, c'est à Λ qu'il revient de la mener à bien en répondant aux autres.

L'accord quant à la priorité de la substance étant ainsi signalé, les premières lignes de Λ 1 dressent une première opposition. Celle-ci met en jeu les holistes, ou ceux qui conçoivent l'univers « comme un certain tout (ὅλον τι, 1069a 19) », et les épisodiques, qui le conçoivent comme « une succession (τῷ ἐφεξῆς, 1069a 20) ». On peut, dès ces premières lignes, et même s'ils ne sont pas encore explicitement nommés, reconnaître les

1. Sauf mention contraire, on citera le texte de Λ dans la traduction de F. Baghdassarian.

Physiologues et les Platoniciens [1]. Le passage s'éclaire en effet à la lumière de A 8-9, où les Physiologues sont précisément désignés à la fois comme « ceux qui conçoivent l'univers comme une unité » (A 8, 988b 22) [2] et comme reconnaissant pour principes les seuls éléments des corps (988b 25, b 30). Ils sont en tant que tels opposés aux Platoniciens qui, eux, n'admettent pour principes que les réalités immatérielles, les Idées, mais sont finalement impuissants à penser ces principes comme des causes, c'est-à-dire à identifier la nature de leur causalité sur les substances sensibles (991a 10-11). Ainsi décrit, l'univers pensé par les Platoniciens se donne bien comme une succession, dès lors qu'il n'admet ni contact, ni continuité.

On a donc d'un côté, avec les Physiologues, une confusion abusive entre élément (matériel) et principe, de l'autre, avec les Platoniciens, une distinction fautive entre principe et cause. Dès lors, l'opposition entre holistes et épisodiques ne dessine pas l'alternative dans laquelle Λ va se déployer, mais, à l'inverse, celle qu'il lui faudra dépasser : tout l'enjeu va en effet consister à identifier, pour les différents types de substances, une unité principielle qui ne se réduise pas, comme chez les Physiologues, à l'identité d'éléments matériels, ou de *stoikheia* [3]; et, dans le même temps, à maintenir, au sein de cette unité, une hiérarchie qui ne soit pas, comme chez les Platoniciens, épisodique, mais qui, tout en ordonnant les différents types de substances, pose entre eux un principe de liaison.

Ce premier partage doxographique, entre holistes et épisodiques, en appelle un autre, qui se range également sous la grande opposition Physiologues / Platoniciens, ici désignés comme « les anciens philosophes » et « les philosophes d'aujourd'hui ». Il met en jeu deux conceptions, non plus de l'univers, mais de ce qui est substance. Pour les Platoniciens, ce qui est davantage substance, c'est l'universel, le καθόλου; pour les Physiologues, ce sont les réalités individuelles, les καθ᾽ἕκαστα, « comme le feu ou la terre » (1069a 26-30). Cette nouvelle formulation de l'opposition Platoniciens/Physiologues comme une opposition καθόλου / καθ᾽ἕκαστα se redouble d'une autre encore, dont seul le premier terme est toutefois

1. Et non pas seulement Speusippe, qui sera explicitement associé à l'épisodisme au chapitre 10. Cf. en ce sens, et contre Ross, M. Frede, « Metaphysics Λ 1 », dans M. Frede et D. Charles (éd.), *Aristotle's* Metaphysics Λ, *op. cit.*, p. 53-80 : 64, qui reconnaît ici une allusion non seulement à Speusippe, mais au dernier Platon et à Xénocrate.

2. *Cf.* aussi 984b 2; dans les deux cas, on a ἕν mais l'équivalence ἕν / ὅλον se lit en Δ 6, 1016b 12 et en I 1, 1052a 22.

3. Le terme apparaît pour la première fois en 1069a 26, en lien avec « les anciens philosophes » : on lit « ἀρχὰς καὶ στοιχεῖα καὶ αἴτια », soit une variation sur la formule initiale de a 18-19 : « αἱ ἀρχαὶ καὶ τὰ αἴτια ».

explicite. Si les Platoniciens posent l'universel comme substance c'est, lit-on en 1069a 28, du fait du caractère *logikōs*, « logique » ou abstrait de leur recherche. On sait que ce terme de *logikōs*, fréquemment appliqué aux Platoniciens, fonctionne en contraste avec *phusikōs*, ce contraste pouvant d'ailleurs aussi être formulé comme un contraste *katholou/phusikōs*[4]. L'usage de ce terme pointe également vers la désignation de la forme, en Z, comme κατὰ τὸν λόγον οὐσία (1035b 15), ainsi que, en H, comme séparable, χωριστόν, uniquement τῷ λόγῳ et non pas ἁπλῶς (1042a 29-31). Or, un peu plus bas en Λ 1, les Platoniciens, vont être désignés comme ceux qui disent que la substance immobile est séparée (χωριστήν, 1069a 34)[5]. Associée aux Platoniciens, cette séquence *katholou, logikōs, khoristēn*, donne une indication forte quant à la formulation de la troisième question directrice que l'on isolée : si la substance immobile est séparée, l'est-elle, comme le pensent les Platoniciens, en tant que forme et universel ? Ou la forme n'admet-elle de séparation que « logique » ?

Les dernières lignes de Λ 1 sont abondamment discutées, pour des raisons d'ordre à la fois textuel et interprétatif. S'y énonce un problème, qui constitue aussi un programme, et se formule en deux temps : y a-t-il des principes communs à toutes les substances sensibles, qu'elles soient éternelles ou corruptibles ? Y a-t-il des principes communs aux substances sensibles et à la substance séparée ?[6] Ce qui se joue là, ce n'est rien de moins que la possibilité d'unifier l'ousiologie, et avec elle, de définir l'espace d'une métaphysique, comprise comme science distincte tant de la physique que de la théologie.

Le passage s'ouvre sur une tripartition des substances : on distingue, au sein des substances sensibles, entre celles qui sont éternelles et celles qui sont corruptibles, pour les opposer ensemble à la substance séparée. Si cette tripartition s'ordonne à une dualité fondamentale, opposant substances sensibles et substance séparée, elle ne peut lui être réduite : outre qu'elle engage, au sein de l'examen doxographique, une thèse propre à Aristote – l'existence d'une classe de sensibles éternels –, elle contient un projet – l'unification des principes des substances sensibles en leur entier.

4. *Cf.* M. Burnyeat, *A Map…*, *op. cit.*, p. 20-21qui renvoie notamment à notre passage, ainsi que, pour l'opposition *katholou/phusikōs*, à *De Caelo* I, 10, 280a 32-33, 12, 283b17-18.

5. Soulignons que c'est la deuxième occurrence du terme en Λ 1, mais qu'il faut l'entendre ici non plus au sens aristotélicien de capacité d'existence indépendante, mais au sens platonicien d'existence hors des sensibles.

6. Voir B 1000a 5-7, qui pose la question de l'identité des principes des substances corruptibles et des substances incorruptibles.

Les toutes dernières lignes du texte – et les plus âprement débattues –, soulèvent la question de l'unification des principes, non plus seulement des substances sensibles éternelles et corruptibles, mais également de la substance séparée : « Les deux premières sortes de substances relèvent donc de la physique (car elles s'accompagnent de mouvement), tandis que la troisième relève d'une science différente, *s'*il n'y a aucun principe qui *leur* soit commun (*εἰ* μηδεμία *αὐτοῖς* ἀρχὴ κοινή) » (1069a 36-b 2)[1]. Un premier débat, textuel et interprétatif[2], a trait à la signification du εἰ de 1069b 1. La traduction ici adoptée lui donne une valeur hypothétique, « si », mais une autre lecture lui accorde une valeur causale, « puisque ». Une telle divergence est loin d'être mineure. La lecture causale et traditionnelle du εἰ fonde en effet une interprétation scissioniste de la métaphysique, qui serait divisée entre la science des substances sensibles, ou la physique, et « une autre science », ayant pour objet la seule substance séparée, et dès lors identifiée à la théologie. Le passage marquerait donc en creux la place de la théologie comme science « différente » de la physique, et entérinerait ainsi la séparation des sciences et le caractère régional des principes. Autant qu'à une lecture scissioniste de la métaphysique, ces lignes inviteraient à une lecture hybride de Λ, au sein duquel il faudrait distinguer entre un traité des substances sensibles, et un traité de la substance séparée. Une telle interprétation revient donc à abandonner tout projet d'ontologie générale – ne laissant place éventuellement qu'à une unification par le haut, c'est-à-dire par la théologie, appuyée sur E 1. En revanche, la lecture hypothétique du εἰ laisse place à la possibilité qu'existe un principe commun, et dès lors aussi une science commune de toutes les substances, sensibles et séparée. Cependant, cette lecture hypothétique admet à son tour deux interprétations distinctes : on peut comprendre que la science commune à toutes les substances s'identifie à la physique[3] ; ou encore, que c'est l'alternative « physique »/« science différente » qui est

1. Je cite encore ici la traduction de F. Baghdassarian, tout en marquant en italiques les points problématiques qui pourront conduire à la modifier.

2. Pour une typologie des interprétations, *cf.* David Lefebvre, « La question de l'unité d'une science des substances : interprétations de *Métaphysique* Λ1, 1069A36-B2 », dans M. Bonelli (éd.), *Physique et métaphysique chez Aristote*, Paris, Vrin, 2012, p. 133-174.

3. Soit à une physique des principes, comprise comme une science théorétique intermédiaire entre la physique et la philosophie première selon E. Berti, « Le livre Lambda de la *Métaphysique* d'Aristote entre physique et métaphysique », dans *Dialectique, physique et métaphysique. Études sur Aristote*, Louvain-la-Neuve, Peeters, 2008, p. 401-421 ; ainsi que P. Donini, « Il libro Lambda della Metafisica e la nascita della filosofia prima », dans M. Bonazzi (éd.), *Commentary and Tradition. Aristotelianism, Platonism and Post-Hellenistic Philosophy*, Berlin, De Gruyter, 2011, p. 17-35.

elle-même conditionnée par l'absence éventuelle de principes communs, mais que, dans l'hypothèse où de tels principes existeraient, ce partage peut être dépassé au profit d'une science unique des substances – science unique qui, dès lors, ne pourrait être rabattue ni sur la physique ni sur la théologie[1].

Ainsi, et pour résumer, la lecture causale, et traditionnelle, du εἰ conclut à une dualité entre la physique et la théologie – dualité éventuellement résorbable par le haut, c'est-à-dire par la théologie. Et sa lecture hypothétique laisse place, ou bien à une unification des principes « par le bas », c'est-à-dire par la physique, ou bien à l'existence d'une science unitaire des substances, qui ne soit réductible ni à la physique, ni à la théologie.

À ces difficultés s'en ajoute une autre, pointée par David Lefebvre[2]. Par-delà leurs divergences, ces différentes lectures ont ceci de commun qu'elles comprennent toutes le αὐτοῖς de 1069b 2 comme renvoyant aux trois types de substances, *ousiai*, qui ont été distingués. Mais, plutôt qu'un neutre, c'est un féminin que l'on devrait alors avoir. En revanche, ce αὐτοῖς trouve un référent dans le τινες de la ligne 34, lequel désigne les Platoniciens. Il faut dès lors retraduire le passage : « Les deux premières sortes de substances relèvent donc de la physique (car elles s'accompagnent de mouvement), tandis que la troisième relève d'une science différente, *s'il est vrai que, pour eux <les Platoniciens>, il n'existe aucun principe qui soit commun* ».

À partir de là, les dernières lignes de Λ admettent elles aussi une lecture doxographique. Elles continuent de s'inscrire dans le cadre de la grande opposition Physiologues/Platoniciens qui régit le chapitre tout entier. Elles n'en contiennent pas moins un programme, qui se déduit *a contrario* : il faudra réussir là où les Platoniciens ont échoué, c'est-à-dire dégager des principes communs à toutes les substances, ce qui implique peut-être aussi de concevoir autrement qu'eux la nature de la substance séparée, soit de l'identifier, non à la forme, mais à l'*energeia*.

1. Telle est la lecture que j'avais proposée dans la première édition de ce volume (2006, p. 150-151). Le problème engagé par le αὐτοῖς de 1069b 2 m'a incitée à la réviser, et à lire ces dernières lignes comme encore régies par le partage doxographique entre Physiologues et Platoniciens – ce qui n'infléchit en rien l'interprétation unitaire et ontologique déjà défendue de Λ, mais conduira à en dégager plus nettement l'enjeu anti-platonicien.

2. « La question de l'unité d'une science des substances… », art. cit.

DUNAMIS-ENERGEIA ET L'UNIFICATION DES PRINCIPES DE LA SUBSTANCE SENSIBLE (Λ 1-5)

Λ 2 : matière et dunamis

Λ 2 marque l'irruption, en *Métaphysique Lambda*, des notions de *dunamis* et d'*energeia* en même temps que le passage de l'examen doxographique au moment thétique. Cependant, ce dernier va autoriser une reprise dialectique des thèses des Physiologues comme des Platoniciens. À cet égard, Λ 2 et Λ 3 forment un tout : Λ 2 interroge centralement la notion de matière et se confronte aux Physiologues; Λ 3 interroge centralement la notion de forme et se confronte aux Platoniciens.

Ce faisant, Λ 2 procède aussi à une substitution : celle du couple δυνάμει/ἐνεργείᾳ à la triplicité de la matière et des contraires. Il faut noter, et c'est un point essentiel, que dans ce qui est ici leur première occurrence en Λ (1069b 15-16), ces notions interviennent d'emblée sous leur forme au datif, et comme une division de l'être : « Or, puisque l'être est double, tout change de l'être en-puissance à l'être en-acte (ἐπεὶ δὲ διττὸν τὸ ὄν, μεταβάλλει πᾶν ἐκ τοῦ δυνάμει ὄντος εἰς τὸ ἐνεργείᾳ ὄν »). Se marque dès lors une continuité entre Λ 2 et E 2 (1026a 33-b 2), qui compte la *dunamis* et l'*energeia* comme l'un des sens de l'être, mais également entre ces lignes et Θ 1, où s'annonce l'exploration, par-delà son sens kinétique, du sens ontologique de ce couple conceptuel (1046a 1-2) – la forme au datif marquant plus spécifiquement ce sens ontologique.

Λ 2 se donne pour premier objet la *metabolē*. Il en propose une analyse valant pour toutes ses espèces et, en particulier, tant pour le changement substantiel que pour le changement local (1069b 9-14). Mais cette analyse est orientée par le projet annoncé dès la première ligne de Λ 1 : c'est des substances que l'on recherche les principes et les causes. Les substances sensibles ayant pour trait caractéristique le changement (1069b 3), il s'agit, en dégageant les principes de ce dernier, d'identifier ceux de la substance qui en est le sujet. Plus précisément, il s'agit d'identifier les principes communs à toutes les substances sensibles et mobiles, qu'elles soient éternelles ou corruptibles, conformément au programme formulé en Λ 1, 1069a 30-33. Or, c'est l'intervention de la notion de δυνάμει et sa substitution à celle de matière, qui va rendre possible cette unification des principes de la substance sensible.

Au fil de Λ 2, trois formules distinctes des principes du changement vont se succéder : la matière et les contraires (1069b 3-9); l'en-puissance et l'en-acte (b 15-16); la matière, la privation, et la forme (b 33-34). Le texte trouve un parallèle précis dans le livre I de la *Physique*, où trois formules se succèdent également : les contraires et leur sujet (191a 4-5) ; la matière, la forme, et la privation (191a 12-14) ; enfin, la formule selon la puissance et l'acte, *kata tēn dunamin kai tēn energeian*. Cependant, cette dernière est, en *Physique* I, mentionnée comme ayant été traitée ailleurs avec plus de précision (191b 28-29). Elle ressurgit pourtant au terme du livre, à l'occasion d'une critique de la théorie platonicienne de la matière : c'est à tort que Platon identifie la matière au non-être, au mal et à la privation, auxquels s'opposerait « un terme divin, bon, et désirable » (*Phys.* I, 192a 16-17). Pas plus qu'un tel terme ne peut se désirer lui-même, il ne peut être désiré par son contraire, qui tendrait alors à sa propre destruction. Ce qui désire le contraire positif, ce doit donc être la matière, comme distincte de l'un et l'autre contraire. Il faut dès lors la distinguer de la privation : celle-ci est en elle le principe de corruption. En revanche, si on la considère selon la puissance, *kata tēn dunamin*, la matière est inengendrée et incorruptible (*aphtarton kai agenēton*, 192a 27-29). Quant au principe formel, et à la question de son nombre et de sa nature, il appartient à la philosophie première d'en traiter (192a 34-36).

Ces dernières lignes du livre I de la *Physique* éclairent considérablement les chapitres 2, mais aussi 3, de Λ, en ce qu'elles désignent deux modes d'approche distincts des principes matériel et formel. Le point est clairement énoncé en ce qui concerne la forme : les formes périssables sont en effet dites « physiques », et l'étude des autres est renvoyée à la philosophie première. Mais cette distinction vaut aussi pour la matière : de fait, on distingue également entre matière corruptible et matière incorruptible. Or la matière inengendrée et incorruptible est identifiée à la matière considérée *kata dunamin*, soit selon un point de vue qui, sans avoir été explicitement nommé, a cependant été distingué du point de vue physique. De cela on peut conclure que le traitement des principes formel et matériel selon la *dunamis* et l'*energeia*, que la *Physique* ne fait que mentionner tout en le renvoyant à un autre propos, relève de la philosophie première, et permet de considérer ce qui, en la matière comme en la forme, échappe, en même temps qu'au champ de la physique, à celui de la génération et de la corruption [1].

Le fait est que, dans le cours de Λ 2, le couple de l'en-puissance et de l'acte va se substituer à la triade de la matière et des contraires. Ainsi,

1. Sur la restriction des notions de matière et de forme au champ physique et, en particulier, leur absence dans les *Topiques* et les *Analytiques*, voir M. Burnyeat, *A Map* ..., *op. cit.*, p. 97.

le changement n'est plus présenté comme transition de la matière d'un contraire à l'autre, mais comme passage « de l'être en-puissance à l'être en-acte » (1069b 15-16). Or, en traiter ainsi c'est souligner, comme le faisait déjà, contre Platon, la fin de *Physique* I, que, même dans le cas de la génération, la *metabolē* n'a pas pour principe l'absolu non-être, mais l'être en-puissance. Et c'est aussi souligner, cette fois contre les Physiologues, Anaxagore, Empédocle et Anaximandre, ou encore Démocrite (1069b 21-23), que l'en-puissance à son tour est pour un être déterminé (b 28-29).

Mais par-delà cet enjeu polémique, la substitution du couple de l'en-puissance et de l'acte à la triade de la matière et des contraires rend possible une formule du changement qui vaut pour *toutes* les substances mobiles, que celles-ci soient corruptibles ou incorruptibles. En ces dernières, en effet, la matière est soustraite à la génération, (οὐ γενητὴν, 1069b 26). Or, comme le signalait la *Physique*, la matière ainsi considérée est la matière *kata dunamin*. Elle est identifiée au principe du changement, non pas du non-être à l'être, mais d'un lieu à un autre (ποθὲν ποί, b 26). En H 1, il était déjà question d'une matière « topique (τοπικήν) », distincte de la matière soumise à la génération et à la corruption (1042b 5-6). Et en Θ 8, de même, était formulée l'hypothèse d'une matière ποθὲν ποί (1050b 21-22). Or, cette dernière se trouvait à la fois distinguée de la *dunamis haplōs*, comprise comme puissance des contradictoires (la puissance d'être ou de n'être pas), et associée à une *dunamis kata ti*, engageant non pas la possibilité d'être ou de n'être pas, mais celle d'être en tel ou tel lieu (1050b 17-18).

Ainsi conçue, *kata dunamin* ou encore *dunamei*, la matière apparaît donc non plus comme un composant physique mais comme un principe métaphysique, autorisant une pensée unitaire du changement, qui vaut tant pour les sensibles corruptibles que pour les sensibles éternels.

Ce faisant, Λ 2 à la fois s'inscrit dans la continuité de Θ, et marque un progrès par rapport à Θ 8 : de fait, l'*energeia* s'y trouvait attribuée aux sensibles éternels, mais dissociée de la *dunamis*, dès lors que celle-ci était entendue comme puissance de la contradiction, et donnée à ce titre pour définitionnelle des sensibles corruptibles. On découvre à présent que ce n'est pas seulement l'acte, mais aussi l'en-puissance, qui, pourvu qu'on l'entende comme puissance des contraires, admet une extension des sensibles corruptibles aux sensibles éternels.

Λ 3 et la question de la forme séparée

Λ 2 et 3 peuvent, on l'a dit, se lire comme un tout. Ainsi s'explique la toute dernière proposition de Λ 2 qui, après avoir substitué à celle de la matière et des contraires la formule du changement selon l'en-puissance et l'en-acte, réintroduit, d'une façon qui peut paraître curieusement régressive, une autre formule, laquelle fait intervenir la matière, la privation et la forme (1069b 32-34). C'est qu'après la matière, l'examen va désormais porter sur la forme – et, plus précisément, sur la thèse platonicienne selon laquelle il existe des Formes séparées.

Contrairement au précédent, cet examen n'aura de résultat que négatif : là où Λ 2 a établi que la matière pouvait, en tant que *dunamei*, être étendue aux sensibles éternels, Λ 3 va montrer que la forme ne peut être séparée [1]. Mais ce résultat négatif ouvre la voie à Λ 5 et 6 : c'est comme *energeia*, et non comme forme, qu'il faudra concevoir la substance immobile et séparée

Λ 3 a donc pour objet premier d'examiner le bien-fondé des arguments platoniciens en faveur de la séparation de la forme – soit, sa prétention au statut d'*ousia*. La permanence de la forme dans la génération peut être invoquée à l'appui d'une telle thèse. Aussi s'agit-il ici de montrer que cette permanence s'explique sans qu'il soit nécessaire de postuler des Formes séparées. C'est à cet effet que va être mobilisé le principe de synonymie, déjà exposé en Z 7-9.

Mais à cela s'ajoute que la forme, si elle répond bien à ce critère platonicien de l'*ousia* qu'est la permanence, ne remplit pas les critères spécifiquement aristotéliciens. Ici, c'est celui de *tode ti*, de « ceci », qui va être convoqué.

À la suite de la formule conclusive de Λ 2, dont on a dit qu'elle valait bien plutôt introduction à l'objet central de Λ 3, à savoir la forme, le texte s'ouvre sur une nouvelle formule du changement qui, au contraire des précédentes, prend en compte sa cause, ou son « moteur premier » : « Ce par quoi il y a changement, c'est le moteur premier; ce qui change, c'est la matière; ce en quoi la chose change, c'est la forme » (1070a 1-2) [2]. Dans

1. Il s'agit bien là d'un enjeu central, et non, comme l'écrit L. Judson, d'un « subsidiary concern » (*cf.* L. Judson, « Formlessness and the Priority of Form : *Metaphysics* : Z 7-9 and Λ 3 », dans M. Frede et D. Charles, *Aristotle's* Metaphysics Λ..., *op. cit*, p. 111-135 : p. 125).

2. Il faut souligner, comme le fait F. Baghdassarian (*Aristote...*, *op. cit.*, p. 133) que la forme est ici désignée comme le terme du changement, ce qui pointe déjà vers sa redéfinition comme cause finale et comme acte.

un premier temps, il s'agit cependant de souligner que la matière et la forme dernières sont elles-mêmes inengendrées.

L'énoncé du principe de synonymie intervient aussitôt : « Après cela, il faut dire que chaque substance est engendrée à partir d'un être synonyme (les substances naturelles comme les autres choses) » (1070a 4-6), puis de nouveau quelques lignes plus bas : « un homme engendre un homme » (1070a 8)[1]. Michel Crubellier a montré en quoi le rappel de ce principe s'inscrit dans la stratégie anti-platonicienne : les Formes platoniciennes fournissent « une interprétation simple et radicale de la thèse selon laquelle chaque chose est engendrée à partir d'une chose qui porte le même nom »[2]. L'enjeu va consister à établir qu'une telle thèse peut être fondée sans recours aux Formes séparées, et que la synonymie comme la permanence de la forme opèrent entre des réalités concrètes et singulières – ce, dans le cas de la *phusis* comme de la *tekhnē*.

C'est dans cette même stratégie que s'inscrit, aussitôt après, l'énumération des « trois sortes de substance » (1070a 9) : cette dernière est régie, non par ce critère platonicien de l'*ousia* qu'est la permanence, mais par le critère aristotélicien du *tode ti*, ou du ceci[3]. Alors qu'elle était présente dans la formule du changement qui ouvrait le chapitre, la forme, ici, n'est pas nommée. Sont énumérés la matière, qui n'est un *tode ti* qu'en apparence, la *phusis*, qui est à la fois un *tode ti* et une *hexis*, et, enfin, le composé, soit les réalités individuelles, les καθ᾽ἕκαστα comme Socrate et Callias (1070a 9-13). Là où l'on attendrait le terme de « forme », on trouve donc celui de *phusis*, que vient encore qualifier celui d'*hexis*. Or, la *phusis* est précisément une forme réalisée dans une matière, stabilisée comme *hexis* au terme d'un processus. Une telle énumération signale donc déjà que la forme, en tant que telle, ne peut être comptée comme *ousia* et ne peut donc être séparée, au sens où elle n'existe pas hors du composé. En Z 8, c'était déjà l'intervention du critère *tode ti* qui permettait d'établir que la forme n'existe pas en dehors (παρὰ) du composé, ainsi que de rejeter comme superflue l'hypothèse des Formes platoniciennes, puisque, dans le cas au moins des êtres naturels, c'est bien un individu – et un composé

1. Le terme utilisé cette fois est « συνώνυμος » et non plus, comme en Z 9, 1034b 1, « ὁμώνυμος ».

2. M. Crubellier, « What the Form Has to be and What It Needs not be », dans C. Horn (éd.), *Aristotle's* Metaphysics *Lambda…*, *op. cit.*, p. 119-137 : p. 128. Le fait est qu'en Λ 5, 1071a 21, Aristote va donner une formulation platonicienne du principe de synonymie, et pour la contrarier : voir *infra*, p. 177.

3. M. Crubellier (art. cit., p. 127) montre comment la mobilisation de ce critère s'articule à la discussion du principe de synonymie : « *tode ti* » vaut comme une façon de dire le nom partagé par la chose produite et par l'entité qui est la cause de sa génération.

concret – qui en engendre un autre (1033b 20-26). Mais, outre Z 8, il faut ici convoquer également H 1, où se lisait une énumération qui confrontait elle aussi la matière, la forme et le composé aux critères de la substantialité. H 1 faisait intervenir, en plus du critère *tode ti*, le critère *khōriston* [1], dont on a souligné qu'il était également présent en Λ 1 (1069a 24). L'examen établissait que la matière n'est un *tode ti* qu'en-puissance, δυνάμει, la forme, qu'en tant qu'elle est τῷ λόγῳ χωριστόν, et que le composé seul est χωριστὸν ἁπλῶς (H 1, 1042a 27-31).

Comme le critère *khōriston* et même dissocié de lui, le critère de l'individualité conduit donc à ne compter comme *ousia* que le composé de matière et de forme [2].

Aussi la question se pose-t-elle de savoir s'il peut y avoir *tode ti* hors du composé (1070a 13-14). On va, pour y répondre, distinguer le cas de la *phusis* de celui de la *tekhnē* : dans le cas de l'art, il peut y avoir forme sans matière, mais la forme ainsi considérée n'est autre que la *tekhnē* elle-même, c'est-à-dire en fait la forme telle que conçue et visée par l'artisan (1070a 15). Dans le cas de la *phusis*, le principe de synonymie, la permanence d'une même forme transmise d'un individu à un autre, peuvent expliquer que l'on soit conduit, comme l'a fait Platon, à poser qu'il existe des formes distinctes des substances naturelles. Mais on ne peut conclure de là ni à leur séparation ni à leur caractère de *tode ti* et d'*ousia*.

Cela supposerait que ces formes existent hors et indépendamment des composés, et qu'elles soient capables en particulier de leur préexister comme, peut-être, de leur survivre. Or en vérité, l'existence de la cause formelle est simultanée à celle du composé (1070a 21-22). Certes la santé est distincte du sain, et la sphéricité de la sphère de bronze, mais santé et sphéricité ne trouvent d'existence pleine, c'est-à-dire n'existent comme *ousiai*, qu'instanciées dans le patient guéri, le globe achevé (22-24). Plus précisément, la forme ne peut être distinguée de l'individu concret qu'en tant qu'elle est, non pas séparée, mais transmise ou visée par un autre individu concret : soit, la cause motrice mentionnée au début du chapitre. Dans le cas des êtres naturels, la forme est transmise par le générateur – comme l'énonce le principe de synonymie, de nouveau formulé en 1070a 27-28, « un homme engendre un homme ». Dans celui des artefacts, elle

1. Sur l'articulation entre ces deux critères, voir *supra*, chap. III, n. 3, p. 82.

2. Il faut dès lors souligner que l'argument n'est pas, comme le formule L. Judson (art. cit., p. 130) : être un *tode ti* suffit à être *ousia*, matière et forme sont des *tode ti* et donc des substances, mais bien plutôt : matière et forme ne sont substances qu'en tant que ce sont des *tode ti*, c'est-à-dire en tant que, précisément, elles ne sont pas prises en elles-mêmes.

n'est autre que la *tekhnē* elle-même, c'est-à-dire à la fois une disposition acquise (une *hexis*), et le but par elle visé (le médecin transmet la forme de la santé non en tant qu'il est lui-même sain, mais en tant qu'il pose cette forme comme fin et a acquis la compétence requise pour l'atteindre) [1]. Aussi est-ce la cause motrice, et non une hypothétique Forme séparée, qui peut être dite antérieure au composé (1070a 21). La conclusion est claire : on n'a pas besoin d'Idées (1070a 26-27) – soit de Formes existant hors et indépendamment des composés et comme la cause même de leur existence.

Au terme de l'ensemble formé par Λ 2 et 3, on est donc en possession d'un résultat positif : la matière, conçue *kata dunamei*, peut être étendue des sensibles corruptibles aux sensibles éternels; mais aussi d'un résultat négatif : la forme ne peut être séparée. Chacun de ces résultats apporte déjà des éléments de réponse aux questions directrices posées en Λ 1 : la possibilité, ou non, d'unifier les principes de la substance; la nature du séparé. Un terme manque encore : celui d'*energeia*, en quoi résidera la réponse définitive à ces deux questions.

Λ 4 : éléments et principes

Comme Λ 2 et 3, Λ 4 et 5 forment une unité. La notion d'analogie qui présidera en Λ 5 à l'unification des principes de la substance, est ainsi présente dès les premières lignes de Λ 4 (« Les causes et les principes de choses différentes sont différents, en un sens, mais en un autre sens, si on parle en général et par analogie (κατ'ἀναλογίαν), ils sont les mêmes pour toutes choses », 1070a 31-33). C'est en effet à Λ 4 qu'il revient de poser les bases d'une telle unification analogique. Car cette dernière suppose que soit approfondie une réflexion, déjà amorcée en Λ 1, sur la notion même de principe et, plus précisément, sur ce qui la distingue de celle d'élément [2]. La grande opposition dressée en Λ 1 entre les Physiologues et les Platoniciens continue elle aussi d'opérer : ici, ce sont, comme en Λ 2, les Physiologues qui sont visés au premier chef [3] ; c'est en effet contre

1. Voir sur ce point le commentaire de F. Baghdassarian, *Aristote...*, *op. cit.*, p. 154-155.

2. Il faut souligner, avec M. Crubellier, que le terme d'élément n'appartient pas à la philosophie première (« *Metaphysics* Λ 4 », dans M. Frede et D. Charles (éd.), *Aristotle's* Metaphysics Λ..., *op. cit.*, p. 137-160 : p. 142).

3. Et non, comme le lit M. Crubellier, (art. cit. *supra*, p. 143), suivi par F. Baghdassarian (*Aristote...*, *op. cit.*, p. 163), les Platoniciens, ce qui n'exclut pas qu'une partie de cette critique (1070b 7, dont le texte est au demeurant discuté) vise secondairement l'usage platonicien de la notion d'élément appliquée aux intelligibles.

eux qu'il va falloir établir l'irréductibilité du principe à l'élément matériel. En Λ 1, le terme de *stoikheion* leur était déjà associé, à l'occasion d'une variation sur la formule liminaire du livre qui annonçait une recherche sur « les principes (αἱ ἀρχαὶ) et les causes (τὰ αἴτια) des substance » (1069a 18). Un peu plus bas, en 1069a 26, on lisait que « les anciens philosophes » recherchent, eux, « les principes, *les éléments* (στοιχεῖα) et les causes » de la substance. Une telle variation sur la formule qui annonce le projet même de *Lambda* ne peut être anodine, mais donne déjà une indication sur ce qui va être en jeu dans la critique des Physiologues : est-ce la même chose d'enquêter sur « les principes et les causes » et d'enquêter sur « les principes, les éléments et les causes » ? À cela s'ajoute que, on l'a vu, les Physiologues sont explicitement critiqués en A 988b 22-32, pour avoir posé, pour seuls principes et seules causes, « les éléments matériels des corps (τῶν σωμάτων τὰ στοιχεῖα, b 24-25) » et pour avoir fondé sur eux leur conception unitaire de l'univers.

Comme à Λ 1, Λ 4 se rattache aussi à Λ 2, qui, interrogeant centralement la notion de matière, se confrontait déjà aux Physiologues. Est ainsi rappelée, en 1070b 11-13, la triplicité principielle qui avait été isolée en 1069b 33-34 : matière / forme / privation. C'est ce rappel qui va présider à la transition de la notion d'élément à celle de principe. On va en effet manifester l'équivalence entre les éléments des corps sensibles, ainsi que les éléments eux-mêmes conçus comme des qualités sensibles, et les trois principes déjà dégagés : le chaud correspond à la forme, le froid à la privation, et la matière est ce qui est en-puissance chaud ou froid. Ce que, par là, on met en évidence, c'est que des réalités matérielles distinctes peuvent avoir à la fois des éléments distincts *et* des principes identiques. Il est certain que la couleur, par exemple, n'est pas matériellement constituée de chaud et de froid; on peut néanmoins, dans son cas aussi, distinguer ce qui relève de la forme (le blanc), de la privation (le noir), et de la matière (la surface). La notion de principe excède ainsi celle d'élément, comprise au sens de constituant matériel, et permet de rendre compte en termes identiques de réalités distinctes et diversement constituées : elle indique précisément – et c'est en ce sens qu'il faut entendre que les principes sont les mêmes *par analogie* (τῷ ἀνάλογον, 1070b 17-18) – entre ces différents constituants, des rapports égaux et qui, ainsi compris, permettent aussi de rendre compte de leur essence (la forme), comme de leur mouvement (de la matière vers la forme *via* la privation).

Mais la notion de principe ajoute encore à celle d'élément la prise en compte des causes non pas seulement immanentes, mais extérieures, et en particulier de la cause motrice (1070b 25) [1].

Ce sont, cette fois, les résultats de Λ 3 et la critique adressée à la théorie platonicienne des Idées, qui sont ici intégrés (le principe de synonymie est une nouvelle fois énoncé en 1070b 34). Et de fait on arrive à une formule qui, si elle ne vient pas clore le chapitre, n'en a pas moins valeur conclusive : « Il est évident que principe et élément sont deux choses différentes, que les deux sont causes, que le principe se divise entre ces causes et que la cause du mouvement et du repos est un certain principe » (1070b 23-25). Cette formule opère tant contre les Physiologues que contre les Platoniciens. En redistribuant les trois termes qui, en Λ 1, étaient encore associés, principe, élément et cause, elle pointe les faiblesses respectives de chacun de ces adversaires : pour les Physiologues, la confusion entre principe et élément; pour les Platoniciens, la distinction entre principe et cause, et, particulièrement, l'incapacité à penser les Idées comme des causes motrices. Contre les premiers, il s'agit de dégager des principes immanents non réductibles aux éléments matériels, et qui à ce titre peuvent être posés comme identiques par analogie en des réalités différentes; contre les seconds, il s'agit d'identifier un principe cette fois transitif et qui agisse comme cause.

Au dénombrement des principes et des causes qui vient clore le chapitre, s'ajoute ainsi la mention de « ce qui, comme premier de tous, meut toutes choses » (1070 b 34-35) – soit la première désignation en *Lambda* du Premier Moteur. Celle-ci ouvre à une enquête qui, dans la continuité de celles qui ont déjà été menées, va élucider la nature de ce principe, celle de sa causalité, mais aussi la question de savoir si, en plus d'être principe, il a lui-même un ou des principes communs avec ce dont il est principe.

Λ 5 : l'unité des principes de la substance et la nature du séparé

Le chapitre 5 du livre *Lambda* constitue un véritable pivot, non au sens où, comme le veut la lecture traditionnelle, il viendrait clore une hypothétique première partie, ou un traité des substances sensibles, pour introduire à une seconde partie, ou un traité de la substance séparée, mais parce que, à l'inverse, il énonce le principe de leur continuité. C'est donc

1. Rappelons qu'au livre Δ le terme « principe » est défini comme admettant autant de sens que celui de « cause » et comme ayant une plus large extension que celui d'« élément » en ce qu'il ne se réduit pas aux seuls constituants immanents (Δ 1, 1013a 16-21).

en Λ 5 qu'il faut chercher la clef de l'unité du livre *Lambda* et à travers lui, de la métaphysique comprise, selon la définition en creux suggérée par Λ 1, comme science distincte tant de la physique que de la théologie, mais également, et cette fois contre sa compréhension onto-théologique, comme science non scissionnable entre la science de l'être commun et la science de l'être premier – soit, cette fois, entre l'ontologie et la théologie. Λ 5 apporte en effet des réponses à deux des questions fondamentales de Λ 1, à savoir, celle de la nature du séparé, et celle de l'unité des principes de la substance sensible. Ces réponses sont rendues possibles par les résultats, tant positifs que négatifs, des enquêtes menées en Λ 2 à 4 : l'extension de la *dunamis* aux sensibles éternels (Λ 2) ; l'exclusion des Formes séparées (Λ 3) ; la distinction entre principe et élément (Λ 4). Et elles ont également en commun un même terme : celui d'*energeia*. Λ 5 énonce en effet à la fois que *dunamis* et *energeia* sont les principes communs à toutes les substances par analogie (1071a 4-5), et que le séparé doit être conçu comme *energeia* et non comme forme (1071a 8-9). À partir de là, il reviendra aux chapitres suivants, Λ 6 à 10, d'élucider la nature de la substance séparée comprise comme *ousia energeia*, en tant qu'à la fois elle *est* principe *et* cause pour les autres substances, et elle *a* un ou des principe(s) commun(s) avec celles-ci – élucidation qui, ultimement, revient à un approfondissement de la notion d'analogie.

C'est précisément sur la notion de séparation que s'ouvre Λ 5 : « Puisque certaines choses sont séparées, tandis que d'autres ne sont pas séparées, ce sont les premières qui sont substances » (1070b 36-71a 1). La séparation est ici convoquée, ainsi que c'était déjà le cas en Λ 1, 1069a 24, comme un critère de la substantialité, soit selon la signification mise en œuvre dans les livres ZH et qui substitue à l'idée platonicienne d'existence hors des sensibles celle de capacité d'existence indépendante. Ce critère permet de rappeler le primat de la substance sur les autres catégories, également posé en Λ 1, et par là d'affirmer que les causes de la substance le sont aussi de celles-ci.

Au terme de cause (*aitia*), on va alors substituer celui de principe (*arkhē*), pour déclarer que « c'est d'une autre manière encore que les principes sont les mêmes par analogie, à savoir l'acte et l'en-puissance » (1071a 3-5) [1].

1. « ἔτι δ'ἄλλον τρόπον τῷ ἀνάλογον ἀρχαὶ αἱ αὐταί οἷον ἐνέργεια καὶ δύναμις ». Soulignons qu'il ne s'agit pas seulement d'affirmer ici que tous les principes peuvent se dire selon l'acte et l'en-puissance, soit d'une simple considération « métalinguistique », comme le comprend S. Fazzo (*Commento* ..., *op. cit.*, p. 137), suivie par F. Bagdhassarian (*Aristote*..., *op. cit.*, p. 183), mais bien de poser que en-puissance et acte sont eux-mêmes principes, ce qui va de pair avec leur compréhension ontologique, laquelle les définit comme un sens de l'être, et non pas simplement comme une autre façon de dire la matière et la forme.

On pourrait ne voir là qu'une variation sur la formule de Λ 4, selon laquelle toutes choses ont par analogie les mêmes principes, la matière, la privation, et la forme (1070b 17-19). Aussi bien, et toujours comme au chapitre précédent, les limites d'une telle unité principielle - celles-là même que dit la notion d'analogie - vont être soulignées : elles sont même plus importantes pour l'analogie selon l'en-puissance et l'acte que pour celle selon la matière et la forme, car si celle-ci impliquait des différences entre les différents genres, celle-là inclut aussi les différences entre individus.

Mais cette distinction se marque plus encore dans une proposition qui, tout en associant le couple de l'en-puissance et l'acte à celui de la matière et de la forme, énonce, non une équivalence, mais les règles d'une substitution :

> En effet, sont en acte la forme, si elle est séparée (ἐνεργείᾳ μὲν γὰρ τὸ εἶδος ἐὰν ᾖ χωριστόν) [1], tout comme le composé, et la privation (par exemple l'obscurité ou la maladie), tandis que la matière est en-puissance, car elle est ce qui est capable de devenir les deux contraires (1071a 8-11).

C'est ici, comme déjà en Λ 2, sous leur forme au datif (δυνάμει/ἐνεργείᾳ) qu'interviennent les termes *dunamis* et *energeia*, soit sous la forme qui indique spécifiquement leur signification ontologique. L'en-acte et l'en-puissance sont ainsi désignés comme des manières d'être de la forme, de la matière et, également, de la privation. Mais ce n'est pas tout. La forme est dite exister en acte, « si elle est séparée ». Le terme χωριστόν, utilisé plus haut comme critère distinctif de la substance, est encore employé sans qualificatif : la forme n'est pas seulement dite, comme c'était le cas en H 1, τῷ λόγῳ χωριστόν (1042a 27-31). On peut dès lors juger que par « séparée », il faut bien entendre la séparation ontologique, et non pas simplement logique, soit la capacité d'existence indépendante. L'acte vient donc dire ici la forme en tant qu'elle est capable *par elle-même, et non pas seulement dans son articulation à la matière*, d'une existence indépendante. C'est là une grande nouveauté par rapport à ZH, où l'acte venait nommer le composé comme *ousia malista*, comme seul capable, donc, au contraire de la forme et de la matière prises par elles-mêmes,

1. Contrairement à Alan Code, qui considère que cette proposition n'a aucun sens sauf, éventuellement, à s'appliquer aux Formes platoniciennes, et propose de ce fait d'émender le ἐὰν en un κἄν pour traduire : « la forme est en acte, *même si* elle est séparable » (« Some remarks on *Metaphysics* Λ 5 », dans M. Frede et D. Charles (éd.), *Aristotle's* Metaphysics *Lambda...*, *op. cit.*, p. 161-179 : 169-170), il nous semble que cette formule est, non seulement intelligible telle qu'elle est, mais déterminante, dès lors qu'elle énonce clairement la différence essentielle entre l'acte et la forme, soit la séparation entendue comme capacité d'existence indépendante.

d'une existence indépendante. Loin d'en être un simple équivalent, *l'acte dit la forme en tant qu'elle subsiste*.

La notion d'acte revêt donc en ces lignes le sens ontologique déjà dégagé en Θ. En revanche, elle n'a pas le sens axiologique dont l'avait chargée Θ 8 en établissant son équivalence avec les notions de *telos* et d'*ergon*. Comme en Θ 9, elle s'applique aussi à la privation, soit au contraire négatif dont la matière, comme de la forme, peut-être dite en-puissance. Appliquée à la privation, la notion d'acte dit là encore, et paradoxalement, le mode d'être de ce non-être. Quant à la notion d'en-puissance, elle dit le mode d'être de la matière en tant que celle-ci est précisément capable d'un double devenir – vers la forme, ou vers la privation.

Aux notions de matière et de forme, celles d'en-puissance et d'acte apportent ainsi un supplément ontologique. Elles ont aussi ceci de propre qu'elles peuvent se dire, souligne Aristote, d'êtres dont la matière et la forme n'est pas la même (1071a 11-17). Il ne s'agit pas seulement ici d'illustrer, comme on l'a fait plus haut, la notion d'analogie, en marquant que le rapport peut être égal entre des matières et des formes distinctes, mais plutôt de marquer que les notions d'en-puissance et d'acte s'appliquent non seulement au sein d'une même substance, mais *à des substances distinctes*, et, plus particulièrement, à des substances dont l'une est la cause et l'autre l'effet (on verra plus tard, mais Θ 8 nous l'a déjà appris, qu'elles indiquent aussi, de l'une à l'autre, un rapport spécifique de causalité, soit la causalité finale).

La suite du texte (1071a 17-29) vient expliciter la remarque, formulée en 1071a 5-6, selon laquelle les notions d'en-puissance et d'acte sont des « principes différents pour des choses différentes et sont principes de différentes manières ». Ainsi, un individu donné a pour causes prochaines un individu en-acte (le géniteur, qui est aussi sa cause efficiente) et un individu en-puissance (la semence, qui est sa cause matérielle). Autrement dit, il n'a pas pour cause la forme et la matière de l'homme en général (non plus qu'une Forme de l'Homme), mais un composé individuel de forme et de matière, que vient précisément nommer la notion d'acte (ἐνεργειᾳ πρῶτον τοδὶ, 1071a 19). Cette dernière dit donc, outre la séparation, ce trait caractéristique de la substantialité que Λ 3 opposait à la théorie platonicienne des Formes séparées : l'individualité. Mais ce faisant, le passage reprend aussi l'une des formules du partage opéré en Λ 1 entre les Physiologues et les Platoniciens, et qui opposait, on s'en souvient, les καθ΄ἕκαστα et le καθόλου (ce dernier étant également associé au *logikōs*[1]). Contre les Platoniciens, et avec les Physiologues, on souligne que sont substances, mais aussi causes des substances, les réalités individuelles, et non l'universel. Ce qu'on pourrait appeler la variante platonicienne du principe de synonymie est dès lors niée : ce n'est pas un homme en général qui est principe d'un homme en général, mais Pélée qui est principe d'Achille (1071a 21-22).

Les dernières lignes de Λ 5 apportent une première réponse à la question de l'unification des principes de la substance. Trois types d'unité sont successivement indiqués qui, cependant, se conjuguent :

– tout d'abord, une unité de type focal qui repose sur le primat de la substance sur les autres catégories, laquelle a pour effet que les causes de la substance le sont aussi de toutes choses (1071a 34-35) ;

– ensuite, l'unité de type analogique qui a constitué le principal objet de Λ 4 et 5, et en vertu de laquelle tous les êtres, quoique constitués d'éléments différents, ont néanmoins les mêmes principes, à savoir la matière, la forme, la privation, et la cause motrice (1071a 33-34) ;

– enfin, une unité causale directe, ou transitive, en vertu de laquelle toutes choses ont pour cause « ce qui est premier en entéléchie (ἔτι τὸ πρῶτον ἐντελεχείᾳ) » (1071a 36).

Cette énumération, on le voit, mêle principes transitifs et principes immanents. Si elle reprend les catégories de matière et de forme, et non celles de *dunamis* et d'*energeia* que les développements précédents leur ont pourtant substituées, elle fait cependant intervenir la notion d'*entelekheia*, et pour l'appliquer à la cause première. Celle-ci n'est plus mentionnée seulement, comme c'était le cas à la fin de Λ 4, comme « ce qui, comme premier de tous, meut toutes choses » (1070b 34-35), mais comme « ce qui est premier en entéléchie ». L'acte, désigné cette fois du terme d'*entelekheia* et non plus d'*energeia*, pris, donc, en son sens normatif et axiologique, et non plus seulement ontologique, apparaît dès lors comme la notion adéquate à la désignation de la cause première. Se trouve ainsi suggérée la possibilité de son extension, qu'accomplira la suite de Λ, depuis les substances mobiles corruptibles et éternelles, jusqu'à la substance immobile – et, de ce fait, la possibilité de dégager un principe commun non seulement aux substances sensibles en leur entier, mais aux substances sensibles *et* à la substance séparée.

1. *Cf.* ici en 1071a 29 « τῷ καθόλου δὲ λόγῳ ».

L'*OUSIA ENERGEIA* ET L'UNIFICATION DE L'OUSIOLOGIE (Λ 6-10)

*Λ 6. L'*ousia energeia *comme principe du mouvement éternel*

Dès la première ligne de Λ 6, la substance immobile et éternelle est désignée comme l'objet de la recherche. On reprend ainsi la typologie de Λ 1, mais pour réduire la triplicité qui y était énoncée à une dichotomie entre les substances muables (ici qualifiées de « φυσικαὶ », 1071b 3), et la substance immobile. On peut voir dans cette réduction l'intégration des résultats de Λ 5 qui, unifiant sous les notions de *dunamis* et d'*energeia* les principes des substances sensibles, autorisent à regrouper celles-ci sous un seul et même type. Le partage ici opéré souligne en même temps l'enjeu, et la difficulté, du travail qu'il reste à mener : comment unifier les principes de ces substances et ceux de la substance immobile et séparée ? Cette question est cependant différée : avant d'identifier les principes d'une telle substance, et de juger s'ils sont ou non les mêmes que ceux des substances mobiles, il faut démontrer son existence.

Celle-ci va être établie au moyen d'une démarche régressive. Mais, de façon surprenante pour un moderne, on ne va pas partir de l'existence des substances mobiles et composées, et, à ce titre, contingentes, mais du mouvement, en tant qu'il est éternel. La substance simple et nécessaire n'est pas requise pour rendre compte des substances qui, en tant qu'elles sont mêlées d'acte et d'en-puissance, peuvent être ou n'être pas, mais pour rendre compte du mouvement en tant qu'il ne peut pas ne pas être. La question première, pour Aristote, n'est pas « pourquoi l'être ? », mais « pourquoi le mouvement ? » ou, plus précisément, « pourquoi toujours le mouvement » ?

Là où la théologie de la toute-puissance vient en réponse à la question du surgissement de l'être [1], la théologie de l'acte pur vient en effet en réponse à la question de l'éternité du mouvement. Le dieu d'Aristote vient ainsi rendre raison du plus manifeste, du plus évident. Il n'est pas le fond, ou le sans-fond, du mystère de l'être, plus mystérieux que l'être qu'il vient expliquer, mais la raison du phénomène le plus immédiat, le plus apparent. Le mouvement, en effet, est le donné premier; tous les philosophes qui ont discouru sur la nature ont reconnu son existence (*Phys.* VIII, 1, 250b 16-17; 3, 253b 2). Cependant, parmi les différentes espèces de mouvement, la priorité revient au mouvement local (*Phys.* VIII, 7, 260b 6-7). Celui-ci est antérieur même à la *genesis* : « Il est impossible que la génération soit première » (261a 8-9). La génération n'est première

1. Voir *Genèse du Dieu souverain*, *op. cit.*, particulièrement p. 169-174 et p. 186-189.

que dans l'ordre de l'individu, puisque celui-ci doit, avant de se mouvoir, exister. Mais pour qu'il soit venu à l'être il faut que lui ait préexisté un autre être qui ait été en mouvement, et de même pour ce dernier. Ainsi, ce n'est pas le mouvement qui vient à l'être, mais le venir à l'être qui suppose un mouvement et un être antécédents. Comme le souligne le *De Generatione* :

> Il est beaucoup plus raisonnable que ce qui est soit une cause de génération pour ce qui n'est pas, plutôt que ce qui n'est pas, pour ce qui est. Or ce qui est mû existe, tandis que ce qui est engendré n'existe pas ; aussi le mouvement est-il antérieur à la génération (336a 20-23).

Si le texte de *Métaphysique* Λ 6 se contente de poser l'éternité du mouvement, celui de *Physique* VIII la démontre : la génération présuppose le mouvement, mais celui-ci à son tour n'est pas engendré. Il n'y a pas de premier instant du mouvement [1]. Le mouvement ne peut pas ne pas avoir toujours été. On l'a en effet défini comme l'entéléchie du mobile en tant que tel : il présuppose donc l'existence de choses susceptibles d'être mues. Or ces choses ont elles-mêmes dû venir à l'existence sous l'effet d'un mouvement. Le mouvement, donc, en tant qu'il suppose un être mobile, suppose un autre mouvement par lequel cet être a commencé à être. Et si l'on objecte que de tels êtres ont eux-mêmes été de tout temps, alors il faut admettre que c'est aussi le cas du mouvement, car il n'y a pas de sens à poser un moteur et un mobile sans que se produise un mouvement effectif (*Phys.* VIII, 1, 251a 5-b 10).

Ce mouvement éternel est aussi considéré comme un mouvement continu : autrement dit, il ne s'agit pas du mouvement considéré comme propriété commune d'un certain type de substance, mais bien du mouvement d'une seule et même substance, ou d'un seul et même mobile. Là encore, le point est plus précisément établi dans la *Physique* : unité et continuité sont présentées comme se co-impliquant ; pour qu'un mouvement soit un, il faut qu'il soit continu, et pour qu'il soit continu, il faut qu'il soit un (*Phys.* V, 4, 228a 21-22). Cela suppose qu'il soit le mouvement d'un seul et même mobile, se déroulant sans interruption, et de façon uniforme [2]. Or, un tel mouvement doit être le mouvement spatial, et circulaire (Λ 6, 1071b 10-11). Cette proposition est démontrée

1. Sur les paradoxes associés à l'idée d'un premier instant du mouvement, voir *Phys.* VI, 5, 236a 7-27, ainsi que R. Sorabji, « Aristotle on the Instant of Change » dans J. Barnes, M. Schofield, R. Sorabji (éd.), *Articles on Aristotle*, t. III, *Metaphysics*, Londres, Duckworth, 1979, p. 159-77.

2. Voir aussi *Phys.* VIII, 6, 259a 14-21.

en *Physique* VIII : seul le mouvement circulaire est à la fois uniforme et continu, puisque son point d'arrivée est aussi son point de départ (8, 264b 9-265a 10).

Si le texte de la *Métaphysique* paraît, pour la position de l'éternité du mouvement et l'identification de la nature d'un tel mouvement éternel, largement tributaire de celui de la *Physique*, il s'en écarte en revanche de façon décisive en ce qui concerne la détermination de son principe. Λ 6 établit en effet que le principe d'un tel mouvement doit être, non pas puissance, mais acte. On a déjà vu plus haut[1] quelle insistance Aristote mettait ici à souligner, comme au livre A, l'originalité d'une telle pensée du principe. L'argument opère de façon régressive, établissant successivement que le principe du mouvement éternel ne peut être conçu comme une puissance (*dunamis*), ni même comme une puissance active ou agissante, mais comme tel que sa substance même soit acte, ἡ οὐσία ἐνέργεια (Λ 6, 1071b 20). Ses étapes, rappelons-le, sont les suivantes :

– il ne suffit pas, pour rendre compte du mouvement, de poser une capacité motrice ou efficiente (κινητικὸν ἤ ποιητικόν) si celle-ci n'agit pas (μὴ ἐνεργοῦν, 1071b 12) ; car il est possible d'avoir une puissance sans agir (ἐνδέχεται γὰρ τὸ δύναμιν ἔχον μὴ ἐνεργεῖν, b 13-14) ;

– cependant, à supposer même que le principe agisse (εἰ ἐνεργήσει), on ne pourra pas rendre compte du mouvement éternel si son *ousia* est *dunamis* (b 18). En effet, si ce qui *a* une puissance peut ne pas agir, ce qui *est* en-puissance peut ne pas être (ἐνδέχεται γὰρ τὸ δυνάμει ὄν μὴ εἶναι (b 19)).

– il faut donc qu'il y ait un principe tel que son *ousia* même soit acte, ἡ οὐσία ἐνέργεια (b 20).

Ainsi menée, la démonstration repose tout entière sur le sens ontologique de l'en-puissance et de l'acte dégagé en Θ, et déjà mobilisé en Λ 2 et 5. Plus encore, elle met en œuvre la transition même du sens kinétique au sens ontologique de la *dunamis* et de l'*energeia* qu'a opérée Θ. L'argument selon lequel le principe, s'il n'est conçu que comme puissance, peut ne pas agir, et donc ne pas avoir d'effet, dès lors que « ce qui a une puissance peut ne pas agir » (1071b 13-14) présuppose tout d'abord la distinction, que Θ 3 opposait aux Mégariques, entre la puissance et son effectuation. Mais, dans un deuxième moment, est ensuite mobilisée la distinction entre « avoir une puissance » et « être en-puissance », soit la distinction entre la *dunamis* kinétique et la *dunamis* ontologique, ou encore, entre la puissance comme principe de mouvement et l'en-puissance comme mode

1. Chap. I, p. 46 *sq*.

d'être caractérisé par la capacité d'être comme de n'être pas. L'hypothèse est en effet formulée d'un principe dont l'*ousia* même serait *dunamis*. Cette hypothèse est rejetée sur la base de l'idée selon laquelle, non plus « ce qui a une puissance peut ne pas agir (ἐνδέχεται γὰρ *τὸ δύναμιν ἔχον* μὴ ἐνεργεῖν) » (1071b 13-14)· mais « ce qui est en-puissance peut ne pas être (ἐνδέχεται γὰρ *τὸ δυνάμει ὄν* μὴ εἶναι) » (1071b 19). Le parallèle entre ces deux formules est frappant. Mais une progression se marque aussi de la première à la seconde : on passe de « ce qui *a* la puissance » à « ce qui *est* en-puissance », et de ce qui « peut ne pas *agir* » à ce qui « peut ne pas *être* ». La puissance se trouve ainsi désignée, non plus seulement comme un principe d'action mais comme un mode d'être, et distinguée non plus seulement de son effectuation mais de son actualisation.

La même transition du sens kinétique au sens ontologique opère pour l'*energeia* : lorsque le terme apparaît, c'est d'emblée avec son sens ontologique, pour désigner le mode d'être de l'*ousia* (ἡ οὐσία ἐνέργεια 1071b 20). De 1071b 12-20 jusqu'à cet énoncé, on trouve seulement différentes formes conjuguées du verbe ἐνεργεῖν[1]. Comme de l'en-puissance à la puissance, la transition s'effectue ainsi de l'action à l'acte : le principe du mouvement éternel doit être conçu non seulement comme une puissance toujours active, et agissante, mais comme un acte[2]. Et les

1. ἐνεργοῦν, 1071b 12; ἐνεργεῖν, b 14; ἐνεργήσει, b 17; b 18. Notons que les traductions ne font pas toujours justice à ces nuances déterminantes : Duminil-Jaulin rendent ainsi les différentes formes du verbe ἐνεργεῖν par « actualiser », et Tricot par « passer à l'acte », alors qu'il s'agit dans ces occurrences simplement d'« agir », d'exercer la puissance qu'on a et non pas d'actualiser l'en-puissance qu'on est. De la même façon, Tredennick traduit univoquement « *dunamis* » par « potentiality », sans distinguer entre ce qui a une puissance, τὸ δύναμιν ἔχον, et ce qui est en-puissance, τὸ δυνάμει ὄν. F. Baghdassarian traduit bien le « ἐνεργοῦν » de 1071b 12 par « être en activité », mais rend le « ἐνεργεῖν » de b 14 par « actualiser »

2. La désignation du Premier Moteur comme acte pur a été remise en cause par S. Fazzo sur la base d'un argument textuel (cf. *Commento…*, *op. cit.*, p. 55-59, 294-295 et 316, ainsi que « Unmoved Mover as a Pure Act or Unmoved Mover in Act? The Mystery of a Subscript Iota », dans C. Horn (éd.), *Aristotle's…*, *op. cit.*, p. 181-205). Fazzo édite en effet le « ἐνέργεια » de 1071b 22 avec un iota souscrit, soit sous la forme au datif, et considère que cette forme doit être traduite, non pas par « en acte », mais par « en activité ». Elle en conclut que le Premier Moteur « n'est pas en acte, mais agit » (« the Mover itself is not an *act* : it acts », art. cit., p. 184). Sans interroger en tant que telle la distinction entre *energeia* kinétique et *energeia* ontologique, l'argument postule ainsi que la forme au datif est la marque du sens kinétique. Quant à la forme au nominatif, S. Fazzo la considère comme un simple équivalent de la notion d'*eidos*. Ultimement, elle voit dans la notion d'acte pur, comme dans celle de forme pure, une construction interprétative, qui trouverait sa source chez Plotin, et dans la désignation, en 39 (VI, 8) 16, de l'Intellect à la fois comme ἐνέργημα (l. 17) et comme ἐπέκεινα οὐσίας (l. 34) (art. cit., p. 200-201). Là encore, l'affirmation surprend : elle ne tient pas compte de la distinction plotinienne entre le Bien et l'Intellect; dans le *Traité 39*, le

caractéristiques de celui-ci se déduisent, *a contrario*, de celles que b 19 associait à l'en-puissance : si celle-ci « peut ne pas être », l'acte, lui, doit ne pas pouvoir ne pas être. L'argument ne se soutient là encore que du sens ontologique de l'*energeia* compris comme mode d'être soustrait à la possibilité du non-être.

À terme se trouve donc posé comme la condition du mouvement éternel un être dont l'*ousia* est *energeia*. Mais dire ceci, c'est dire aussi, comme le soulignaient les deux moments successifs de la démonstration, que de cette substance est exclue *toute forme de puissance : tant la puissance active, que l'en-puissance*. Ainsi – et il faut encore une fois souligner la force, et le paradoxe, d'une telle thèse : *la condition même de l'efficacité du principe réside dans son absence de puissance*. C'est parce qu'il est, non pas tout-puissant, ni même pleinement actif, mais bien purement acte, que le premier moteur a des effets et même, est maximalement efficace puisqu'il est le principe du mouvement éternel.

Le caractère contre-intuitif d'une telle proposition est d'ailleurs aussitôt souligné par Aristote lui-même : « Il y a pourtant une difficulté (Καίτοι ἀπορία) » (1071b 22-23) : on tend en effet à penser que tout ce qui agit a une puissance (τὸ μὲν ἐνεργοῦν πᾶν δύνασθαι), tandis que tout ce qui a une puissance n'agit pas (τὸ δὲ δυνάμενον οὐ πᾶν ἐνεργεῖν), de sorte que la puissance serait première (b 23-24). Mais à cette objection, qui postule l'antériorité de la puissance sur l'acte, il faut répondre que « s'il en est ainsi, il n'y aura aucun être : car il est possible de pouvoir être sans être encore » (ἐνδέχεται γὰρ δύνασθαι μὲν εἶναι μήπω δ' εἶναι, b 25-26). Comme dans le passage qui précède, l'objection, puis la réponse que lui apporte Aristote, mobilisent deux sens distincts de la *dunamis* : l'objection repose sur son sens kinétique, et la corrèle à l'action, la réponse sur son sens ontologique, et la corrèle à l'être. La démonstration, tant de son moment thétique, que dans ces lignes polémiques, met donc à chaque fois en jeu la transition du sens kinétique au sens ontologique du couple *dunamis-energeia* opérée en Θ. Plus encore, le contre-argument apporté ici par Aristote revient à opposer, implicitement, l'antériorité de l'acte

terme ἐνέργημα est appliqué à l'Intellect, mais la formule ἐπέκεινα οὐσίας, comme ailleurs (cf. *infra*, p. 238-241 ; p. 260), à l'Un-Bien; enfin, on le verra, le Bien plotinien n'est pas pensé comme acte, mais comme puissance. Il est donc impossible de voir dans la doctrine plotinienne de l'Un-Bien la source d'une théorie de l'acte pur qui, à l'inverse, est centrale chez Aristote, et, de surcroît, est, non pas contredite, mais à l'inverse marquée par l'usage au datif du terme ἐνέργεια, lequel indique spécifiquement son sens ontologique.

démontrée en Θ 8 à la thèse de l'antériorité de la puissance qu'il attribue, elle explicitement, à ses objecteurs [1].

Que le principe (ou les principes) du mouvement éternel soit acte se trouve encore déduit de deux propriétés nécessaires : l'éternité, et l'immatérialité (1071b 21-22). On vérifie donc également l'énoncé de Λ 5 : l'acte vient nommer, non pas seulement (et comme Θ 8 l'établissait) le mode d'être du nécessaire et de l'éternel, mais aussi celui de la forme ou de l'immatériel.

Déterminant pour la démonstration de Λ 6, le sens ontologique de la *dunamis* et de l'*energeia* est en revanche absent de celle de *Physique* VIII. Celle-ci met en œuvre, non pas le schéma de la finalité et de la corrélation de l'en-puissance et de l'acte, mais celui de l'efficience et de la corrélation des puissances· Partant, comme en Λ, de l'éternité du mouvement, elle aboutit à un principe qui est pensé non pas comme *energeia*, et comme tel que son *ousia* même est *energeia*, mais comme *dunamis* et, plus précisément, comme *dunamis* infinie. Ce faisant, le texte de *Physique* VIII considère longuement l'hypothèse platonicienne selon laquelle le premier principe pourrait être automoteur et s'emploie à démontrer qu'en l'automoteur même il doit y avoir un moteur et un mû [2], pour établir finalement qu'à l'origine du changement il doit y avoir un moteur non-mû (VIII, 5). Or la relation du moteur immobile à ce qu'il meut est pensée sur le modèle de l'efficience : ainsi, et dès le chapitre 1, la démonstration de l'éternité du mouvement repose sur le principe selon lequel la mise en présence d'un moteur et d'un mû doit nécessairement donner lieu à un mouvement effectif (251b 1-10). L'hypothèse, fondatrice pour la démonstration de Λ 6, d'une puissance non actualisée, ou pouvant ne pas agir, n'est donc pas envisagée. L'action du moteur sur le mû est décrite comme celle d'une force mécanique, opérant par contact avec le premier mobile, avant de se propager au moyen d'une relation de contiguïté entre les moteurs et les mûs successifs (266b 28-267a 15). Le caractère singulier de son effet (un mouvement éternel) suppose cependant que le premier moteur, ou le premier agent, ait lui-même des propriétés singulières : pour qu'un mouvement se déroule en un temps infini, il doit être causé par

1. Plus loin dans le chapitre 6, on lit « penser que la puissance est antérieure à l'acte, c'est correct en un sens, ce ne l'est pas en un autre (on a dit comment) » (1072a 3-4). La question est disputée, en lien avec celle du statut éditorial de *Lambda*, de savoir si ce « on a dit comment » renvoie à ces lignes 1071b 22-26 ou à Θ 8. Mais ces deux options sont d'autant moins exclusives que 1071b 22-26 présuppose déjà Θ 8.

2. Sur la notion d'automoteur, dont on sait le rôle en particulier dans le *De Caelo*, voir M.L. Gill and J.G. Lennox (éd.), *Self-Motion from Aristotle to Newton*, Princeton, University Press, 1994.

une puissance elle-même infinie (δύναμις ἄπειρος) [1]. Or une puissance infinie ne peut résider en un corps fini, de sorte que le premier moteur doit être pensé comme étant indivisible, sans parties, et sans grandeur (267b 25-26).

L'absence de mise en œuvre, au livre VIII de la *Physique*, d'une compréhension ontologique de la *dunamis*, a donc pour résultat que le rapport du premier moteur au mouvement éternel est conçu sur le modèle de l'action, et non de l'actualisation [2]. En tant même qu'il est éternel, le mouvement suppose l'action d'une puissance infinie, laquelle à son tour, et en tant même qu'elle est infinie, impose de concevoir le premier moteur comme inétendu.

*Λ 7. Causalité de l'*ousia energeia

Le chapitre 7 du livre Λ répond à la question, laissée en suspens, du mode de relation du premier moteur au mû, et de la nature de son action. Il exploite et déploie également la signification ontologique du concept d'*energeia*, désignant en l'acte le mode d'être du séparé (1073a 4-5), et l'identifiant à la fin et au bien. Ce faisant, il implique aussi une distinction, absente de Θ, entre *kinēsis* et *energeia*, cette dernière étant désignée comme le mode d'être de l'immobile, tout en maintenant un sens large de l'*energeia* comprise non seulement comme acte, et comme mode d'être, mais aussi comme une certaine activité (la contemplation).

Les premières lignes de Λ 7 marquent un progrès par rapport au chapitre 6, puisqu'elles ne démontrent pas seulement la nécessité, pour rendre compte du mouvement éternel, de poser un principe qui soit acte, et non pas puissance, mais celle, aussi, de penser le premier moteur comme immobile. La démonstration procède de façon très rapide, évoquant en une seule proposition l'hypothèse, que réfute longuement *Physique* VIII, d'un premier moteur mû et l'évacuant simplement en désignant un tel moteur comme « intermédiaire », μέσον [3] (1072a 24). Sous cette forme

1. La formule revient à plusieurs reprises, en 266b 7, 266b 25 et 267b 23-24. Il faut souligner qu'elle intervient à chaque fois au sein de l'énoncé d'une loi générale, et non sous la forme d'une attribution directe de la puissance infinie au premier moteur.

2. J. Vuillemin souligne ainsi que la preuve physique opère à partir de la notion de puissance entendue comme pouvoir, la preuve métaphysique à partir de la puissance comme potentialité (*De la logique à la théologie. Cinq études sur Aristote*, Paris, Flammarion, 1967, chap. V).

3. Signalons que le texte ici pose un problème, qui tient à la fois à la présence de καὶ devant μέσον et à la position du τοίνυν. Sur les solutions proposées par Bonitz, Jaeger et Ross (et qui ne changent rien d'essentiel quant à l'argumentation), voir A. Laks, « *Metaphysics*

brève, et peut-être lacunaire, l'argument paraît reposer sur une opposition entre *meson* et *arkhē*, intermédiaire et principe. Il prolonge cependant aussi la critique adressée à Platon au chapitre 6 : de celui-ci il était dit que, comme Leucippe, il pose une *energeia* éternelle, dès lors qu'il pose un mouvement éternel (1071b 32; 33); on lui reprochait cependant de ne pouvoir expliquer pourquoi est selon lui principe, *arkhē*, ce qui se meut soi-même (1072a 1-2). Ainsi formulé, l'argument postulait donc une identité entre *energeia* et mouvement. L'argument de Λ 7 établit à l'inverse une identité entre principe du mouvement, *energeia*, et immobilité. C'est peut-être ce qu'indique la formulation selon laquelle il y a quelque chose qui meut sans être mû « étant à la fois *ousia* et *energeia* » (1072a 25-26) : on peut entendre la participiale en un sens explicatif[1], et comprendre dès lors que c'est parce que son *ousia* est aussi *energeia* que le premier moteur est immobile.

Associé à celui d'*ousia*, le terme *energeia* revêt clairement sa signification ontologique, *et non plus kinétique* – et il faut dès lors entendre que c'est parce que l'*energeia* est conçue ici comme *ousia*, et non plus comme *kinēsis*, que le premier moteur est immobile.

La question se pose alors de savoir comment l'immobile peut être principe du mouvement. La démonstration procède cette fois de manière indirecte : elle repose sur la prémisse selon laquelle le désirable et l'intelligible meuvent sans être mûs, puis sur les identifications successives d'abord du bien réel au désirable, ensuite de la substance simple et actuelle au premier intelligible, enfin du premier intelligible au bien. On doit en conclure que la substance actuelle, elle-même déjà identifiée au premier moteur, est identique à l'intelligible et au bien, et peut en tant que telle mouvoir sans être mue.

Le terme unificateur de ces identifications paraît ici être celui de substance. Il l'est cependant par la médiation d'une double position d'antériorité : de la substance elle-même, d'abord, dans la série des contraires positifs[2]; puis, au sein de la substance, de la substance simple et

Λ 7 », dans D. Charles et M. Frede (éd.), *Aristotle's* Metaphysics Λ..., *op. cit.*, p. 207-243 : p. 216. On peut adopter la solution, plus économique, proposée par A. Laks (*ibid.*, p. 219), qui conserve le καὶ comme connectant à μέσον le groupe κινούμενον καὶ κινοῦν (on traduit alors : « mais puisque ce qui est à la fois moteur et mû est aussi un intermédiaire »), et suggère de voir en τοίνυν une simple dittographie.

1. Comme le note A. Laks, « *Metaphysics* Λ 7 », art. cit., p. 219.

2. Pour des séries comparables, ordonnant, en les faisant correspondre un à un, des groupes de termes positifs et négatifs qui spécifient à chaque fois un premier couple de contraires, voir, dans la *Métaphysique*, Γ 1004b 27, Κ (?) 1066a 15 (*Phys.* 201b 25), Ι 1054b 35 et 1058a 13. Sur ce procédé de la συστοιχία, voir D. Lefebvre, « L'usage de la

en acte, ἁπλῇ καὶ κατ'ἐνέργειαν – soit, et plus précisément, de la substance simple *en tant qu'*elle se dit selon l'acte (1072a 32). Or, c'est cette position de prééminence de la substance comprise comme acte au sein de la série des intelligibles qui justifie son identification non pas seulement au bien et au désirable, mais au meilleur ou à ce qui lui est analogue (1072a 35-b 1). Ainsi, et là encore, c'est la notion d'*energeia* plus encore que celle de substance, qui apparaît comme le moteur conceptuel de la démonstration, et comme ce à partir de quoi peuvent être déduits les attributs du principe [1].

À ce point, Λ 7 a donc établi que l'immobile peut mouvoir, mais non comment il meut. Là encore, la démonstration procède de manière indirecte : elle commence par établir que la cause finale existe aussi dans les choses immobiles. Il faut pour ce faire préciser ce qu'on entend par « cause finale ». Le texte, à ce point (1072b 2-3), pose problème [2]. Il a, dès l'Antiquité, été reconstruit de façon à coïncider avec les passages parallèles de *Physique* II, 194a 35-36 et *De Anima* II, 415b 2 et 20-21 qui, s'appuyant eux aussi sur une distinction pronominale, distinguent entre deux sens de la cause finale, à savoir le τὸ οὗ et le τὸ ᾧ, ce qui est visé, et ce pour qui il l'est, soit, selon l'interprétation traditionnelle, la fin de l'action et son bénéficiaire [3]. Or aucun des deux sens ainsi distingués ne peut convenir au premier moteur : celui-ci ne peut pas être considéré comme le bénéficiaire de l'action, ce qui supposerait qu'il n'a pas sa fin en lui-même, et serait dès lors incompatible avec son statut de pure *energeia*. Mais il est tout aussi difficile de le concevoir comme la fin visée

série des contraires en *Métaphysique* Γ 2 », 1004b 27-1005a 5, dans M. Hecquet-Devienne et A. Stevens (éd.), *Aristote,* Métaphysique *Gamma. Édition, traduction, études*, Louvain-la-Neuve, Peeters, 2008, p. 303-315.

1. Le thème des contraires réapparaîtra en Λ 10 : mais ceux-ci seront organisés cette fois selon un schéma axiologique, et non plus ontologique, régi par l'opposition entre le bien et le mal (1075a 32-36). Il en va de même au livre N, où les qualités d'autosuffisance et d'incorruptibilité sont cette fois déduites de l'identification du premier principe au bien (4, 1091b 17-19).

2. Les manuscrits EJC donnent le texte qu'imprime Bekker : « ἔστι γὰρ τινὶ τὸ οὗ ἕνεκα ὧν τὸ μὲν ἔστι τὸ δ'οὐκ ἔστι ». En faveur de cette lecture, voir S. Fazzo, « *Lambda* 7. 1072b 2-3 », *Elenchos* XXIII, 2002, p. 357-382. A^b (*Laurentianus* 87, 12) porte τινός après ἕνεκα. Jaeger imprime « ἔστι γὰρ τινὶ τὸ οὗ ἕνεκα <καὶ> τίνος ». Le καὶ est supplémenté par Christ et Ross, qui suivent Averroës et Alexandre d'Aphrodise.

3. Schwegler et Bonitz corrigent ainsi le τινὶ par un διττὸν. Sur ce « bricolage théorique », voir C. Natali, « Causa motrice e causa finale nel libro Λ della *Metafisica* di Aristotele », *Methexis* X, 1997, p. 105-123. S'appuyant sur le commentaire d'Averroës, C. Natali propose de lire « ἔστι γὰρ τινὶ τὸ οὗ ἕνεκα καὶ τι ». Cette lecture est discutée par C.M. Bonadeo, « ΟΣ ΕΡΟΜΕΝΟΝ : Alcune interpretazioni di *METAPH.* Λ 7 », dans V. Cellluprica et C. d'Ancona, (éd.), *Aristotele e i sui esegeti neoplatonici. Logica e ontologia nelle interpretazioni greche e arabe*, Naples, Bibliopolis, 2004.

par l'action, car cela impliquerait que le mouvement s'épuise en lui, ou trouve en lui son terme : le premier moteur serait alors l'acte et la fin du mouvement éternel, voire de tout être mobile; ainsi conçu, le dieu serait, en somme, l'acte du monde, ou du moins des substances mobiles qui le composent, et dont l'existence séparée de la sienne ne pourrait dès lors s'expliquer que par l'échec de leur fusion avec lui [1].

Le contexte de la distinction du *De Anima* est pourtant très proche de celui de la distinction de Λ 7, puisque le texte oppose d'une part les vivants (plantes et animaux) considérés comme des substances soumises au cycle de la génération et de la corruption, et d'autre part l'éternel et le divin (τοῦ ἀεὶ καὶ τοῦ θείου, 415a 29). Cependant, il ne vise pas à distinguer entre une fin immobile et une fin supposant le mouvement, mais bien plutôt entre une fin immédiate et immanente, et une fin médiate et transcendante. La première est identifiée à l'âme, désignée comme étant à la fois cause motrice, essence, et cause finale (la distinction est réitérée en 415b 10-11). La seconde, elle, est identifiée *non pas au divin lui-même*, mais à la participation et à la communauté (κοινωνία) avec celui-ci, et à une communauté visée comme continue (415b 3-4). Ainsi s'explique le processus de la génération, qui compense celui de la corruption : ne pouvant eux-mêmes subsister, les vivants subsistent tels qu'en eux-mêmes, dans leur unité, non pas numérique, mais spécifique (415b 7). L'objet de leur désir, dès lors, ce n'est pas d'être le dieu, c'est de *participer* au divin, soit à ce mode d'être que caractérisent la continuité et l'éternité. Ou encore : ce n'est pas de s'assimiler à la forme ou à l'acte divin, c'est de perpétuer leur forme et leur acte *propres* à la façon dont le dieu se maintient continûment dans les siens.

Or, si on la lit ainsi, soit comme une distinction non pas entre la fin de l'action et son bénéficiaire, mais entre deux types de fin, la distinction du *De Anima* paraît pouvoir s'accorder à celle de Λ 7 et s'appliquer au premier moteur immobile [2] : celui-ci ne doit pas être compris comme la fin immédiate de l'action, ni non plus comme ce qui atteint cette

1. C'est ainsi que P. Aubenque parle du premier moteur comme d'« un Dieu qui garde ses distances, son incommensurable distance. Moteur absent, il est l'idéal immobile vers lequel s'épuisent les mouvements réguliers des sphères, les mouvements plus complexes des saisons, le cycle des générations et des corruptions, les vicissitudes de l'action (πρᾶξις) et du travail (ποίησις) des hommes » (*Le problème de l'être*, *op. cit.*, p. 367).

2. On peut alors conserver le texte du *Laurentianus* sans qu'il soit nécessaire de supplémenter un καὶ. On traduirait : « En effet, c'est pour un certain être (τινὶ) qu'est la fin d'un autre être (τίνος), et de ces deux êtres, le premier peut être compté au nombre des êtres immobiles, mais non le second; et il meut en tant qu'il est aimé, tandis que les autres meuvent en étant mus » (1072b 2-4).

fin, mais comme ce que visent les substances mobiles à travers leur fin propre. Celles-ci ne visent d'autre fin qu'elles-mêmes [1], et atteignent cette fin immanente au moyen des différents mouvements auxquels elles sont soumises, mais à travers cette fin, elles visent aussi l'éternité et la nécessité caractéristiques de la substance immobile. Dès lors, on peut dire qu'elles sont mues, aussi, par l'immobile, et, plus encore, par le désir même de l'immobilité. Cette interprétation s'accorde, on le verra, avec la fin de Λ 7, comme avec la réflexion sur la cause finale et le bien menée en Λ 10.

La suite du texte va précisément marquer la relation entre l'immobilité et la nécessité, en même temps que celle entre le mouvement (même local) [2] et la contingence. Ce dernier point était le même que soulignait déjà Θ 8, mais la démonstration repose non plus sur la notion de *dunamis* comprise comme puissance de la contradiction, et donc puissance d'être ou de n'être pas, mais sur la notion d'*energeia*. L'immobilité est déduite de celle-ci (1072b 8), et la nécessité à son tour de l'immobilité. Ici, donc, et de nouveau, le sens ontologique de l'*energeia* (on lit en b 8 la forme au datif, ἐνεργείᾳ ὄν) exclut la *kinēsis* [3].

S'il est ainsi établi que l'immobile peut être fin (et ce en tant même qu'il est immobile, et donc nécessaire), il reste à savoir comment il l'est, soit à identifier son mode d'action propre, qui est présenté comme valant pour toutes les causes finales qui excluent le mouvement. Deux mots suffisent à nommer ce mode d'action : ὡς ἐρώμενον (1072 b 3). Le ὡς n'introduit pas une métaphore, mais répond au ὧδε de 1072a 26, et doit ainsi être entendu au sens de « en tant que » [4] : le moteur immobile meut donc sans être mû, mais « en tant qu'il est aimé ». À son tour, le thème de l'*eros* a été préparé par la réflexion menée plus haut sur l'identité de l'intelligible et du désirable, dont il était dit, déjà, qu'ils meuvent sans être mus. Le vocabulaire se modifie cependant au fil du texte : il a été question

1. C'est ce point que souligne la distinction telle qu'elle est formulée, cette fois, dans la *Physique* : « En effet, nous sommes nous-mêmes aussi en quelque sorte des fins : car la cause finale se dit en un double sens » (II, 194a 35-36).

2. On a donc ici une définition plus large de la contingence, comprise non plus seulement comme pouvoir être ou ne pas être, mais aussi comme pouvoir être autre que l'on est (ailleurs que l'on est) (1072b 5-6). On s'écarte dès lors de la conception statistique des modalités, puisque l'éternel (les astres, mobiles mais incorruptibles) peut être dit contingent.

3. Notons cependant que le terme est employé comme attribut de φορὰ en 1072b 5 : mais précisément, Jaeger a beau imprimer la forme au datif, les manuscrits portent la forme au nominatif, qui indique ce sens kinétique.

4. *Cf.* Laks, « *Metaphysics* Λ 7 », art. cit., p. 221. Pour l'interprétation métaphorique, voir notamment E. Berti, « Unmoved Mover(s) as Efficient Cause(s) in *Metaphysics* Λ 6 », dans D. Charles et M. Frede (éd.), *Aristotle's* Metaphysics *Lambda*..., *op. cit.*, p. 181-206, p. 203.

de l'ἐπιθυμητὸν (1072a 27), de l'ὀρεκτὸν et du βουλητὸν (1072a 26 et 28), de l'αἱρετὸν (a 35). Au registre technique qui distingue entre diverses espèces, rationnelles et irrationnelles, de désir, se substitue ici un terme plus large, ἐρώμενον. Ce terme a, aussi, des résonances platoniciennes : il évoque l'ascension amoureuse du *Banquet*, et rappelle la figure d'Eros, le démon fils de Pénia et Poros, en qui se conjuguent le manque et l'abondance, l'absence et la présence. Évoquant Eros, cependant, Platon, dans le *Banquet*, parle de sa *dunamis* (212 b). Ici à l'inverse, le mouvement d'ascension érotique a pour principe l'*energeia*. On retrouve en ce point la rupture soulignée en A comme en Λ 6 : pour concevoir la causalité propre au bien, il faut penser celui-ci comme une cause finale, agissant, donc, non comme puissance, mais comme acte, et comme fin de l'en-puissance.

À partir de 1072b 14, le ton change. On a établi que le premier moteur est, qu'il est immobile, et qu'il peut être à la fois immobile et moteur. On a aussi établi son identité à l'intelligible et au bien, et sa nécessité. Il ne s'agit plus tant à présent de dire qu'il est, et ce qu'il est, que de dire comment il est : de décrire, donc, son mode d'être, sa *diagōgē*. Le texte se fait plus rhétorique, plus descriptif que démonstratif, en même temps qu'il propose une traduction concrète des caractéristiques qui ont dégagées, et notamment de la plus importante d'entre elles : l'*energeia*. De la même façon, il n'est plus question, seulement, des substances mobiles et périssables, mais, plus concrètement, et pour la première fois, du sujet humain (ἡμῖν, ἡμεῖς, 1072b 15, b 25). La description de la *diagōgē* divine passe en effet par une comparaison avec la « nôtre », comparaison qui va également éclairer la notion de cause finale.

D'emblée, donc, la *diagōgē* divine est caractérisée par comparaison avec la condition humaine, comme étant « semblable à la meilleure » qui nous soit donnée, mais aussi par opposition à celle-là, puisque ce qui ne nous est accessible que « pour un bref laps de temps », μικρὸν χρόνον, l'est au dieu continûment, ἀεί (1072b 15). La même opposition se retrouve plus bas, entre l'heureux état dont le dieu jouit toujours, ἀεί, et nous seulement parfois, ποτέ (1072b 25). Elle était aussi à l'œuvre, on l'a vu, en *De Anima* II, 415a 29-b 5. Ici, cependant, la continuité de la *diagōgē* divine est expliquée par le fait que « l'acte <divin>[1] est plaisir » (1072b 16). À la fin du livre VII de l'*Éthique à Nicomaque* sont de même opposées la permanence du plaisir divin et l'incapacité où est l'homme de jouir

1. À ce point, la substance immobile n'a pas encore été qualifiée de divine. Le substantif « θεός » interviendra pour la première fois en b 25, soit au terme de cette description.

continûment (c'est-à-dire, en fait, de jouir du même plaisir)[1]. Ainsi, non seulement l'état divin est le plaisir et non, comme le suggère le *Philèbe*, l'état neutre[2], mais le dieu est l'unique vivant qui à la fois ait accès au plaisir le plus pur et sache toujours en jouir. Si l'homme a lui aussi accès au plaisir de la contemplation, il ne sait pas en jouir continûment, car il est composé de deux natures telles que chacune, pour l'autre, est contre nature[3].

Au livre VII de l'*Éthique à Nicomaque*, la continuité du plaisir divin est donc renvoyée à la simplicité de la nature divine qui, parce que rien ne s'y mêle ni ne l'entrave, exerce toujours la même activité et trouve en celle-ci un plaisir entier. Le texte de Λ, lui, se contente d'associer plaisir et *energeia*. Et là où l'on pouvait attendre une exploration du contraste entre la fugacité du plaisir humain et la perpétuité du plaisir divin, la proposition suivante va, à l'inverse, souligner leur similarité. Plus précisément, le fait que l'acte divin soit plaisir est donné comme la cause (διὰ τοῦτο, 1072b 17) du fait que *pour nous* tout acte est plaisir, qu'il s'agisse de la marche, de la sensation ou de la pensée.

Entre l'*energeia* divine et l'*energeia* humaine est ainsi posé un double rapport de similarité, qui tient à la fois à leur nature (l'homme est lui aussi capable de pensée, *noēsis*, 1072b 17), et à leur modalité (pour l'homme comme pour le dieu la pensée est source de plaisir). Mais de l'une à l'autre se marque aussi un rapport de causalité, qui excède celui de similarité : c'est parce que l'acte divin est plaisir que pour nous *tout acte* (et pas seulement celui que nous exerçons comme lui) est plaisant.

On peut voir là une première illustration du mode d'action de la cause finale immobile tel qu'il a été plus haut déterminé : nous avons des fins immanentes et visons nos actes propres; il reste qu'à travers ces derniers, nous visons aussi la continuité, et donc le plaisir, qui s'attachent par excellence à l'acte divin.

Les lignes suivantes ne vont rien faire d'autre que déployer l'identité entre acte et plaisir, en formulant les conditions qui font qu'un certain acte (la pensée ou la contemplation) est plaisant. Que l'acte divin consiste bien en la pensée est présupposé (ou simplement induit du caractère plaisant

1. *EN* VII, 14, 1154b 20-21/1154b 26-28. Ce dernier texte associe déjà le plaisir du dieu à la simplicité de sa nature et à son *energeia*, elle-même dissociée du mouvement (*energeia akinēsias*).

2. Platon, *Phil.*, 33 b. Voir aussi *Ep.*, III, 315c; *Epinomis* 985a 7.

3. 1154b 22-24. Pour une analyse détaillée de *EN* VII, 14, et une comparaison avec le livre X, qui ne se contente pas d'opposer les « deux natures » de l'homme, mais pose entre elles une hiérarchie, voir G. Aubry, « The Pain of the Living and Divine Pleasure… », art. cit.

pour nous de la contemplation) : le dieu avait été plus haut assimilé à l'intelligible, ou au *noēton*, mais pas à la pensée, *noēsis*. Pour que l'acte de pensée soit plaisir, il faut qu'il soit en-acte, c'est-à-dire que l'intelligence soit en possession effective de l'intelligible [1]. C'est sur ce point que porte la démonstration, plus que sur la nature même de l'intelligible, dont il sera question au chapitre 9 ; ici, il est dit seulement que la pensée en soi est pensée du meilleur en soi (1072b 19), ce dont on déduit que la *theōria* divine est non seulement la plus agréable, ἥδιστον, mais aussi la meilleure, ἄριστον (b 24). Son caractère plaisant paraît donc bien s'attacher à sa seule nature d'*energeia*, sa valeur, à celle de son objet.

Après l'identité entre acte et plaisir, on pose celle entre acte et vie, ζωή (b 27). Cette fois, cependant, il est clair que cette identité ne vaut que pour un acte particulier : celui de l'intelligence. Il semble en revanche qu'elle vaille pour tout acte d'intelligence, qu'il soit humain ou divin. De l'acte divin, en tant qu'il est ἐνέργεια καθ 'αὑτήν, on dira néanmoins qu'il est, non pas simplement vie, mais « la vie la meilleure et éternelle » (b 28).

La formule ἐνέργεια καθ 'αὑτήν invite cependant à se demander en quel sens il faut entendre ici le terme *energeia*. On l'a traduit univoquement par « acte », pour bien marquer la différence avec le mouvement, et parce qu'il est question ici d'une *energeia akinēsias*. Il semble cependant que dans ce passage le terme ne vienne plus désigner une façon d'être mais une façon d'agir : on ne dit plus que le dieu *est* en acte, mais qu'il *a* un acte. Si cette distinction entre acte et activité est à l'œuvre, le texte invite cependant à la dépasser : l'activité du dieu découle en effet de son caractère d'être en-acte. Ainsi, si son activité est la pensée, et la pensée de soi, c'est, comme le précisera Λ 9, parce qu'il est le bien ; et si elle est continue, c'est parce que, en tant qu'acte sans puissance, le dieu est sans mouvement ni changement. La notion de vie, *zōē*, intervient précisément à la jonction du sens ontologique et du sens pratique de l'*energeia* (*cf.* 1072b 26-27), venant ainsi nommer l'activité de ce qui est acte par soi [2].

Plus déterminante paraît être la distinction, réitérée, entre l'activité continue de l'être en-acte et l'activité discontinue des êtres mêlés d'acte et d'en-puissance. Ceux-ci (ou, du moins, « nous ») ont accès à une activité de même nature que celle du divin : la pensée, le plaisir et la vie. Ce qui fait la différence entre le *theos* et « nous », ce n'est donc pas la nature de l'activité, mais sa durée (continue/discontinue), et sa valeur (l'activité du dieu est la meilleure, et donc aussi la plus plaisante). Or telles sont

1. Le vocabulaire, ici, rappelle celui du *Théétète*, 197c ; 198d.

2. On en trouvera un usage semblable chez Plotin, voir plus bas, p. 280-281.

précisément les deux qualités distinctives qui viennent, à la fin du passage, qualifier ce vivant singulier qu'est le dieu : il est un ζῷον ἀΐδιον ἄριστον, un « vivant éternel et excellent » (1072b 29).

Cette caractérisation amorce la transition de l'approche ontologique du premier moteur, régie par la notion d'*energeia*, à son approche axiologique, régie par la notion de bien, que l'*energeia* en son sens le plus déterminé inclut cependant aussi. Contre les Pythagoriciens et Speusippe, on répète ainsi que le meilleur et le très beau sont *arkhē* (1072b 32). Est par là réitérée la rupture avec les pensées antérieures du principe.

La fin du chapitre paraît cependant contredire l'identification, qui constituait l'objet même de la démonstration de Λ 6 et le moteur de la déduction de Λ 7, du principe à l'*energeia*. Elle se donne comme une conclusion, soulignant qu'il est « évident à partir de ce qu'on a dit qu'existe une substance éternelle, immobile, et séparée des choses sensibles » (1073a 3-5). Le questionnement amorcé depuis Λ 1 semble trouver ici son aboutissement : on est désormais en mesure de répondre qu'il existe bien une substance séparée, mais que celle-ci n'est pas une Forme, comme le veulent les Platoniciens, mais un acte.

Mais, poursuit le texte, on a aussi démontré que cette substance est sans grandeur, sans parties, et indivisible (1073a 5-7) : la référence, cette fois, n'est pas aux précédents chapitres de Λ, dont est absente cette démonstration ; les termes, en revanche, sont les mêmes que l'on trouve à la fin de *Physique* VIII [1]. Or, c'est l'argument même du texte de la *Physique* qui est alors résumé, pour établir que ce qui, en tant qu'il meut en un temps infini, doit avoir une puissance infinie (δύναμις ἄπειρος, 1073a 8), ne peut avoir de grandeur, ni finie ni infinie (Λ 7, 1073a 7-11). Transposé dans le contexte de Λ, l'argument a donc ceci de problématique que, sans procéder à une attribution directe, il présuppose que le principe dont on a démontré que sa substance même était *energeia*, a aussi une *dunamis apeiros*. Aussi est-ce principalement sur ce passage que s'appuient les commentateurs qui voient en le premier moteur immobile une cause efficiente et non une cause finale [2].

1. ἀδιαίρετόν [...] καὶ ἀμερὲς καὶ οὐδὲν ἔχον μέγεθος (*Phys.* VIII, 10, 267b 26-27).

2. Notamment E. Berti au fil de plusieurs articles, parmi lesquels : « De qui est la fin le Moteur immobile ? », dans M. Bastit et J. Follon (éd.), *Essais sur la théologie d'Aristote*, Louvain-la-Neuve, Peeters, 1998, p. 5-28 ; « Il movimento del cielo in Alessandro di Afrodisia », dans A. Brancacci (éd.), *La filosofia in età imperiale*, Naples, Bibliopolis, 2000, p. 225-243 ; « Unmoved Mover(s)... », art. cit. ; « Ancora sulla causalità del motore immobile », *Methexis* 20, 2007, p. 7-28 ; voir encore A. Kosman, « Aristotle's Prime Mover », dans M.-L. Gill et G. Lennox (éd.), *Self-Motion...*, *op. cit.*, p. 135-154.

Face à cette difficulté, on peut procéder de deux façons. La première consiste à prendre au sérieux l'insertion en Λ de l'argument de la *Physique*, et à chercher, dès lors, une conciliation. Dans cette hypothèse, une chose, au moins, est claire : la *dunamis* ne peut avoir ici un sens ontologique. L'argument de Λ 6 a en effet clairement établi que ce qui est en-puissance peut ne pas agir, et qu'un principe ainsi conçu ne peut donc être la cause du mouvement éternel. La question se pose dès lors de savoir si la *dunamis*, plutôt qu'un mode d'être, ne désigne pas ici un mode d'action : si, donc, la cause finale ne doit pas être conçue aussi comme une cause efficiente. Le fait est que le schéma de l'efficience tel qu'il est exposé notamment dans le *De Generatione* suppose, on l'a vu, que l'agent soit en-acte [1]. De plus, ce schéma est étendu de façon à pouvoir s'appliquer à des réalités impassibles et incorporelles : il peut dans leur cas y avoir action sans contact réciproque (elles touchent sans être touchées, meuvent sans être mues) [2]; et en tant même qu'elles sont sans matière, elles ne sont pas affectées par l'action qu'elles exercent (l'art médical soigne sans être soigné) [3]. Selon ce modèle élargi, l'efficience - et donc aussi la *dunamis poiētikē*- paraît compatible avec l'actualité, mais aussi avec l'immobilité, l'immatérialité, et l'impassibilité. La question demeure cependant de savoir si elle est aussi compatible avec la cause finale. Que le premier moteur soit une cause de cette espèce, Λ 7 (1072b 1-4) l'a clairement établi. À cela s'ajoute que le sens ontologique de la *dunamis* et de l'*energeia* mobilisé par l'argument de Λ 6 implique, non seulement, et comme le rappelait la réponse d'Aristote à l'objection formulée en 1071b 22-23, que l'*energeia* soit antérieure à la *dunamis*, mais qu'elle lui soit antérieure *à titre de fin*. Autrement dit, on y reviendra, le caractère final de la causalité du premier moteur est déjà posé, *à même l'ontologie*, via l'exploration, menée en Θ 8, de la relation asymétrique entre *energeia* et *dunamis*. Dès lors, le problème n'est pas de savoir si le premier moteur est une cause efficiente *plutôt* qu'une cause finale, mais s'il peut être une cause efficiente *en même temps* qu'une cause finale [4]. Or sur ce point le *De Generatione* est explicite : « τὸ δ'οὗ ἕνεκα οὐ ποιητικόν », « la cause finale

1. *GC* I, 9, 326b 31-33; II, 7, 334b 9-10.

2. *GC* I, 6, 323a 29-30.

3. *Ibid.*, 324a 35-b 15.

4. Comme le soutient par exemple L. Judson qui, s'appuyant en particulier sur les distinctions du *De Generatione*, range le premier moteur parmi ce qu'il appelle les causes efficientes « non energetic » qui agissent sans contact, interaction, ni mouvement (« Heavenly Motion and the Unmoved Mover », dans Gill et Lennox (éd.), *Self-motion..*, *op. cit.*, p. 155-171).

n'est pas efficiente » (I, 7, 324b 14). Ainsi « la santé n'est pas efficiente, sinon par métaphore » (b 15), c'est-à-dire au sens où elle déclenche, en tant même qu'elle est fin, une action qui la vise, mais dont elle n'est pas elle-même l'agent (ce n'est pas elle qui soigne, mais le médecin ou le remède). De la même façon, on peut dire de la fin qu'elle meut[1]; mais il ne faut pas confondre ce qui meut, *kinoun*, avec ce qui fait, *poiein*, ni avec la cause efficiente comme principe de mouvement, *arkhē kinēseos* : s'il est vrai que l'efficient est aussi moteur, il n'est pas vrai que tout moteur soit efficient (*GC* I, 6, 323a 16-20)[2].

De même que le sens ontologique de la *dunamis* est incompatible avec la caractérisation du premier moteur comme pure *energeia*, de même son sens kinétique est incompatible avec sa caractérisation comme cause finale. Dès lors, plutôt que de chercher à concilier ce passage avec la ligne argumentative du reste de Λ, ou encore de voir en lui ce qui suffit à la mettre en péril, il semble qu'il faille le considérer comme une parenthèse : et celle-ci n'a pas pour objet d'attribuer la *dunamis* infinie au principe, mais l'utilisant, ainsi que c'était déjà le cas en *Physique* VIII, comme un simple médium, de démontrer des attributs (indivisibilité, absence de grandeur et de parties) qui, eux, sont compatibles avec l'*energeia*.

Λ 8. Substances immobiles et sensibles éternels

Λ 6 et 7 ayant établi tant l'existence de l'*ousia energeia* que la nature de sa causalité, Λ 8 va en interroger le nombre, mais aussi, et ce faisant, explorer sa relation aux substances sensibles éternelles. Tel est l'enjeu de ce chapitre, souvent jugé problématique, en ce qu'il apparaît comme une insertion, dans le discours métaphysique, de la physique (ou de l'astronomie). À travers cette dernière, il s'agit pourtant bien de remplir

1. Cf. *Phys.* VII, 2, 243a 3-4 / Λ 7, 1072b 3; *cf.* aussi *De Anima* III, 433a 22; 433b 15-18, à propos du désirable.

2. Certains commentateurs (dont E. Berti, « Il movimento del cielo in Alessandro di Afrodisia … », art. cit., p. 186) avancent comme un argument en faveur de son efficience que le premier moteur est désigné comme à la fois κινητικόν, moteur, et ποιητικόν, agent. Ces termes se retrouvent à deux reprises en Λ, en 6, 1071b 12 (où ils forment une alternative : κινητικόν ἢ ποιητικόν) et 10, 1075b 31 où ils sont connectés par un καὶ. Mais il faut souligner qu'aucune de ces deux formules ne vient qualifier le premier moteur : la première prend place au début de l'argument que l'on a étudié et qui consiste à montrer, en termes généraux, que rien ne peut mouvoir ou agir de façon nécessaire s'il a une *dunamis* et n'est pas essentiellement *energeia*. L'argument, autrement dit, a pour objet de dégager les conditions du mouvement éternel, et, ultimement, de *nier la puissance* du premier moteur. Quant à la seconde occurrence de la formule, elle prend place, là encore, dans un argument général mais, cette fois, polémique, qui ne concerne pas le premier moteur mais vise la causalité des Idées-Nombres.

le programme annoncé en Λ 1, c'est-à-dire d'élucider le lien entre les différents types de substances, soit, et selon la triplicité énumérée en Λ 1, puis réduite en Λ 6 à une dualité, entre substance(s) immobile(s), sensibles éternels, et sensibles corruptibles.

Λ 8 inaugure à ce titre un mouvement descendant, qui va se prolonger jusqu'en Λ 10. On sait désormais comment le premier moteur est cause – c'est-à-dire, qu'il est cause en tant que fin. Reste à savoir comment sa causalité s'exerce sur les autres substances. C'est à cet effet qu'on va considérer en Λ 8 les sensibles éternels, en Λ 10, les sensibles corruptibles. Loin d'être une simple insertion, une telle enquête apparaît comme nécessaire à plusieurs égards : d'abord, parce que, on l'a vu, elle est menée sur la base d'une thèse paradoxale, qui pose que le principe est cause en tant même qu'il n'a pas de puissance. Interroger plus à fond sa relation causale aux autres substances permet de manifester l'efficacité de l'acte sans puissance. Mais à cet enjeu interne s'en ajoute un autre, externe, et anti-platonicien, qui admet une triple description. En premier lieu, il s'agit d'établir contre les Platoniciens que le principe est cause, qu'il est doué d'efficace et, en particulier, à même d'expliquer les mouvements des différentes substances, dont la théorie des Idées, elle, échoue à rendre compte. C'est à quoi s'emploieront Λ 8 et 10. En deuxième lieu, il s'agit d'identifier la causalité propre au Bien, tout en marquant que le Bien agit, non pas, et comme le suggère la formule de *République* VI, 509b 9-10 en tant qu'il a une *dunamis*, mais en tant qu'il est *energeia*. C'est à quoi répondra, en Λ 9, l'articulation entre l'*ousia energeia* et l'*ousia aristē*. Enfin, et cette fois contre l'épisodisme platonicien, il s'agit de marquer non seulement que le Bien est efficace en tant même qu'il n'a pas de puissance, mais aussi que la substance séparée, tout en ayant sur elles une primauté, n'est pas disjointe des autres substances : bien plutôt, la séparation, si elle est conçue comme étant celle de l'acte et non plus de la forme, détermine l'ordonnancement, la *taxis* même de l'ensemble des substances mobiles (Λ 8 et 10).

Λ 8 se donne pour objet de rendre compte des mouvements célestes dans leur complexité même, en les renvoyant à différents moteurs mus, dont chacun est spécifié en termes d'axe, de vitesse de rotation, et de position dans l'ordre des sphères[1] (1073b 17-74a 14). À chacun de ces

1. Pour le détail de ces explications, et sur la question du modèle qu'elles mettent en œuvre, voir G.E.R. Lloyd, « *Metaphysics* Λ 8 », dans M. Frede et D. Charles (éd.), *Aristotle's* Metaphysics *Lambda*, *op. cit.*, p. 245-273, ainsi que les analyses de F. Bagdhassarian, *Aristote…*, *op. cit.*, p. 283-325.

moteurs mus doit correspondre un moteur immobile, la question se posant dès lors du nombre, mais aussi de la nature de ceux-ci (s'agit-il des âmes des sphères ? d'intellects séparés ?), et de leur rapport au moteur dont il a jusqu'à présent été question. Le thème astronomique a d'ailleurs été appelé, au terme de la démonstration de Λ 6, par une allusion à plusieurs substances actuelles (ταύτας τὰς οὐσίας, 1071b 21) et, dès lors, sans matière. Ces substances, principes du mouvement en vertu de leur actualité, étaient opposées aux Formes platoniciennes, impuissantes à en rendre compte. Il revient donc à Λ 8 de montrer, contre les Platoniciens, que si l'on conçoit les principes et les substances séparées comme des actes, et non comme des Formes, alors on peut rendre compte, concrètement et précisément, du mouvement : non seulement de celui de la sphère des fixes, mais aussi de celui des autres sphères et planètes (1073a 29-b 1). Ce faisant, on hérite aussi du problème platonicien du rapport entre les Idées et les Nombres : il faut donc déterminer le nombre exact des substances principielles (1073a 14-22) [1].

Mais le problème se pose dès lors du rapport entre le premier moteur immobile et les autres. Ceux-ci sont ordonnés selon une hiérarchie (ταξίς, 1073b 2), qui suit celle des mouvements célestes. Il semble cependant que cette hiérarchie soit aussi ontologique : au contraire du premier d'entre eux, que Λ 7 a fini par identifier au dieu, les autres moteurs immobiles ne sont pas caractérisés, en Λ 8, comme de pures *energeiai*, ni comme identiques au premier intelligible et au meilleur. D'eux, il est dit qu'ils sont immuables et éternels (1073a 33-34), mais aussi impassibles, et, enfin, qu'ils ont « par eux-mêmes atteint le bien suprême « καθ 'άυτὴν τοῦ ἀριστου τετυχηκυῖαν, 1074a 19-20) » : c'est en tant que tels qu'ils sont des fins, *telos* (a 20). Ainsi, et au contraire du premier moteur, les autres ne sont pas des fins en tant qu'ils sont déjà par eux-mêmes le bien, mais en tant qu'ils *ont atteint* le bien [2].

En même temps que leur subordination au dieu, leur pluralité peut par là s'expliquer : le problème se pose en effet de savoir comment, s'ils sont

1. Sur cette question, et les deux évaluations successives d'Aristote, voir G.E.R. Lloyd, « *Metaphysics* Λ 8 », art. cit., p. 261, ainsi que D. Sedley, « *Metaphysics* Λ 10 » dans M. Frede et D. Charles, *Aristotle's* Metaphysics *Lambda*, *op. cit.*, p. 327-35 : n. 7, p. 331, et F. Baghdassarian, *op. cit.*, p. 309-311.

2. D. Lefebvre (« La question de l'unité … », art. cit., n. 90, p. 169), et F. Baghdassarian (*Aristote…*, *op. cit.*, p. 314) m'ont objecté que le parfait ne suffisait pas à fonder cette hypothèse : cependant, elle s'appuie non pas seulement sur le temps mais sur la signification même du verbe τυγχάνω. Les multiples moteurs immobiles ne sont pas dits être le bien, mais l'avoir *atteint*.

sans matière, ils peuvent être multiples – d'autant que le texte souligne que le premier moteur, en tant même qu'il est immatériel, doit être un par le nombre comme par la quiddité (1074a 36-37) [1]. Mais puisqu'il est dit d'eux qu'ils ont atteint le bien, on peut supposer qu'ils ont été en mouvement, et donc qu'ils ont été en-puissance : si le premier moteur est, toujours déjà, un acte sans puissance, on peut supposer qu'ils sont, eux, des puissances pleinement actualisées et stabilisées dans leur fin.

*Λ 9. L'*ousia energeia *comme* ousia aristē

Les deux derniers chapitres de Λ adoptent un nouveau point de vue sur le divin : celui-ci n'est plus prioritairement considéré comme *energeia*, mais comme bien. Si leur date de rédaction est vraisemblablement antérieure [2], ils n'introduisent pas pour autant de discontinuité avec Λ 1-7 : Λ 7, en particulier, établissait déjà l'identité entre l'*ousia energeia* et le bien ou le meilleur, tout en soulignant, contre les Pythagoréens et Speusippe, que bien et meilleur peuvent être au principe. Les derniers chapitres de Λ s'accordent donc aussi avec le projet exposé en A de penser la causalité propre au bien. En caractérisant le premier moteur comme acte et comme cause finale, Λ 6 et 7 ont déjà rempli une partie de ce programme, que Λ 8 à son tour a commencé d'appliquer en manifestant le rapport entre les différentes fins, ou les différents moteurs immobiles, et la complexité des mouvements astraux.

La question du bien est cependant abordée de manière indirecte en Λ 9, à travers une enquête sur le *noūs*, l'intelligence. Là encore, le texte s'inscrit dans la continuité du chapitre 7, et ce, de deux façons : d'abord parce que l'intelligible et le bien y étaient identifiés par la médiation de la substance et de l'*energeia* (1072a 30-b 1); ensuite, parce que le dieu y était décrit non pas seulement comme acte, mais comme activité de pensée, et

1. Le τὸ τί ἦν εἶναι de 1074a 35 est parfois lu comme l'indice que le premier moteur est forme et non pas acte (voir en ce sens D. Lefebvre dans le compte rendu qu'il a donné de la première édition du présent livre, *Philosophie antique* 8, 2008, p. 278-282 : p. 280). Mais on peut à l'inverse trouver significatif (comme aussi F. Baghdassarian, *Aristote…*, *op. cit.*, p. 318) que ce soit la formule τὸ τί ἦν εἶναι qui soit ici employée et non pas, précisément, le terme *eidos* : la quiddité est l'objet de la définition et à ce titre il n'y a aucune raison de la refuser au premier moteur, sans quoi il serait inintelligible, mais elle ne prétend pas à la séparation, au contraire de la forme dans son usage platonicien.

2. *Cf.* B. Dumoulin, *Analyse génétique de la* Métaphysique *d'Aristote*, *op. cit.*, p. 338-339; J. Brunschwig, « *Metaphysics* Λ 9 : A Short-Lived Thought Experiment? », dans M. Frede et D. Charles (éd.), *Aristotle's* Metaphysics *Lambda …*, *op. cit.*, p. 277-306.

comme étant à la fois la pensée du meilleur (1072b 19), et la pensée, ou la contemplation, la meilleure et la plus agréable (1072b 24).

Or Λ 9 pose précisément la question de savoir si la valeur de la pensée lui vient de son objet, ou de son exercice même. La réponse à cette question est conditionnée par une double prémisse, qui d'emblée articule les deux déterminations d'*ousia energeia* et d'*ousia aristē* : la *noēsis*, ou l'intellection est l'*ousia* la meilleure, ἡ ἀρίστη οὐσία; en tant que telle, elle ne peut pas être *dunamis* (1074b 20). Elle ne peut dès lors avoir un autre objet qu'elle-même, qui déterminerait son activité de pensée et lui serait ainsi supérieur; de même, si elle était *dunamis* et non pas *energeia*, la continuité de cette activité lui serait pénible (ἐπίπονον, b 29)[1]. Enfin, si elle pensait un objet autre qu'elle-même, alors elle pourrait aussi bien penser différents objets, non pas seulement le bien, mais « une chose prise au hasard » (1074b 24).

À partir de là, les deux hypothèses initiales doivent être éliminées : la valeur de la pensée ne peut lui venir de son objet (si du moins celui-ci lui est extérieur, et si elle dépend de lui pour être en-acte). Mais elle ne tient pas non plus à sa seule activité, prise indépendamment de l'objet par elle visé : car la pensée et l'activité de pensée appartiennent aussi à qui pense le pire (1074b 31-32). Si la valeur de la pensée ne tient ni à un objet (extérieur) ni à sa seule activité, il faut dire dès lors que la pensée vaut non parce qu'elle pense mais par ce qu'en elle-même elle pense. Dès lors, le premier moteur « se pense lui-même, s'il est vrai qu'il est le plus excellent, et sa pensée est pensée de la pensée » (1074b 34-35).

Mais cela laisse encore ouvertes deux possibilités : une fois exclu que la valeur de la pensée tienne à sa seule activité, ou à un objet extérieur, on peut encore se demander si elle tient à un objet qui lui est immanent, ou à l'immanence même de cet objet; en d'autres termes, la pensée se pense-t-elle elle-même parce qu'elle est le meilleur ou est-elle le meilleur parce qu'elle se pense elle-même?[2] Tel est le sens de la question posée en 1074b 36-38 : « Et encore, si penser et être pensé sont deux choses différentes, selon lequel des deux termes le bien (τὸ εὖ) appartient-il à

1. Comme elle l'est pour « nous » : cf. *Eth. Nic.* X, 1175a 4-5.

2. Le problème dès lors n'est pas de savoir si le dieu d'Aristote est ou non un « Dieu-Narcisse », soit s'il ne pense véritablement que lui-même, ou s'il pense aussi autre chose que lui-même (*cf.* R. Norman, « Aristotle's Philosopher-God », *Phronesis* 14, 1969, p. 63-74, et J. Brunschwig, « *Metaphysics* Λ 9… », art. cit. J. Brunschwig développe cependant une distinction inspirée du *Charmide* entre la connaissance de la connaissance, qui peut aussi être connaissance d'autres choses qu'elle-même, et la connaissance de soi, ou encore entre une connaissance « réflexive » et une connaissance « centripète »). La question serait plutôt de savoir ce qui justifie un tel « narcissisme » : c'est-à-dire si la pensée se prend elle-même

la pensée ? ». La réponse consiste à montrer que dans certains cas, qui ne concernent pas le seul intellect divin, il y a identité entre le savoir et son objet – on répond ainsi à l'objection formulée en 1074b 36 selon laquelle la connaissance de soi ne serait qu'un *parergon*, un supplément ou un effet accidentel, de la connaissance d'objet. C'est le cas pour les sciences pratiques quand elles portent sur une essence considérée indépendamment de sa matière[1], et pour les sciences théorétiques où l'intellection est à elle-même son objet (1075a 1-5). Reste encore à savoir si cet objet est indivisible ou composé. La réponse passe par une nouvelle comparaison, entre, cette fois, l'intellect humain et l'intellect divin.

L'interprétation de ce passage, et du texte tout entier, repose en grande partie sur le sens que l'on donne à la seconde occurrence de l'adjectif *suntheton*, en 1075a 8 (« ὥσπερ ὁ ἀνθρώπινος νοῦς ἤ ὅ γε τῶν συνθέτων ἔχει ἔν τινι χρόνῳ… ») : ou bien on l'interprète, comme la première, en un sens objectif, considérant alors que la comparaison joue entre l'intellect divin, en tant qu'il a pour objet l'indivisible, et l'intellect humain, en tant qu'il n'a d'objet que composé. Le passage n'admettrait alors de lecture que noétique : il s'agirait de dire que l'intellect humain, en tant qu'il pense le composé, ne trouve sa perfection qu'au terme du temps requis pour une telle intellection[2]. Mais on peut aussi[3] interpréter le génitif *sunthetōn* en un sens subjectif, et comprendre qu'il désigne l'intellect humain, ὁ ἀνθρώπινος νοῦς, non pas comme ayant pour objet des composés, mais comme étant celui d'êtres eux-mêmes composés. Le passage admet alors une lecture éthique : il s'agit de dire que l'intellect humain, en tant qu'il est celui d'êtres composés (de matière et de forme, ou d'en-puissance et d'acte) n'a pas un accès immédiat au bien, τὸ εὖ, mais n'atteint le meilleur, τὸ ἄριστον, que dans le temps, et comme un être différent de lui, ὂν ἄλλο τι (1075a 7-9).

S'il peut paraître difficile de donner ainsi deux valeurs différentes à un même terme, le contexte général est cependant en faveur de cette dernière interprétation[4]. Tout d'abord, les termes τὸ εὖ et τὸ ἄριστον ont bien été

pour objet simplement en tant qu'elle est pensée, comme une forme vide (la dire bonne reviendrait alors à qualifier son autarcie), ou si elle se pense en tant qu'elle est bonne, voire identique au bien.

1. Comme le propose J. Brunschwig (« *Metaphysics* Λ 9… », art. cit., p. 295), il faut sans doute ici lire ἄνευ ὕλης avec οὐσία (1075a 1-2).

2. C'est l'interprétation qu'adopte J. Brunschwig, « *Metaphysics* Λ 9 », art. cit., p. 300.

3. Avec Ross et le Ps-Alexandre.

4. L'emploi du terme *noūs* plutôt que *noēsis* va aussi dans le sens de la lecture subjective, puisqu'il désigne bien la faculté, comme *constitutive* de certains êtres, et non pas son mode d'opération, en tant qu'il a pour objet certains êtres. L'opposition entre le *noūs* et le *suntheton* se retrouve notamment en *Eth. Nic.* X, 1177b 19-29.

employés jusqu'ici en un sens éthique, ou, du moins, axiologique, comme ce sera encore le cas en Λ 10[1]. Ensuite, Λ 7 opposait déjà la continuité de la pensée divine, et du plaisir qui s'y attache, à la discontinuité de la pensée humaine. Ce faisant, le terme *ariston* venait explicitement désigner l'objet de cette pensée, et non pas simplement son mode de fonctionnement (« la pensée qui est par elle-même porte sur le meilleur par lui-même »[2], 1072b 18-19). Or Λ 9 peut bien être lu dans la continuité de Λ 7 : il hérite en effet d'une prémisse décisive[3] qui est que le *noūs* est *ousia aristē*, la substance la meilleure. Cette proposition a été fondée en Λ 7 par l'identification de l'intelligible, du bien, et de la substance (comme substance actuelle). Cette prémisse, tout comme la résurgence, dans les dernières lignes du chapitre 9, des notions de bien et de meilleur, va dans le sens d'une lecture objective, et donc aussi éthique ou plutôt axiologique du texte. Certes la pensée n'est pensée que d'elle-même ; mais si elle se pense elle-même, c'est parce qu'elle est identique au bien. Du dieu d'Aristote, on peut bien dire, dès lors, qu'il est un dieu-Narcisse : mais ce que ce Narcisse aime et contemple en lui-même, ce dont aussi il jouit, ce n'est pas la forme vide d'une pensée pensant qu'elle pense, mais c'est le bien qu'avec elle-même elle pense[4].

*Λ 10. L'*ousia energeia *et l'ordre des substances*

Dès la première ligne de Λ 10, la question du bien, et de ses rapports avec l'univers est explicitement posée : le bien et le meilleur (τὸ ἀγαθὸν καὶ τὸ ἄριστον) doit-il être conçu comme quelque chose de séparé (κεχωρισμένον), existant en soi et par soi, ou comme l'ordre même (τάξιν) du tout (1075a 11-13) ? Ainsi posée, cette question à la fois reprend et déplace les termes de la grande opposition qui, en Λ 1, confrontait les holistes et les épisodiques, ceux qui conçoivent l'univers comme un tout, et ceux qui le conçoivent comme une série. Les acquis des chapitres précédents rendent possible une reformulation, qui, cette fois, n'est plus doxographique, de cette opposition. On sait désormais qu'il existe une

1. 1075a 14.

2. ἡ δὲ νόησις ἡ καθ 'αὑτὴν τοῦ καθ 'αὑτὸ ἀρίστου.

3. Comme le note d'ailleurs J. Brunschwig, qui la nomme « Principe de Perfection », tout en proposant de voir en Λ 9 une version antérieure, et destinée à être supplantée par 7 (« Metaphysics Λ 9 », art. cit., p. 278 et 304).

4. On est dès lors fondé à lire ces lignes à la lumière de *Eth. Eud.* VII 1245b 17-19, dont la formulation est très proche : « <Le dieu> est trop bon pour penser lui-même autre chose que lui-même. La cause est que pour nous le bien réside en autre chose, tandis que pour lui, il est lui-même son propre bien » (αὐτος αὑτου τὸ εὖ ἐστίν).

substance séparée, que celle-ci est acte, et non pas forme, qu'elle est identique au bien, et qu'elle agit comme fin : à partir de là, il apparaît déjà que l'univers ne peut être ni totalisé *via* sa réduction à un unique principe matériel, comme le font les holistes, ni conçu à la façon des épisodiques comme une série disjonctive. De fait, sa structure hiérarchique, sa *taxis* est d'emblée posée, après avoir déjà fait l'objet d'une description partielle en Λ 8. L'univers constitue donc bien une totalité, mais celle-ci n'est pas exclusive d'un ordre qui admet des degrés, organise du supérieur et de l'inférieur. L'opposition entre holistes et épisodiques se trouvant ainsi dépassée, il reste à savoir si le bien s'identifie à cette *taxis* ou en est séparé.

Or, ces deux options ne sont pas exclusives : le bien peut être conçu à la fois (ἀμφοτέρως, 1075a 13) comme l'ordre même de l'univers et comme séparé de celui-ci, à la façon dont le bien (τὸ εὖ) d'une armée réside dans son ordre autant que dans son stratège. Il faut cependant reconnaître entre ces deux modes d'existence du bien un rapport d'antériorité, dès lors que l'ordre dépend du stratège, et non le stratège de l'ordre.

Le problème se pose alors de savoir en quoi consiste un tel ordre, qui à la fois est déterminé par le principe et vaut comme sa manifestation. Déjà appliqué, en Λ 8, à la hiérarchie des sphères et de leurs moteurs, le terme *taxis* l'est désormais, non plus aux substances sensibles éternelles, mais aux substances sensibles périssables (animaux, plantes… 1075a 16-17). Comme en Λ 8, il s'agit donc de spécifier la nature de la relation de la substance immobile et séparée avec les autres substances. Or, cet ordre reçoit une triple caractérisation : il opère, d'abord, de façon horizontale entre les différentes substances (« πάντα δὲ συντέτακταί πως », 1075a 16); toutes ensuite sont ordonnées en rapport à quelque chose d'unique (« πρὸς μὲν γὰρ ἕν ἅπαντα συντέτακται », a 18-19); mais, enfin, elles ne le sont pas de la même façon. À la métaphore de l'armée succède en effet celle de la maisonnée (οἰκία); le rapport des différentes substances au tout, εἰς τὸ ὅλον, est comparé à celui des différents membres de la maison à la communauté, εἰς τὸ κοινόν (a 21-22, a 25). Un tel rapport admet différentes formes, selon qu'il concerne les hommes libres, les esclaves, ou les bêtes : s'il est fortuit pour les deux dernières catégories, il ne l'est pas pour la première. On a donc une relation à la fois univoque et diversifiée, selon différents degrés de rationalité et de liberté. Elle tend cependant à une même fin, et procède d'un même principe (a 23) [1].

1. Si l'on entend *phusis* en 1075a 23 au sens de la nature en général, et non de la nature propre à chaque être : voir D. Sedley, « *Metaphysics* Λ 10 » dans Frede et Charles, *Aristotle's* Metaphysics *Lambda …*, *op. cit.*, p. 327-350, ainsi que « Is Aristotle's Teleology anthropocentric ? », *Phronesis* 36, 1991, p. 179-196.

Le passage doxographique et polémique qui suit précise cette réponse sur plusieurs points. Ce passage a pour objet, on s'en souvient [1], la critique des théories antérieures du principe, y compris du bien principiel. À Empédocle et Anaxagore, il est reproché d'avoir mal conçu son mode d'action : d'avoir confondu le bien avec une cause motrice et matérielle pour le premier, et, pour le second, avec une cause motrice agissant en vue d'une fin différente d'elle-même. Cette revue critique est l'occasion de répéter qu'« en toutes choses c'est au plus haut point le bien qui est principe » (1075a 37). Mais elle s'accompagne aussi de l'affirmation renouvelée selon laquelle la causalité du bien est finale, et non pas motrice ou matérielle. Dans ces dernières lignes du chapitre 10, et du livre Λ en son entier, les résultats des analyses des chapitres précédents, 7 et 9 en particulier, sont ainsi explicitement mobilisés contre les physiologues : le principe est avant tout et essentiellement le bien; en tant que tel, il agit comme une cause finale (et non pas motrice ou efficiente).

Reste le cas des Platoniciens. On s'est accordé avec eux pour poser du séparé, au sens où ils l'entendent, c'est-à-dire des êtres existant « en dehors des sensibles » (1075b 24) – la formule est la même qu'utilisaient les premières lignes de Z pour interroger son existence (2, 1028b 29). Mais, contrairement aux Platoniciens, on s'est donné les moyens de penser sa causalité. Si la détermination d'acte n'est pas ici explicitement rappelée, Aristote souligne cependant, et en des termes proches de ceux qu'utilisait la démonstration de Λ 6, que la *dunamis* ne peut être posée comme antérieure (1075b 32-33). Ainsi, non seulement il y a du séparé, mais c'est parce qu'il y a du séparé qu'il peut y avoir tant un principe que de l'ordre, de la génération et des phénomènes célestes (« ἀρχὴ καὶ τάξις καὶ γένεσις καὶ τὰ οὐράνια », 1075b 25-26) : l'ordre, ou la *taxis*, est ici spécifié selon les deux caractérisations successives qu'en donnaient Λ 8 et Λ 10, soit comme résidant dans le mouvement des substances incorruptibles comme dans celui des substances corruptibles. Et, une nouvelle fois, il est clairement dit que de cet ordre immanent, l'existence du principe, c'est-à-dire du bien et de la fin séparés, est la condition.

Mais ce qui est du même coup clarifié, c'est la relation même entre les trois espèces de substances distinguées au début de Λ 1 : sensible éternelle, sensible corruptible, et immobile. On sait désormais qu'on a raison de penser la substance immobile comme séparée – c'est-à-dire comme existant à part des substances sensibles mêlées d'acte et d'en-puissance, et comme un acte pur. Mais on découvre à présent que c'est

1. Voir chap. I, p. 38-39.

en tant même qu'elle est séparée qu'elle est au principe de l'ordre et des mouvements distinctifs des substances sensibles. L'opposition de Λ 1, comme sa reformulation au début du chapitre 10, sont dès lors l'une et l'autre dépassées : on peut penser une séparation qui n'engage pas, comme chez les Platoniciens, la disjonction entre les différents degrés de réalité ou les différentes substances, *et* une totalité qui ne soit pas, comme chez les Physiologues, réduction par le bas de l'univers à ses composantes matérielles. Et on peut penser le principe ou le Bien à la fois comme séparé et comme constituant une *taxis*, une totalité ordonnée et liée.

CONCLUSION

UNE ONTOLOGIE UNITAIRE

a. Les dernières lignes de Λ apportent une réponse directe aux premières : à la question de la structure de l'univers, mais aussi à celle de la nature de la substance séparée. Celle-ci doit bien être conçue comme immobile, mais si elle est telle, c'est en tant qu'elle est acte et bien, et non pas forme, ni puissance. Plus tôt, le chapitre 5 avait répondu à l'autre question directrice, qui portait sur la possibilité de dégager des principes communs à toutes les substances. En la *dunamis* et l'*energeia* on a en effet reconnu de tels principes, admettant une plus large extension que ceux de matière et de forme, et valant à ce titre par-delà les substances sensibles corruptibles : au contraire de la matière, l'en-puissance peut en effet se dire des substances mobiles éternelles; quant à l'acte, c'est lui, et non la forme, qui nomme le mode d'être de ce qui subsiste sans matière (du séparé). En-puissance et acte permettent ainsi de penser respectivement *le mouvement et la substance à l'exclusion de la matière.*

La fin du livre Λ manifeste aussi l'articulation entre ces différentes questions, et la compatibilité entre les réponses qui leur ont été apportées : ainsi, l'existence de principes communs à toutes les substances ne met pas en cause celle de substances séparées, ni n'engage une vision holiste de l'univers, comparable à celle des Physiologues. Λ 4 a en effet souligné la différence entre principe et élément : les principes communs ne doivent pas être compris comme des constituants identiques, et c'est à ce titre qu'ils peuvent s'appliquer à des individus comme à des espèces distincts. Plus précisément, ils indiquent des rapports égaux entre des constituants différents, et c'est pourquoi l'on peut dire d'eux qu'ils sont les mêmes par analogie. La notion de principe ajoute aussi à celle d'élément la prise en compte des causes extérieures, et en particulier de la cause motrice .

De toutes choses, ainsi, on peut dire non seulement qu'elles ont, par analogie, les mêmes principes, mais aussi qu'elles dépendent d'un même principe. Λ 4, déjà, désignait celui-ci comme « ce qui, comme premier de tous, meut toutes choses, τὸ ὡς πρῶτον πάντων κινοῦν πάντα» (1070b 34-35), et Λ 5, ensuite, comme « ce qui est premier en entéléchie, τὸ πρῶτον ἐντελεχείᾳ » (1071a 36). Dès lors, et comme le soulignent les toutes dernières lignes de Λ 10, on échappe tant à la vision holiste des Physiologues qu'à celle, épisodique, des Platoniciens. Entre les différentes espèces de substances, on peut en effet poser une double unité :

– celle, analogique, de l'en-puissance et de l'acte;

– celle, directe, qui tient à leur même dépendance envers une cause première elle-même désignée comme acte.

À ce point surgit cependant une difficulté : si l'acte peut se dire du principe premier, et plus largement des substances séparées tout comme des substances composées, est-ce dans le même sens, dès lors qu'appliqué au principe il est compris sans l'en-puissance ? Et ce problème en appelle un autre, qui serait la transposition de celui, classique, de la « forme pure » : comment peut-il y avoir un acte sans en-puissance ? Là encore, ces deux questions sont liées :

– tout d'abord, le problème de l'acte pur, s'il y en a un, n'est pas homogène à celui de la forme pure, dès lors que si Aristote ne parle jamais de « forme pure » et refuse la séparation de la forme (Λ 3), en revanche, il désigne clairement en l'acte le mode d'être du séparé compris en son sens aristotélicien comme en son sens platonicien. Autrement dit, l'acte nomme à la fois la substance composée (l'*ousia malista* de ZH) en tant qu'elle subsiste par elle-même, et la substance simple, en tant qu'elle subsiste par elle-même *et* hors des sensibles Λ 5). Si la notion d'acte est ainsi étendue des substances composées aux substances simples, cette extension ne se paye pas de son équivocité : *l'acte, c'est la forme en tant qu'elle subsiste, avec ou sans matière*;

– appliqué au premier principe, l'acte revêt plutôt son sens plein, que nomme proprement le terme *entelekheia*, et par quoi il désigne non seulement l'être, mais l'être *dans* la fin et le bien, pour les substances composées, et l'être *comme* fin et comme bien, pour la substance simple. Θ 8 l'associait déjà à l'*ergon* et au *telos* et, en Λ 7, c'était la position de la substance comme acte, *ousia energeia*, qui fondait son identification au premier intelligible et au premier bien. tout comme, en Λ 9, à l'*ousia aristē* ;

– l'acte, cependant, ainsi compris, c'est-à-dire comme identique à l'*ousia* et excluant l'en-puissance, exclut du même coup le mouvement; l'être dont l'*ousia* est *energeia*, qui donc est sans puissance, n'a pas besoin du mouvement pour réaliser son essence ou devenir ce qu'il est. Il subsiste toujours-déjà comme identique à sa forme, et ce (on y reviendra) parce qu'il est une substance essentiellement bonne. Il est donc immobile en même temps que nécessaire. Pour les autres substances, en revanche, le mouvement peut être leur fin, ou encore, ce par quoi elles atteignent leur fin.

Appliqué au premier principe, et identifié à son *ousia* même, l'acte revêt donc un sens déterminé et non pas équivoque qui, en tant qu'il exclut l'en-puissance, exclut les traits définitionnels des autres substances : la puissance des contradictoires qui caractérise les sensibles corruptibles; mais aussi la puissance locale qui préside au mouvement des sensibles éternels.

b. Or (et de ce point de vue encore la notion d'acte pur n'est pas problématique comme l'est celle de forme pure), ce sens déterminé de l'acte principiel, loin d'engager une scission entre lui et les autres substances, pose au contraire, avec leur différence, leur relation. Λ 6 a en effet démontré en effet que l'acte était requis comme la condition même du mouvement éternel, et Λ 7 à son tour a montré comment l'immobile peut être la condition du mouvement. S'il l'est, c'est en tant que cause finale (Λ 7), mais aussi en tant qu'il est le bien : Λ 10 a en effet établi, après Λ 8, qu'en tant que tel il était la cause de la *taxis*, doublement spécifiée comme consistant aussi bien en la *genesis*, le mouvement définitionnel des sensibles corruptibles, qu'en les mouvements célestes (1075b 25-26).

Les caractères propres de l'acte principiel, entendu en un sens déterminé comme immobile, nécessaire, identique à la cause finale et au bien, fondent donc, en même temps que sa différence avec les autres substances, sa relation à elles, puisqu'ils l'établissent comme le principe de leur mouvement, et des deux mouvements qui, déterminés l'un par la puissance des contradictoires, l'autre par la puissance locale, sont, pour chaque espèce de substance mobile, définitionnels.

Cette relation suppose cependant que la cause finale soit entendue en un sens particulier (Λ 7, 1072b 2-3) : c'est donc sur cette notion, et non sur celle d'acte, qu'il y a équivocité. Le premier moteur immobile, en effet, n'est pas, pour les autres substances, une fin immanente et immédiate. Ces dernières, en d'autres termes, ne visent pas l'acte divin comme leur fin propre. Elles visent leur acte et leur fin propres, en quoi réside aussi leur bien spécifique. Visant celui-ci, cependant, elles visent également la perpétuité et la nécessité qui, elles, sont caractéristiques de l'acte divin. La substance purement actuelle, ainsi, n'est pas l'acte du monde, non plus que les moteurs immobiles la fin du mouvement – sans quoi il n'y aurait plus ni monde ni mouvement, mais une unique substance en quoi toutes les autres auraient fusionné, sauf à supposer que les multiples puissances, et les multiples mouvements, dont le monde est composé sont de toute éternité entravés, par des accidents sans cesse réitérés, dans leur actualisation. Aussi le monde aristotélicien n'est-il ni scindé (ou tragique)[1], ni fusionnel : il est fait d'une multitude d'accomplissements immanents, à quoi manque, seulement, l'éternité.

C'est pourquoi Λ 10 soulignait que le bien peut exister à la fois comme un principe séparé, et comme un ordre immanent (dont l'existence, cependant, dépend de celle du principe) : et précisait, de même, à travers la métaphore de l'*oikia*, qu'à son tour cet ordre immanent peut être atteint de diverses façons, selon différents degrés de rationalité et de liberté. Si les vivants visent la perpétuation de leur acte à travers le cycle de la génération, ce ne peut être de façon consciente ni délibérée ; ils sont cependant pourvus d'une âme qui est en eux à la fois forme, fin, et principe de mouvement[2], et sont ainsi au principe de leur acte propre (la génération). Il en va autrement pour les corps élémentaires, dépourvus d'âme et d'automotricité : ceux-ci, cependant, sont eux aussi engagés dans un cycle continu[3], dont Aristote dit, de nouveau, qu'il est une approximation de l'être, soit, dans leur cas, de la substantialité, mais aussi, et encore, de la perpétuité (*GC* II, 10, 336b 32-34). Les corps premiers, cependant, étant dépourvus, au contraire des vivants, de spontanéité, il faut poser, au principe de ce processus continu, « la nature », en tant qu'elle vise le meilleur (*GC* II, 336b 27-28) et « le dieu ». Quant au cas de l'homme et des êtres rationnels, il est lui aussi particulier : Λ 7 et 9 l'intégraient cependant en soulignant que l'activité divine est comparable à celle qui « pour nous » est la meilleure (la pensée), à ceci près qu'en le dieu l'intellect est identique à son objet (le bien), de sorte que cet acte, et le plaisir qui l'accompagne, s'ils ne nous sont accessibles que par intermittences (ποτέ), sont en lui éternels (ἀεί)[4].

On a donc bien affaire, comme le suggérait l'image de l'*oikia* en Λ 10, à une hiérarchie d'actes et de fins, dont aucun n'est identique à l'acte divin (même si l'*energeia* la plus haute dont l'homme est capable porte une ressemblance avec lui), mais qui tous visent, en plus d'eux-mêmes, la perpétuité et la nécessité caractéristiques d'un tel acte.

Un texte du *De Caelo* ordonne encore cette hiérarchie, du dieu aux plantes en passant par le premier ciel, les astres, l'homme, les animaux, selon le nombre d'actions (*praxis*) que recquiert l'obtention du bien et du meilleur. Au dieu qui possède la perfection, il n'est besoin d'aucune

1. Selon les termes de P. Aubenque, *Le Problème de l'être ...*, *op. cit.*, p. 410.

2. *De An.* II, 4, 415b 10-11.

3. *GC* II 10, 336b 33.

4. Voir aussi *EN* X, 8, 1178b 25-28. qui distingue l'homme tant des vivants inférieurs que du « vivant éternel et parfait » qu'est le dieu : l'homme seul est capable de bonheur (*eudaimonia*) en tant que son *energeia* a quelque ressemblance (ὁμοίωμά τι) avec celle du dieu.

action, car il est à lui-même sa propre fin; au premier ciel, il n'est besoin que d'un mouvement, car il est au plus proche du divin; mais aux plantes également il suffit d'une action, car elles n'ont accès qu'à un seul bien; quant à l'homme, c'est lui qui a accès aux *praxeis* les plus nombreuses, car il a accès, aussi, à de nombreux biens et à différentes fins (*De Caelo* II, 12, 292b 2-25). Ce texte bien connu a ceci d'intéressant, en particulier, qu'il souligne que pour chacun de ces êtres, le meilleur est sa fin propre de sorte, d'ailleurs, que le critère de la simplicité ou de la complexité de l'action n'est pas déterminant : les plantes, comme le premier ciel, n'ont besoin que d'une action pour atteindre leur bien, et sont pourtant éloignées de plusieurs degrés du divin, car leur *energeia* est de plusieurs degrés inférieure à la sienne. Se trouve du même coup soulignée la singularité de l'homme comme de ce vivant qui, parce qu'il est constitué de diverses *dunameis*, est capable aussi de divers accomplissements et de diverses *energeiai* (la question propre à l'éthique consistant alors à établir une hiérarchie entre celles-ci et à déterminer laquelle est la meilleure en tant qu'elle est proprement humaine, voire plus qu'humaine). En tant qu'il est simplement un vivant, l'homme (ou plutôt : la *dunamis* végétative en lui) trouve un acte et une fin en la génération par quoi il perpétue sa forme spécifique [1], en tant qu'il est un animal, il est aussi en-acte dans la sensation (qu'interrompt cependant le sommeil qui, lui, est l'*energeia* de la puissance végétative), en tant qu'il a en lui un élément divin, enfin, il est également capable d'un acte comparable à l'acte divin (qu'interrompt cependant l'*energeia* de la partie sensitive) [2]. Seul de tous les vivants corruptibles, ainsi, l'homme est capable non seulement d'être en-acte comme le dieu, mais d'avoir un acte comme celui du dieu.

Que le premier moteur immobile soit, en tant qu'acte, cause finale des substances mobiles ne signifie donc pas que son acte soit la fin des autres substances et de leur mouvement. On peut cependant s'efforcer de préciser la relation entre leur acte et le sien. C'est à ce souci que répond le recours par les commentateurs à la notion de *mimēsis* ou d'imitation [3] : chaque type d'être tendrait, au travers de son acte propre, à imiter l'acte divin. Cette interprétation fait cependant l'objet d'une forte critique qui, par-delà elle, vise la notion de cause finale, et qui objecte que la notion de causalité paradigmatique est absente de la pensée aristotélicienne et ne peut donc être convoquée pour expliquer l'action du premier

1. Cf. *Pol.* I, 2, 1252a 28-30.
2. Cf. *Eth. Nic.* VII, 1154b 22-24; X, 1175b 1-10.
3. Sur son introduction par Alexandre d'Aphrodise et sa postérité, voir E. Berti, « Il movimento del cielo in Alessandro di Afrodisia e le scuole e le tradizioni filosofiche », dans A. Brancacci (éd.), *La filosofià in età imperiale*, Naples, Bibliopolis, 2000, p. 227-243.

moteur [1]. En vérité, la notion d'imitation apparaît bien dans les textes, mais elle ne caractérise que le rapport entre le cycle des éléments premiers et les mouvements astraux : c'est le cas à la suite du passage du *De Generatione et Corruptione* déjà cité plus haut (II, 10, 337a 3), et l'idée se retrouve aussi en *Mét.* Θ 8, 1050b 28. Il paraît donc abusif de l'étendre au rapport des substances au premier moteur.

Mais, de plus, une telle extension ne paraît pas nécessaire; le rapport de l'acte pur aux autres actes et aux autres substances peut très bien se comprendre comme un conditionnement ontologique de l'ordre de celui qu'explorait, en Θ 8, la démonstration de l'antériorité de l'acte sur l'en-puissance selon l'*ousia*. Cette antériorité était doublement déterminée : d'abord, comme un rapport de dépendance, au sens, donc, où le postérieur dépend de l'antérieur qui pour sa part peut être sans lui. Des substances sensibles éternelles, il était dit ainsi, en Θ 8, que « si elles n'étaient pas, rien ne serait » (1050b 19). Or ceci vaut, *a fortiori*, pour le premier moteur : la formule de Θ 8 s'éclaire en effet à la lumière du développement établissant, en Λ 6, que le premier moteur est la cause du mouvement continu et éternel du premier ciel, dont dérive à son tour la rotation du soleil parallèle à l'équateur, qui explique l'alternance du jour et de la nuit (l'alternance des saisons ayant, elle, pour cause la rotation annuelle du soleil au long de l'écliptique). Λ 6 conclut que le premier moteur est la cause du mouvement perpétuel, un autre principe (le soleil), celle de la variété (la génération et la corruption), les deux ensemble, la cause de la perpétuité de la variété (τοῦ δ'ἀεὶ ἄλλως, 1072a 17).

Là encore, et comme en Λ 8 et 10, le premier moteur est explicitement mis en rapport avec les deux mouvements caractéristiques des deux espèces de substances sensibles, éternelle, et corruptible. Et s'il n'est pas la cause immédiate des substances contingentes, il est néanmoins la cause médiate de la nécessité de leur contingence, soit de la perpétuité même du cycle de la génération et de la corruption. S'il existe, comme le marquait Θ 8, un rapport d'antériorité ontologique des substances sensibles éternelles aux substances corruptibles, de sorte que l'on peut dire que « si elles n'étaient pas, rien ne serait », ce rapport opère aussi, et *a fortiori*, entre les sensibles corruptibles et le premier moteur dont dépendent les sensibles éternels eux-mêmes.

1. Voir S. Broadie, « Que fait le premier moteur d'Aristote? (Sur la théologie du livre Λ de la *Métaphysique*) », *Revue philosophique de la France et de l'étranger*, 183, 1993, p. 375-411, qui ajoute que la cause finale n'a pas besoin d'exister pour agir. C'est là une objection classiquement opposée par les médiévaux à la notion même de cause finale (sur la réduction de celle-ci par Duns Scot, voir le second volume de notre archéologie, *Genèse du Dieu souverain*, *op. cit.*, p. 243) mais que sa désignation, par Aristote, comme « acte », en tant qu'elle en pose par là même l'existence, suffit à contrer.

Mais Θ 8 distinguait encore un autre rapport d'antériorité selon l'*ousia* : celui de l'acte sur l'en-puissance au sein d'une même substance. Ce rapport devait être compris, on s'en souvient, au sens où l'acte, *energeia*, est pour l'en-puissance son *ergon* et sa fin.

Or, de même que le rapport d'antériorité-dépendance opérait entre des substances distinctes (les sensibles éternels et les sensibles corruptibles), de même ce rapport d'antériorité téléologique opère entre les substances composées d'acte et d'en-puissance en leur ensemble et l'acte pur, dès lors que celui-ci a été désigné comme une cause finale. Si, au sein d'une même substance, l'acte peut être dit antérieur à l'en-puissance au sens où il en est la fin, de la même façon, l'acte pur est antérieur aux substances composées d'acte et d'en-puissance (éternelles ou corruptibles), et donc aux substances mobiles, dès lors qu'il a été désigné en Λ 7 comme une fin, en ce sens particulier qui convient aux êtres immobiles.

Cette seconde forme d'antériorité selon l'*ousia* est en vérité la clef de la première, dès lors qu'elle permet de comprendre non seulement que l'immobile est principe du mouvement, mais *comment* il l'est. L'acte pur peut être compris comme la cause finale de toutes les substances mêlées d'acte et d'en-puissance, non pas au sens où elles le visent, lui, comme leur acte propre, mais au sens où, visant leur acte propre, elles visent aussi la perpétuité caractéristique du sien. C'est pourquoi il peut être dit la cause des mouvements définitionnels des différentes substances composées : tant de la continuité du mouvement du premier ciel, qui a pour principe la puissance des contraires, que de la perpétuité du cycle de la génération et de la corruption, qui a pour principe la puissance de la contradiction. Par-delà eux-mêmes, ces mouvements continus et perpétuels visent la nécessité caractéristique de l'immobile. Ce rapport d'antériorité, cette fois, est immédiat, au sens où il ne requiert pas la médiation du premier ciel (sauf dans le cas des éléments premiers, à propos desquels intervient d'ailleurs, on l'a vu, la notion d'imitation) : si le premier moteur est, *via* le premier ciel et le soleil, la cause médiate de la perpétuité de la variété, il est la cause immédiate du désir de perpétuité.

Enfin, cette double antériorité du premier moteur en acte selon l'*ousia* va de pair aussi avec une antériorité selon le temps, au sens où, comme le soulignait encore Θ 8, toute *energeia* en présuppose un autre, « jusqu'à celle de ce qui, en premier lieu, est toujours moteur, τοῦ ἀεὶ κινοῦντος πρώτως » (1050b 5-6) [1]. Il faut en effet que soit de toute éternité un premier moteur en acte et nécessaire pour que s'actualise la puissance locale qui

1. Ce point est souligné par C.H. Kahn, « The Place of the Prime Mover in Aristotle's Teleology », dans A. Gotthelf (dir.), *Aristotle on Nature and Living Things*, Pittsburgh-Bristol, Mathesis Publications, 1985, p. 183-205.

préside au mouvement céleste, comme la puissance d'être ou de n'être pas qui préside au cycle de la génération et de la corruption.

Les différents rapports d'antériorité de l'acte sur l'en-puissance explorés en Θ 8 (dépendance ontologique, relation téléologique, antériorité chronologique) sont donc transposables à la relation de la substance purement actuelle aux substances mêlées d'acte et d'en-puissance. Par-là, on voit encore que la notion d'acte pur, loin de poser un problème semblable à celle de forme pure en ce qu'elle impliquerait une scission entre la première substance et les autres, porte à l'inverse, avec leur différence, leur relation : elle permet en effet d'établir la priorité de la substance divine, mais comme une antériorité impliquant une relation déterminée.

On comprend mieux dès lors aussi que Λ 5 ait pu désigner en la *dunamis* et l'*energeia* les principes communs à toutes les substances « par analogie », et en quel sens il faut entendre ce dernier terme. Si l'acte peut se dire aussi de la substance première, ce n'est pas en un autre sens que des autres substances, dès lors qu'il exclut l'en-puissance et le mouvement (il y aurait alors, non pas analogie, mais équivocité), mais c'est parce que *son rapport aux substances mêlées d'acte et d'en-puissance est le même que celui, au sein de celles-ci, de l'acte et de l'en-puissance.* L'analogie doit donc bien être entendue, comme il était explicite en Λ 5, au sens d'une égalité de rapports. Mais, plus encore, on voit désormais que ces rapports doivent être compris comme une relation réelle, élucidée à travers la notion d'antériorité selon l'*ousia*. Il semble donc que l'on puisse appliquer à Λ, et au problème des rapports entre l'*ousia energeia* et les substances mêlées d'acte et d'en-puissance, le processus qui, en Θ, donnait la clef du rapport général de l'acte à l'en-puissance. On a vu en effet comment l'analogie de Θ 6, qui proposait une première compréhension des notions de *dunamis* et d'*energeia* en manifestant l'identité entre leur rapport et celui d'autres termes dont l'équivalence était peu à peu établie, se résolvait, en Θ 8, en l'exploration de la relation d'antériorité de l'acte sur l'en-puissance, par quoi ces deux notions se trouvaient non plus seulement ordonnées selon une série d'équivalences, mais bel et bien *corrélées*. De la même façon, l'universalité analogique de l'en-puissance et de l'acte énoncée en Λ 5 se résout en Λ 7 et 10 en la position d'une substance purement actuelle, antérieure à titre de fin et de bien aux autres substances, condition et cause de leur ordre et de leurs mouvements.

Il y a dès lors unité entre ces principes immanents de la substance sensible que sont la *dunamis* et l'*energeia* et ce principe transitif qu'est le premier moteur. Le couple conceptuel de l'en-puissance et de l'acte rend compte à la fois de la constitution générale des substances sensibles comme mobiles, et du nécessaire conditionnement de leur mouvement par le principe à proprement parler, c'est-à-dire par l'*ousia energeia* comprise (et ces deux déterminations sont elles-mêmes contenues dans la notion même d'*energeia*) comme fin et comme bien. Autrement dit, poser que le principe premier a un principe commun avec ce dont il est principe, ce n'est pas le nier[1], mais à l'inverse le poser comme principe, dès lors que cette détermination d'*ousia energeia* pose son primat réel sur ce qui est en mouvement, c'est-à-dire mêlé d'*energeia* et de *dunamis*. Ou encore: les principes immanents qui rendent compte des substances sensibles considérées sous ce trait caractéristique qu'est la muabilité – l'en-puissance et l'en-acte-, pointent vers la nécessité d'un principe transitif – l'acte pur, qui est la condition du mouvement considéré en sa globalité.

La notion d'acte assure ainsi à la fois l'universalité du discours ontologique et le primat du principe théologique. De ce dernier, elle pose la différence (qui est en même temps suprématie) par rapport aux autres substances, dès lors qu'il est, lui, acte sans en-puissance et à ce titre immobile et nécessaire. Mais cette différence, loin d'être scission, et de reconduire le problème de la forme pure, est à l'inverse principe de liaison, dès lors que c'est cette caractéristique même de l'acte principiel, être acte sans puissance, qui établit sa relation conditionnante aux substances mobiles, mêlées d'acte et d'en-puissance. Certes, il y a une différence entre la substance immobile et les substances mobiles : mais cette différence, loin de les séparer au sens platonicien du terme et de rejouer l'épisodisme, fonde leur relation.

Le tour de force d'Aristote consiste ainsi à instituer, au sein même d'une ousiologie générale, le primat du principe théologique. La *dunamis* et *l'energeia* autorisent une pensée unitaire des différentes substances, tout en déterminant, en vertu de l'antériorité de l'acte, leur nécessaire différence, non comme scission, mais comme relation. Contre l'éclatement du projet métaphysique, est ainsi assurée la possibilité d'un discours univoque sur les différentes substances, discours dont *l'univocité pose en même temps la hiérarchie.*

c. La désignation du premier moteur immobile comme *energeia* permet ainsi de répondre au problème, formulé en Λ 1, comme en B1000a 5-7, de la possibilité de principes communs à toutes les substances, et, par là même, d'une science commune de celles-ci. Que la substance séparée soit immobile la soustrait, certes, au champ de la physique, qui inclut les substances mobiles éternelles comme périssables, mais non à la science qui procède à partir de ces principes non-physiques que sont la *dunamis*

1 *Contra* l'objection adressée par D. Lefebvre à toute tentative d'unification des principes de la substance, «La question de l'unité d'une science des substances», art. cit., p. 168.

et l'*energeia*. De plus, et conformément à l'exigence formulée là encore en B, de tels principes autorisent à la fois un savoir unitaire des différentes substances, et la dérivation de leur hiérarchie et de leur différence[1].

On se souvient qu'en E 2, l'en-puissance et l'en-acte avaient été énumérés, aux côtés des catégories, comme l'un des sens de l'être (1026a 33-b1). Ce sens de l'être que disent la *dunamis* et l'*energeia*, s'il a, comme on l'a vu, la même fonction que les catégories en ce qu'il permet d'ajuster le même à l'autre, l'un au multiple, et l'être au devenir, a aussi une plus large extension, dès lors que par-delà le mouvement, l'*energeia* s'applique également à l'immobile.

On est dès lors fondé à reconnaître en la *dunamis* et l'*energeia* les principes de la science de l'être sous la détermination restrictive qu'en proposait Γ, c'est-à-dire comme ousiologie (1005b 16-19). Cependant, et en tant que tels, ces principes s'accordent aussi avec la détermination plus large de la science de l'être proposée elle aussi en Γ, qui lui assignait l'étude des principes non seulement de la substance, mais aussi de la démonstration (1005a 22-23). Plus précisément, et comme cela apparaissait en Γ 5, la distinction même entre l'en-puissance et l'en-acte résulte de l'application du principe de non-contradiction à l'*ousia* – l'en-puissance permettant de penser la coexistence des contraires au sein d'une même substance, l'acte étant la réalisation d'un seul de ces contraires.

À ce point surgit cependant un nouveau problème : dans un texte qui précède immédiatement celui où l'en-puissance et l'en-acte sont désignés comme un sens de l'être, en E 1, donc, la science recherchée paraît être identifiée non pas à l'ontologie, doublement caractérisée comme science des axiomes et science de la substance, mais à la théologie, ou à la « philosophie première ». De la primauté de l'objet de la théologie est en effet déduite son universalité, d'où l'on conclut qu'elle considère, avec l'être premier, l'être en tant qu'être (E 1, 1026a 31-32). C'est sur ces lignes, abondamment commentées, que repose l'interprétation onto-théologique de la métaphysique aristotélicienne[2]. Elles paraissent contredire la lecture unitaire, mais ontologique, que nous en proposons.

1. Aux Physiologues, B objecte ainsi qu'ils ne sont pas capables d'expliquer que, tout en procédant des mêmes principes, certaines choses soient éternelles et d'autres périssables (1000a 19-22). Or la distinction de l'acte et de l'en-puissance permet à l'inverse de penser la différence entre le nécessaire et le contingent, tout en manifestant en le nécessaire la fin, jamais atteinte mais visée au travers de la perpétuité du cycle même de la génération et de la corruption, du contingent.

2. Celle-ci soulignant « l'unité de ce qui est interrogé et pensé dans l'ontologique et le théologique : l'étant comme tel dans ce qu'il a d'universel et de premier *conjointement* avec l'étant comme tel, dans ce qu'il a de suprême et de dernier [...]. La constitution de la

Il faut, pour tenter de résoudre cette difficulté, lire ce texte de plus près. Une première remarque s'impose : son objet premier n'est pas d'identifier la science de l'être en tant qu'être, mais d'établir une hiérarchie entre les différentes sciences. Le primat est ainsi posé des sciences théorétiques sur les autres sciences (1026a 22). Parmi les sciences théorétiques ont été comptées, en premier lieu, la physique, qui a pour objet les êtres séparés mais non-immobiles [1], les mathématiques, qui ont pour objet les êtres immobiles mais non-séparés, et, enfin, la théologie, qui a pour objet des êtres à la fois immobiles et séparés, désignés comme étant la cause de ce qui, du divin, est visible (1026a 18). Le problème qui se pose alors est celui de la hiérarchie entre physique et théologie : s'il n'existe d'autre substance que composée, alors la physique sera science première; mais s'il existe une substance immobile, ce sera la théologie. Reste à savoir si la « philosophie première » ainsi définie sera universelle, et en quel sens. Elle pourrait l'être à la façon dont les mathématiques le sont par rapport à la géométrie et à l'astronomie : d'une universalité relative, valant seulement pour un genre d'être déterminé (a 24-27). Ce parallèle avec les mathématiques incite à considérer la formule des lignes 1026a 30-31 (la théologie est «universelle en ce sens qu'elle est première, καθόλου οὕτως ὅτι πρώτη») avec une certaine réserve : on pourrait en effet en déduire que la théologie n'est universelle qu'au sens où les mathématiques le sont par rapport à la géométrie et à l'astronomie, c'est-à-dire de façon seulement relative au genre d'êtres, immobiles et séparés, qui constituent son objet propre. Pourtant la suite immédiate du texte précise qu'elle a pour objet « l'être en tant qu'être » (a 31) : sauf à mettre en doute son authenticité [2], on retrouve donc le problème initial.

Faut-il dès lors conclure à deux orientations irréconciliables, l'une théologique, l'autre ontologique, de la *Métaphysique* ? On l'a dit, l'ontologie, comprise comme science de la *dunamis* et de l'*energeia*, porte bien plutôt en elle-même le principe d'une conciliation, dès lors qu'elle

métaphysique repose ainsi sur l'unité de l'étant comme tel, considéré à la fois dans ce qu'il a d'universel et dans ce qu'il a de suprême » (Heidegger, *Identité et différence*, *Questions* I, Paris, Gallimard, 1968, p. 295-296).

1. La signification platonicienne du terme χωριστόν a conduit certains éditeurs à conserver le ἀχώριστα que portent les manuscrits (les êtres physiques seraient non-séparés au sens où ils sont composés de forme et de matière). Schwegler, suivi par Christ, Jaeger, Ross, Cherniss et Merlan corrige cependant ἀχώριστα en χωριστά, comprenant donc la séparation au sens aristotélicien de subsistance, ce qui donne sens à la désignation des êtres mathématiques comme « non-séparés ».

2. Comme l'a fait, le premier, Paul Natorp, dans son article « Thema und Disposition der aristotelischen Metaphysik » paru en 1888 dans les *Philosophische Monatshefte* 24, p. 37-65; 540-574.

assure un savoir unitaire des différentes substances, tout en posant le primat réel du principe théologique.

Mais, nous objectera-t-on encore, le texte de E 1 ne se contente pas d'affirmer que l'objet de la théologie est premier, il affirme aussi que pour cette raison (ou en ce sens) la théologie est universelle : c'est donc à elle, et non à l'ontologie, qu'il reviendrait de penser l'être en tant qu'être. La comparaison avec les mathématiques pourrait cependant inciter, on l'a dit, à concevoir cette universalité en un sens restreint : la théologie penserait l'être en tant qu'être *au sein d'un genre d'êtres déterminé*, à la façon dont les mathématiques qualifiées d'« universelles » (1026a 27) étudient l'être immobile et non-séparé en général, et par-delà la distinction entre astronomie et géométrie. De même, la théologie pourrait avoir pour objet l'être immobile et séparé en général, et par-delà la distinction entre le premier moteur et les autres moteurs immobiles. On pourrait alors la dire universelle au sens où les mathématiques le sont en 1026a 27, c'est-à-dire au sens où son objet ne se limite pas à « une unique nature» («φύσιν τινὰ μίαν», 1026a 25; voir aussi a 27), tout en demeurant cependant restreint à un genre d'êtres.

Mais on pourrait également juger que, de même que les mathématiques peuvent considérer *qua* immobile ce qui ne l'est pas et englobent à ce titre l'astronomie [1], de même la théologie, dont l'objet est déterminé en Λ comme étant l'*ousia energeia*, peut, en tout être, considérer l'*energeia* indépendamment de son articulation à l'en-puissance et au mouvement. Ayant pour objet propre l'être purement actuel, elle saurait, pour chaque être, ce que c'est qu'être en-acte (subsister par soi, dans sa fin et son bien), et aurait, dès lors, une plus large extension que celle qu'on lui a concédée. Cette solution, plus conforme à l'interprétation traditionnelle, se heurte cependant à une difficulté : le dieu n'étant pas l'acte du monde, son savoir n'emporte pas celui des autres actes. La théologie, donc, a beau avoir pour objet l'acte divin, celui-ci ne lui dit rien de ce qu'est, pour chaque être, son acte propre : ni de sa forme spécifique (savoir qui ressortit aux sciences particulières), ni, quand il s'agit d'une substance mobile, de la façon dont elle l'atteint (savoir qui ressortit encore à la physique). Science de l'être en tant qu'être, la théologie serait alors science de l'être en tant qu'acte, mais non de ce qu'est pour chaque être son acte.

À cette nouvelle difficulté, on pourrait répondre qu'en vertu de l'antériorité logique, mais aussi téléologique, de l'acte sur la *dunamis* posée en Θ 8, la théologie, sachant ce que c'est pour tout être qu'être en-acte, aurait connaissance, aussi, de ce que c'est qu'être en-puissance,

1. Cf. *Phys.* II, 2, 193b 22-194a 12.

et de la relation de conditionnement de l'en-puissance par l'acte. Mais ainsi définie, la théologie n'aurait plus pour objet propre l'immobile et le séparé, et ne serait plus universelle en tant que telle, mais en tant que savoir de la relation conditionnante de l'acte et de l'en-puissance : et elle se confondrait alors avec cette science de la *dunamis* et de l'*energeia* en quoi l'on a reconnu l'ontologie.

Il semble donc, si l'on veut accorder E 1 avec les résultats de Λ, que l'on n'ait que deux solutions :

– ou bien l'on interprète la clause « universelle parce que première » en un sens relatif, comme y incite l'analogie avec les mathématiques :

– ou bien, cherchant à comprendre en quoi le savoir de l'être divin tel que caractérisé en Λ, c'est-à-dire comme *energeia*, emporte celui des autres êtres, on est obligé d'attribuer à la théologie non seulement la connaissance de l'acte, mais aussi, et plus largement, celle de l'articulation même de l'acte à l'en-puissance, et, procédant ainsi, on lui donne la même extension, *et la même définition,* qu'à l'ontologie.

En somme, ou bien l'on interprète l'être en tant qu'être de E 1 en un sens restreint, et l'on peut alors voir en lui l'objet de la théologie, ou bien, si l'on voit en lui l'acte non seulement comme immobile et séparé mais dans son articulation à l'en-puissance, il faut le soustraire à la théologie et l'assigner à l'ontologie.

Il faut dire dès lors, qu'en tant qu'elle a pour principes l'acte et l'en-puissance, l'ontologie est à même de poser le primat réel de l'objet de la théologie, mais conserve sur la théologie un primat logique, ou épistémologique, en tant qu'il lui revient de penser non seulement l'acte, mais sa relation avec l'en-puissance.

UNE ONTOLOGIE AXIOLOGIQUE

a. On a vu comment, appliqué au divin, le terme d'*energeia* trouvait un sens non pas équivoque, mais déterminé, par quoi il désignait non seulement l'être, mais le bien et la fin. On a vu aussi comment, au fil de Λ, le premier principe était successivement désigné comme acte et comme bien. On a reconnu là le double écho, ontologique et axiologique, d'une décision, valant rupture, quant au principe. Cette décision admet une unique formulation : le principe n'est pas puissance. Le pensant comme acte, comme fin et comme bien, on détermine cependant son mode de relation aux substances mêlées d'acte et d'en-puissance comme un double conditionnement, immédiat et médiat, de leur acte et de leur mouvement. Penser le principe comme acte et non comme puissance, ainsi, ne revient pas à le priver de toute efficacité, mais à penser son efficacité comme non-efficiente. On réussit alors là où tous, selon Aristote, ont échoué : on parvient à déterminer la causalité propre au bien.

À ce point, cependant, deux questions se posent encore :

– d'abord, comment la position, revendiquée, d'un bien principiel est-elle compatible avec les critiques de l'Idée du Bien formulées dans les *Éthiques* ?

– ensuite, en quel sens le dieu est-il le bien ?

Il est possible que ces deux questions trouvent une seule et même réponse, dont le principe serait, là encore, lisible dans les *Éthiques*. On se souvient tout d'abord que la critique menée dans les premiers livres de l'*Éthique à Eudème* et de l'*Éthique à Nicomaque* visait, en le Bien platonicien, non pas le principe (puisque, selon Aristote, les Platoniciens échouent à poser le bien au principe), mais une Idée parmi les autres. Elle laissait donc ouverte la possibilité d'un bien principiel, tout en excluant que celui-ci puisse être pensé sous la forme d'une Idée ou d'un universel séparé. Elle excluait aussi que le bien pût être pensé comme un genre, soit comme « quelque chose de commun, d'universel et d'un » (*EN* I, 1096a 28). Comme l'être, en effet, le bien est un plurivoque. Et sa plurivocité suppose celle de l'être : le bien se dit en autant de sens que l'être, et selon chacune de ses catégories. L'*Éthique à Eudème* le décline ainsi : « Dans la substance, c'est l'intellect et le dieu, dans la qualité le juste, dans la quantité, le moment propice, l'enseignant et l'enseigné pour le mouvement » (I, 1217b 30-33); et l'*Éthique à Nicomaque* : « Dans la substance, par exemple le dieu et l'intellect, dans la qualité, les vertus, dans la quantité, la mesure, dans la relation, l'utile, dans le temps, l'occasion, dans le lieu, l'habitat, et ainsi de suite » (I, 1096a 24-27).

Il faut noter que ces deux listes présentent un unique invariant : le bien selon la substance, désigné comme étant l'intellect ou le dieu. On peut cependant se demander quelle est, dans cette proposition comme dans les autres, la nature du prédicat « bon ». Celui-ci ne pouvant être conçu ni comme un genre ni comme une différence accidentelle, il doit être un attribut permanent. Reste à savoir s'il faut le penser comme un propre (soit un attribut déductible de l'essence du sujet, mais non compris en celle-ci) ou comme une différence essentielle. Cette dernière option a été rejetée par Ackrill[1], mais Annick Stevens a proposé plusieurs arguments

1. « Aristotle on the Good and the Categories », repris dans J. Barnes, M. Schofield, R. Sorabji (éd.), *Articles on Aristotle*, vol. 2, *Ethics and Politics*, Londres, Duckworth, 1977, p. 17-24.

en sa faveur, s'appuyant, en particulier, sur l'analyse de la vertu présentée en *Topiques* VI, 6, 144a 9-22 [1] : le bien y est explicitement désigné comme étant la *différence* de la vertu, dont l'*hexis* est le genre. Ce modèle paraît transférable aux autres exemples énumérés dans les *Éthiques*, et notamment au dieu, dont il faut dire dès lors que, comme il l'est pour la vertu, le bien est pour lui une différence essentielle.

Les *Éthiques* opposent donc au Bien platonicien, soit au bien pensé comme une essence séparée ou illégitimement substantifiée, *une substance essentiellement bonne*. Et le livre Λ illustre cette thèse en désignant le dieu comme étant aussi le bien. Mais sa désignation comme *ousia energeia* s'éclaire aussi par là : si le dieu est acte sans puissance, c'est parce que le bien est compris dans son essence, et parce qu'il subsiste comme toujours-déjà adéquat à celle-ci, sans avoir besoin de la médiation de l'en-puissance ni du mouvement. Là où l'acte désigne en tout être l'unité réalisée de l'essence et de la substance, l'acte pur désigne en dieu le bien essentiel comme substantiel (réel, et non réalisé).

b. Si cette substance essentiellement bonne n'est ni un genre ni une Idée, elle doit cependant avoir un rapport avec les autres êtres, les autres biens, et, enfin, le bien tel qu'il se dit dans les autres catégories de l'être. Comme l'être, en effet, le bien est un plurivoque, mais comme lui aussi il n'est pas un homonyme *apo tukhēs* (*EN* I, 6, 1096b 26). Aristote, cependant, et contrairement cette fois à la façon dont il traite de l'être en *Métaphysique* Γ, se contente, pour fonder cette plurivocité, d'envisager trois hypothèses, tout en renvoyant l'examen détaillé de la question à une autre partie de la philosophie (1096b 30) : on pourrait dire que tous les biens sont dérivés d'un seul (ἀφ' ἑνος), ou encore que tous contribuent à un seul (πρὸς ἓν), ou encore qu'ils sont bons par analogie (κατ' ἀναλογίαν), de même que la vue est bonne pour le corps, l'intellect pour l'âme, *etc.* (*EN*, 1096b 27-28).

On peut s'étonner que la question ne soit pas explicitement reprise dans la *Métaphysique*, en laquelle on pourrait pourtant reconnaître « cette autre partie de la philosophie » à laquelle est renvoyé son traitement. Certains commentateurs ont cependant suggéré que la solution apportée en Γ au problème de l'unité (et donc aussi de la science) de l'être, pouvait être transposée au bien [2]. Il faudrait dès lors concevoir cette unité comme

1. *L'Ontologie d'Aristote ...*, *op. cit.*, p. 149.

2. Voir notamment E. Berti, « Multiplicité et unité du Bien selon *Éthique à Eudème* I, 8 », dans P. Moraux et D. Harlfinger (éd.), *Untersuchungen zur Eudemischen Ethik*, Berlin, De Guyter, 1971, p. 157-184.

une « unité focale ». Outre le fait qu'elle n'est pas formulée par Aristote [1], cette solution pose certains problèmes : elle implique en particulier, si l'on considère comme homogènes les cas de l'être et du bien, que, de même que les différentes catégories sont dites être parce qu'elles sont, comme l'énonçait Γ 2, « chemin vers une substance, ou encore privations, qualités, productions d'une substance », de même les biens selon les différentes catégories sont dits bons parce qu'ils sont qualité, quantité, *etc*, de ce bien selon la substance qu'est le dieu ; mais il faudrait dire alors que le bien selon la qualité qu'est la vertu, ou selon la quantité qu'est la mesure, se disent par rapport au dieu, ce qui n'a pas de sens [2].

Si la *Métaphysique*, donc, pas plus que les *Éthiques*, ne donne à voir une telle transposition, elle offre cependant une théorie des rapports entre le bien et l'être, lisible, là encore, dans la notion d'acte.

La désignation en Λ du dieu comme « *ousia energeia* », puis comme « le bien », confirme, on l'a dit, son identification posée par les *Éthiques* au bien selon la substance [3], mais elle éclaire aussi son rapport aux autres biens. Tout d'abord, si le dieu est la substance essentiellement bonne, et à ce titre acte pur, il n'est pas l'unique substance bonne, pas plus qu'il n'est l'unique acte. Mais tandis que le bon est pour lui une qualité essentielle, il est pour les autres substances une qualité accidentelle. Pour le dieu en effet le bien réside dans son essence, laquelle demeure aussi comme substance et est toujours-déjà actuelle, tandis que pour les autres substances, le bien réside dans l'*actualisation* de leur essence *propre*, laquelle, en tant qu'elle a pour condition l'en-puissance et le mouvement, est à la fois médiée et contingente. Le dieu, donc, est substance actuelle, *ousia energeia*, en tant qu'il est essentiellement bon, tandis que les autres substances peuvent être dites en acte en-tant qu'elles ont réalisé *leur* essence qui est aussi *leur* bien. L'acte, dans un cas, nomme l'identité de la substance et de l'essence comme bonne, dans l'autre, il nomme comme bonne l'identité d'une substance à son essence propre.

À partir de là, le rapport de la substance essentiellement bonne aux autres substances capables du bien ne doit être conçu ni comme celui d'un genre à ses espèces, ni comme celui d'une Idée à ses participants. Il n'est

1. On peut seulement en repérer des indices, tel ce texte de *Eth. Eud.* VII, 2, 1236a 7-18 invoqué par Berti (*ibid.*) où l'application de la relation πρὸς ἓν à l'amitié est introduite par une remarque sur le bien.

2. Soulignons en particulier que le dieu, s'il est le bien, n'est pas vertueux. Sur cette question, voir *Eth. Nic.* X, 8, 1178b 7-32, et C. Natali, « Action de Dieu et activité de l'homme », dans *L'Action efficace. Études sur la philosophie de l'action d'Aristote*, Louvain-La-Neuve, Peeters, 2004, p. 76-107.

3. Voir aussi le parallèle déjà cité (*supra*, p. 200, n. 4) entre Λ 9 et *EE* VII 1245b 17-19.

autre que celui, élucidé en Λ 7 à travers la distinction entre les deux sens de la cause finale, de l'acte pur aux autres actes. La deuxième hypothèse formulée dans l'*Éthique à Nicomaque* peut dès lors être retenue : on a bien un rapport πρὸς ἓν des différents biens au bien principiel, mais ce rapport opère, non pas entre les différentes catégories et le bien substantiel, mais entre les différentes substances bonnes (ou capables d'atteindre leur bien propre) et la substance essentiellement bonne. De plus, ce rapport doit, là encore, être compris au sens réel : au sens, donc, où l'acte divin peut, pour les autres substances et les autres actes, être conçu comme fin, quoiqu'en un sens particulier. Les formulations de Λ 10 où était examiné, on s'en souvient, le rapport des divers biens au bien principiel, sont d'ailleurs très proches de celles de *EN* I : si l'éthique envisageait que tous les biens pussent contribuer à un seul (πρὸς ἓν ἅπαντα συντελεῖν, 1096b 27-28), la *Métaphysique* affirme que toutes les substances sont ordonnées à une fin (πρὸς ἕν ἅπαντα συντέτακται», 1075a 18-19).

Ce rapport de tension, πρὸς ἕν, n'est cependant pas exclusif d'un rapport de dérivation, ἀφ' ἑνος, dès lors que l'antériorité de l'acte implique à la fois une relation téléologique et une dépendance ontologique. Enfin, il peut aussi être conçu comme un rapport analogique (κατ' ἀναλογίαν), tout comme celui qui articule, au sein de chaque substance, l'acte et l'en-puissance, et, par-delà, les substances mêlées d'acte et d'en-puissance à l'acte pur. Mais il faut ajouter que le rapport πρὸς ἕν, s'il opère au sens réel entre les différentes substances et la substance essentiellement bonne, opère aussi, en un sens cette fois logique, entre les différentes catégories et chaque espèce de substance : les différents exemples déclinés par les éthiques (la justice, la mesure, l'occasion *etc*) valent ainsi par rapport à cette substance capable du bien (de son bien propre) qu'est l'homme.

Les diverses solutions proposées par l'*Éthique à Nicomaque* en vue de fonder l'homonymie du bien paraissent donc, ensemble, confirmées par la *Métaphysique*.

c. La position d'un bien principiel est dès lors compatible avec la pluralité des biens soulignée dans les *Éthiques*, et avancée comme un argument contre l'Idée platonicienne du Bien : elle s'accorde avec le constat selon lequel il existe de multiples sciences du bien [1], tout comme avec l'affirmation selon laquelle tous les êtres ne tendent pas à un unique bien (*EE*, 1218a 30-33). Elle permet en particulier de ne pas résorber l'éthique dans la métaphysique sur le modèle platonicien : si l'on distingue entre le bien substantiel (le dieu) et le bien pour chaque substance, tout

1. Cf. *EE*, 1217b 37-40 ; *EN*, 1096a 29-34.

comme entre l'acte pur et les autres actes, alors l'éthique peut se fonder comme une discipline autonome, ayant pour objet propre celui qu'elle définit elle-même comme un bien humain (ἀνθρώπινον ἀγαθόν, *EN*, 1094b 8), et pratique (πρακτὸν ἀγαθόν, *EN*, 1097a 23).

Entre le bien principiel et le bien propre à cette substance spécifique qu'est l'homme, opère cependant un rapport de fondation, le même qui vaut entre l'acte pur et les autres actes, ou entre la cause finale transcendante et les fins immanentes. Les dernières lignes de l'*Éthique à Eudème* le marquent explicitement, en appliquant la distinction entre les deux sens de la cause finale à la relation entre le dieu et la sagesse (*phronēsis*) : « Le dieu ne gouverne pas en donnant des ordres, mais il est ce en vue de quoi la sagesse donne des ordres : car la cause finale est double, comme on l'a indiqué ailleurs » (1249b 13-15). On peut comprendre ces lignes à la lumière de Λ 7 et 10, au sens où le bien principiel (le dieu) n'est pas la fin immédiate de la sagesse, ni ne régit ses procédures, mais est cependant visé au travers du bien qui constitue l'objet propre de celle-ci (l'homme étant cette substance singulière qui, visant son acte propre, vise non seulement à être en-acte comme le dieu, mais vise un acte comparable, ou ressemblant, à celui du dieu).

Ce rapport de fondation, cependant, n'opère pas seulement de la science du bien principiel, ou de la théologie, à l'éthique : théologie et éthique, à leur tour, ont toutes deux pour fondement l'ontologie comprise comme science de l'en-puissance et de l'en-acte, dès lors que c'est à celle-ci qu'il revient de déterminer les rapports généraux du bien et de l'être. Mais en l'ontologie ainsi définie on peut dès lors reconnaître, non pas seulement la « science recherchée » de Γ, mais aussi la sagesse (*sophia*) que A caractérisait à la fois comme « science des premiers principes et des premières causes » (982b 1-2) et comme science souveraine (ἀρχικωτάτη, 982a 16, 982b 3), ayant pour objet la connaissance de la fin, celle-ci étant elle-même caractérisée comme étant à la fois le bien propre à chacun, et le souverain bien dans l'ensemble de la nature (982b 10). Comprise comme science de la *dunamis* et de l'*energeia*, l'ontologie inclut non seulement la théologie, mais aussi, et alors même qu'elle ne se réduit pas à cette dernière, l'aitiologie [1].

1. Il paraît dès lors possible d'unifier les différentes déterminations de la « science recherchée », mais aussi de dépasser l'aporie formulée en B 996b 10-14, qui opposait deux caractérisations de la sagesse, comme connaissance de la fin et du bien, ou comme connaissance de l'*ousia*.

D'UN DIEU OUBLIÉ

Comme celui de Γ le projet de Α s'accomplit ainsi en la science de la *dunamis* et de l'*energeia*, en tant que celle-ci fonde à la fois une ousiologie unitaire et une ousiologie axiologique. Elle permet ainsi de penser l'unité et la différence entre les substances, en même temps qu'un bien principiel qui laisse place à la diversité des biens. De l'ousiologie ainsi définie, la théologie, science du principe divin comme *ousia energeia*, n'est qu'une partie. C'est en elle, insistait Aristote, que se manifeste pourtant, au plus haut point, sa singularité. Cette dernière tient en une formule : le dieu, ou le principe, n'est pas puissance, mais acte. En tant que tel, il se distingue tant de l'Idée platonicienne du Bien, excédentaire à l'être par la puissance, que du Dieu chrétien en qui puissance et être se confondent pour excéder le bien. Parce qu'il est acte, le dieu d'Aristote n'est pas le Bien essentiel (l'Idée du Bien), mais la substance essentiellement bonne. Et parce qu'il est sans puissance, il n'agit pas comme une cause efficiente. Mais il n'est pas pour autant impuissant : son efficacité est non-efficiente. S'il agit, c'est à titre de fin; cette fin, cependant, n'est pas proposée à la fusion mais est la condition, en tout être, de son propre accomplissement. Aristote parvient ainsi à penser la causalité propre au bien comme étant non pas la puissance, mais l'en-puissance comme orientée vers la fin. Et s'il est, comme il l'affirme, le premier à le faire, il est aussi, on tentera de le montrer, le dernier : Plotin s'efforcera de penser l'unité dans le principe, de la puissance et du Bien, mais il reviendra pour ce faire au concept classique, et platonicien, de la puissance comme active, productive. Et parce que le Premier Principe, l'Un-Bien, est aussi, en tant que puissance de tout (δύναμις πάντων), cause première, il est, lui, une fin proposée à la fusion.

Si la théologie d'Aristote peut être lue comme une pensée du bien principiel, et de la puissance qui lui est propre, on peut s'étonner qu'elle n'ait pas eu de postérité et qu'elle ait été généralement décriée. Mais c'est peut-être là l'effet de deux réductions, distinctes, des concepts qui la fondent : réduction, d'abord, de l'acte à la forme (et corrélativement de l'en-puissance à la matière); réduction, ensuite, de l'acte à l'action et de l'en-puissance à la puissance.

a. On a vu, déjà, que la réduction de l'acte à la forme mettait en péril la cohérence de la métaphysique aristotélicienne : fondamentale pour l'interprétation onto-théologique, elle a pour effet d'identifier l'être premier (lui-même identifié à l'être en tant qu'être) à une « forme pure » dont le rapport aux substances composées est dès lors difficile à déterminer. Mais elle est aussi au principe de nombreuses critiques qui, en le dieu d'Aristote, visent précisément la forme pure inventée par les commentateurs. Joseph Owens caractérise ainsi la philosophie première comme une philosophie de la détermination et de la finitude, indifférente au problème de l'existence. « La perfection, écrit-il, est identifiée à la finitude, l'acte coïncide avec la forme. Une telle philosophie de l'acte ne va pas dans le sens du Dieu chrétien omnipotent » [1]. On ne peut sur ce dernier point qu'être d'accord avec lui. Mais la comparaison esquissée entre l'acte pur et le tout-puissant n'est pas en faveur du premier : car la causalité finale propre à l'acte pur est, écrit Owens, une causalité seulement externe, au contraire de la causalité efficiente [2]. Cette critique, puisque c'en est une, ne paraît pas justifiée : certes, le premier moteur n'est pas requis comme la cause de l'être mais comme la raison du mouvement; il ne doit pas, de ce fait, être pensé comme la toute-puissance qui, d'instant en instant, soutient dans l'être ses créatures, mais comme la fin conditionnante de tout achèvement. Cependant, l'acte au travers de quoi il est visé est la fin de l'en-puissance, qui, principe de mouvement transitif ou immanent, se confond dans les substances naturelles avec leur nature même. Et son mode d'action, de ce fait, est immanent, et opère dans l'intériorité même des substances. C'est pourquoi le dieu, ou le bien, pouvait être désigné, en Λ 10, comme la cause de l'ordre : tant de celui, horizontal, qui articule entre elles les différentes substances, que de celui, vertical, en vertu duquel les différents biens tendent au bien essentiel. Cet ordre, cependant, n'est pas un décret : il n'est pas une loi imposée de l'extérieur par une toute-puissance elle-même excédentaire à toute loi, et susceptible, dès lors, à tout moment, de le révoquer. Il se confond en tout être avec sa nature même, soit avec le principe qui préside à l'accomplissement de sa forme propre, et au désir de la perpétuer : d'être, donc, non seulement en-acte, mais l'acte même – un vivant non seulement parfait mais éternel. Leibniz s'en souviendra, qui opposera la légalité immanente de l'en-puissance à l'arbitraire transcendant de la toute-puissance [3]. Tel que le pense Aristote, le rapport du devenir au divin n'est donc pas celui d'une toute-puissance originelle et transcendante à des êtres grevés de contingence et ne demeurant que dans sa dépendance, mais celui de l'en-puissance à une fin immanente quoique conditionnée par la perfection éternelle de l'acte premier.

1. *The Doctrine of Being* ..., *op. cit.*, p. 467.

2. *Ibid.* Voir aussi « The relation of God to the world in the *Metaphysics* », dans P. Aubenque (éd.), *Études sur la* Métaphysique *d'Aristote*, Paris, Vrin, 1979, p. 207-226.

3 *Cf.* G. Aubry, «*Dunamis* aristotélicienne et entéléchie leibnizienne», art. cit.

Une autre critique faite au dieu d'Aristote vise en lui un dieu de philosophe, défini avant tout par le savoir, et par un savoir qui n'aurait d'autre objet que lui-même : un dieu-Narcisse, donc, trop absorbé par la contemplation de soi pour se soucier du monde, mais aussi un dieu « insatisfaisant et aride »[1]. Ces reproches s'adressent avant tout à la caractérisation du premier moteur comme « pensée de la pensée ». Mais on a vu, lisant Λ 9, que se pensant lui-même le dieu d'Aristote pense le bien en lui-même, qui est aussi le premier désirable et le premier intelligible. Et cet acte est aussi vie et plaisir, un plaisir comparable à celui qu'il est parfois donné à l'homme, en de fulgurants instants, d'éprouver. Le dieu d'Aristote, donc, parce qu'il est avant tout *energeia*, n'est ni la vide abstraction de la forme, ni la stérile immobilité de la pensée. Sans doute il ne pense que lui-même : mais ce qu'il pense c'est le bien en lui-même. Aussi sa contemplation (et c'est Plotin, cette fois, qui gardera mémoire de cela) est elle plus efficace que toute action : elle est cause du fait que d'autres êtres, pourvus d'intelligence, aspirent à penser ; cause, aussi, que tout ce qui est aspire à être, plus encore et à jamais, à vivre, sentir, se mouvoir ou agir. S'il est bien un dieu de la raison spéculative (et à ce titre, on y reviendra, un dieu sans mystère, dicible et intelligible), le dieu d'Aristote est donc aussi un dieu de la raison pratique[2]. Bien substantiel, Idéal réalisé, il est plus encore un dieu d'avant la scission : un dieu en qui l'être et le bien, le désirable et l'intelligible s'unifient ; mais un dieu, aussi, par quoi ils peuvent l'être quand ils sont séparés. Parce qu'il est la condition de tout acte et de tout mouvement, le dieu d'Aristote est ce par quoi, en tout être, la scission peut être résorbée entre ce qu'il est et ce qu'il a à être. Pensée de la pensée, mais également bien et vie, il est aussi en tout être (et sans avoir rien d'autre à faire qu'être, et être acte) condition du bien, de la vie, et de la pensée.

D'un tel dieu on regrette, enfin, qu'il soit un dieu lointain, non pas caché mais à la fois visible et absent, compensant son éloignement par le spectacle de sa splendeur[3]. Sans doute le dieu d'Aristote n'est pas, comme le sera l'Un-Bien de Plotin, une fin proposée à la fusion. S'il est séparé, c'est aussi au sens où il laisse le monde (d'autres substances, d'autres biens, d'autres fins) demeurer hors de lui. Mais, transcendant, il

1. Voir *supra*, p. 198, n. 2, ainsi que W.D. Ross, *Aristotle's Metaphysics*, *op. cit.*, p. 149.

2. Comme le souligne, contre Ross, J.B. Skemp, qui déplore cependant que la relation de l'acte pur à l'éthique demeure indéterminée (« The Activity of Immobility » dans P. Aubenque (éd.) *Études sur la Métaphysique d'Aristote*, *op. cit.*, p. 229-241).

3. Voir P. Aubenque, *Le Problème de l'être ...*, *op. cit.*, p. 348.

n'est pas pour autant incommensurable, ni « ineffable » [1] : la notion d'acte sans puissance permet d'appréhender son essence comme ses qualités (immobilité, séparation, nécessité, vie, plaisir...). Associée à celles d'en-puissance, d'ordre et de fin, elle permet aussi de concevoir sa relation au monde. Et le premier moteur, dès lors, n'est pas visible seulement dans le spectacle perpétuel des révolutions astrales, mais aussi dans la pierre qui tombe, la fleur qui éclôt, l'animal qui court, ou l'homme qui pense. Le mouvement, qui est de tous les phénomènes le plus immédiat, le plus apparent, est conditionné par lui. Et il n'est pas, en tant que tel, un effort douloureux, inabouti, pour résorber une irrévocable scission, ou atteindre une fin toujours différée [2]. Car cette fin qu'est le dieu n'est pas tant une fin différée qu'une fin différente, qui laisse place à une multitude de fins accomplies dans l'immanence. À qui sait le lire, le monde offre le spectacle d'une multitude d'actes, de perfections éphémères, de fugitifs accomplissements, voués à s'exténuer, puis à recommencer, mais qui, dans l'instant même où ils sont, couronnés de plaisir, sont l'être à son sommet. Et si l'on peut choisir d'insister, plus que sur l'accomplissement, sur sa fugacité, il nous semble que la force, et la beauté, de la pensée d'Aristote résident dans cette idée d'une perfection possible et réalisée, ici et maintenant. Pas plus qu'une métaphysique inachevée, on ne peut voir en elle une métaphysique de l'inachèvement. C'est une pensée de l'acte, entendu tant comme accomplissement que comme actualité – perfection, et perfection donnée dans l'ici et maintenant.

La sagesse définie en A, et dont on a vu qu'elle coïncidait avec la science recherchée, apparaît alors comme humaine : si on peut la dire « divine » au sens où, on l'a vu, elle inclut la connaissance du divin, elle n'est pas pour autant un privilège du dieu. Celui-ci, le livre A là encore l'affirmait [3], n'est pas jaloux; et au savoir qui lui est propre, la connaissance du bien, l'homme a part dans la mesure où il a accès non seulement au bien humain, mais à un acte comparable à celui du dieu, et au savoir même du dieu comme acte [4]. Pour être humaine, cette sagesse n'est donc pas une « sagesse des limites » : loin de confronter l'homme aux limites, catégorielles ou autres

1. P. Aubenque lit chez Aristote une anticipation de la théologie négative des Néoplatoniciens : « Aristote pressent que la parole humaine comporte le remède à sa propre finitude, et ce remède est la *négation* [...]. Nous avons quelque chance, en détournant le regard de ce que Dieu n'est pas, de nous élever à quelque pressentiment de sa transcendance ineffable », *Le Problème de l'être...*, p. 363.

2. Voir P. Aubenque, *Le Problème de l'être ...*, *op. cit.*, p. 387.

3. 982b 32.

4. De ce point de vue, la *sophia* de l'éthique et celle de la métaphysique coïncident : l'homme peut actualiser le divin en lui (l'intellect) et, ce faisant, penser le dieu comme acte.

de sa pensée, elle dévoile au contraire en celle-ci un illimité, ou, du moins, un excès. Le livre X de l'*Éthique à Nicomaque* fait ainsi écho au livre A de la *Métaphysique* en affirmant, contre Euripide et non plus Simonide, qu'il ne faut pas suivre ceux qui enjoignent à l'homme de n'avoir que des pensées humaines, et au mortel de n'avoir que des pensées mortelles, mais au contraire « s'immortaliser autant qu'il est possible, et tout faire pour vivre en accord avec le meilleur en soi ». Car ce meilleur en l'homme « excède de loin tout le reste par la puissance et la valeur, *δυνάμει και τιμιότητι* πολὺ μᾶλλον πάντων *ὑπερέχει*» (*EN* X, 1177b 31-78a 2). Et en cette dernière ligne on peut aussi entendre un écho du livre VI de la *République* de Platon, qui, de l'Idée du Bien, affirmait qu'elle est au-delà de l'essence, « qu'elle surpasse par l'ancienneté et par la puissance, ἐπέκεινα τῆς οὐσιας *πρεσβείᾳ καὶ δυνάμει ὑπερέχοντος* » (509b 9-10)[1]. Mais avec cet écho résonne aussi la différence entre le Bien platonicien, transcendant par la puissance, et le bien aristotélicien, présent en l'homme, non comme une simple possibilité, mais comme en-puissance, comme une potentialité qu'il est en son pouvoir d'actualiser.

Si elles procèdent pour une part de la réduction de l'acte à la forme, les critiques adressées au dieu d'Aristote manifestent peut-être aussi une résistance à penser le divin autrement que dans l'ordre de la puissance. La comparaison est parfois explicite, on l'a vu, entre l'acte pur et le tout-puissant : du premier moteur immobile, on déplore avant tout qu'il ne soit pas un créateur, et parce que son rapport au monde n'est pas celui d'une puissance originelle, ou d'une efficience première, on le juge indifférent ou extérieur à lui[2]. Le fait est que l'attribut de toute-puissance s'impose d'abord comme la raison de la création, comme ce qui vient rendre compte du saut du non-être à l'être, là où l'en-puissance à l'inverse, on l'a vu, permet de penser le commencement autrement que comme surgissement. La création demeure alors suspendue à la cause première qui l'a extraite du néant et peut, à tout moment, l'y renvoyer ou en bouleverser les lois. Aussi le dieu tout-puissant est-il un dieu qui intervient et agit sur le monde, sous la forme de la rupture (le miracle), ou de l'instauration de nouvelles lois, là où l'acte pur vient rendre compte à l'inverse de la pérennité de l'ordre. Mais l'historicité du Tout-puissant n'est que l'envers de son mystère,

1. Je souligne.

2. Voir par exemple A. Mansion qui juge que son indifférence aux hommes fait du dieu aristotélicien un dieu inférieur même aux Olympiens (« Le Dieu d'Aristote et le Dieu des chrétiens », dans *La philosophie et ses problèmes*, Lyon, Vitte, 1960, p. 21-44). Dans le même sens, R. Jolivet juge que « C'est assurément une chose étonnante que cette ignorance, vraiment sereine et tranquille de la création chez Aristote » (*Essai sur les rapports entre la pensée grecque et la pensée chrétienne*, Paris, Vrin, 1931, p. 77).

son apparente proximité, un effet de sa transcendance. Car la puissance même en vertu de laquelle il agit, parce qu'elle est excédentaire aux lois et peut pour cette raison les modifier, ôte toute raison à son action. S'il se manifeste, c'est sur fond de secret, comme une puissance et un être incommensurable à ses effets.

Déplorant que l'acte pur ne soit pas tout-puissant, certains commentateurs s'efforcent aussi de retrouver dans la théologie aristotélicienne les prémices d'une pensée de la création, soulignant par exemple la mention en Λ 7 d'une « *dunamis apeiros* », d'une puissance infinie[1]. D'autres s'efforcent de concilier théologie de l'efficience et théologie de la finalité. La lecture de Félix Ravaisson est, à cet égard, exemplaire : si elle souligne l'importance des notions de tendance et de désir, et, corrélativement, de celles de fin et de bien (un bien dont Ravaisson souligne d'ailleurs qu'il n'est pas un « lointain idéal »[2]), c'est pour les intégrer à une théologie de la puissance. Dans ses notes de jeunesse, déjà, Ravaisson décrit le christianisme comme le dépassement de la théologie de la puissance en une théologie de la bonté, en même temps qu'il regrette le refus aristotélicien de poser la puissance au principe[3]. Dans *De l'Habitude*, la conciliation entre christianisme et aristotélisme est opérée par la notion de condescendance : c'est en vertu d'un mouvement initial de descente et d'abandon du divin que la nature peut être habitée par la finalité. La théologie, encore abstraite et intellectualiste, de l'acte et du bien est ainsi

1. A. Mansion voit en celle-ci le pressentiment des notions d'infini actuel et de puissance spirituelle : de ce point de vue, la théologie d'Aristote est, écrit-il, « ouverte à tous les compléments désirables », et elle appelle le christianisme, comme son « épanouissement », et son « redressement », « Le Dieu d'Aristote et le Dieu des chrétiens », art. cit., p. 44.

2. Voir *Essai sur la* Métaphysique *d'Aristote*, Paris, Vrin, 2007 (1837) : « La nature tend de toutes parts au bien sans le voir au-dessus d'elle comme un lointain idéal, mais sous l'immédiate influence d'un désir aveugle » (l. III, p. 594). Cette notion d'idéal réel deviendra pour Ravaisson un concept fondamental; l'habitude, en effet, est à la fois la tendance et l'idéal réalisé : « À mesure que la fin se confond avec le mouvement, et le mouvement avec la tendance, la possibilité, l'idéal s'y réalise. L'*idée* devient *être*, l'être même et tout l'être du mouvement et de la tendance qu'elle détermine. L'habitude est de plus en plus une *idée substantielle* [...]. C'est une intuition *réelle*, où se confondent le réel et l'idéal, l'être et la pensée » (*De l'Habitude*, Paris, Fayard, 1984, p. 32-33).

3. Voir *Essai sur la Métaphysique d'Aristote. Fragments du tome III : Hellénisme, Judaïsme, Christianisme*, texte édité par C. Devivaise, Paris, Vrin, 1953, en particulier p. 54 : « Où éveiller le désir dans le néant du possible? C'était trop peu de laisser la puissance, source de la nature, en dehors du principe créateur ». Sur Aristote et Ravaisson, voir P. Aubenque, « Ravaisson interprète d'Aristote », *Études philosophiques*, 4, 1984, p. 435-45, repris dans D. Thouard (éd.), *Aristote au XIX*e *siècle*, Villeneuve d'Ascq, Presses du Septentrion, 2004, p. 157-170.

fondée en une pensée de l'amour et de la grâce. L'en-puissance, tendance de l'inférieur vers le supérieur, résulte de l'abandon de puissance, don du supérieur à l'inférieur; un tel abandon de puissance suppose cependant que soit posée, comme première, la puissance.

À côté de la réduction de l'acte à la forme et de l'acte pur à la toute-puissance, il faut aussi relever celle de l'en-puissance, ou bien à l'impuissance, ou bien à la puissance active. Théophraste, déjà, le successeur immédiat d'Aristote s'inquiétait de son dieu sans force[1]. L'en-puissance n'est pas identifié comme la puissance propre au bien, mais, à l'inverse, tout se passe comme si l'efficacité ne pouvait être pensée que dans l'ordre de l'efficience. Si le stoïcien Arius Didyme qualifie déjà, au premier siècle avant notre ère, le dieu d'Aristote de *sunektikon* (celui qui maintient les corps célestes), Ammonius consacre un ouvrage entier à la démonstration de l'efficience du premier moteur, conçu comme la cause de l'existence même du monde[2]. Simplicius, Olympiodore, Philopon[3] adopteront cette interprétation, dont se réclament encore Farabi, Avicenne et Maïmonide[4].

1. *Mét.* 2, 5b 14.

2. Le livre est perdu, mais ses principaux arguments (qui invoquent en particulier la *dunamis* infinie de *Phys.* VIII, 10) sont conservés par Simplicius, *In Phys.* 1361, 11-1363, 12, voir R. Sorabji, *Matter, Space and Motion*, Londres, Duckworth, 1988, chap. 15.

3. L'interprétation de Philopon est exemplaire, puisqu'elle associe critique de l'acte pur, réduction de la finalité à l'efficience, et articulation d'une physique de la force à une théologie de la puissance. Le propos est, initialement, physique : il met en cause la théorie aristotélicienne du mouvement des projectiles comme requérant l'air à titre d'intermédiaire. C'est la notion même d'intermédiaire que rejette Philopon. Il lui oppose l'idée selon laquelle la force (δύναμις ou ἰσχύς mais aussi ὁρμή ou ἐνέργεια) est directement implantée dans le projectile par celui qui le lance. Or Dieu est immédiatement requis pour fonder cette nouvelle notion de la force comme *impetus* ou *vis impressa*. La dynamique nouvelle requiert un Dieu lui-même doué de δύναμις, une puissance première capable d'impartir une force et de provoquer un mouvement, au lieu d'agir comme fin de l'en-puissance et comme raison du mouvement. C'est donc, pour Philopon, ce Dieu puissant, qui, lorsqu'il les crée, implante dans les corps célestes une force motrice (*kinētikē dunamis*), impose à la terre et au feu une direction, impulse les mouvements des animaux. Cycles célestes, mouvements élémentaires, évolutions des vivants ne sont plus compris comme ayant à leur principe l'en-puissance, et comme régis par la finalité, mais comme des effets de la puissance et de l'efficience première. Aussi ce renversement radical de perspective va-t-il de pair avec un refus de la téléologie, et en particulier, de la théorie des lieux naturels. Voir R. Sorabji, *Philoponus and the Rejection of Aristotelian Science*, Londres, Duckworth, 1987, notamment chap. 1 et 9.

4. Voir R. Sorabji, *Aristotle Transformed. The Ancient Commentators and their Influence*, Ithaca-New York, Cornell University Press, 1990, tout particulièrement le chap. 9, où Sorabji montre comment la volonté d'harmoniser Aristote et Platon (le premier moteur et le démiurge du *Timée*) aboutira à l'harmonisation d'Aristote et du christianisme.

Ces différents malentendus, délibérés ou non, paraissent pouvoir être évités par une juste compréhension des notions d'acte et d'en-puissance, et de l'ontologie qu'elles fondent. Cela suppose que l'acte ne soit réduit ni à la forme, ni à l'action, et l'en-puissance ni à l'impuissance, ni à la puissance. La théologie de l'acte pur apparaît alors dans sa singularité, et telle qu'Aristote la revendique : comme une théologie qui, tout en identifiant le dieu au bien, identifie aussi la puissance propre au bien.

DEUXIÈME PARTIE

PLOTIN OU LA PUISSANCE DE TOUT

INTRODUCTION

La *dunamis*, chez Plotin, ne vient plus nommer le devenir comme moindre-être, mais l'au-delà de l'être et du devenir. Elle n'est plus corrélée à l'acte dans une relation asymétrique de tendance et de dépendance, mais posée à son principe : *le Premier Principe plotinien, en effet, l'Un-Bien, n'est plus acte pur, mais δύναμις πάντων*[1].

La question se pose, dès lors, de savoir ce qui se joue dans ce déplacement, par Plotin, de la *dunamis* aristotélicienne : dans sa transposition de la base au sommet. D'abord, quelle est, dans ce nouvel usage, la signification du terme même de *dunamis* ? La δύναμις πάντων de l'Un-Bien est-elle la puissance de tout ou l'en-puissance de tout ? Le Premier Principe doit-il être compris comme la puissance première, la puissance productrice de tout ce qui est, ou comme la totalité des virtualités ? Ensuite, quel sens donner à la substitution, pour penser le principe, de la *dunamis* à l'*entelekheia* ? Qu'est-ce qui se trame dans le passage du Premier Moteur acte pur sans puissance au Premier Principe puissance au-delà de l'acte ?

Ces questions, cependant, aussitôt posées, semblent frappées d'illégitimité : elles se heurtent en effet à « l'objection mystique », ou encore l'objection silencieuse, à quoi paraît confrontée toute tentative de réflexion sur l'Un-Bien. Car la *dunamis pantōn* apparaît comme un prédicat positif, et soustrait par là même aux différentes procédures (la négation ou l'excès, l'aphérèse ou l'hyperbole, en particulier) qui régissent d'ordinaire le discours plotinien sur l'Un-Bien. Aussi pourrait-on ne voir en elle qu'un prédicat provisoire, approché, ou relatif, voué à s'effacer devant l'ineffabilité[2]. On n'a, face à cette objection, que deux solutions :

1. Voir 7 (V, 4) 1, 36 et 2, 38 ; 30 (III, 8) 10, 1 ; 49 (V, 3) 15, 33. On lit aussi : *dunamis pasa* (39 (VI, 8) 1, 5-6 et 9, 45) ; *dunamis protera* (32 (V, 5) 12, 38-39) ; *dunamis prōtē* (7 (V, 4) 1, 24-25) et *aitios dunamis* (32 (V, 5) 10, 12).

2. C'est à quoi pourrait inviter, par exemple, la mise en garde de Plotin en 9 (VI, 9) 3, 49-51, soulignant que désigner l'Un comme cause c'est seulement nous percevoir nous-mêmes comme effet (voir *Plotin. Traité 9* (VI, 9), Introduction, traduction, commentaire et notes par P. Hadot, Paris, Cerf, 1994).

on bien l'on se rallie d'emblée au régime de l'ineffable[1], renonçant dès lors à interroger la notion, ou bien on la prend au sérieux[2], et ce, dans la difficulté même que paraît poser son attribution au Principe. C'est cette seconde voie que l'on se propose d'adopter : on partira, pour mesurer le sens et les enjeux de sa désignation comme *dunamis pantōn*, de la notion même de principe, telle que Plotin la construit. On cherchera alors à comprendre ce qui, dans la logique même de cette notion, rend légitime, voire nécessaire, l'attribution de la *dunamis pantōn*. On verra en effet que celle-ci vient en réponse à la double, et paradoxale, exigence que porte l'idée même de principe, en ce qu'elle permet d'en penser à la fois la transcendance et la causalité, tant l'absoluité que la relation.

Or, de cette exigence se déduit aussi sa signification : la *dunamis pantōn* n'est pas l'en-puissance de tout, mais la puissance de tout. Plotin revient ainsi, par-delà Aristote, à la signification platonicienne de la *dunamis*, celle que met en œuvre, en particulier, le livre VI de la *République* qui désigne le Bien comme « ἐπέκεινα τῆς οὐσίας πρεσβείᾳ καὶ δυνάμει ὑπερέχοντος », « au-delà de l'essence qu'il surpasse par l'ancienneté en par la puissance » (509b 9-10). Ce retour au sens platonicien de la *dunamis* porte une rupture radicale avec Aristote : la *dunamis* ne doit plus être pensée prioritairement comme *dunamei*, en-puissance, soit, à la conjonction des puissances active et passive, comme le principe d'un mouvement finalisé par l'acte : elle est posée comme antérieure à l'acte même (associé par Plotin au deuxième principe, l'Intellect), et permet de penser une production exclusive de tout mouvement. Plus précisément, la notion de puissance de tout permet de penser la causalité comme un effet direct de la transcendance : c'est précisément parce qu'il n'est rien de ce qu'il fait, parce qu'il est, en tant que simple et parfait, radicalement excédentaire à tout ce qui vient après lui, que l'Un-Bien peut avoir des effets. Là où l'en-puissance aristotélicien disait la tendance à la perfection, la puissance plotinienne vient désigner, elle, l'effet du parfait.

Ce modèle causal s'étend, par-delà l'Un-Bien, aux êtres qui en procèdent. Ce qu'on a appelé « la doctrine des deux actes »[3] et qu'il vaut mieux, dès lors qu'elle s'applique en premier lieu à l'au-delà de l'être et de

1. Soit : rien ne peut être dit de l'Un-Bien, pas même qu'il est l'Un (32 (V, 5) 6, 28-37 ; 33 (II, 9) 1, 5-8), ni le Bien (49 (V, 3) 11, 23-24).

2. Suivant alors l'indication de Hegel, qui souligne l'importance du concept de *dunamis* dans le champ de la réflexion plotinienne : *Leçons sur l'histoire de la philosophie*, t. IV, *La Philosophie grecque*, IIIe division, trad. fr. P. Garniron, Paris, Vrin, 1975, p. 892.

3. Voir en particulier C. Rutten, « La doctrine des deux actes dans la philosophie de Plotin », *Revue philosophique* 146, 1956, p. 100-106.

l'acte, nommer « théorie des puissances », vaut comme le modèle même de la procession : elle permet de penser la production de l'inférieur par le supérieur comme un effet nécessaire, et nécessairement dégradé, de sa perfection. De la cause à l'effet, la puissance assure aussi la continuité : elle est ce par quoi, sans s'incliner ni se perdre en lui (cette immobile perfection étant la condition même de sa fécondité), le principe est présent à son produit. Du concept de puissance compris comme productivité du parfait, se déduisent ainsi les principaux traits de la procession comme agir immobile, nécessaire, et continu.

La puissance, on l'a dit, assure de la cause à l'effet le lien et la présence. Plus précisément, elle s'inscrit en l'effet comme une présence-absence, une trace, dit Plotin, ou encore une image, un reflet, qui porte à la fois une distance et le principe de sa réduction. Car cette trace où se lit la dépendance de l'effet détermine aussi chez lui une tendance qui opère comme le moteur même de sa conversion. Or, pour la nommer, et dire, aussi, le désir qu'elle suscite, Plotin va avoir recours, cette fois, à la notion d'en-puissance. Si la *dunamis* puissance vaut comme le principe même de la procession, la *dunamis* en-puissance apparaît, elle, comme le principe de la conversion. Le concept de *dunamis*, en son équivocité même, apparaît ainsi comme la clef de la double dynamique qui régit le réel plotinien ; ou encore, et pour jouer sur les mots, le double sens (la double signification) de la *dunamis*, porte le double sens (la double orientation) de l'être : de là-bas jusqu'ici, et d'ici vers là-bas.

Le modèle aristotélicien de la finalité et de la tendance se trouve ainsi intégré à celui, plotinien, de la productivité et de la puissance. La question se pose, dès lors, de l'éventuelle priorité de l'un ou l'autre de ces modèles : l'Un-Bien doit-il être pensé indissociablement comme une cause efficiente, ou du moins productrice, et comme une cause finale ? Plotin parvient-il à penser autrement qu'Aristote, c'est-à-dire autrement que sous l'espèce de l'en-puissance, une puissance propre au Bien ? Ou, attribuant la puissance au principe, ouvre-t-il la voie, déjà, à la théologie de la toute-puissance excédentaire au Bien ?

CHAPITRE VI

PUISSANCE ET PRINCIPE[1]

L'ἀρχή est première dans l'ordre de l'être et pas seulement de la pensée. Le principe est en même temps cause et origine, source première de tout effet[2]. Le problème est de déterminer son lien à ses effets, en même temps que la raison de leur effectuation. Le dilemme du principe peut s'énoncer ainsi : est-il, par rapport à l'effet, dans une relation de paradigme ou d'excès ?[3] La critique aristotélicienne du paradigmatisme platonicien ne laisse subsister d'autre voie que celle de l'excès. Le principe ne peut être la simple anticipation, le redoublement des qualités de l'effet, sans quoi l'on s'expose à la régression indéfinie que pointe l'objection du « Troisième Homme ». Mais si le principe, en tant même qu'il est principe, n'est aucune des choses dont il est principe, il faut cependant penser sa relation à l'effet, sauf à faire de ce dernier un surgissement radicalement inanticipé. Le dilemme du principe vient donc de ce qu'il faut en penser à la fois la transcendance et la relation, tout ensemble l'absoluité et la causalité. Il s'énonce en ces termes : le principe doit-il être quelque chose de ce dont il est principe, ou rien de ce dont il est principe ? Plotin, à propos de l'engendrement de l'intelligence et du multiple par l'Un, le formule ainsi :

> Mais comment les a-t-il donnés ? En les possédant, ou en ne les possédant pas ? Mais ce qu'il ne possède pas, comment l'a-t-il donné ? Et s'il les

1. J'ai partiellement exposé certaines des analyses que l'on lira ici dans « Puissance et Principe : la δύναμις πάντων ou puissance de tout », *Kairos* n°15, 2000, p. 9-32.

2. Voir 49 (V, 3) 10, 2-3. Sur la constitution de la notion de principe, voir S. Roux, *La Recherche du principe chez Platon, Aristote et Plotin*, Paris, Vrin, 2004.

3. E. Bréhier montre ainsi, à propos de Damascius, comment le dédoublement de l'Un vise à préserver la double exigence de simplicité et de principialité : « L'idée du Néant et le problème de l'origine radicale dans le Néoplatonisme », *Revue de Métaphysique et de morale*, 26, 1919, p. 443-475, repris dans *Études de philosophie antique*, Paris, P.U.F., 1955, p. 248-283.

possède, il n'est pas simple; mais s'il ne les possède pas, comment de lui vient le multiple ? (49 (V, 3), 15, 1-3) [1].

De ce dilemme se déduit une double exigence : il faut penser une relation de la cause à l'effet sans inclure pour autant l'effet dans la cause. Il faut, en somme, trouver un moyen-terme entre le surgissement et le redoublement. C'est à cette double exigence que répond l'élaboration plotinienne de la notion de puissance.

Puissance et transcendance

Le néoplatonisme s'ouvre, en même temps qu'il l'inaugure, sur « une représentation exacerbée et inouïe de la transcendance » [2]. De celle-ci, entendue comme excès sur l'être, on peut reconnaître la formule, déjà, chez Platon, au livre VI de la *République* [3], où le Bien est dit « ἐπέκεινα τῆς οὐσίας πρεσβείᾳ καὶ δυνάμει ὑπερέχοντος », « au-delà de l'essence qu'il surpasse par l'ancienneté et par la puissance » (509b 9-10). L'interprétation de ce passage est cependant controversée : si certains commentateurs y voient la première affirmation de la transcendance dans l'histoire de la philosophie [4], d'autres jugent que son contexte la rend problématique, voire la contredit [5]. Ils soulignent aussi que la transcendance ici affirmée

1. Traduction B. Ham, *Plotin. Traité 49* (V, 3), Paris, Cerf, 2000.

2. Selon la formule de J.-M. Narbonne, *Hénologie, ontologie, et Ereignis. (Plotin-Proclus-Heidegger)*, Paris, Les Belles Lettres, 2001.

3. On peut ailleurs aussi en relever des indices : cf. *Banquet*, 210e 2-211b 3; *Philèbe*, 16d 1; 26e-27b; *Sophiste*, 242c-e et 244d-245b, avec le commentaire de Proclus, *In Parm.* 1087, 13 *sq.* et 1103, 6-10; *Lettre II*, 312d-313a ; *Lettre VII*, 341b 7-d 2, et, bien sûr le *Parménide*. Sur ces textes et leur interprétation dans le néoplatonisme, voir J.-M. Narbonne, *Hénologie, ontologie, et Ereignis ..., op. cit.*

4. Voir J. Halfwassen, *Der Aufstieg zum Einem. Untersuchungen zu Platon und Plotin*, Beiträge zur Altertumskunde 9, Stuttgart, Teubner, 1992; H.J. Kramer, « *Epekeina tēs ousias* », *Archiv für Geschichte der Philosophie*, 51, 1969; C. De Vogel, *Rethinking Plato and Platonism*, Leiden, Brill, 1986, p. 45 *sq.*; R. Ferber, *Platos Idee des Guten*, Sankt Augustin, Akademia Verlag, 1989, p. 11.

5. Voir M. Baltès « Is the Idea of the Good in Plato's *Republic* Beyond Being? » dans ΔΙΑΝΟΗΜΑΤΑ. *Kleine Schriften zu Platon und zum Platonismus*, Stuttgart-Leipzig, Teubner, 1999, p. 351-371, ainsi que L. Brisson, « L'approche traditionnelle de Platon par H.F. Cherniss », dans G. Reale, S. Scolnicov (éd.), *New images of Plato. Dialogues on the Idea of the Good*, Academia Verlag, Sankt Augustin, 2002, p. 85-97. Baltès et Brisson soulignent que le parallèle entre le Bien et le soleil (508a 7 *sq.*; 508c 1) tendrait à signifier que, de même que le soleil est cause de la génération tout en appartenant au domaine de la génération, de même le Bien est cause de l'être tout en appartenant au domaine de l'être. Ils notent qu'en d'autres lieux de la *République*, le Bien, d'ailleurs désigné comme une « Idée » (502a 2; 508e 2; 517b 8; 534b 9), est qualifié par une série de superlatifs qui paraissent indiquer qu'il

est non pas absolue mais qualifiée : si le Bien est au-delà de l'être, c'est « par l'ancienneté et par la puissance »; il faudrait donc comprendre qu'il le surpasse, comme un roi ses sujets, par certaines qualités [1], sans appartenir pour autant à un autre genre.

Si la formule de la transcendance apparaît chez Platon le premier, elle est donc à la fois occasionnelle et problématique. Chez Plotin, en revanche, elle est à la fois récurrente et fondatrice [2]. On relève ainsi, dans les *Ennéades*, une quarantaine d'occurrences du terme *epekeina* renvoyant à *Rép.* VI [3] ; or on a aussi noté, comme un signe décisif de la radicalisation par Plotin de la notion de transcendance, que dans aucune de ces formules la qualification « *presbeiai kai dunamei* » n'apparaît [4]. Il semble à l'inverse que l'affirmation par Plotin de la transcendance de l'Un-Bien soit solidaire de celle de sa puissance.

a. L'attribution à l'Un-Bien de la puissance, sa désignation comme puissance de tout (δύναμις πάντων), ou puissance totale (δύναμις πᾶσα), sont, on l'a dit, courantes chez Plotin. Et si l'Un est dit non seulement au-delà de l'être, mais aussi antérieur (πρό), ou supérieur (ὑπὲρ) à toutes choses [5], en revanche il n'est jamais désigné comme antérieur ou supérieur à la puissance. Au contraire, le *Traité 30* (III, 8) articule l'antériorité de l'Un par rapport à toutes choses (πρὸ τῶν πάντων), le fait qu'il n'est aucune d'entre elles (οὐδὲν τῶν πάντων), et sa caractérisation comme puissance de toutes choses (δύναμις τῶν πάντων) (9, 48-10, 1). Le *Traité 7* (V, 4) lie plus nettement encore l'affirmation de la puissance et celle de la

est non pas extérieur à l'être et à l'intelligible, mais situé à la limite supérieure de ceux-ci (518c 9; 526e 3; 532c 6). L. Brisson insiste aussi sur le contexte rhétorique du passage, et sur le fait que Glaucon qualifie la formule de Socrate de « *daimonias huperbolēs* » (509c), expression qu'il faut, selon lui, entendre à un niveau métalinguistique, comme signifiant non pas « quelle divine supériorité », mais « quelle merveilleuse emphase ».

1. Le terme *dunamis* intervient ailleurs chez Platon en relation avec l'attribution d'un rang au sein d'une hiérachie : cf. *Philèbe*, 29c 1-3 et *Lois* I, 630c 8. Notons qu'en *Rép.* VI, 508e 6, le Bien est aussi dit « ὑπὲρ ταῦτα κάλλει », « au-dessus d'eux <sc. le savoir et la vérité> par la beauté ».

2. Sur le devenir de la formule de *Rép.* VI dans le médioplatonisme, *cf.* M. Baltès, « Is the Idea of the Good in Plato's *Republic* Beyond Being ? », art. cit., ainsi que J. Whittaker, « *Epekeina nou kai ousias* », *Vigiliae Christianae* 23, 2, 1969, p. 91-104.

3. Pour un relevé complet, voir L. Brisson, « L'approche traditionnelle de Platon par H.F. Cherniss », art. cit.

4. Brisson, « L'approche traditionnelle de Platon par H.F. Cherniss », art. cit., p. 93.

5. Voir par exemple 7 (V, 4) 1, 5 et 2, 40; 13 (III, 9) 4, 7; 30 (III, 8) 9, 50-51; 49 (V, 3) 11, 19. Notons que si l'Un-Bien est désigné comme excédentaire à l'être, il n'en est pas moins dit « exister » (ὑπάρχειν, ὑφιστάναι), ou posséder l'« existence » (ὑπόστασις) : sur ce point, voir J.-M. Narbonne, *Hénologie, ontologie, et Ereignis …, op. cit.*

transcendance. La formule de *République* VI y est développée et justifiée au moyen d'une double identification : de l'être à « toutes choses », et de la puissance à l'*epekeina* : au terme de ce jeu de substitutions, la formule « *epekeina tēs ousias* » et la formule « *dunamis pantōn* » paraissent équivalentes [1].

Puissance et transcendance paraissent donc, chez Plotin, très étroitement articulées. Plus encore, dans le *Traité 7*, la transcendance est déduite de la puissance : c'est parce que le principe est puissance de toutes choses qu'il est au-delà de toutes choses. Autrement dit, c'est l'affirmation de la causalité, à la fois première et exclusive, de l'Un qui conduit à celle de son excès. Ainsi, et paradoxalement, la transcendance se trouve engagée par une détermination positive : celle de causalité.

On peut, de ceci, avancer une raison; la radicalisation, par Plotin, de la transcendance pourrait être une façon d'éviter une difficulté majeure du platonisme, formulée dans le *Parménide*, et soulignée par Aristote : la régression indéfinie qu'engage l'auto-prédication des Idées (l'argument dit du « Troisième Homme ») [2]. Plotin parvient à neutraliser cet argument au niveau des Formes, en particulier en concevant celles-ci comme des διὰ τί subsistants, ne possédant pas la qualité qu'elles produisent en autre chose [3]. Mais il y répond aussi, au niveau principiel, en soulignant que l'Un, en tant même qu'il est cause de tout ce qui est, n'est rien, ce néant de déterminations devant bien entendu être compris, là encore, par excès. L'argument est clairement formulé dans le *Traité 32* (V, 5) : si le Bien était bon, « il ne serait plus le Bien, pur et primitif, mais le Bien primitif serait le terme auquel il participe » (13, 25-26). La position de transcendance est donc liée à une conception de la causalité qui renvoie celle-ci non pas

1. « Car le principe est au-delà de l'être. Et il est puissance de toutes choses, tandis que l'être est déjà toutes choses. Mais si celui-ci est toutes choses, le principe, lui, est au-delà de toutes choses; il est donc au-delà de l'être » (7 (V, 4) 2, 37-40). Ma traduction s'écarte ici de celle d'É. Bréhier comme de celle, récente, de J.-F. Pradeau : il me semble en effet qu'on ne peut considérer que le ἐκεῖνο μὲν et le τὸ δὲ des lignes 38-39 renvoient au même sujet, ce qui signifierait que le principe est à la fois « puissance de toutes choses » et « d'emblée toutes les choses » (et qui irait dans le sens de l'identification, explicitement refusée par Plotin, on le verra, de la *dunamis pantōn*, à « l'en-puissance de tout », la pré-existence potentielle de tous les effets). La syntaxe indique bien qu'il faut les distinguer, tout comme, à la ligne suivante, le τοῦτο et le ἐκεῖνο. La cohérence du raisonnement que Plotin conduit ici est aussi à ce prix. On peut par ailleurs se demander si la désignation, à la ligne 41, de l'Un comme « οὐ τὸ ἴσον ἔχον τοῖς πᾶσι », « pas sur un pied d'égalité avec toutes choses » (trad. J.-F. Pradeau) n'est pas une manière de gloser le πρεσβείᾳ de *Rép.* VI.

2. Cf. *Parménide*, 132d-133a ; Aristote, *Métaphysique* A, 9, 990b 17; *Soph. Elench.*, 22, 187b 37 *sq*.

3. Voir C. D'Ancona Costa, « ΑΜΟΡΦΟΝ ΚΑΙ ΑΝΕΙΔΕΟΝ. Causalité des Formes et causalité de l'Un chez Plotin », *Revue de philosophie ancienne*, 10, 1992, p. 69-113.

à une détermination (ou à la puissance d'une détermination posée en son essentialité), mais à l'absence de toute détermination, seule capable de bloquer la régression indéfinie.

b. Cet excès de la *dunamis* du premier principe sur ses effets est encore souligné par sa désignation comme *puissance infinie*, δύναμις ἄπειρος[1] : la notion d'infini renvoie ici à l'absence de détermination du principe[2]. À l'*apeiron*, Plotin fait subir la même transposition qu'à la *dunamis* aristotélicienne, le transférant de la base au sommet, de l'en-deçà de l'être et de l'acte à leur au-delà. Mais l'infini vient aussi s'opposer à la totalité : dans le *Traité 32* (V, 5), le Bien, au terme d'une singulière série déductive, se trouve ainsi désigné comme la puissance productrice (αἴτιος δύναμις) dont viennent la vie et l'Intellect, et ce parce qu'il est aussi la puissance de l'essence (οὐσίας) et de l'être (τοῦ ὄντος), et ce parce qu'il est un (32 (V, 5) 10, 11-13). Le texte souligne cependant qu'on ne peut, à partir de ses effets, remonter à lui : tout participe à lui, mais rien ne retient une part de lui, et sa puissance a beau être de toutes choses (πάντων) elle ne peut être saisie tout entière (πᾶσαν) mais seulement partie par partie (κατὰ μέρος) (*ibid.*, 1-7). Elle possède, en effet, l'infini (τὸ δ' ἄπειρον ἡ δύναμις ἔχει, 21-22).

La notion de puissance infinie paraît ainsi marquer, plus nettement encore que celle de puissance de tout, la transcendance du premier. Si la *dunamis pantōn* le qualifie comme antérieur et supérieur à ses effets, la *dunamis apeiros*, elle, le désigne comme *incommensurable* à ceux-ci. L'Un-Bien a beau être puissance de tout, ses effets ne sont pas le tout de sa puissance qui, infinie, demeure, par rapport à eux, en excès[3].

La notion de puissance infinie marque ainsi un nouveau progrès dans la radicalisation plotinienne de la transcendance : elle désigne le principe non seulement comme cause, mais comme une cause qui, parce qu'elle ne s'épuise pas en eux, ne peut être saisie à partir de ses effets. De la sorte, elle indique aussi que le principe ne doit pas être réduit à la détermination

1. *Cf.* 12 (II, 4) 15, 19; 27 (IV, 3) 8, 36-37; 32 (V, 5) 10, 19-22 ainsi que 9 (VI, 9) 6, 10-11; 38 (VI, 7) 32, 15-20. Voir aussi *Parménide*, 137 d. H. J. Krämer a montré comment l'idée d'un infini positif et associé à l'unité se trouve déjà chez Mélissos (*Der Ursprung der GeistMetaphyisk, Untersuchungen zur Geschichte des Platonismus zwischen Platon und Plotin*, Amsterdam, P. Schippers, 1967, p. 363).

2. Comme le souligne C. D'Ancona, « ΑΜΟΡΦΟΝ ΚΑΙ ΑΝΕΙΔΕΟΝ. Causalité des Formes et causalité de l'Un chez Plotin », art. cit.

3. On a là, selon Deleuze, le principe de la distinction entre cause émanative et cause immanente (ou encore : causalité néoplatonicienne, et causalité spinoziste) : « La cause émanative produit d'après ce qu'elle donne, mais elle est au-delà de ce qu'elle donne [...]. Une cause est immanente, au contraire, quand l'effet lui-même est "immané" dans la cause au lieu d'en émaner » (*Spinoza et le problème de l'expression*, Paris, Minuit, 1968, p. 156).

de cause, si tant est que ce dernier terme, ainsi que le souligne Plotin, demeure relatif : parler du principe comme d'une cause, ce n'est pas le désigner pour ce qu'il est, mais, simplement, nous saisir nous-mêmes comme ses effets [1].

c. En tant même qu'il est cause de tout ce qui est, l'Un doit, sous peine de régression indéfinie, n'être rien de ce dont il est cause. Il est donc au-delà de l'être, *epekeina tēs ousias*. La référence platonicienne est, sur ce point, revendiquée :

> Le père de cette cause qu'est l'Intellect, il <*sc* Platon> affirme que c'est le Bien, ce qui est au-delà de l'Intellect et « au-delà de l'essence » (10 (V, 1) 8, 6-8).

L'*ousia* se trouve ainsi assignée au deuxième principe : l'Intellect. Elle désigne celui-ci comme totalité des Formes ou des essences, Formes qui sont à la fois des intelligibles et des intelligences [2] :

> L'Un n'est donc pas l'Intellect, mais il est avant l'Intellect. Car l'Intellect est quelque chose, qui fait partie des êtres, mais Lui, il n'est pas quelque chose, mais avant chaque chose. Et l'Un n'est pas non plus l'Étant. Car précisément l'Étant a en quelque sorte une forme, qui est celle de l'Étant, mais l'Un est privé de forme, même de forme intelligible. Car la nature de l'Un, parce qu'elle est génératrice de toutes choses, n'est aucune d'entre elles [3].

De la caractérisation de l'Intellect comme *ousia* première, *prōtē ousia*, est déduite celle d'acte premier, *prōtē energeia* (49 (V, 3) 5, 35-36) [4]. L'*energeia* vient ici désigner la totalité subsistante des Formes, mais aussi l'activité qui lui est propre : la pensée de soi. Chaque intelligible en effet est aussi une intelligence, et cette intelligence pense, ou contemple,

1. *Cf.* 9 (VI, 9) 3, 49-53, avec le commentaire de P. Hadot, *Traité 9* (VI, 9), *op. cit.*, p. 26-27 et 147. S'amorce ici la logique de la double transcendance, qui aboutira, chez les Néoplatoniciens postérieurs à la distinction, au niveau principiel, entre un premier Un, radicalement ineffable et incoordonné, et un second Un, héritant de la détermination causale. Sur les positions respectives de Proclus et Damascius sur ce point, voir G. Van Riel, « "N'essayons pas de compter l'intelligible sur les doigts". Damascius et les principes de la limite et de l'illimité », *Philosophie antique*, n° 2, 2002, p. 201-219.

2. Sur l'identité stricte posée par Plotin entre la catégorie d'*ousia* et l'intelligible (il n'y a pas d'*ousia* sensible) voir R. Chiaradonna, *Sostanza, movimento, analogia. Plotino critico di Aristotele*, Naples, Bibliopolis, 2002.

3. 9 (VI, 9) 3, 36-40, trad. P. Hadot, *Traité 9* (VI, 9), *op. cit.*, p. 81.

4. Sur l'Intellect comme acte premier, voir encore 5 (V, 9) 4, 7; 38 (VI, 7) 40, 22-23; 49 (V, 3) 12, 1-27; 51 (I, 8) 2, 21. Sur l'Un-Bien comme au-delà de l'acte, voir 38 (VI, 7) 17, 10; 49 (V, 3) 12, 16.

l'intelligible qu'elle est : l'acte nomme ainsi l'unité de l'intelligible et de l'intelligence (49 (V, 3) 5, 39-43).

Au-delà de l'essence, l'Un-Bien est donc aussi au-delà de l'acte [1] : pas plus qu'à l'être, on ne peut l'identifier à l'activité caractéristique de celui-ci compris comme système des Formes, ou des intelligibles-intelligences, c'est-à-dire à la pensée. En effet, la pensée, même de soi, la *noēsis noēseōs* du premier moteur aristotélicien, implique une multiplicité minimale, c'est-à-dire, au moins, une dualité : l'intelligence ne peut être identique à elle-même, ne peut, donc, être intelligence, qu'en tant qu'elle a pour objet un intelligible, et l'intelligible à son tour ne peut être tel qu'en tant qu'il est pensé par l'intelligence (24 (V, 6) 2, 10-11). Sans doute l'être qui se pense soi-même est plus un que l'être qui pense un autre que soi (24 (V, 6) 1), car, se pensant lui-même, il unifie déjà la multiplicité dont il est constitué (49 (V, 3) 13, 17); mais, ce faisant, la pensée de soi manifeste le désir de ressaisir une unité qui ne lui est pas donnée : la vision, même de soi, ne peut être le fait que « d'un œil varié, ou qui voit des couleurs variées » (*ibid.* 10, 29-31). La pensée de soi est donc la tentative de l'être et de l'acte premier, qui est aussi la multiplicité première, de revenir à l'Un, à l'absolument simple dont il est issu. Désir de l'Un elle est, aussi, désir du Bien : si le premier moteur aristotélicien, se pensant lui-même, pense le bien qu'il est, le deuxième principe plotinien, se pensant lui-même, vise le Bien dont il vient. Le *Traité 24* (V, 6) présente ainsi une nouvelle variation sur l'*epekeina tēs ousias* :

> Car l'intellection n'est première *ni quant à l'être, ni à la dignité* [2], mais elle est seconde, et elle est advenue alors que le Bien existait déjà, et qu'il a fait se mouvoir vers lui ce qui est advenu (5, 5-8) [3].

Dissocié du Premier Principe, l'acte l'est aussi, par Plotin, du Bien. Il ne vient plus nommer l'identité de l'être et du Bien, mais la tentative de l'être pour se rapprocher du Bien. L'Un-Bien, donc, n'est pas acte pur, mais, par-delà l'être et l'acte, δύναμις πάντων.

1. Il arrive que Plotin qualifie le premier principe d'*energeia* : ainsi en 24 (V, 6) 6, 3-8; le contexte est cependant celui d'une réfutation d'Aristote par l'absurde, qui vise à montrer que l'acte, si par lui on désigne le parfait et le premier, ne peut être en même temps activité de pensée. L'acte va ainsi être vidé de son identité aristotélicienne à l'être et à la pensée, pour être identifié au seul Bien, au-delà de l'essence comme de la pensée (*ibid.*, 6, 30-35). La désignation de l'Un-Bien comme *energeia* est aussi récurrente dans le *Traité 39* (VI, 8). Mais elle n'est là encore que provisoire et contextuelle, invoquée en particulier contre l'« objection téméraire » : voir plus bas, p. 256-260.

2. Je souligne.

3. Trad. L. Lavaud, *Plotin. Traités 22-26*, traductions sous la direction de L. Brisson et J.-F. Pradeau, Paris, GF-Flammarion, 2004.

Puissance et causalité

On a vu comment l'affirmation de la transcendance du principe, était solidaire de celle de sa puissance : c'est parce qu'il est le principe de tous les êtres que l'Un-Bien ne doit être aucun d'entre eux, sans quoi il faudrait, encore au-delà, remonter à un autre principe commun à lui et à eux. Le principe, écrit Plotin, « n'est pas tous les êtres, mais ce dont viennent tous les êtres ; il n'est pas tous les êtres, ni l'un d'entre eux, de façon à ce qu'il puisse engendrer tous les êtres » (30 (III, 8) 9, 39-41). Si la position de transcendance est requise pour éviter la régression indéfinie, et par le souci de penser la causalité première et exclusive de l'Un, il reste à déterminer le mode et la raison mêmes de cette causalité. Autrement dit, la question n'est pas seulement de savoir ce que doit être (ou plutôt n'être pas) le principe pour être cause de tout ce qui est, mais aussi de savoir comment et pourquoi, n'étant rien du tout, il peut être cause de tout. On retrouve ici le dilemme du principe : requise par celle de causalité, la position de transcendance paraît mettre celle-là en danger. Il faut donc voir comment la notion de *dunamis* s'articule non seulement à celle de transcendance, mais aussi à celle de causalité, et voir, aussi, en quels termes elle permet de penser cette dernière. Mais ceci suppose de répondre à une question préliminaire : en quel sens l'Un-Bien est-il *dunamis pantōn ?* La *dunamis* signifie-t-elle la puissance ou l'en-puissance ?

a. L'acte étant, comme on l'a vu, dissocié du premier principe et identifié au deuxième, on pourrait être tenté de considérer que Plotin maintient le schéma aristotélicien de l'*energeia* et de la *dunamis* tout en en inversant les termes : la *dunamis pantōn* de l'Un-Bien signifierait alors l'en-puissance du tout, et serait posée au principe de l'acte. Le premier principe devrait dès lors être conçu comme la totalité virtuelle de ses effets. Par-là, il semble que l'on éviterait la double impasse du redoublement et du surgissement : étant tous ses effets en-puissance, l'Un-Bien ne serait aucun d'entre eux en-acte, de sorte que l'on bloquerait la régression indéfinie. Mais on éviterait aussi l'impasse du surgissement, puisque que le principe serait, de ses effets, la préfiguration. L'effectuation serait dès lors à penser comme une actualisation.

Cette interprétation a été soutenue par certains[1]. Elle invoque différentes influences possibles, telles celle de la monade pythagoricienne,

1. Voir par exemple H.J. Krämer, *Der Ursprung der Geistmetaphysik*, *op. cit.*, p. 340 : l'Un serait « die reine Potenz alles Folgenden. Sie enthält als solche die spätere Wirklichkeit in "latenter", "amorpher" Form "in sich" ». Plus récemment, voir L.P. Gerson, *Plotinus*, London-New York, Routledge, 1994, p. 35.

qui conjugue les différents caractères d'unité, de principialité, et de potentialité [1], celle de la dyade platonicienne, associée par Aristote à la matière et à l'en-puissance [2], ou encore celle de Speusippe, auquel le même Aristote reproche d'avoir posé au principe l'indéterminé et l'imparfait, méconnaissant ainsi l'antériorité de l'acte sur l'en-puissance [3].

Elle est, cependant, explicitement rejetée par Plotin : s'il est vrai que le premier principe n'est pas un acte, il n'est pas pour autant une potentialité. Sa puissance, autrement dit, n'est pas l'en-puissance :

> Il <*sc.* le deuxième principe> est déjà un acte; mais lui <*sc.* le premier principe> est puissance de toutes choses. – Mais de quelle façon comprendre la *puissance*? – Pas au sens où l'on dit que la matière est *en-puissance* parce qu'elle reçoit : en effet, elle pâtit; mais de façon tout opposée parce qu'il produit (49 (V, 3) 15, 32-35).

Si l'en-puissance ne peut être attribué au premier principe, c'est d'abord parce qu'il est associé par Plotin à la passivité. Mais il l'est aussi à la tendance et au désir, et c'est une raison supplémentaire pour le refuser :

> Lui <le premier principe> est une chose et les actes qui viennent de lui en sont une autre, puisque c'est sans que lui ait agi. Sinon, l'Intellect ne serait pas le premier acte (πρώτη ἐνέργεια). Car il n'est pas vrai que le principe ait en quelque sorte désiré que l'Intellect naisse et qu'ensuite l'Intellect soit né, le désir ayant pris place entre lui et l'Intellect engendré. Non, il n'a eu absolument aucun désir, car alors il serait imparfait et son désir n'avait rien à désirer; et on ne peut pas dire non plus qu'il possédait une part de la réalité et ne possédait pas l'autre. Car il n'y avait même pas quelque chose vers quoi se tendre (πρὸς ὅ ἡ ἔκτασις) (49 (V, 3) 12, 26-33; trad. B. Ham).

Le rapport du premier principe au deuxième, ou de la puissance à l'acte, ne peut être de désir ou de tendance, car il faudrait alors dire que le premier est imparfait et que c'est en le deuxième que réside sa perfection. L'Un-Bien admettrait alors du manque, de la privation, et ne trouverait sa complétion qu'en l'Intellect.

Si la notion d'en-puissance peut éventuellement satisfaire à l'exigence de causalité en tant que, comprise comme tendance, elle est posée au

1. Krämer (*Der Ursprung*, *op. cit.*, p. 346-347) cite Théon de Smyrne, *Expositio*, p. 37, 15 *sq.* (Hiller) : « ἔστιν πρῶτον ἡ μονάς, λεγομένη τρίγωνον οὐ κατ' ἐντελέχειαν [...] ἀλλὰ κατὰ δύναμιν »; ainsi que Nicomaque de Gérase, *Introd. arithm.*, L. I. c. XVI, 8 : « ἡ ἄρα μονὰς δυνάμει, ἀλλ' οὔπω ἐστι τέλειος ἐνεργείᾳ [...] τελεία ἄρα ἐστὶ δυνάμει ἡ μονάς ». Krämer souligne aussi la récurrence, dans les textes néopythagoriciens, des images de la semence, de la source, ou de la racine, que l'on retrouve chez Plotin associées au premier principe.

2. Cf. *Mét.* A 6, 987b 20, M 8, 1084b 21.

3. *Mét.* Λ 6, 1072b 32; N 4, 1092a 12.

principe d'un désir et d'un mouvement, elle contrevient, et pour la même raison, à celle de principialité, dès lors qu'elle pose, du premier principe à son effet, un rapport de dépendance [1].

Il faut dès lors revenir au sens pré-aristotélicien de la *dunamis*, celui-là même que met en œuvre la *République* (VI, 509b 9-10) : la *dunamis* ne doit pas être entendue au sens de la puissance passive, ni non plus comme en-puissance, mais comme puissance active. Ce sens classique et platonicien de la *dunamis* est explicitement réactivé par Plotin contre son sens aristotélicien. Le *Traité 25* (II, 5) s'interroge en effet sur les conditions de l'attribution de la puissance et de l'acte aux êtres intelligibles [2]. Il distingue pour ce faire entre deux couples : celui de l'en-puissance et de l'en-acte, d'une part, et celui de la puissance et de l'acte, d'autre part. L'en-puissance pris sans l'acte est désigné comme le mode d'être caractéristique de la matière (25 (II, 5) 5), et l'en-puissance pris avec l'en-acte comme celui des sensibles. L'en-puissance en effet est avant tout pensé dans l'ordre de la tendance, et ce faisant aussi de la dépendance : qu'il reçoive la forme ou s'efforce vers elle, l'en-puissance est pour celle-ci. L'être en-puissance est donc un être qui ne coïncide jamais avec lui-même, mais qui est toujours-déjà projeté, par-delà soi, vers l'acte auquel il tend (1, 17-19). De cet acte, on ne peut dire qu'il est en même temps la puissance, au sens où il le produirait : « La puissance entendue comme puissance productrice (ἡ δύναμις ἡ κατὰ τὸ ποιεῖν) ne saurait être dite en-puissance (δυνάμει) ». Il faut donc opposer l'en-puissance comme tendance vers l'acte à la puissance productrice de l'acte :

1. Poser l'en-puissance au principe, c'est donc inverser le rapport de dépendance du supérieur à l'inférieur : telle est la critique fondamentale que Plotin adresse aux Stoïciens, et, en particulier, à la position principielle attribuée par ceux-ci à la matière. Il leur oppose précisément la doctrine aristotélicienne de l'antériorité de l'en-acte sur l'en-puissance : « Le plus absurde, c'est de mettre au premier rang la matière, qui n'est qu'en-puissance et de ne pas placer l'acte avant la puissance. Car l'être en-puissance ne saurait jamais passer à l'acte s'il tient le premier rang dans les êtres ; ce n'est pas lui qui pourra s'y faire passer ; ou bien l'être en-acte doit exister avant lui, et alors ce qui est en-puissance n'est plus principe, ou bien ils diront qu'ils sont simultanés et les principes seront au rang des choses qui se rencontrent par hasard [...]. La matière n'engendre pas la forme, pas plus que, sans qualités elle-même, elle n'engendre la qualité ; et l'acte ne procède pas de l'être en-puissance ; sinon, c'est que ce dernier contiendrait en lui l'être en-acte, et il ne serait plus simple » (42 (VI, 1) 26, 1-11 ; trad. Bréhier révisée).

2. Voir la traduction et le commentaire de J.-M. Narbonne, *Plotin. Traité 25* (II, 5), Paris, Cerf, 1998. J.-M. Narbonne identifie cependant la distinction entre puissance et en-puissance à celle entre puissance active et puissance passive (Introduction, p. 26), alors que la critique plotinienne porte bien sur la notion aristotélicienne d'en-puissance comprise, par-delà la distinction entre puissance active et puissance passive, comme le principe d'un mouvement déterminé par l'acte.

> En effet, ce qui est *en-puissance* obtient l'être *en-acte* d'une autre chose, tandis que pour la *puissance*, l'*acte* est ce dont elle est capable par elle-même (2, 33-34; trad. J.-M. Narbonne).

L'Intellect est de ce fait exempt d'en-puissance. Il est, d'abord, exempt de puissance passive, puisqu'il est sans matière; mais il l'est aussi de tendance : il ne peut s'efforcer vers un autre être que lui, puisque « le tout est en lui » (3, 28), et puisque les êtres dont il est constitué « possèdent ce qu'ils doivent posséder, à la fois par eux-mêmes et toujours » (3, 31-32). Aussi bien, les êtres véritables ne sont pas dans le temps, mais dans l'éternité, et ne peuvent donc être sur le mode de l'à venir (3, 5). Les êtres intelligibles sont donc en-acte (ἐνεργείᾳ), mais ils sont aussi des actes (ἐνέργειαι).

On peut cependant leur attribuer également la puissance, à condition d'entendre celle-ci non au sens de l'en-puissance, mais au sens de la puissance productrice. De l'âme, par exemple, il ne faut pas dire, à la façon d'Aristote, qu'elle est animal en-puissance, ou musicienne en-puissance : « l'âme n'est pas *en-puissance* ces choses, mais elle est *puissance de ces choses* » (3, 22) [1].

Plotin oppose donc clairement la *dunamis* comprise comme puissance productrice au *dunamei*, à l'en-puissance. Or, de même qu'aux intelligibles, seul le premier sens peut être appliqué à l'Un-Bien. Le *Traité 49*, on l'a vu, l'énonçait déjà : si le premier principe peut être dit *dunamis*, c'est « de façon tout opposée <à la matière> parce qu'il produit » (15, 35). Là où la matière est δυνάμει πάντα, en-puissance toutes choses (25 (II, 5) 5, 5), l'Un-Bien, lui, est δύναμις πάντων, puissance de tout. Sa puissance est une puissance productrice, causale, αἴτιος δύναμις, de sorte que, puissance de tout, il est aussi cause de tout, αἴτιον τῶν πάντων (32 (V, 5) 10, 12 et 13, 35).

b. La puissance de l'Un-Bien le qualifie donc comme cause. On a vu, déjà, comment la position de transcendance était requise par celle de causalité, et par le souci de bloquer la régression indéfinie dans l'ordre des causes. Mais il faut voir à présent comment la position de causalité est compatible avec celle de transcendance : la question, donc, n'est plus seulement de savoir comment pour être cause de tout, l'Un-Bien doit n'être rien du tout, mais comment, n'étant rien du tout, l'Un-Bien peut être cause (ou puissance) de tout.

1. Ἡ οὐ δυνάμει ταῦτα, ἀλλὰ δύναμις ἡ ψυχὴ τούτων. Sur les modalités et les enjeux de la rupture de Plotin avec la définition aristotélicienne de l'âme comme entéléchie du corps, voir G. Aubry, *Plotin. Traité 53* (I, 1), Introduction, traduction, commentaire et notes, Paris, Cerf, 2004.

Cette question est celle-là même de l'origine de l'être; sa formulation proprement plotinienne n'est pas « pourquoi quelque chose et non pas rien? », mais « pourquoi quelque chose d'autre que l'Un-Bien? ». Demander comment le principe peut être cause, c'est demander comment ce qui, en tant même qu'il est principe, est parfait et auto-suffisant, peut néanmoins engendrer autre chose que lui-même. Il faut dès lors penser cet engendrement de telle sorte qu'il n'implique, en son principe, ni manque, ni désir, ni tendance, ni mouvement : le penser, donc, de telle sorte qu'il exclue radicalement l'en-puissance. Cette exigence se dit encore dans les termes suivants : il faut que le principe produise sans mouvement; ou encore : le principe est cause sans « s'incliner » vers ses effets :

> Tout ce qui se meut doit avoir un but vers quoi il se meut [...]. Il faut donc dire que ce qui naît de là-bas est né sans que l'Un soit mû [...]. Puis donc que l'Un reste immobile, il faut que, s'il y a quelque chose qui vienne en second après lui, ce quelque chose soit venu à l'existence sans qu'il se soit incliné ni qu'il le veuille ni qu'il soit mû d'aucune manière.
> – Comment cela est-il donc possible, et que faut-il penser qu'il y a autour de lui s'il reste immobile?
> – Ce doit être un rayonnement qui émane de lui, alors même qu'il reste immobile, comme c'est le cas du soleil qu'une lumière resplendissante environne comme si elle courait autour de lui, et qui surgit sans cesse de lui même s'il reste immobile. Et toutes les choses qui sont, tant qu'elle subsistent, produisent nécessairement grâce à leur réalité propre et en vertu de la puissance qui est en elles (ἐκ τῆς παρούσης δυνάμεως), une réalité indépendante dirigée vers l'extérieur et qui leur est attachée; cette réalité est comme une image des modèles dont elle est née. Le feu produit la chaleur qui vient de lui; et la neige ne garde pas à l'intérieur d'elle-même tout son froid. Ce sont les objets odorants qui en donnent la preuve la plus claire; en effet, tant qu'ils existent, quelque chose vient d'eux et se diffuse tout autour, et celui qui se trouve près d'eux jouit de leur existence. Oui, toutes les choses, une fois qu'elles sont parvenues à la perfection (ἤδη τέλεια), engendrent (10 (V, 1) 6, 15-38) [1].

Au dilemme du principe, Plotin apporte la réponse suivante : *c'est précisément parce qu'il est absolu que le principe peut être cause; c'est parce qu'il reste en lui-même que quelque chose vient de lui; c'est en tant même qu'il est parfait qu'il a des effets.* Ce sont d'abord des images (valant aussi modèles) qui véhiculent cette réponse : celles du rayonnement du soleil, de la chaleur ou du froid produits par le feu ou la neige et, enfin, du parfum émanant des objets odorants. Toutes viennent illustrer l'idée d'une

1. Trad. F. Fronterotta, *Plotin. Traités 7-21*, traductions sous la direction de L. Brisson et J.-F. Pradeau, GF-Flammarion, 2003.

production nécessaire en même temps que dérivée : lumière, chaleur, ou parfum émanent nécessairement, c'est-à-dire sans mouvement ni volonté, d'une réalité qui, elle-même, est lumineuse, ardente, ou odorante, et qui l'est plus encore et parfaitement. Le produit ou l'émanation est pensé dans l'ordre à la fois de l'extériorisation et de l'imitation. Inférieur à son principe, il ne lui demeure pas moins attaché.

Ce modèle permet de voir en la causation un effet nécessaire de la perfection. En d'autres termes, il ne s'agit pas seulement de dire que l'Un a des effets alors même qu'il est parfait, mais que c'est en tant même qu'il est parfait qu'il a des effets. Le lien entre transcendance et causalité se noue ici : si la détermination de transcendance est engagée par celle de causalité, à son tour la causalité est un effet de la transcendance. C'est précisément parce qu'il demeure excédentaire à ses effets, parce qu'il n'est aucun d'entre eux ni ne s'incline vers eux, que le principe est cause. On répond ici non seulement à la question du mode, mais aussi à celle du *fait* de la donation[1] : non seulement « le Bien donne ce qu'il n'a pas », mais il donne en ne s'abandonnant pas, et, plus encore, c'est *parce qu'*il ne s'abandonne pas qu'il peut donner. Pas plus qu'elle n'en procède, la donation n'engendre de manque : ce qui « émane » de l'Un ne l'entame en rien, mais à l'inverse n'en peut émaner qu'à la condition qu'il demeure inentamé.

Ce modèle causal est ailleurs étendu par Plotin à l'ensemble de la procession, en même temps que formulé à travers la distinction entre deux actes. Il répond, toujours, à la même question : comment ce qui reste en lui-même peut-il produire autre chose que lui-même ?

> En chaque chose, il y a un acte qui appartient à la réalité, et un acte qui provient de la réalité ; l'acte qui appartient à la réalité est la chose elle-même, et l'acte qui provient de la réalité doit à tous égards en être la conséquence nécessaire, tout en étant différent de la chose elle-même. Ainsi en va-t-il du feu, pour lequel il y a la chaleur qui constitue sa réalité, et une autre chaleur qui naît de la première puisque le feu exerce l'acte qui est inhérent à sa réalité tout en restant du feu (7 (V, 4) 2, 27-33 ; trad. J.-F. Pradeau)[2].

La distinction opère ici entre l'acte de l'essence, compris comme un acte constitutif, et l'acte qui en procède. Certains commentateurs ont vu

1. Selon J.-L. Chrétien, celui-ci demeure un énigme ; voir « Le Bien donne ce qu'il n'a pas », *Archives de Philosophie*, 43, 1980, p. 263-277 ; repris dans *La Voix nue*, Paris, Minuit, 1990, p. 316-328.

2. Pour d'autres formulations de ce même modèle, voir encore 3 (III, 1) 1, 11-13 ; 29 (IV, 5) 7, 13-17 ; 38 (VI, 7) 21, 4-6 et 40, 21-24 ; 49 (V, 3) 7, 21-25.

dans cette distinction une transposition de l'aristotélisme [1], et s'efforcent dès lors de la faire coïncider, en particulier, avec le triple schème présenté en *De Anima* II, 5. La distinction plotinienne entre deux actes est ainsi renvoyée à celle, aristotélicienne, entre la puissance seconde, ou l'entéléchie première, et l'entéléchie seconde [2]. Mais cette interprétation se heurte d'emblée à une difficulté, qui est que la relation d'antériorité entre les deux actes se trouve, par Plotin, inversée : l'acte premier non seulement précède mais produit l'acte second. C'est ce dernier, dès lors, qui est dans une relation de dépendance à lui. De même, c'est l'acte premier qui hérite des caractéristiques de l'entéléchie seconde d'Aristote, puisque c'est en lui que l'essence s'accomplit, tandis que l'acte second ne fait qu'en dériver.

À cela on pourrait répondre en avançant un autre modèle aristotélicien : le modèle général de l'action, qui veut que tout agent soit lui-même en acte [3]. On pourrait dès lors entendre l'acte premier de Plotin à la lumière du sens ontologique de l'*energeia*, comme désignant l'être accompli, l'être-dans-la-fin, et l'acte second à la lumière de son sens kinétique, comme désignant l'action et le mouvement rendus possibles par cet état de complétion. Mais à son tour cette lecture aristotélicienne de la doctrine des deux actes se heurte à une difficulté : en effet, et comme on l'a vu, le modèle causal proposé s'applique en premier lieu à l'au-delà de l'acte, soit à l'Un-Bien lui-même. Aussi le *Traité 7* (V, 4) reformule-t-il aussitôt la distinction en rapport avec le premier principe : « De l'acte le plus parfait (τελειότητος ἐνεργείας) qui est en lui vient un acte engendré qui, parce qu'il dérive d'une grande puissance (μεγάλης δυνάμεως), et de la plus grande de toutes, va jusqu'à l'être et à l'essence » (2, 34-37). On rappelle alors que le principe est au-delà de l'essence, *epekeina ousias* et, en tant que tel, *dunamis pantōn*.

L'acte second est ici présenté comme un produit de la puissance ; quant à l'acte premier, ou parfait, il est l'acte de ce qui, au-delà de l'être, est aussi au-delà de l'acte. Ici, donc, de nouveau, la notion d'acte doit être *vidée de son contenu ontologique* : seul demeure son sens axiologique. *L'acte ne dit*

1. Pour Rutten, il s'agit d'« une habile transposition et <d'> un subtil gauchissement de la théorie aristotélicienne de l'efficience », « La doctrine des deux actes dans la philosophie de Plotin », art. cit., p. 100-106 ; voir aussi A. Lloyd, « Plotinus on the Genesis of Thought and Existence », *Oxford Studies in Ancient Philosophy*, V, 1987, p. 156-186.

2. Voir en ce sens J.-M. Narbonne, *La Métaphysique de Plotin*, Paris, Vrin, 1994, p. 65 *sq.*, selon qui ce modèle est plus pertinent que ceux de *De An.*, II 7 et de *Phys.* III, 3 aussi invoqués ; Lloyd, « Plotinus on the Genesis of Thought and Existence », art. cit., renvoie également à *Phys.* VIII, 4.

3. Voir *De Anima* II, 5, 417a 17-18 et *supra*, première partie, p. 104.

plus l'identité de l'être et du bien, mais le Bien comme principe de l'être : il n'est qu'un autre nom pour la *perfection*.

C'est ce qui apparaît aussi dans le premier chapitre du *Traité 7* (V, 4) ; puissance et perfection y sont très étroitement associées :

> Si le Premier est parfait, qu'il est la plus parfaite de toutes les choses et qu'il est la première puissance, il doit être la chose la plus puissante de toutes celles qui existent, et les autres puissances doivent l'imiter autant qu'elles le peuvent. Or, dès que n'importe laquelle des autres choses atteint sa perfection, nous constatons qu'elle engendre, c'est-à-dire qu'elle ne supporte plus de rester en elle-même, mais qu'elle produit une chose différente [...]. Comment alors ce qui est le plus parfait, le bien premier, demeurerait-il en lui-même et comme s'il était dépourvu de puissance ? Et comment pourrait-il être dépourvu de puissance (ἀδυνατῆσαν), alors qu'il est puissance de toutes choses ? (7 (V, 4) 1, 23-36 ; trad. J.-F. Pradeau).

Le modèle causal formulé ici s'applique en premier lieu à l'au-delà de l'acte et à la puissance de tout que les autres puissances ne font qu'imiter. L'appellation traditionnelle de « doctrine des deux actes » est donc trompeuse. Si ce modèle peut être formulé à travers la notion d'*energeia*, celle-ci est vidée de son sens ontologique, et ne vient plus nommer que la perfection ; quant à la notion de *dunamis* mise en œuvre, et qui est très nettement distinguée de l'impuissance, elle vient nommer une puissance active, excluant toute tendance, et qui, en tant que telle, est antérieure à l'acte même, de même que l'Un, puissance de tout, est antérieur à l'Intellect, acte premier. On vérifie ici que la puissance n'est plus pensée dans l'ordre de l'en-puissance, c'est-à-dire comme tendance à la perfection, mais comme l'effet même du parfait. Ainsi considérée, elle n'est plus au principe d'une actualisation en quoi elle s'accomplirait mais, selon le modèle formulé dans le *Traité 25*, elle est la puissance productrice d'un acte qui lui est inférieur.

Aussi faut-il sans doute reconnaître ici, bien plus qu'un modèle aristotélicien, un modèle stoïcien[1]. Le stoïcisme présente en effet déjà une articulation de la puissance à l'unité, et une inversion de la priorité entre acte et puissance. En ce qui concerne le premier point, la référence stoïcienne est explicitement à l'œuvre dans le *Traité 9* (VI, 9). Dès ses premières lignes, Plotin énonce l'axiome selon lequel un *être* doit être *un* être ; et il reprend, pour l'établir, la hiérarchisation stoïcienne des êtres par leur degré d'unité (1, 1-17). Celui-ci dépend du degré de tension de la force vitale, ou *pneuma*, qui les anime, et qui se modifie successivement

1. C'est ce que souligne, en réponse à C. Rutten, P. Hadot, *Porphyre et Victorinus*, t. I, Paris, Études Augustiniennes, 1968, p. 228-231 et n. 4, p. 228.

en *hexis*, ou en force de cohésion, dans les corps continus (par exemple, les pierres), en *phusis*, ou en force de croissance, dans les plantes, enfin en *psukhē*, ou en force de représentation, dans les animaux[1].

À son tour, la tension du *pneuma* est elle-même pensée sur un mode dynamique. Elle est le résultat, d'abord, d'un mouvement vers l'intérieur, qui constitue l'être en son unité et sa cohésion. Le terme d'*hexis* vient nommer ce mouvement constitutif. Mais l'*hexis* stoïcienne n'est pas l'*hexis* aristotélicienne[2] : non seulement elle est la nature même de la chose, et non une qualité accidentelle ; mais de plus, elle doit être pensée, non comme le produit de la répétition d'un acte, mais comme elle-même principielle par rapport à tout acte[3]. De ce mouvement constitutif et tourné vers l'intérieur, les Stoïciens distinguent un mouvement tourné vers l'extérieur, non plus involutif mais évolutif, et qui à son tour engendre les qualités de la substance.

Le modèle stoïcien permet ainsi de penser une puissance associée à l'intériorité et à l'unité, et posée comme excédentaire à l'acte. Il paraît donc plus pertinent que le modèle aristotélicien souvent invoqué, et qui subordonne l'acte premier, ou la puissance seconde, à l'acte second. Mais on voit du même coup quelle importance revêt, chez Plotin, la réélaboration de la notion de puissance : celle-ci, on l'a vu, vient répondre à la question de la causalité du Principe, soit à la question de savoir comment

1. Cf. *SVF* II 716, ainsi que le commentaire de P. Hadot, *Traité 9* (VI, 9), *op. cit.*, p. 122-123. Voir aussi 43 (VI, 2) 11, 15-20.

2. J.-M. Narbonne tend à minorer cette différence ; selon lui, on pourrait identifier l'acte premier de Plotin à la puissance productrice de l'acte, elle-même comprise au sens de l'*hexis* ou de l'entéléchie première d'Aristote : « La disposition (ἕξις) est bien une puissance, mais c'est une puissance ayant déjà épuisé ce qui restait en elle de potentialité indéterminée. C'est une puissance, pourrait-on dire, qui est déjà un acte » (*La Métaphysique de Plotin*, *op. cit.*, p. 68). Il semble qu'il faille à l'inverse distinguer entre ces différents termes : non seulement, on le verra, entre l'acte premier et la puissance qui en émane, mais aussi entre l'acte premier et l'entéléchie première d'Aristote, et, de même, entre l'acte premier et l'*hexis* aristotélicienne. Pour Aristote en effet, l'entéléchie première demeure subordonnée à l'acte (et c'est bien pourquoi Plotin refuse la définition aristotélicienne de l'âme comme entéléchie du corps, qui implique que l'âme ne peut être en acte qu'avec le corps, pour lui substituer l'idée selon laquelle l'âme est par elle-même l'acte, *energeia*, dont émane la puissance par laquelle le corps est un corps (voir Aubry, *Plotin. Traité 53* (I, 1), *op. cit.*, p. 182 *sq.*)). Il en va de même pour l'*hexis* : si celle-ci est bien une disposition stable engendrée par la répétition d'un même acte, elle n'en a pas moins pour fin cet acte même. C'est bien pourquoi l'éthique aristotélicienne n'a pas pour fin la vertu, *hexis proairetikē*, mais l'acte, *energeia*.

3. P. Hadot, dont je suis ici l'analyse, commente en ces termes la reprise de la notion par Victorinus : « "En puissance" ne signifie nullement ce qui a besoin d'être actué, mais bien au contraire ce qui transcende tous les actes possibles, parce qu'il est déjà, par son être même tout ce qu'une activité ultérieure, "un mouvement tourné vers l'extérieur", pourrait lui apporter », *Porphyre et Victorinus, op. cit.*, p. 231.

ce dernier peut produire sans s'incliner. De cette réponse, la rupture avec la notion aristotélicienne d'en-puissance est un élément déterminant : *c'est précisément parce que l'Un-Bien n'est en-puissance de rien qu'il peut être puissance de tout.* Et disant qu'il n'y a, en l'Un, nul en-puissance, on entend à la fois qu'il n'y a nulle préexistence (et donc, que l'Un donne ce qu'il n'a pas), et qu'il n'y a nulle tendance (et donc, que l'Un donne en ne s'abandonnant pas). Si l'Un a des effets, c'est précisément parce qu'il ne fait rien. S'il est la puissance productrice de tout ce qui est, c'est en tant qu'il demeure en lui-même dans une simplicité et une autarcie qui n'appellent ni preuve ni témoin. La puissance, dès lors, ne doit plus être entendue comme tendance à la perfection, mais comme effet du parfait. Et ce modèle de la puissance du parfait peut être appliqué, depuis le Premier Principe au-delà de l'acte, à tout être en-acte. Il permet de penser la puissance comme un effet de l'acte, la fécondité comme un effet de la perfection, l'influence comme un effet de l'autarcie. Effet de l'acte, ou du parfait, la *dunamis* est alors elle-même au principe d'un nouvel acte, qui n'est que l'image du premier.

c. Tel qu'on l'a formulé, le modèle de la puissance du parfait revient à faire de la *dunamis* un moment médian entre deux actes : à la fois l'effet de l'acte premier, et le principe de l'acte second. On pourrait cependant se demander si la puissance ne s'identifie pas tout simplement à l'acte premier [1] : la puissance, dès lors, ne serait pas simplement l'effet du parfait, mais un autre nom pour la perfection.

Certains des textes que l'on a cités paraissent aller en ce sens : le premier chapitre du *Traité 7* (V, 4), en particulier qui associe très étroitement puissance et perfection (1, 23-25) [2]. De plus, on l'a noté, si le Principe est dit de façon récurrente excédentaire à l'être comme à la pensée, en revanche il n'est jamais dit excédentaire à la puissance. De cela il faudrait conclure que le principe s'identifie à sa détermination causale.

D'autres textes invitent cependant à distinguer entre le principe et sa puissance : le *Traité 32* (V, 5) présente ainsi une nouvelle variation sur la formule platonicienne de la transcendance, « ἐπέκεινα τῆς οὐσίας πρεσβείᾳ καὶ δυνάμει ὑπερέχοντος », qui s'attache cette fois au terme

1. Par-delà le cas de l'Un-Bien, c'est cette interprétation que propose E. K. Emilsson de la « doctrine des deux actes » : dans la schématisation qu'il en donne, la *dunamis* est en effet identique à l'acte premier ou « acte interne » (cf. *Plotinus on Intellect*, Oxford, Clarendon Press, 2007, p. 22-68). Le caractère médian de la *dunamis*, distincte à ce titre tant de l'acte premier que de l'acte second, est pourtant bien lisible en 7 (V, 4) 2, 34-37. Il sera aussi explicitement posé, et systématisé, par Proclus, *Éléments de théologie*, prop. 27 et 81.

2. εἰ τέλεον ἐστι τὸ πρῶτον καὶ πάντων τελεώτατον καὶ δύναμις ἡ πρώτη. Cf. *supra* p. 251.

πρεσβεία : à l'idée, donc, d'ancienneté. Celle-ci est associée à la *dunamis* : l'ancienneté du Bien vient de ce que sa puissance est antérieure. Par-là, il faut entendre que ce qui est produit par le Bien ne peut avoir de puissance totale, *dunamin pasan*, mais seulement une puissance elle-même dérivée. Le Bien, cependant, est aussi dit « maître de sa puissance », ταύτης κύριος, dans la mesure où il n'a pas besoin de ce qui naît de lui (32 (V, 5) 12, 37-41). Il semble donc qu'on ait ici la position d'une double antériorité : non seulement de la puissance sur ses effets, mais du Bien lui-même sur sa puissance. Cette antériorité paraît pouvoir être entendue en un double sens : au sens tout d'abord où le Bien ne veut pas sa puissance. Car s'il la voulait, alors il faudrait dire, de nouveau, qu'il est en quelque sorte en-puissance par rapport à sa propre puissance [1], c'est-à-dire que sa fécondité même est en lui l'effet d'un désir ou d'une intention : or, parce qu'il n'a nul besoin de ses effets, le Bien, répète le *Traité 32*, n'a nul souci ni de les engendrer, ni de ne pas les engendrer (12, 41-44).

C'est ce que souligne encore le *Traité 42* (VI, 1), *Des genres de l'être*, qui s'attache à marquer la différence entre l'acte, *energeia*, et l'action, *poiēsis* : « L'acte, écrit Plotin, n'agit que par accident et sans viser à ce

1. On trouve ce modèle dans les *Oracles Chaldaïques* (voir l'édition et la traduction de É. des Places, Paris, Les Belles Lettres, 1989 (2)) : la *dunamis* y désigne bien la puissance active, et productive. Cette puissance, cependant, tout en étant posée au principe, ne se confond pas strictement avec lui. Elle n'est que le deuxième élément d'une triade dont les autres termes sont le Père et l'Intellect. Or la puissance se trouve en quelque sorte en-puissance dans le Père : d'abord indistincts, les trois termes de la triade se différencient. La puissance, de latente qu'elle était, devient manifeste. Elle agit alors comme l'intermédiaire entre le Père et le monde. Signalons que la *dunamis* est identifiée à Hécate qui, chez Hésiode (*Théog.*, v. 420), est la seule divinité à avoir une puissance indéterminée, sans sphère d'attribution précise. Si l'influence des *Oracles* sur Plotin n'est pas certaine, ce texte témoigne cependant d'un certain état du médio-platonisme. Pour H. Lewy (*Chaldean Oracles and Theurgy. Mysticism, Magic and Platonism in the Later Roman Empire*, nouvelle éd. par M. Tardieu, Paris, Études Augustiniennes, 1978), les similitudes entre les philosophies de Plotin et de Philon s'expliqueraient ainsi « as the result of their common dependance on a "dynamic" Platonism » (p. 335); voir aussi P. Hadot, « Bilan et perspectives sur les *Oracles Chaldaïques* », post-face à H. Lewy, *Chaldean Oracles and Theurgy*..., repris dans *Plotin, Porphyre. Études Néoplatoniciennes*, Paris, Les Belles Lettres, 1999, p. 89-114. Pour une comparaison entre la doctrine des *Oracles* et celles, notamment, de Numénius et de Porphyre, voir M. Zambon, *Porphyre et le médio-platonisme*, Paris, Vrin, 2002, p. 251-294; pour l'influence du schéma triadique sur Porphyre et sur le néoplatonisme postérieur, voir P. Hadot, *Porphyre et Victorinus, op. cit.*, chap. v : chez Proclus et Damascius, le premier Un contient en-puissance la puissance et l'étant; chez Victorinus, de même, le premier Un contient le second en-puissance, et entre avec lui dans une relation de tendance : le Premier Un, l'Un-Seul, *veut* être le second Un, l'Un-Tout : « Cette puissance, écrit Pierre Hadot, est principe d'autodétermination, d'autoactuation : ce qui est puissance tend à s'actuer, veut s'actuer [...] C'est parce qu'il est puissance de tout que l'Un veut être Tout » (p. 302).

résultat, comme dans les êtres inanimés dont nous disons qu'ils agissent, par exemple que le feu brûle ou que le remède a agi » (22, 30-34). On reconnaît ici une nouvelle formulation de la « doctrine des deux actes »; mais celle-ci marque nettement que le rapport du premier acte au second n'est pas intentionnel. Du premier acte, ainsi, on peut dire qu'il est efficace, au sens où il a un effet, mais non pas efficient, au sens où la production de cet effet impliquerait de sa part une action, ou un mouvement.

L'antériorité du Bien sur sa propre puissance signifie donc aussi que le principe n'est cause que de façon dérivée : si le premier principe est puissance de tout, sa puissance doit cependant en être distinguée en tant qu'elle est en lui le moment de la causalité. La *dunamis pantōn* vaut ainsi comme la médiation entre le principe et l'être, le moment même où le principe, d'absolu qu'il était, devient principe *de*, entre en relation avec un effet. La puissance est donc le devenir-multiple de l'Un, le devenir être et acte de l'au-delà de l'être et de l'acte. Certaines des images mises en œuvre par Plotin pour dire la naissance du multiple à partir de l'Un suggèrent cette distinction entre principe et puissance :

> Qu'est-il donc <*sc.* l'Un>? – Il est la puissance de tout [...] L'activité (*energeia*) de la vie, qui est tout l'être, n'est pas première; elle coule de lui comme d'une source. Imaginez une source qui n'a point d'origine; elle donne son eau à tous les fleuves; mais elle ne s'épuise pas pour cela; elle reste, paisible, au même niveau [...] Imaginez encore la vie d'un arbre immense; la vie circule à travers l'arbre tout entier; mais le principe de la vie reste immobile; [...] et, n'étant pas multiple, il est le principe de cette multiplicité (III, 8 (30) 10, 1-14; trad. Bréhier).

Plus que l'Un, l'image de la source vient dire sa puissance, dès lors qu'elle suggère à la fois une continuité et une homogénéité entre la cause et l'effet; l'image de l'arbre vient la corriger, puisque ses racines sont distinctes de lui, et demeurent immobiles[1]; dans ce nouveau registre, la puissance correspondrait à la sève qu'elles contiennent, non encore répandue. Il faut cependant être attentif, tout en distinguant la puissance du principe, à ne pas l'hypostasier en un principe distinct, qui viendrait s'insérer entre l'Intellect et l'Un (*cf.* 10 (V, 1) 6, 22). Si l'Un « reste en lui-même », Plotin précise bien que « ce n'est point une chose différente de lui qui produit les êtres conformément à lui » (32 (V, 5) 5, 5-7).

Désigner le principe comme puissance demeure donc bien, comme l'énonçait le *Traité 9* (3, 49-50), une façon de nous appréhender nous-

1. Voir R. Ferwerda, *La signification des images et des métaphores dans la pensée de Plotin*, Gröningen, J.B. Wolters, 1965.

mêmes comme ses effets. Cependant, la notion de *dunamis pantōn*, dès lors qu'on l'entend comme une puissance productrice émanée du parfait, est une façon adéquate de penser sa causalité comme résultant de sa transcendance. Si le principe doit être transcendant en tant même qu'il est cause, et pour bloquer la régression indéfinie dans l'ordre de la causalité, on peut dire aussi qu'il est cause en tant même qu'il est transcendant. La notion de *dunamis pantōn*, telle qu'on l'a vu réélaborée et réinterprétée en un sens non-aristotélicien, apparaît bien, dès lors, comme l'instrument de la résolution du dilemme du principe.

d. Il est pourtant, dans les *Ennéades*, un texte qui pourrait inciter à distinguer au sein de l'Un lui-même entre la puissance et l'acte. Ce texte est le traité VI, 8 (39) *Sur la liberté et la volonté de l'Un* [1]. Au chapitre 14, l'Un-Bien y est en effet qualifié de cause de soi, αἴτιον ἑαυτοῦ (41-42). Par ailleurs il est aussi, et tout au long du traité, désigné tantôt comme acte, *energeia*, tantôt comme puissance, *dunamis*. Aussi a-t-on pu être amené à reconnaître en l'Un plotinien « le concept, hérité du stoïcisme, d'un *agir pur*, c'est-à-dire d'une puissance active pré-substantielle ou pré-actuelle dont l'acte est ce dont elle a le pouvoir par elle-même et qui, par conséquent, est maître de sa manière d'être » [2].

Le texte s'ouvre cependant sur la question de savoir s'il faut « accorder à l'Un la puissance totale (δύναμιν πᾶσαν) et le fait pour d'autres choses d'être à partir de lui » (1, 5-6) ; on demande donc « ce que signifie cette "puissance", pour le cas où en s'exprimant ainsi nous ne voudrions pas dire une puissance distincte de l'acte et un acte encore à venir » (1, 11-13). Une telle enquête est d'emblée présentée comme une audace, ou une témérité (τολμητέον, 1, 8) : l'audace tient à ce que l'on va tenter de comprendre la puissance du principe à partir du *eph'hēmin*, « ce qui dépend de nous » (1, 16-17), soit à partir d'une notion empruntée au registre (aristotélicien et stoïcien) de l'action humaine. Le *Traité 39* pose donc d'emblée la question de la légitimité de la transposition du vocabulaire éthique aux principes

1. Voir la traduction et le commentaire, de G. Leroux, *Plotin. Traité sur la liberté et la volonté de l'Un* [*Ennéade* VI, 8 (39)], Paris, Vrin, 1990. C'est cette traduction que je suivrai ici en la modifiant parfois légèrement.

2. J.-M. Narbonne, *La Métaphysique de Plotin*, *op. cit.*, p. 87. J.-M. Narbonne interprète ainsi la notion plotinienne de *causa sui* à la lumière de la distinction posée en 25 (II, 5) entre la puissance productrice de l'acte et l'en-puissance. Du même auteur, voir aussi « Plotin, Descartes et la notion de *causa sui* », *Archives de Philosophie* 56, avril-juin 1993, p. 177-195, qui, cependant, souligne que, de même qu'elle n'est chez Descartes qu'une analogie, la notion de *causa sui* n'est, chez Plotin, qu'une métaphore. Sur la notion de *causa sui*, voir P. Hadot, « Causa sui », dans J. Ritter (éd.), *Historisches Wörtebuch der Philosophie*, Basel-Stuttgart, Schwabe Verlag, 1971, col. 976-977, qui montre comment s'y concilient « la nécessité intelligible » et « la liberté radicale ».

supérieurs. On va passer ceux-ci en revue, de l'âme à l'Un, en dégageant à mesure le sens que revêt pour chacun d'entre eux l'autodétermination. En l'âme, cette dernière réside en l'action vertueuse, considérée à part de son aboutissement, dont elle n'est pas maîtresse (5, 5). En l'Intellect, l'autodétermination doit être considérée à part de la tendance, dès lors que, répète ici Plotin, « la tendance mène à l'extérieur et constitue un besoin » (4, 2-3). Seule la tendance au bien peut être considérée comme un acte volontaire. Tendant au Bien, l'Intellect possède en effet « la direction vers cela dont il procède » (4, 38) de sorte qu'il entre en fait en possession de lui-même. Or, cela revient à dire qu'en l'Intellect l'en-puissance n'est pas séparé de l'acte (4, 24-25) : si l'en-puissance est compris comme la tendance vers le Bien sous la condition de laquelle, seule, se constitue pleinement l'être (comme acte), il ne porte ni altérité, ni temporalité, ni dépendance. Mais on peut dire de ce fait qu'en l'âme comme en l'Intellect l'autodétermination réside en la libre tendance au Bien (7, 1-3). Quant au Bien lui-même, il apparaît comme ce dont « les autres êtres tiennent l'autodétermination » (7, 4). À ce point, donc, il semble que la notion d'autodétermination ne puisse lui être attribuée, sinon au prix d'une violence (Βίᾳ, 7, 11).

C'est alors que s'insinue « un discours téméraire, τολμηρὸς λόγος, tenu à partir d'une position différente »[1] : ce discours qui, soulignons-le, vient redoubler l'audace qui présidait déjà à l'enquête initiale, consiste à affirmer que la nature du Bien, si elle ne possède ni la liberté ni l'autodétermination, « est par hasard ce qu'elle est » (7, 12). À cela, on commence par répondre qu'il n'y a pas de sens à parler de hasard au sujet de ce qui n'est ni un être dérivé, ni un être multiple, mais le principe même de l'être. Cependant, il n'y en a pas non plus, en toute rigueur, à parler d'autodétermination, si par là on en entend la capacité à agir à partir de son être propre (7, 36-37), dès lors que le principe de l'être n'est pas. Il reste que, de ce principe, on cherche à penser le pouvoir. La question, rendue plus urgente par le discours téméraire, consiste donc à

1. Sur la provenance historique de cette objection, les hypothèses divergent : G. Leroux (*Plotin. Traité sur la liberté et la volonté de l'Un* [*Ennéade* VI, 8 (39)], *op. cit.*, p. 111-118) a réfuté l'hypothèse formulée par Bréhier (notice au traité VI, 8) d'une origine gnostique, dès lors que le gnosticisme maintient un schème nécessitariste et émanationniste, mais retient celles, proposées par Armstrong et Whittaker, d'une origine chrétienne. L'intérêt du discours téméraire vient, comme le dit Narbonne (*La Métaphysique de Plotin*, *op. cit.*), de ce qu'il suppose une conception de la liberté divine qui peut être empruntée au judaïsme comme au christianisme. À travers lui, la notion de puissance de tout est ainsi confrontée à celle de toute-puissance, la nécessité de l'Un au-delà de l'être, et de l'être comme issu de l'Un, à la liberté de Dieu par rapport à son propre être, et à la contingence de tout être comme effet de cette liberté.

savoir comment l'on peut penser la puissance, ou le pouvoir (*ex-ousia*), de l'Un hors du hasard comme de la nécessité interne, ou nécessité d'essence.

On n'y parvient qu'au moyen d'une transposition de l'analyse précédemment appliquée à l'Intellect : à l'objection du hasard, on ne peut donc opposer que la nécessité d'essence, mais en tant qu'elle est, indissociablement, manifestée comme inadéquate à l'*epekeina tēs ousias*. On tiendra dès lors le langage de l'approximation, disant, de l'Un-Bien, que « son être pour ainsi dire s'identifie à son acte pour ainsi dire (ἡ οἷον ὑπόστασις αὐτοῦ ἡ οἷον ἐνέργεια ᾗ, 7, 47) », ou encore que « ce qu'on appelle son essence coexiste et pour ainsi dire [...] se coengendre de toute éternité avec son acte » (7, 52-53). Procédant ainsi, « nous reportons sur lui des attributs inférieurs, repris d'êtres inférieurs, par impuissance à rejoindre le discours qui Lui convient » (8, 3-5; voir aussi 11, 26). Car l'autodétermination, tout comme l'être, ou encore l'être selon sa nature ou son essence, ne sont que des prédicats postérieurs à l'Un (8, 10, 18 et 20). On peut dire, seulement, qu'il est « puissance totale maîtresse d'elle-même réellement, étant cela qu'elle veut être », quoique, cependant, cette puissance soit « plus grande que tout vouloir, puisqu'elle a placé le vouloir après elle » (9, 45-48). Ces différentes formulations demeurent inadéquates en cela qu'elles suggèrent en l'Un une dualité, quand bien même celle-ci ne serait que la dualité minimale attribuée à l'Intellect, au sein duquel la puissance quoique « non séparée » de l'acte, pouvait cependant en être distinguée. C'est pourquoi, « quand il n'y a pas deux choses pour une, mais véritablement une seule – qu'il s'agisse véritablement d'un acte seul ou qu'il n'y ait pas d'acte du tout – on ne peut parler correctement d'être maître de soi-même » (12, 35-37). Et les premières lignes du chapitre 13 insistent encore :

> S'il est néanmoins nécessaire d'introduire ces expressions qui sont inadéquates à l'objet recherché, il faut alors répéter qu'on s'est d'abord exprimé justement, en affirmant qu'il ne faut pas en faire une dualité, pas même conceptuellement, et qu'on s'exprime ainsi maintenant en vue de persuader et en laissant quelque divagation dans notre langage (1-5).

Quand au chapitre 14 est introduite la notion de cause de soi (αἴτιον ἑαυτοῦ, 14, 41), puis au chapitre 15 celle d'amour de soi (αὐτοῦ ἔρως, 15, 1) ce ne sont donc que de nouvelles « divagations », de nouveaux écarts indissociables du langage qui, œuvrant lui-même au sein du même et de l'autre, de l'un et du multiple, ne peut dire la simplicité qu'en la dédoublant, l'identité que comme rapport à soi. Parlant de cause de soi, on ne fait que reprendre un prédicat explicitement attribué à l'Intellect quelques lignes plus haut, où il était dit qu'en lui « la cause qui produit chacun est une partie de chacun » (14, 24). Cette description adéquate de l'Intellect comme totalité organique au sein de laquelle « c'est l'harmonie réciproque de toutes choses qui est leur cause mutuelle » (14, 27-28) est inadéquate à l'Un. Parlant d'amour de soi, de même, on énumère les prédicats noétiques de beauté et de désir (15, 2 et 5). La particule οἷον « comme, pour ainsi dire », qui est en quelque façon la clef du texte, vient aussitôt les modifier : l'Un-Bien est « *comme* rempli d'amour pour lui-même » (16, 13), et « cette inclination qu'il a vers lui-même est *comme* son acte » (16, 24-25). Le désignant comme un « acte premier qui se porte au jour lui-même, comme étant ce qui doit être [...] nous sommes impuissants à parler comme on le souhaiterait » (18, 51-53).

À la fin du texte, on arrive cependant à des formulations plus adéquates. Celles-ci procèdent d'une nouvelle méthode, en vertu de laquelle on « ne cherche rien [...] qui soit à l'extérieur de lui, mais bien à l'intérieur où se trouvent toutes choses qui lui sont subordonnées » (18, 1-2). Ainsi, on va chercher à comprendre l'Un, non plus à partir de l'Intellect, mais à partir de l'engendrement même de l'Intellect[1]. Une image demeure requise : celle d'un cercle, dont les rayons à la fois procèdent du centre et convergent vers celui-ci. L'Un doit alors être compris comme le père du centre et des rayons qui, « dans une immobile puissance, δυνάμει μενούσῃ » les a engendrés (18, 24). Et c'est là, déjà, une première réponse au discours téméraire : « Quelle conjoncture de circonstances (fût-ce le hasard aveugle ou l'avènement accidentel) pourrait se rapprocher d'une telle puissance, puissance du producteur de l'intellect, puissance véritablement productrice ? » (18, 31-32). L'idée de production « immobile », n'impliquant, donc, de la part du principe, ni désir, ni mouvement, mais procédant de sa perfection, vient contrer l'idée selon laquelle la production de l'être par l'Un serait accidentelle ou arbitraire. On souligne aussi, ce faisant, que si l'essence est son produit, l'Un ne peut lui être asservi (19, 15). En même temps que l'hypothèse du hasard, on évacue de la sorte celle de la nécessité de contrainte.

Mais l'objection téméraire peut alors être reportée d'un degré, comme ayant pour objet non plus la contingence de l'être par rapport à l'Un, mais celle de l'Un lui-même par rapport à son propre être : si l'Un est la cause de l'être, alors n'est-il pas aussi la cause de son propre être, de sorte qu'il faudrait dire « qu'Il est devenu lui-même avant de venir à l'existence » (20, 1-2) ? L'Un serait alors « son propre produit ». C'est donc bien la notion

1. La procédure est la même en 10 (V, 1) 6, 12-15.

de cause de soi qui, une nouvelle fois, est ici en jeu. Mais elle est aussitôt explicitement récusée : « À cela il faut répondre qu'il ne doit absolument pas être placé au rang de celui qui est produit, mais bien au rang de celui qui produit » (20, 4-5). En même temps que la notion de cause de soi est récusée, celle d'acte est redéfinie : « son acte n'accomplit pas autre chose mais il est lui-même totalement : il ne fait pas deux mais un » (7-9).

Sont donc niées en l'Un à la fois la distinction entre l'efficient et l'effet, et celle entre la puissance et l'acte : l'Un ne peut être compris comme un acte en quoi s'accomplirait sa propre puissance. Mais ceci vient de ce qu'en lui l'acte est dissocié de l'*ousia* :

> Il ne faut pas craindre en effet de poser cette activité première sans essence, mais c'est cela même qu'on doit poser pour ainsi dire comme son existence. Si on pose une existence sans un acte, le principe sera incomplet et le plus achevé de tous les principes sera inachevé. Si on ajoute l'acte on ne sauvera pas l'unité. Si donc l'acte est plus parfait que l'essence et si c'est le premier qui est le plus achevé, alors le premier est un acte (20, 9-15) [1].

Si la méditation plotinienne sur la cause de soi est bien solidaire de celle sur la puissance et l'acte, ce n'est pas au sens où elle inviterait à distinguer, en l'Un-Bien, entre une puissance productrice et l'acte qui en résulte. Tout au contraire, une telle conception si elle est, pour Plotin, adéquate à l'Intellect, est explicitement dénoncée comme inadéquate au premier principe. Et cela vient de ce qu'en celui-ci l'acte est dissocié de l'*ousia*, pensé non pas comme ce en quoi s'accomplirait un être sans lui inachevé, mais à l'inverse comme ce qui, en tant même qu'il est parfait, est producteur de l'être, la puissance désignant pour sa part le principe de cette production [2].

1. Voir de même 33 (II, 9) 1, 23 : « On ne dira pas qu'il y a ce principe en-puissance et ce principe en acte ».

2. Il faut donc suivre la mise en garde de Pierre Hadot contre toute interprétation volontariste de Plotin : voir, dans l'introduction à *Porphyre et Victorinus*, *op. cit.*, la critique de E. Benz : « La liberté de l'Un plotinien et du Dieu de Victorinus est, pour E. Benz, toute schellingienne ou mieux, toute boehmienne. La liberté surgit du néant, comme fondement premier de l'Être [...]. Mais si on lit attentivement le traité de Plotin *Sur la liberté de l'Un*, on s'aperçoit que, si Plotin identifie la volonté et l'être, c'est au profit de l'être, ou mieux, de la simplicité, que l'identification s'effectue [...] "Il est comme il veut être" signifie simplement qu'aucune nature ne s'impose à l'Un parce qu'il est la simplicité absolument première » (p. 18-21).

Puissance et présence

a. Dire que la puissance du principe ne produit pas celui-ci comme un acte dont elle serait distincte, c'est dire, aussi, qu'elle n'est pas une puissance des contraires : le *Traité 39* souligne ainsi que « la puissance de là-bas ne signifie pas le pouvoir des opposés (τὰ ἀντικείμενα), mais bien une puissance inébranlable et immobile, qui est la plus grande qui soit, si elle ne s'éloigne pas de l'Un » (21, 4-5). La puissance de l'Un, donc, n'est pas en lui comme un principe de contingence en vertu de quoi il pourrait être ou n'être pas, ou encore être autre qu'il n'est. Mais elle n'est pas non plus une *dunamis meta logou*, une puissance rationnelle qui s'exercerait sur des objets distincts d'elle-même. La puissance de l'Un n'a pas d'objet mais, uniquement, des effets. Pas plus que comme actualisation de l'Un lui-même, il ne faut la penser comme actualisation de possibles extérieurs à elle-même. Car ainsi considérée, elle ne serait plus principielle. Il faudrait poser comme lui préexistant un monde intelligible, un ciel des Idées, ou encore des possibles incréés. Un tel modèle est, d'évidence, inadmissible, dès lors que l'Un est la cause même de l'intelligible.

Dire ceci, c'est aussi marquer la différence entre la production de tout être, sensible ou intelligible, par l'Un-Bien, et la fabrication du sensible par le démiurge platonicien. Celui-ci crée « les yeux fixés sur ce qui est éternel » (*Timée*, 29 a), mais aussi en accord avec une sorte de principe du meilleur, souhaitant « que toutes choses fussent bonnes, et qu'il n'y eût rien d'imparfait dans la mesure du possible » (30 a). De nouveau, la puissance du premier principe plotinien ne peut être normée par une fin, ou un bien extérieurs à elle-même, dès lors qu'elle est la puissance même du Bien. Enfin, il va de soi qu'elle ne délibère pas; le refus réitéré par Plotin du modèle démiurgique est avant tout un refus du modèle délibératif, qu'il s'applique à l'Intellect, à l'Âme du Monde ou à la Nature[1]. Pour Plotin, en effet, on ne délibère que de ce que l'on n'a pas; et le raisonnement est contemporain de l'âme, et du temps, soit de la constitution de l'âme comme *dia-noia*, discursivité, en vertu d'un mouvement initial de dissension d'avec l'Intellect, dont l'Âme du Monde, à l'inverse (et donc aussi sa partie inférieure, la Nature), est exempte. La doctrine des deux actes ou, plus précisément, la théorie des puissances, se présente dès lors comme une alternative au modèle démiurgique. Du monde sensible on peut dire, en réponse au mythe gnostique du mauvais démiurge que :

1. Voir 28 (IV, 4) 12 (l'Âme du Monde); notamment 30 (III, 8) 3 (la Nature); 38 (VI, 7) 3 (l'Intellect).

> Cette image ne doit pas être l'œuvre d'un artifice réfléchi : l'intelligible en effet ne peut être le terme dernier de la réalité. Il faut que son acte soit double : *en lui-même, et sur autre chose que lui*. Il faut donc qu'il y ait quelque chose après lui [...]. Une puissance merveilleuse (δύναμις θαυμαστὴ) circule en lui ; et c'est pourquoi il agit (33 (II, 9), 8, 20-26 ; trad. Bréhier révisée (je souligne)).

Que la liberté de l'Un s'exerce sans choix ni raison, sans objet ni délibération, ne la qualifie pas comme arbitraire, mais comme nécessité. Le discours téméraire pourrait objecter qu'une puissance s'exerçant sans norme ni modèle n'est qu'une liberté d'indifférence. Conçue dans sa radicalité, la toute-puissance du Dieu chrétien est une telle puissance, soustraite à la volonté comme à l'entendement, qui produit ses effets en vertu d'un arbitraire premier[1]. Mais précisément, la puissance de tout de l'Un-Bien n'est pas la toute-puissance du Dieu chrétien : à l'Un-Bien nulle volonté, pas même de soi, ne peut être attribuée, et l'entendement encore moins. L'Un, donc, s'il ne choisit pas ses effets, ne choisit pas non plus d'avoir ou non des effets. Dire qu'il a une puissance totale, *dunamis pasa*, c'est dire, on l'a vu, qu'

> Il est maître de cette puissance, parce qu'il n'a pas besoin des êtres qu'il a engendrés, mais tous, en leur ensemble, il les laisse, parce qu'il n'a nul besoin d'eux, mais il reste tel qu'il était avant de les engendrer. Il n'aurait nul souci de ne pas les avoir engendrés (32 (V, 5) 12, 40-44 ; trad. Bréhier révisée).

On a là encore une conséquence du modèle de la théorie des puissances : la puissance productrice de l'Un est un effet nécessaire de sa transcendance, et produit donc elle-même de façon nécessaire, sans que s'y ajoute une intention qui impliquerait que l'Un ait déjà en lui-même une relation à ses effets. L'Un, donc, produit comme il est, ou, plutôt, fait en tant même qu'il (est) parfait. On ne peut dire qu'il veut, ni qu'il sait ce qu'il fait. Précisément en tant qu'il est parfait, l'Un n'a rien à vouloir ni à savoir de ses effets, sans quoi il ne serait plus parfait, et donc n'aurait pas d'effets. On peut dire en revanche que l'Un « fait tout ce qu'il peut » ; le *Traité 32* poursuit ainsi :

> Si autre chose pouvait venir à l'être à partir de lui, il ne serait pas jaloux ; mais en réalité rien d'autre ne peut advenir ; car il n'est rien qui ne soit déjà advenu, puisqu'il a engendré toutes choses (32 (V, 5) 12, 44-47 ; trad. Bréhier révisée).

1. Sur la différence entre la puissance de tout et la toute-puissance, comprise comme une puissance à la fois conjointe à la liberté et excédentaire à la volonté normée par le bien, *cf.* G. Aubry, *Genèse du Dieu souverain*, *op. cit.*, Introduction et p. 150-156.

Le motif de l'absence de jalousie, ou *aphthonia*, du principe est emprunté au *Timée* (29 e). Chez Plotin, cependant, il ne vient pas qualifier la délibération démiurgique comme bonne, mais la production par l'Un comme nécessaire. C'est parce que l'Un ne choisit pas ses effets qu'il ne « retient » aucun d'entre eux. Or, cela revient à dire que sa puissance produit tous les possibles qu'elle porte. Les lignes que l'on vient de citer ont la particularité de dégager, sous la forme d'une hypothèse aussitôt récusée, une sphère du possible distincte de l'actuel : « si autre chose pouvait venir à l'être… ». Mais ces possibles sont aussitôt résorbés dans le réel, ou le déjà réalisé : « il n'est rien qui ne soit déjà advenu ». La puissance de tout doit dès lors être entendue en un sens maximal : elle est la puissance non seulement de tout ce qui est, mais de tout ce qui peut être. Elle est, plus précisément, une puissance telle que par elle, tout ce qui peut être est. Elle s'étend depuis l'Un jusqu'au dernier de ses effets sans « jalousie », c'est-à-dire sans cette réserve que seraient en elle des possibles ineffectués :

> Le terme antérieur reste à la place qui lui est propre ; mais ce qui vient après lui est pour ainsi dire engendré par une puissance ineffable (δυνάμεως ἀφάτου), laquelle se trouvait en lui ; il ne doit pas immobiliser cette puissance et, par jalousie, la "circonscrire" ; mais elle doit avancer toujours, jusqu'à ce que tous ses effets parviennent dans la limite du possible à leur extrémité, en raison de l'immensité de cette puissance (δυνάμεως ἀπλέτου) qui étend ses dons à tous les êtres et ne peut rien laisser sans une part d'elle-même (6 (IV, 8) 6, 10-16 ; trad. Bréhier révisée).

Puissance issue de l'immobile, la puissance de tout ne doit pas, elle-même, « être immobilisée » mais, parce qu'elle n'est pas jalouse, elle étend « ses dons à tous les êtres ». Il faut entendre là encore qu'elle ne peut rien faire d'autre que ce qu'elle fait, et que ne demeure en elle aucun possible irréalisé [1].

Les effets de la puissance de l'Un, cependant, ne peuvent être pensés comme sa complète exhaustion : d'abord, parce que la puissance de tout n'est pas une « en-puissance de tout », de sorte qu'elle tendrait à ses effets

1. On trouve ici une nouvelle instance du principe de plénitude étudié par A.O. Lovejoy (*The Great Chain of Being*, Cambridge (MA), Harvard University Press, 1964 (1936)), qui cependant ne s'applique plus à l'en-puissance mais à la puissance, et pose donc comme nécessaire non pas l'actualisation, mais la production. On retrouvera ce même modèle chez Abélard qui, refusant aussi, et en référence explicite au *Timée*, l'idée d'un Dieu jaloux comme celle d'un Dieu mauvais, affirmera que Dieu ne peut rien faire d'autre que ce qu'il fait, limitant ainsi (et ce fut l'un des motifs de sa condamnation, en 1141) la toute-puissance divine par son effet posé comme parfait (voir G. Aubry, *Genèse du Dieu souverain*, *op. cit.*, chap. II).

comme à son accomplissement ; ensuite, parce que la puissance de tout est aussi une puissance infinie. Il faut comprendre par là que, tout en produisant tout ce qui peut être, elle demeure, non pas en réserve, mais *en excès* par rapport à ses effets. Le *Traité 32* énonçait, on l'a vu, que tout en étant de toutes choses (παντῶν), la puissance ne peut être saisie tout entière (πᾶσαν) mais seulement partie par partie (κατὰ μέρος) (32 (V, 5) 10, 5-7). Or la saisir de la sorte c'est en manquer l'infinité, dès lors que l'infini *de* puissance n'est pas un infini *en*-puissance, et ne peut donc être infiniment divisé (27 (IV, 3) 8, 37). La puissance infinie est donc une puissance qui ne peut être infiniment divisée en ses effets, telle que, à eux tous, ils se la partageraient, mais une puissance telle qu'on ne peut, à partir de ses effets, remonter à elle. La puissance de tout, ainsi, si elle est puissance de tout ce qui est, n'est pas la somme, ou le tout, de ses effets.

Mais de ce qui précède il faut conclure aussi que la notion de puissance de tout ne laisse aucune place à celle de possibilité. Aucun possible ne lui préexiste à titre de pensable, de principe ou de modèle intelligible susceptible de guider ou de borner son action. Mais, de même, aucun possible ne coexiste avec elle à titre de potentiel, ou comme une virtualité qui demeurerait à actualiser. La pensée plotinienne de la puissance paraît donc absorber tant le possible logique que le possible réel [1].

Par là s'affirme la radicale nécessité de l'univers plotinien : dès lors que le réel ne résulte pas d'une sélection entre les possibles, et que l'être n'est pas l'objet d'un choix, il faut dire que rien de ce qui est ne peut être autre qu'il n'est. Mais comme, de surcroît, la puissance qui le produit est entièrement active, ne contient rien qui demeure en-puissance, il faut ajouter que tout ce qui peut être est.

1. Il paraît donc difficile de dégager, comme le font A. Faust (*Der MöglichkeitsGedanke. Systemgeschichtliche Untersuchungen*, teil I : Antike Philosophie, Heidelberg, 1931-32 ; réimpr. New York, Garland, 1987) et, à sa suite, J.-M. Narbonne (*La Métaphysique de Plotin*, *op. cit.*) une doctrine positive du possible chez Plotin. Selon Narbonne, Plotin représenterait « un moment charnière entre la possibilité "cosmologique" univoque grecque et la possibilité "ontologique" plurivoque chrétienne » (p. 112), dans la mesure où il s'interroge (dans le *Traité 39*, toujours) sur la possibilité de l'Un lui-même. Cependant, outre que cette question n'est formulée que dans le *Traité 39*, et pour y être dénoncée comme illégitime, elle ne porte pas sur la possibilité *logique* de l'Un, pas plus que de ses effets. Plotin n'interroge pas, comme le feront les théologiens de la toute-puissance, le rapport du principe divin à ce principe ultime du possible comme pensable qu'est le principe de non-contradiction – quoique l'on puisse sans doute affirmer que l'Un lui est soustrait par excès dès lors qu'il est antérieur à la pensée, et plus encore au raisonnement. L'aphérèse des contraires (qui va contre le principe du tiers-exclu dès lors qu'elle revient à dire que ce n'est pas parce que x n'est pas A qu'il est non-A) est d'ailleurs l'une des voies dialectiques de la remontée au principe, dès lors qu'elle invite à renoncer à toute détermination (voir 39 (VI, 8) 8, 3 ; 9 (VI, 9) 3, 36-49).

b. Si la procession est nécessaire, c'est, on l'a vu, parce que chaque être est le produit d'une *dunamis* et non l'effet d'une *dunamis meta logou*. L'être résulte du rayonnement du parfait, d'une énergie en excès, et non d'un choix, ou d'une décision. On peut dire, dès lors, que la nécessité plotinienne qualifie le réel comme produit irréfléchi du Bien, et non, selon le modèle aristotélicien, comme agencement conditionné par un bien posé à sa fin. Une telle nécessité est à la fois irréfléchie et sensée. Le réel ne résulte pas du calcul du meilleur : pas plus qu'il n'est l'effet d'un en-puissance tendu vers le bien, il n'est celui d'une puissance normée par un Bien extérieur à elle-même. Mais il est le produit d'une puissance qui, elle-même, émane nécessairement du parfait et de l'achevé : l'être résulte d'une surabondance, d'une superfluité, d'un excès fécond. Il n'est pas l'effet d'un désir ni d'un choix, mais d'un trop-plein. Chaque être, de ce fait, vient en trop, vient de surcroît; mais par là aussi, chaque être ne peut pas ne pas être :

> Tant que l'on n'a pas retranché des êtres ces puissances illimitées, comment pourraient-elles exister sans se communiquer ? Il est nécessaire que chacune donne du sien à un autre être [...]. Il est donc nécessaire que tous les êtres viennent les uns à la suite des autres, éternellement (33 (II, 9) 3, 7-12; trad. Bréhier révisée).

Si la loi du réel est la générosité et non la jalousie, la communication et non la réserve, alors la procession ne peut être interrompue; rien ne peut empêcher qu'un être, une fois en-acte, soit au principe d'une puissance productrice, pas plus qu'on ne peut empêcher un feu ardent de dégager de la chaleur, une fleur épanouie, du parfum. Cette nécessité, cependant, si elle est irréfléchie, n'est pas insensée : elle n'est pas la nécessité absurde des mécanistes, qui, en son fond, s'identifie au hasard (voir 49 (V, 3) 15, 36) : car cette succession d'actes féconds et ce flux de puissances doivent eux-mêmes être pensés comme des effets de l'Un-Bien. Ils en conservent donc l'empreinte, même si, d'effet en effet, de produit en produit, celle-ci est peu à peu affaiblie; jusqu'en les êtres vivants, qui ne sont le produit que de l'âme, et sont donc éloignés de trois degrés de l'Un-Bien, on peut encore reconnaître la trace de ce dernier :

> Considérez à quelle distance ce produit est de son principe; et pourtant, c'est une merveille! Ce n'est donc pas parce que le produit est imparfait que ce qui est avant lui l'est aussi; celui-ci en effet est bien supérieur à ce qu'il produit, et hors de cause, et il faut bien plutôt admirer les dons qu'il a faits aux êtres qui viennent après lui, et les traces de lui-même qu'il y a laissées (48 (III, 3) 3, 30-34; trad. Bréhier).

Que le monde en son entier soit le produit nécessaire de la puissance de l'Un-Bien, et non le résultat d'une intention réfléchie permet de soustraire à la critique simultanément la cause et son effet :

> On aurait tort de blâmer ce monde et de dire qu'il n'est pas beau, et qu'il n'est pas le plus parfait des êtres corporels. Il ne faut pas non plus accuser celui qui est cause de son existence, dès lors qu'il existe nécessairement et ne dérive pas d'une intention réfléchie (47 (III, 2), 3, 1-4; trad. Bréhier révisée).

Le mal lui-même est nécessaire, à titre d'ultime effet de la puissance de l'Un :

> Mais il est possible aussi de saisir la nécessité du mal de la manière suivante. Comme en effet il n'y a pas seulement le Bien, mais nécessairement, par le fait de sortir de lui – ou, si l'on préfère s'exprimer ainsi, par la descente incessante et l'écartement –, le dernier et ce après quoi plus rien ne saurait venir encore à l'être, cela, ce serait le mal. Or c'est par nécessité qu'il y a quelque chose de postérieur au premier, et ainsi en est-il du dernier (51 (I, 8), 7, 16-20) [1].

Le principe de nécessité va ainsi de pair avec un principe de dégradation. Tous deux se déduisent de la théorie des puissances, en tant que celle-ci pose à la fois que le second acte est un effet nécessaire du premier et qu'il lui est inférieur [2].

Ces deux principes se fondent en un principe de variété, lisible par exemple en 6 (IV, 8) 6, 1 : « Il faut que l'Un ne soit pas seul ». Par là, il faut entendre qu'il doit y avoir autre chose que l'Un, ce *en tant même* que l'Un produit comme parfait, et *alors même* que ce qu'il produit est moins parfait que lui.

c. De la théorie des puissances, une autre caractéristique essentielle de la procession peut encore être inférée – celle de continuité :

> C'est donc comme une longue vie qui s'étend dans sa longueur; chaque partie est différente de celle qui la suit, mais l'ensemble est continu, et

1. Trad. D. O'Meara, *Plotin. Traité 51. De l'origine des maux*, Introduction, traduction, commentaire et notes par D. O'Meara, Paris, Cerf, 1999.

2. Ce principe est formulé par exemple en 49 (V, 3) 16, 6-7 : « Il n'est pas possible de s'avancer vers le haut, mais seulement vers le bas en s'enfonçant dans le multiple » (trad. B. Ham), ou encore en 11 (V, 2) 2, 1-4 : « La procession se fait du premier au dernier, chaque chose restant toujours à son rang propre, et l'engendré occupant un rang autre et inférieur à celui de son générateur; chaque chose cependant devient identique à son guide, pour autant qu'elle le suit ». Voir A.C. Lloyd : « The Principle that the Cause is greater than its Effect », *Phronesis*, XXI, 1976, p. 146-156.

> chaque partie est différente de l'autre sans que ce qui précède soit détruit en ce qui suit (11 (V, 2) 2, 26-29; trad. F. Fronterotta).

Cette continuité est assurée par la puissance, en tant qu'elle est ce par quoi la cause est présente à son effet :

> Quand un être ne peut être présent en une chose sans perdre, en venant en elle, quelque chose de sa propre nature, alors c'est une de ses puissances qui est présente à ce à quoi il est présent (22 (VI, 4) 3, 6-8).

La *dunamis* retrouve ici la fonction qu'elle avait déjà chez Aristote : elle prévient le surgissement. Elle permet de penser la production de l'effet non seulement, comme nécessaire, mais aussi comme continue, voire comme *continuée*. Le processus de production n'est pas temporel, mais on peut le dire perpétuel, dès lors que l'effet ne peut se maintenir dans l'être sans la puissance qui l'y a institué. De cela se déduit un autre principe encore de la procession plotinienne, qui est que tout être est toujours *en* celui qui le précède :

> Tout être engendré par autrui est ou bien dans l'être générateur lui-même, ou bien *en un autre être*, s'il y en a après le générateur. Comme cet être est engendré par un autre, et qu'il a besoin d'un autre pour être engendré, il a toujours besoin d'un autre : c'est pourquoi il est *en un autre*. Donc, les derniers des êtres sont naturellement en ceux qui les précèdent immédiatement, ceux qui sont au premier rang sont en ceux qui sont encore avant eux, et ainsi de suite jusqu'au au premier principe (32 (V, 5) 9, 1-7; trad. Bréhier révisée).

Prise du côté de l'effet, la continuité assurée par la puissance se donne ainsi comme une inhérence. Cependant, et là encore, il ne faut pas entendre l'inhérence au sens où l'effet serait contenu en sa cause de sorte qu'il y préexisterait en-puissance : il faut bien plutôt l'entendre comme une dépendance, qui signifie, on y reviendra, que c'est *l'effet lui-même* qui, par rapport à sa cause, demeure en-puissance. L'antériorité de la cause sur l'effet doit être entendue en un sens strictement ontologique, ou structurel, tel que l'effet « a toujours besoin » de sa cause, c'est-à-dire en a besoin non seulement pour advenir mais pour subsister.

En même temps qu'elle signe la dépendance de l'effet, la puissance productrice assure la présence de la cause à celui-ci. Cette présence ne doit être entendue ni comme immanence, ni comme coexistence : si l'effet est en sa cause, la cause n'est pas en l'effet. On retrouve là encore le modèle de la théorie des puissances, en tant que celui-ci permet de penser à la fois la causalité et la transcendance et, plus encore, la causalité comme l'effet même de la transcendance. C'est en tant même que le principe ne s'incline pas vers ses effets, n'a d'eux ni besoin ni souci, qu'il les produit : aussi sa puissance, parce qu'elle en est elle-même un effet, maintient-elle son excès.

Si l'excès de la cause sur l'effet est la condition même de la causalité du principe, il assure aussi non seulement sa présence, mais son omniprésence. Le principe (et, plus généralement, toute cause) ne peut être présent à ses effets que parce qu'il n'est immanent à aucun d'entre eux. De l'intelligible, ainsi, le *Traité 22* (VI, 4) poursuit en disant que s'il est présent au sensible, il en est aussi séparé (χωριστὸν, 3, 12) :

> Là où toutes les puissances existent, il est clair qu'il est lui-même présent, tout en étant séparé; car s'il devenait la forme d'une chose particulière, il cesserait d'être tout et d'être en lui-même partout, alors que c'est par accident qu'il est aussi la forme de telle autre chose [...]. Il n'y a donc rien d'étonnant à ce que ce soit de cette manière qu'il soit en toutes choses, parce que, à rebours, il n'est en aucune d'elles au sens où il leur appartiendrait (22 (VI, 4) 3, 11-19; trad. R. Dufour).

La transcendance, ou la séparation, apparaît donc comme la condition de la présence [1]. Mais la puissance en est le moyen, de sorte que l'on peut dire de la puissance de tout qu'elle est aussi une présence partout [2].

La notion de puissance de tout et la théorie des puissances, si elles viennent en réponse au dilemme du principe, déterminent donc aussi les principaux traits de la procession plotinienne, à savoir la nécessité, la dégradation, et, enfin, la continuité entendue à la fois comme dépendance de l'effet à sa cause, et comme présence dans l'excès de la cause à ses effets [3].

1. Le *Traité 23* (VI, 5) associe aussi la « présence partout » à l'infinité, laquelle doit être comprise en un sens non quantitatif : le dieu, donc, (ou l'intelligible) est présent à tous ses effets en tant précisément qu'il n'est pas divisé en eux partie par partie : voir 4, 5-13.

2. Proclus désigne explicitement la *dunamis* comme le medium de la participation : « Tout ce qui est participé sous un mode séparé, est présent au participant par l'intermédiaire d'une certaine puissance non séparée (τινος ἀχωρίστου δυνάμεως), dont il lui fait don » (*El. Theol.*, prop. 81).

3. Sur la persistance de ces traits chez Porphyre, voir l'introduction de M.-O. Goulet-Cazé aux *Sentences* : « Le système philosophique », Paris, Vrin, 2005, t. I, p. 34 *sq.*; dans le néoplatonisme tardif, voir C. d'Ancona Costa, « Plotinus and later Platonic Philosophers on the Causality of the First Principle », dans L.P. Gerson (éd.), *The Cambridge Companion to Plotinus*, Cambridge, University Press, 1996, p. 356-385.

CHAPITRE VII

PUISSANCE ET EN-PUISSANCE, PROCESSION ET CONVERSION

Si la pensée plotinienne du principe passe par une nouvelle compréhension de la *dunamis*, entendue comme puissance productrice, Plotin ne réintègre pas moins, aussi, son sens aristotélicien d'en-puissance. Et là où la *dunamis*-puissance permet de penser la causalité du principe, et les principaux traits de la procession, la *dunamis*-en-puissance permet de penser la conversion. Plus précisément, elle vient nommer à la fois la réceptivité ou la capacité de l'effet pour la puissance de sa cause, et la tendance finalisée déterminée par celle-ci. Plotin paraît ainsi jouer de la polysémie de la *dunamis*, activer ses différents sens et, parfois, les superposer, de façon à dire la réciprocité de la procession et de la conversion, ou encore la double causalité en quoi consiste la participation [1]. Ce schéma s'applique en effet à la relation de l'Intellect à l'Un-Bien, comme à celle de l'âme à l'Intellect. Que la matière y soit soustraite permet de penser son statut singulier, à la fois comme mal et comme dernier effet du Bien.

PUISSANCE ET PARTICIPATION

a. Le *Traité 7* (V, 4) manifestait l'extension possible de la théorie des puissances, et du modèle causal qu'elle porte, à l'ensemble de la procession, tout en désignant en cette dernière un cas particulier de l'imitation de l'Un-Bien :

1. Cette double causalité est bien mise en valeur par J.-F. Pradeau, *L'Imitation du Principe. Plotin et la participation*, Paris, Vrin, 2003.

> Si le Premier est parfait, qu'il est la plus parfaite de toutes les choses et qu'il est la première puissance, il doit être la chose la plus puissante de toutes celles qui existent, et les autres puissances doivent l'imiter autant qu'elles le peuvent. Or, dès que n'importe laquelle des autres choses atteint sa perfection, nous constatons qu'elle engendre, c'est-à-dire qu'elle ne supporte plus de rester en elle-même, mais qu'elle produit une chose différente (7 (V, 4) 1, 23-28; trad. J.-F. Pradeau).

L'imitation du principe, ainsi, ne doit pas être conçue seulement à la façon d'Aristote, comme tendance à l'acte et, au travers de celui-ci, à la nécessité et à l'éternité caractéristiques du premier moteur immobile, mais comme productivité de la puissance. Ce n'est pas seulement en étant en-acte que les êtres inférieurs imitent le premier principe, lequel, aussi bien, est au-delà de l'acte, mais en étant la source d'une puissance qui, à son tour, va engendrer un nouvel être [1]. Cependant, la modalité même de cet engendrement est semblable à celle de l'Un-Bien, dès lors que sa source « reste en elle-même », ou demeure immobile. Cette fécondité immobile doit être distinguée de l'action, *poiēsis* ou *praxis*. Elle n'en est pas moins plus efficace que celle-là : les causes immobiles « accomplissent pourtant de grandes œuvres » (47 (III, 2) 1, 44). L'efficacité est en proportion inverse de l'action, laquelle, parce qu'elle implique le mouvement et l'imperfection, n'est jamais qu'affairement (*polupragmosunē*). C'est dans le retrait qu'on est le plus puissant, dans le détachement qu'on est le plus influent.

Le *Traité 30* (III, 8), *De la contemplation*, déploie cet apparent paradoxe, puisqu'il vise à montrer non seulement que toute action tend à la contemplation, mais que la contemplation est une forme supérieure d'action. Ce faisant, il souligne aussi que l'âme et l'Intellect agissent sur le sensible par l'intermédiaire de *logoi*. La notion, originairement stoïcienne, de *logos* apparaît comme l'équivalent de celle de *dunamis*, en son double sens de puissance et d'en-puissance. Le *logos* est un principe actif, contenu en l'âme, et issu de sa contemplation, par quoi celle-ci informe et organise le sensible à l'image de l'intelligible [2]. Puissance active, force formatrice, le *logos* est cependant aussi en-puissance, dans la mesure où il contient à l'état indivis les caractères distinctifs de la Forme qu'il va ensuite, au contact de la matière, déployer [3]. Le *Traité 5* associe ainsi les *logoi* aux

1. Ce modèle est très explicitement formulé par Proclus, *El. Théol.*, prop. 25, 27 et 78.

2. Voir L. Brisson, « *Logos* et *logoi* chez Plotin; leur nature et leur rôle », *Cahiers philosophiques de Strasbourg*, 1999, p. 87-108.

3. Voir 50 (III, 5) 9, 1-23 et 34 qui identifie le *logos* à Poros, venant informer l'indétermination (Penia) de l'âme, pour l'opposer à l'intériorité et à la concentration des Formes en l'Intellect ou l'Esprit (voir le commentaire de P. Hadot, *Plotin. Traité 50* (III, 5),

forces séminales, τῶν σπερμάτων δυνάμεις, désignant comme « raison complète » l'ensemble qu'elles forment, et l'identifiant à la nature – laquelle, et comme le soulignait aussi le *Traité 38*, agit, simplement, en laissant s'écouler hors d'elle-même les *logoi* issus de la contemplation de l'Âme du Monde. Le *logos* apparaît du même coup aussi comme un équivalent de l'acte second :

> Certains nomment nature cette force séminale qui, s'élançant de là-bas à partir de ce qui lui est supérieur, *comme la lumière à partir du feu*, transforme et informe la matière, non pas à l'aide d'une impulsion mécanique ou de ces leviers dont on parle tant, mais en lui faisant part des raisons séminales (5 (V, 9) 6, 20-24; je souligne) [1].

Logos et *dunamis* viennent tous deux en réponse au problème de la participation, dès lors que tous deux permettent de penser une présence du supérieur à l'inférieur qui n'implique de la part du premier aucun mouvement. La notion de *logos*, en tant qu'elle est articulée à celle d'âme, apparaît cependant comme une particularisation et une application de ce schéma à la relation de l'intelligible au sensible, là où celle de *dunamis* s'applique, encore au-delà, à la relation de l'Intellect et de l'Un-Bien. Dans le *Traité 22*, cependant, l'efficace de l'intelligible, et son omniprésence au sensible, se dit à travers une analogie avec la force physique, et c'est le terme *dunamis* qui vient encore désigner celle-ci :

> Ce n'est pas l'intelligible qui s'est rendu vers les choses multiples, mais ces choses, parce qu'elles sont dispersées, nous donnent l'impression que l'intelligible est aussi divisé en elles. C'est comme si l'on pouvait diviser ce qui domine et tient ensemble, en autant de parties qu'en compte ce qui est dominé. De toute évidence, même la main peut dominer un corps entier, que ce soit un morceau de bois de plusieurs coudées ou quelque chose d'autre. Et ce qui domine s'étend sur tout ce qui est dominé, mais ne se divise pas pour autant, dans le cas de la main, en autant de parties qu'en compte ce qui est dominé : bien que sa puissance soit limitée, semble-t-il, par la grandeur du corps qu'elle touche (περιγραφομένης τῆς δυνάμεως), la main est néanmoins définie par sa propre grandeur et

Introduction, traduction, commentaire et notes, Paris, Cerf, 1990, p. 241-242). Sur la notion de *logos* voir plus généralement P. Hadot, *Plotin. Traité 38* (VI, 7), *op. cit.*, commentaire p. 214-215. Précisons enfin que selon Plotin le *logos* contient non seulement les traits spécifiques, mais aussi certains traits individuels : *cf.* 18 (V, 7) 3, 5-10 ; V (V, 9) 12, 10.

1. Dans le *Traité 17* (II, 6), le *logos* est présenté comme ayant lui-même un acte dérivé, identifié aux qualités essentielles de la substance (l'acte de brûler pour le feu, de blanchir pour le blanc, *etc.*) : voir 2, 17-22.

> non par celle du corps qui est soutenu et dominé (22 (VI, 4) 7, 6-15; trad. R. Dufour)[1].

b. Si la notion d'omniprésence, et d'« omnipuissance » vient en réponse au problème de la participation, elle ne suffit pas à le résoudre. Elle suscite même une nouvelle aporie; le *Traité 22* la formule en ces termes :

> Mais, s'il est tout entier partout, pourquoi toutes choses ne participent-elles pas de l'intelligible tout entier ? Et comment peut-il y avoir un premier là-bas, puis un deuxième, et encore d'autres choses après ce deuxième? (22 (VI, 4) 11, 1-3; trad. R. Dufour).

Refusant d'introduire une division dans l'intelligible, il semble que l'on s'interdise de penser les différences au sein du sensible. La solution va consister à poser un principe de différenciation au sein même du sensible, ou du participé. À l'aporie plus haut formulée, on répond ainsi que l'intelligible « est présent en une chose grâce à l'aptitude (ἐπιτηδειότητι) de cette chose à le recevoir » (*ibid.*, l. 4). La notion d'*epitēdeiotēs*, à laquelle Plotin a recours ici, est associée, dès ses premières occurrences, à celles de *dunaton* et de *dunamis*. Philon le Mégarique l'élabore le premier, pour l'intégrer à une définition minimale du possible (*dunaton*) : le possible, selon Philon, peut se dire « en vertu de l'aptitude nue du substrat, κατὰ ψιλὴν τὴν ἐπιτηδειότητα τοῦ ὑποκειμένου », même si sa réalisation est empêchée par les circonstances extérieures[2]. D'un coquillage gisant au fond de l'océan, on pourra dire, en vertu de cette définition, qu'il est possible qu'il soit perçu, d'un morceau de bois immergé, qu'il soit brûlé[3]. L'*epitēdeiotēs* vient ainsi nommer une possibilité minimale, définie par les

1. L'omniprésence de l'intelligible au sensible se dit plus fréquemment à travers l'image de la diffusion de la lumière; le *Traité 23* (VI, 5) l'explique et la corrige en ces termes : « La théorie de la participation ne serait pas alors la plus obscure et la plus difficile de toutes, mais il serait bien aisé de la faire comprendre par des images. Sans doute, nous parlons quelque fois nous mêmes de rayonnement, mais ce n'est pas au sens où l'on parle de rayons lumineux agissant sur un objet sensible; comme les choses matérielles sont des images dont les idées sont les modèles, et comme, dans le rayonnement, l'être éclairé est séparé de celui qui éclaire, nous parlons de la sorte » (8, 8-15; trad. Bréhier révisée). Rappelons que dans le *Parménide* l'exemple du jour « qui, un et identique, est en beaucoup de lieux présent sans être pour cela séparé de lui-même » est déjà convoqué en réponse aux apories de la participation (131b).

2. Voir Alexandre d'Aphrodise, *In An. Pr.*, I, p. 184, l. 6-18 (*CAG* 2.1, éd. Wallis, Berlin, 1883); *Quaestiones* I, 18, p. 30, 29-32 (*Suppl. Arist.* 2.2., éd. Bruns, Berlin, 1892). Sur la notion d'*epitēdeiotēs* voir R.B. Todd, « *EPITEDEIOTES* in philosophical litterature : towards an analysis », *Acta Classica*, t. XV, 1972, p. 25-35; G. Aubry, « Capacité et convenance : la notion d'*epitēdeiotēs* dans la théorie porphyrienne de l'embryon », dans L. Brisson, M.H. Congourdeau, J.-L. Solère (dir.), *L'embryon (formation et animation)*, *op. cit.*, ainsi que « La doctrine aristotélicienne de l'embryon et sa réinterprétation par Porphyre », art. cit.

3. Voir Philopon, *In An. Pr.* 169, 19-23 (*CAG* 13. 2, éd. Wallies, Berlin, 1905), et Simplicius, *In Cat.* 8, 195, 32-196, 4 (*CAG* 8, éd. Kalbfleisch, Berlin, 1907).

propriétés internes du patient, mais indépendamment des circonstances requises pour l'actualisation. À son tour, Alexandre d'Aphrodise associe la notion à celle de *dunamis* : il l'insère dans le triple schème du *De Anima* d'Aristote, et l'identifie à un degré encore antérieur de *dunamis*, qu'il définit comme pure réceptivité pour l'*hexis*[1].

Plotin hérite donc de cette signification de l'*epitēdeiotēs* entendue comme réceptivité, ou comme capacité[2]. Telle qu'elle est mise en œuvre dans le *Traité 22*, la notion vient dire la réceptivité du participant pour la puissance du participé. Si la *dunamis* est, on l'a vu, le médium actif de la participation, l'*epitēdeiotēs* apparaît comme son médium passif.

Cependant, elle vient aussi rendre compte des différences de degré dans la mesure de la participation. L'*epitēdeiotēs* n'est donc pas seulement une réceptivité indifférenciée : elle désigne aussi l'appropriation ou la convenance[3], soit une réceptivité déterminée, selon les différents êtres, à accueillir selon diverses mesures le participé : c'est ainsi qu'une même lumière n'est pas présente de la même façon à un milieu trouble et à un milieu transparent (22 (VI, 4) 11, 8-9), ou qu'une même parole peut être reçue par les uns comme douée de sens, par d'autres comme un simple son (15, 6-8). Si la puissance de l'intelligible est la même pour tous, et est présente en tous, elle est cependant reçue selon diverses convenances qui, sans elle-même l'affecter, distinguent et ordonnent ses participants[4].

Un tel modèle préserve l'impassibilité et la transcendance du participé. Mais il pose un nouveau problème, en ce qu'il semble impliquer une causalité autonome du participant[5]. Faisant de la réceptivité de l'inférieur

1. « Aristote a parlé dans le second <livre> *De Anima* de <l'activité> résultant de la disposition, qu'il appelle puissance seconde; car la puissance première est l'aptitude pour recevoir la disposition (πρὸς τὴν ἀνάληψιν τῆς ἕξεως ἐπιτηδειότης) » (*Quaest.* 81, 8-10).

2. Dans le *Traité 25* (II, 5) 2, 21-22, il l'intègre à son tour au schéma du *De Anima*.

3. C'est ce sens actif qu'accentuera la tradition néoplatonicienne, et notamment Philopon : voir sur ce point les remarques de I. Hadot, « Aspects de la théorie de la perception chez les néoplatoniciens : sensation (αἴσθησις), sensation commune (κοινὴ αἴσθησις), sensibles communs (κοινὰ αἰσθητά) et conscience de soi (συναίσθησις) », dans *Documenti e Studi sulla tradizione filosofica medievale*, VIII, 1997, p. 33-85.

4. Ce modèle est aussi appliqué par Plotin au rapport de l'âme et du corps : voir 22 (VI, 4) 15, 1-17; 27 (IV, 3) 23, 1-4.

5. Voir sur ce point J.S. Lee, « The Doctrine of Reception According to the Capacity of the Recipient in *Ennead* VI, 4-5 », *Dionysius* 1979, p. 79-97, et D.J. O'Meara, « The Problem of Omnipresence in Plotinus *Ennead* VI, 4-5 : a Reply », *Dionysius*, 1980, p. 61-73. O'Meara se défend d'admettre une causalité matérielle indépendante, mais considère néanmoins qu'« en faisant de la réceptivité d'une matière quelle qu'elle soit une condition de la relation à la Forme, Plotin fait dépendre la production des formes d'un aspect propre à la matière » (p. 73). Sur la façon dont ce problème se pose aussi chez Thomas d'Aquin et sur l'influence de la notion d'*epitēdeiotēs* sur la doctrine thomasienne de l'analogie, voir G. Aubry, *Genèse du Dieu souverain*, *op. cit.*, p. 202-212.

une condition de la participation, il paraît aller contre cet axiome fondamental de la philosophie plotinienne qui veut que l'inférieur ne puisse en aucune façon déterminer le supérieur. À cette objection, Plotin, dans le *Traité 9*, apporte une réponse, trop souvent négligée :

> L'Un n'est absent de rien et pourtant il est absent de tout, en sorte que, présent, il n'est pas présent, sinon pour ceux qui peuvent le recevoir et qui s'y sont bien préparés, de façon à ce qu'ils puissent venir coïncider et, en quelque sorte, être en contact avec lui, le toucher, grâce à la ressemblance, c'est-à-dire à la puissance que l'on a en soi et qui est parente avec lui (τῇ ἐν αὑτοῖς δυνάμει συγγενεῖ τῇ ἀπ 'αὐτοῦ), parce qu'elle vient de lui, et lorsque cette puissance se trouve dans l'état où elle était quand elle est sortie de lui, alors ils peuvent le voir de la manière dont il peut être objet de vision (9 (VI, 9) 4, 24-30 ; trad. P. Hadot modifiée).

Si la présence de l'Intellect est une omniprésence, celle de l'Un est ici caractérisée comme une présence-absence[1], dans la mesure où elle est éloignée d'un degré supplémentaire du sensible, et ne peut donc être reçue que par la médiation de l'Intellect. Plus encore, elle ne peut être reçue par l'âme qu'à condition que celle-ci se soit identifiée à l'Intellect en son état naissant[2], soit au flux de puissance émané de l'Un et qui ne s'est pas encore constitué en *energeia*. Mais il apparaît du même coup que la puissance en vertu de laquelle l'Un peut être reçu, est une puissance qui non seulement « est parente avec lui », mais qui « vient de lui » : ultimement, le retour de l'âme à l'Un doit être conçu comme une coïncidence des puissances, par quoi la puissance réceptrice s'identifie à la puissance reçue, la capacité à la productivité. Loin, donc, que la réceptivité de l'effet vienne déterminer la puissance de la cause, elle est en vérité, elle-même, un effet de cette puissance.

Cela se vérifie encore, en prenant cette fois la procession par le bas, dans le cas du rapport de l'âme et du corps. Si l'âme ne s'unit qu'à un corps déjà apte à la recevoir, approprié à sa puissance, cette appropriation est en vérité un effet du *logos* : dans le *Traité 48* (III, 3), Plotin se refuse à faire de la matière, et du substrat corporel, le principe de la différence entre les individus – entendue, ici, comme une différence de valeur, en vertu de laquelle certains hommes sont capables, d'autres pas, de faire usage de leurs facultés supérieures. Car, dit-il, « ce substrat corporel c'est la raison (le *logos*) même, ou, du moins, un produit de cette raison qui lui est conforme » (4, 31-32). Ainsi, et de nouveau, le *logos* porté par l'âme

1. Pour reprendre la formule de P. Hadot, *Traité 9* (VI, 9), *op. cit.*, Introduction, p. 32-34.
2. Voir plus bas, p. 279-282, ainsi que 38 (VI, 7) 34, 3-4, et 35, avec le commentaire de P. Hadot, *Plotin. Traité 38* (VI, 7), *op. cit.*, p. 67 et p. 339 *sq.*

divine, ou intellective, façonne lui-même le substrat dans lequel il est reçu, les différences de valeur entre les individus devant dès lors être renvoyées à un principe intelligible de distinction [1].

Pour dire la puissance comme réceptivité, Plotin, à côté de la notion d'*epitēdeiotēs*, a recours aussi au terme de *dunamis* et, plus précisément, à une variante de la formule qui consacre son apparition dans le lexique philosophique grec : καθόσον δύναται [2]. Ayant énoncé que l'être (l'intelligible) est présent à son participant selon l'*epitēdeiotēs* de ce dernier, le *Traité 22* (VI, 4) précise que le participant à son tour lui est présent « dans la mesure où il en est capable » (11, 6-7). Traitant cette fois de l'Un-Bien, le *Traité 6* (IV, 8) souligne, lui, que la matière elle-même doit avoir « sa part du principe qui fournit le bien à chaque chose, autant qu'elle en est capable » (6, 19-20); le *Traité 33* (II, 9), enfin, dit, à propos de l'Âme du Monde, que « les choses toujours maintenues par elle et baignées de ses rayons, jouissent de la vie autant qu'elles le peuvent » (3, 2-3).

Comme l'*epitēdeiotēs*, ainsi, le καθόσον δύναται vient dire la réceptivité comme mesure de la participation. À côté de cette notion, et de cette formule, on trouve aussi chez Plotin différentes images, et notamment celle de la trace (*ikhnos*) [3]. Celle-ci vient dire non seulement la réceptivité pour la puissance, mais la puissance en tant qu'elle est reçue. Dans le *Traité 49* (V, 3), où le terme revient fréquemment, la trace apparaît comme un équivalent de l'acte second ou de la puissance émanée [4] :

> Le feu doit d'abord en lui-même être feu et exercer l'acte du feu, avant de pouvoir ainsi produire aussi une trace de lui-même en autre chose (49 (V, 3) 7, 23-25).

Ainsi comprise, la trace est, dans le *Traité 22*, associée à l'*epitēdeiotēs* : c'est « par l'aptitude (*epitēdeiotēti*) » que « le corps s'est rapproché davantage de l'âme [...]. Il a recueilli de ce voisinage une trace de l'âme (*ikhnos psuchēs*) », comparable à « un échauffement » ou « un éclairement »

1. *Cf.* 18 (V, 7) 3, 5-10; 27 (IV, 3) 8, 15-16, ainsi que G. Aubry, « Individuation, particularisation et détermination selon Plotin », *Phronesis*, 53, 2008, p. 271-289.

2. Sur la clause *kata dunamin*, voir D. Lefebvre, *DYNAMIS...*, *op. cit.*, p. 370.

3. Voir G. Leroux, « La trace et les signes. Aspects de la sémiotique de Plotin » dans M.-O. Goulet-Cazé, G. Madec, D. O'Brien (éd.), *Chercheurs de sagesse. Hommage à Jean Pépin*, Paris, Institut d'Études Augustiniennes, 1992, p. 245-261, ainsi que J.-F. Pradeau, *L'Imitation du Principe...*, *op. cit.*, p. 111.

4. Je reprends ici une analyse partiellement développée dans « Puissance, trace et désir : l'équivocité de la *dunamis* et la réciprocité procession-conversion chez Plotin », dans Ph. Capelle (éd.), *Expérience philosophique et expérience mystique*, Paris, Cerf, 2005, p. 115-132.

qui a fait de lui un corps capable de désir, de souffrance, et de plaisir[1]. Là encore, la trace reçue par le corps se confond avec la puissance émanée de l'âme essentielle, cette âme, donc, qui est une *energeia*, et un acte de contemplation, et qui, sans elle-même « descendre », ajoute sa puissance à celle de l'Âme du Monde pour constituer le corps animé.

Par-delà celles de l'âme, le monde sensible porte aussi les traces de l'Un-Bien. Aux Gnostiques, déjà, Plotin opposait son émerveillement face à cette présence perdurant dans l'éloignement : plutôt que de critiquer, ensemble, le Principe et son lointain effet, « on ferait mieux de l'admirer pour ce qu'il a donné à ce qui vient après lui : des traces de lui-même, et d'une telle qualité ! » (48 (III, 3) 3, 33-34).

La trace vient dire alors non seulement la puissance de la cause, mais la façon dont celle-ci s'inscrit en l'effet, comme une présence affaiblie, mais visible encore, et qui peut être vivifiée. Et on la trouve, encore, associée à l'image du feu et, à travers elle, à la théorie des puissances :

> Tout ce qui vient du Bien possède une trace ou une empreinte (*tupos*) de lui ou qui vient de lui, comme ce qui vient du feu possède une trace du feu et ce qui vient du doux une trace du doux (38 (VI, 7) 18, 2-5; trad. P. Hadot).

La trace est comme un reflet (mais un reflet qui, sans jouer à sa surface, s'inscrirait à même l'effet, et comme sa condition) du rayonnement originaire de la *dunamis pantōn*. Elle a donc ceci de paradoxal (mais ce paradoxe, on l'a vu, est au fondement même de la théorie des puissances) qu'elle est un signe de la transcendance, la présence atténuée, mêlée d'absence, de ce sans quoi rien ne peut être, mais qui ne peut lui-même être présent à l'être : « L'être, écrit ailleurs Plotin, n'est que la trace de l'Un »[2]. Et Levinas commente :

> Seul un être transcendant le monde peut laisser une trace. La trace est la présence de ce qui, à proprement parler, n'a jamais été là, de ce qui est toujours passé. Plotin a conçu la procession à partir de l'Un comme ne compromettant ni l'immutabilité, ni la séparation absolue de l'Un. C'est dans cette situation […] que la signifiance exceptionnelle de la trace se dessine dans le monde[3].

1. 22 (VI, 4) 15, 15-16; *cf.* aussi 28 (IV, 4) 20, 15-16.
2. εἶναι τὸ εἶναι ἴχνος ἑνός, 32 (V, 5) 5, 13-14.
3. Dans « La trace de l'autre », *Essais nouveaux* publiés à la suite de *En découvrant l'existence avec Husserl et Heidegger*, Paris, Vrin, 1967, p. 201.

La procession, comme succession nécessaire de puissances continûment dégradées, peut donc aussi être pensée comme une série de traces, de moins en moins profondes, de moins en moins nettes, de la puissance de l'Un-Bien.

c. Levinas le souligne, la trace n'est pas un signe comme un autre, au sens où elle n'est pas un signe intentionnel : « Elle signifie en dehors de toute intention de faire signe et en-dehors de tout projet dont elle serait la visée »[1]. La trace, cependant, n'est pas seulement vestige mais aussi indice : elle porte avec elle une absence, une distance, mais aussi l'appel à les réduire[2]. Plotin oppose ainsi la puissance motrice de la trace à la puissance captatrice de l'image[3] : c'est d'une image-idole de lui-même que s'éprend Narcisse, plongeant dans le fleuve bourbeux de la matière et des corps, qui est aussi bien l'Hadès et la mort. La trace, à l'inverse, est plus proche de l'icône que de l'idole. Elle précède une quête, elle suscite un désir. De l'intelligible et de l'être, Plotin écrit ainsi :

> Sa puissance et sa beauté sont si grandes que toutes choses subissent sa fascination, qu'elles se rattachent à lui, qu'elles sont comblées de recevoir de lui sa trace, et qu'elles se mettent en quête du Bien qui est après lui[4].

Puissance et beauté de l'Intellect s'inscrivent dans les êtres qui lui sont inférieurs en une trace aux effets multiples, puisqu'elle est source à la fois de fascination et de mouvement, de plénitude et de quête, au point que l'élan qu'elle suscite vise, par-delà l'Intellect, le Bien.

Cette conséquence de la trace au désir est ailleurs encore formulée :

> Le Bien a donné à l'Intelligence qui voit d'avoir une trace de lui-même, venue de lui, de sorte qu'il y a un désir (ἔφεσις) dans l'Intelligence, et que toujours l'Intelligence désire, et que toujours elle obtient ce qu'elle désire (30 (III, 8) 11, 22-24).

1. *Ibid.*, p. 199.

2. De la « présence-absence » de l'Un-Bien Pierre Hadot souligne ainsi qu'elle « fonde à la fois, en tant que présence, l'être des choses, et, en tant qu'absence, le désir inconscient qu'elles ont de la présence » (*Traité 9*, *op. cit.*, Introduction, p. 32-33).

3. *Cf.* 32 (V, 5) 6, 17; voir aussi 1 (I, 6) 8, 6-10 : les beautés corporelles ne sont que des images, des traces et des ombres (*eikones*, *ikhnē*, *skiai*) de la beauté intelligible. Quiconque les prendrait pour réelles, et voudrait s'en saisir, serait comme cet homme qui a cherché à saisir sa belle image (*eidōlon kalon*) à la surface de l'eau; à quoi il faut cependant opposer 28 (IV, 4) 44, 26 où Plotin désigne du terme de trace ces vestiges illusoires et captivants que sont les beautés sensibles.

4. 34 (VI, 6) 18, 47-49. Trad. J. Bertier, L. Brisson, A. Charles, *et al.*, *Plotin. Traité* Sur les Nombres, *Enn. VI, 6 (34)*, Paris, Vrin, 1980.

Or, ainsi comprise, la trace n'apparaît plus seulement comme une métaphore de la *dunamis*-puissance, mais bien de la *dunamis*-en-puissance ; elle ne dit plus le rayonnement et la surabondance, mais le manque, la distance, en même temps que le désir qui vise à les combler. Il semble ainsi que la puissance de la cause détermine en l'effet une *capacité* à la recevoir, en même temps qu'une *tendance* à retourner à sa cause. Loin d'être problématique, la polysémie de la notion plotinienne de *dunamis* paraît être mise en œuvre de façon à dire la réciprocité de la procession et de la conversion. Voyons à présent comment ce modèle s'applique à l'Intellect et à l'âme.

La constitution de l'Intellect

a. *Prōtē energeia*, l'Intellect peut aussi être caractérisé comme l'acte dérivé de l'Un. Ceci cependant ne doit être entendu ni au sens où l'Un serait l'en-puissance dont l'Intellect serait l'actualisation, ni au sens où l'Un serait lui-même un acte (l'Intellect serait alors acte second, et non pas premier) : « Lui est une chose, et les actes qui viennent de lui en sont une autre, puisque c'est sans que lui ait agi »[1]. Dire de l'Intellect qu'il est le premier acte, c'est donc le désigner comme le premier effet de la puissance de l'Un qui, parfait, n'en est pas moins au-delà de l'acte.

L'acte, cependant, dit aussi l'Intellect lui-même comme totalité achevée. Le *Traité 25* se refusait, on l'a vu, à lui attribuer l'en-puissance, dès lors qu'il est exempt de matière comme de tendance : il ne peut s'efforcer vers un autre être que lui, puisque « le tout est en lui » (25 (II, 5) 3, 28), et puisque les êtres dont il est constitué « possèdent ce qu'ils doivent posséder, à la fois par eux-mêmes et toujours » (3, 31-32). La détermination d'*energeia* reçoit ici une double justification : elle désigne d'abord en l'Intellect lui-même la plénitude, l'absence de manque, qui vient de ce qu'il est le tout des intelligibles-intelligences ; c'est ce que souligne aussi son identification à la figure mythique de Cronos, elle-même associée à la satiété[2]. Mais l'*energeia* s'applique encore au contenu de l'Intellect, soit aux intelligibles-intelligences eux-mêmes, en ce qu'ils « possèdent ce qu'ils doivent posséder, à la fois par eux-mêmes et toujours ». En cette formule, on peut reconnaître un trait distinctif de l'*ousia* intelligible, soit l'unité en elle de l'*hoti* et du *dioti*, de l'être et de la raison d'être. Le *Traité*

1. 49 (V, 3) 12, 26-27 ; trad. B. Ham.

2. 5 (V, 9) 8, 7-8 ; 10 (V, 1) 4, 9-10 et 7, 33-34 ; 31 (V, 8) 13, 1-2. Sur l'association entre Kronos, le Titan père de Zeus et dévorateur de ses enfants et *koros*, la satiété, voir l'étymologie du *Cratyle*, 396b 6-7.

38 énonce ainsi que s'« il est nécessaire que l'Esprit possède ces Formes sans qu'elles manquent de quoi que ce soit, il ne faut pas non plus qu'elles manquent du pourquoi » (38 (VI, 7) 2, 22-23, trad. P. Hadot).

Mais, ce faisant, l'*energeia* apparaît comme un autre nom pour l'*ousia* telle que Plotin la conçoit : pour Plotin en effet, et c'est là un point de rupture fondamental avec Aristote, il n'y a d'*ousia* qu'intelligible [1]. Les sensibles ne sont pas des substances, mais des composés de matière et de qualités, lesquelles, lorsqu'elles sont essentielles, doivent être pensées comme le déploiement du *logos* émané de la substance intelligible. Au contraire des êtres intelligibles, les êtres sensibles n'ont donc en eux-mêmes ni leur cause ni leur raison d'être (le *logos* étant à la fois cause et raison, force et forme), et ne peuvent pour cette raison être dits véritablement « être ». Ainsi, l'*energeia* vaut bien, pour Plotin comme pour Aristote, comme un autre nom pour l'*ousia* ; mais, associée à l'autodétermination, elle vient désigner le trait même en vertu duquel il ne peut y avoir d'*ousia* qu'intelligible.

Enfin, l'*energeia* vient désigner encore un autre trait de l'*ousia* intelligible prise par opposition à la *genesis* : l'éternité (*cf.* 25 (II, 5) 3, 5). De l'Intellect, on peut dire qu'il « est seulement », au sens où « à nul moment il n'est à venir », et où « jamais non plus il n'est dans le passé » (10 (V, 1) 4, 22-24). La matière à l'inverse, en tant qu'elle n'est qu'en-puissance (en un sens qu'il faudra cependant préciser) est un pur « sera » (25 (II, 5) 5, 3).

Quoique dissociée du Bien, l'*energeia* continue donc d'être associée par Plotin à l'*ousia* et à la perfection, en tant cependant que celles-ci ne peuvent plus se dire que de l'intelligible.

b. S'il est acte premier, l'Intellect n'est pas d'emblée un acte. Plotin distingue en effet deux moments dans sa constitution. Dans un premier temps, l'Intellect n'a d'autre caractéristique que l'indétermination. Celle-ci, à son tour, est associée par Plotin à l'altérité, à la matière intelligible, ou encore à la dyade. Ces différents termes sont eux-mêmes parfois identifiés : ainsi de l'altérité (ἑτερότης) et de la matière intelligible en 12 (II, 4) 5, 28-35 ; ou de la dyade et de la matière (comme substrat) en 10 (V, 1) 5, 14-15. Ils viennent désigner la toute première différence par rapport à l'Un (altérité), laquelle peut donc aussi être conçue comme la toute première multiplicité (dyade), et ce sur fond de quoi les Formes intelligibles vont se distinguer (matière). Cette distinction et cette détermination ne

1. *Cf.* 42 (VI, 1) 3 ; 44 (VI, 3) 8 et, pour une analyse détaillée de ces textes, R. Chiaradonna, *Sostanza, movimento, analogia…*, *op. cit.*

sont cependant que secondes. Le *Traité 12*, *Sur les deux matières*, décrit de la sorte ce processus :

> L'altérité de là-bas existe toujours, elle qui produit la matière, car c'est elle qui est le principe de la matière et le mouvement premier. C'est aussi pourquoi celui-ci est appelé altérité, parce que le mouvement et l'altérité naissent ensemble. Or, le mouvement et l'altérité qui vient du premier sont quelque chose d'indéfini et ils ont besoin de celui-là <le Premier Principe> pour être définis : ils sont définis lorsqu'ils se retournent vers lui (12 (II, 4) 5, 28-34; trad. R. Dufour).

L'altérité est ici présentée comme étant au principe de la matière. Cependant, elle l'est aussi de la détermination, ou de la définition de celle-ci, dès lors qu'elle est non seulement le premier moment de la procession mais aussi le sujet d'une conversion vers l'Un-Bien. C'est cette conversion qui va définir, limiter, l'indétermination première, soit constituer l'Intellect comme totalité des Formes. Dans le *Traité 12*, l'altérité est aussi identifiée au mouvement. Ailleurs, celui-ci va être désigné du terme de Vie, Ζωή. Dans le *Traité 30* (III, 8), la Vie était déjà caractérisée comme le premier effet de l'Un-Bien :

> Qu'est-il donc <*sc.* l'Un> ? – Il est la puissance de tout [...] Il est au-dessus de la vie et cause de la vie. L'activité (*energeia*) de la vie, qui est tout l'être, n'est pas première; elle coule de lui comme d'une source (10, 1-5).

La Vie (ou le mouvement premier, ou l'altérité) doit donc être distinguée de la puissance de tout, comme son premier effet. Aussi est-elle qualifiée ici d'*energeia*. Mais elle doit être distinguée, aussi, de l'*energeia* comprise comme totalité achevée et comme *ousia* – soit de l'Intellect constitué. Le *Traité 7* présentait déjà cette gradation :

> De l'acte le plus parfait (τελειότητος ἐνεργείας) qui est en lui vient un acte engendré qui, parce qu'il dérive d'une grande puissance (μεγάλης δυνάμεως), et de la plus grande de toutes, va jusqu'à l'être et à l'essence (7 (V, 4) 2, 34-37).

On retrouve ici, appliquée au premier principe et donc à l'au-delà de l'acte, la doctrine des deux actes : or celle-ci présente l'acte engendré à la fois comme « dérivé » de la puissance principielle, et comme distinct de l'être et de l'essence. En ce moment médian entre la puissance et l'*ousia* on peut reconnaître, de nouveau, la Vie.

Mais dès lors que cette dernière est à la fois distinguée de l'*ousia* et associée au mouvement et à l'illimité, on peut se demander quel sens revêt le terme d'*energeia* lorsqu'il lui est appliqué. Et ce d'autant plus qu'associée à l'*energeia*, la Vie peut aussi l'être à la *dunamis*. C'est le cas dans le *Traité 38* (VI, 7) ; celui-ci désigne le premier principe comme « antérieur à l'acte, au-delà de l'acte, de sorte qu'il est aussi au-delà de la vie (ἐπέκεινα ἐνεργείας ὥστε καὶ ἐπέκεινα ζωῆς) » (17, 9-10). De nouveau, donc, acte et vie paraissent identifiés. Pourtant, quelques lignes plus bas, la Vie est qualifiée de δύναμις πᾶσα, de puissance totale (17, 32-33). Parce qu'elle est à la fois *energeia* et *dunamis*, parce que, aussi, elle est associée au mouvement, la Vie serait plus adéquatement désignée comme *énergie*[1] (ou encore comme *dynamisme*) que comme acte.

Enfin, si on la considère non plus comme le premier mouvement de procession, mais comme le premier mouvement de conversion, la Vie peut encore être dite en-puissance. Le chapitre 17 du *Traité 38* (VI, 7) s'ouvre d'ailleurs sur le rappel du principe aristotélicien de l'antériorité de l'acte sur l'en-puissance : « Il faut en effet que soit d'abord l'être en-acte, quant aux choses qui viennent ensuite, elles ne sont qu'en-puissance ce qui est avant elles » (l. 6-8, trad. P. Hadot). Aussitôt après, la Vie va être dite « trace » du principe (l. 13). Et la trace de nouveau apparaît comme le moteur de la conversion. Celle-ci est présentée comme une vision, par quoi l'être va se constituer aussi comme pensée : « Au moment où la Vie commence à diriger son regard vers le Bien, elle est encore illimitée. Mais, après qu'elle a dirigé son regard dans cette direction, elle a été délimitée, bien que le Bien n'ait pas de limite » (38 (VI, 7) 17, 14-16 ; trad. P. Hadot)[2].

Ailleurs, la trace est dite « image » – une image paradoxale puisqu'elle porte ce que le Bien n'a pas (le multiple, les formes, la pensée)[3], mais qui se convertit pour corriger cet écart, et se constitue alors comme cet écart corrigé[4]. Le *Traité 24* lie étroitement image et désir :

> L'intellection n'est première ni quant à l'être, ni quant à la dignité, mais elle est seconde et elle est advenue alors que le Bien existait déjà, et qu'il a fait se mouvoir vers lui ce qui est advenu : cela, en étant mû, a vu. Et voici ce qu'est intelliger : un mouvement qui se porte vers le Bien en le désirant [...]. Ainsi, lorsque ce qui est autre que le Bien l'intellige, il l'intellige

1. C'est ce terme qu'adopte Pierre Hadot, *Plotin. Traité 38* (VI, 7), *op. cit.*, trad., p. 131 et 135, et commentaire p. 274. Sur la notion de Vie, voir aussi P. Hadot, « Être, Vie Pensée chez Plotin et avant Plotin », dans *Les Sources de Plotin*, Entretiens sur l'Antiquité classique, V, Vandœuvres-Genève, Fondation Hardt, 1960, p. 107-157, repris dans *Plotin. Porphyre. Études néoplatoniciennes*, Paris, Les Belles Lettres, 1999, p. 127-181.

2. Voir aussi 10 (V, 1) 5, 18-19 ; 7, 6.

3. Voir aussi 5 (V, 9) 2, 26-27 : l'Intellect est « comme une empreinte (*tupos*) du Bien dans le multiple ».

4. Sur l'aporie de la ressemblance avec le Bien, voir encore 38 (VI, 7) 18, avec le commentaire de P. Hadot, *Plotin. Traité 38* (VI, 7), *op. cit.*, p. 278-283.

> parce qu'il a pris sa forme et en raison de sa ressemblance avec lui, et il l'intellige comme bon et comme devant être désiré par lui (24 (V, 6) 5, 5-14. Traduction L. Lavaud).

C'est donc parce que l'Intellect est l'image, ou a la trace, du Bien, qu'il devient intellection, l'intellection devant être comprise à son tour comme désir du Bien. C'est pourquoi le *Traité 49* peut dire que la Vie est une image dirigée vers le Bien, qui « s'oriente vers lui, se suspend à lui et tient de lui son existence (ὑπόστασιν) » (voir 49 (V, 3) 16, 35-37). De l'être, enfin, le *Traité 32* (V, 5) énonce, on l'a vu, qu'il est « la trace du Bien » (5, 13), mais aussi et encore qu'il « garde une image de la puissance dont il est émané » (5, 22-23). Et le *Traité 38* (VI, 7) précise que c'est parce qu'il ne peut contenir cette puissance que l'Intellect l'a « fragmentée » et « faite plusieurs » (15, 20-22).

Énergie émanée du Bien, premier effet de sa puissance, la Vie peut aussi être dite trace, image, ou empreinte de ceux-ci : et, en tant que telle, elle n'est pas seulement *energeia* mais également en-puissance, dès lors que cette trace détermine en elle un désir, une tendance, par quoi, se retournant vers son principe, elle se constitue à la fois comme être et comme pensée.

On reconnaît donc, appliqué à l'Intellect, le double schème de la *dunamis* : la puissance du Bien s'inscrit en son premier effet comme un en-puissance qui, converti vers lui, constitue l'énergie (l'Intellect naissant) en acte (l'Intellect achevé).

c. Appliqué à l'Intellect le terme d'*energeia* revêt cependant encore un autre sens : il ne le désigne pas seulement comme énergie, ni comme totalité achevée, ni même encore comme *ousia*. L'*energeia* vient aussi dire l'identité en l'Intellect de l'être et de la pensée. Il faut alors lui donner le sens d'activité, et l'associer au mouvement.

La conversion de l'Intellect vers l'Un détermine celui-ci non seulement comme être mais aussi comme pensée. Elle est ce par quoi les Formes se délimitent, distinguées les unes des autres par la matière intelligible et par l'altérité, mais ce par quoi elles se constituent aussi, et indissociablement, comme intelligibles et comme intelligences. La notion d'*energeia* vient dire cette unité. Plotin hérite ici, plus que de son usage ontologique, de l'usage psychologique et noétique du terme *energeia*, tel qu'Aristote le déploie en particulier dans le *De Anima*. Si la sensation y est définie comme acte commun du sensible et du sentant (III, 2, 425b 26-27), à son tour la science en-acte est dite identique à son objet (430a 20) ; d'une façon générale, Aristote énonce que pour les êtres sans matière, la pensée et son objet ne font qu'un, même s'il distingue entre l'intellect patient, qui n'est qu'en-puissance identique aux intelligibles, et l'intellect agent qui, lui, est acte par essence (τῇ οὐσίᾳ ὢν ἐνέργεια, *De An.* III, 5, 430a 18)[1].

Dans le *Traité 49* (V, 3), Plotin souligne à son tour que l'Intellect en tant qu'essence première, *ousia prōtē*, est aussi acte premier, *prōtē energeia*, et qu'à son tour l'acte premier est intelligence essentielle (*ousiōdēs noēsis*, 5, 37). L'Intellect, donc, n'est pas seulement en-acte, il a aussi un acte (l'intellection) mais cet acte est identique à son être. En effet, cet acte a pour objet son être même (41-42). On peut dire que l'Intellect est en-acte, et non en-puissance, au sens où il est toujours intellection, mais aussi au sens où cette intellection a pour objet l'acte qu'il est. Parce que, donc, elle prend son être même pour objet, la pensée est toujours en-acte, mais de même, parce qu'il est toujours pensé, l'être est toujours actuel[2]. Le *Traité 9* (VI, 9) invite cependant à maintenir le primat de l'être sur la pensée[3]. Il reprend le modèle des deux actes pour l'appliquer, cette fois, au rapport de l'être à la pensée :

> Puisqu'il est nécessaire de concevoir l'être comme antérieur à l'Intelligence, il faut admettre que les êtres sont dans la pensée, et que l'acte et la pensée s'attachent aux êtres de même que l'acte du feu s'attache au feu (9 (VI, 9) 8, 11-14).

La *noēsis* est donc considérée ici comme l'acte dérivé de l'être, ce qui revient à dire que c'est en tant qu'il est par lui-même acte que l'être est aussi pensée. Cependant, poursuit le texte, « l'acte de l'intelligence et l'acte de l'être sont un acte unique, ou plutôt l'intelligence et l'être ne font qu'un […] ; c'est nous qui les séparons et les imaginons l'un avant l'autre » (9 (VI, 9) 2, 16-20).

L'Intellect a beau être acte, et en-acte, il n'est pas pour autant, écrit Plotin en écho à *Sophiste* 248 e, « sans vie » (49 (V, 3) 5, 33-34). Dire de l'Intellect qu'il n'est pas sans vie, c'est dire qu'il n'est pas, selon la « terrible doctrine » du *Sophiste*, solennel, sacré et immobile : la Vie

1. Sur l'influence sur Plotin de la noétique aristotélicienne, voir T. A. Szlezàk, *Platon und Aristoteles in der Nuslehre Plotins*, Bâle-Stuttgart, Schwabe Verlag, 1979.

2. Pour une analyse plus développée, *cf.* G. Aubry, « "L'empreinte du Bien dans le multiple" : structure et constitution de l'Intellect plotinien » dans *Plotin et son platonisme*, *Études philosophiques*, 3, 2009, p. 313-331.

3. Primat que souligne B. Ham dans son commentaire au *Traité 49*, *op. cit.*, introduction, p. 22-23, et commentaire, p. 140-141. B. Ham reprend en cette occasion l'analyse par P. Hadot (« Être, Vie Pensée chez Plotin et avant Plotin », art. cit.) de la triade Être, Vie, Pensée. P. Hadot souligne l'influence sur Plotin de deux mouvements distincts : l'un, issu du *Sophiste* qui va de l'être à la pensée en passant par la vie, l'autre, issu de la *Métaphysique*, qui va de la pensée à l'être en passant par l'acte, c'est-à-dire la vie, pour montrer ultimement que le schème du *Sophiste* doit être considéré comme dominant.

vient désigner ici non plus le mouvement, l'« énergie » qui précèdent la constitution de l'être comme acte, mais l'unité, en l'être constitué, de l'acte et du mouvement.

Il faut dès lors distinguer aussi entre deux mouvements : celui de procession puis de conversion par quoi l'Intellect se détermine comme totalité des Formes, et celui de l'Intellect comme totalité. De ce dernier, le *Traité 38* dit, déclinant encore l'image de la satiété, qu'il n'est pas « un simple mouvement, mais un mouvement complètement rassassié et achevé » (38 (VI, 7) 16, 18 ; trad. P. Hadot). Si le mouvement peut ainsi se trouver associé à l'actualité, c'est que Plotin ne le pense plus comme un acte imparfait, mais comme la réitération d'un acte parfait :

> Il est bien un acte, mais un acte qui recommence de nouveau à chaque instant [...]. Supposons qu'on ait à parcourir un stade, et qu'on ne l'ait pas encore parcouru ; ce qui est alors incomplet, ce n'est pas la marche ou le mouvement, c'est la marche de telle étendue [...]. Mais pas plus que ce qu'on appelle un acte, le mouvement n'a besoin de temps ; seul le mouvement jusqu'à tel point déterminé en a besoin. Et si l'acte est dans l'intemporel, il en est ainsi du mouvement, je veux dire du mouvement en général (42 (VI, 1) 16, 5-17 ; trad. Bréhier).

Le mouvement, pris en son essence, est un acte achevé, et non pas une actualisation, mais cet acte, quoiqu'en lui-même complet, est toujours réitéré. Il faut le distinguer de sa manifestation extérieure et quantitative qui, seule, peut être dite à bon droit *atelēs*. Le mouvement, donc, n'est incomplet que pris en rapport avec l'espace qu'il doit parcourir, et à la durée dans laquelle se déroule ce parcours, mais temps et espace ne sont par rapport à lui que des accidents[1].

Si le mouvement ne doit pas lui-même être pensé comme actualisation, il est cependant présenté comme étant la cause d'une actualisation. On retrouve à ce point un autre usage encore de la notion de *dunamis*, mise en œuvre cette fois pour élucider le rapport des intelligences particulières à l'Intellect total :

1. Voir sur ce point les analyses de R Chiaradonna, *Sostanza, movimento, analogia ...*, *op. cit.*, chap. II. Voir aussi la notice de É. Bréhier aux traités *Des genres de l'être*, qui souligne l'influence, ici, des Stoïciens (p. 24). La définition du mouvement comme « acte qui recommence de nouveau à chaque instant » leur est empruntée (Simplicius, *In Categ.* 307). Jamblique a décelé cette influence, et l'a vivement critiquée : « Plotin ne paraît pas d'accord avec la pure doctrine de l'acte, il s'oriente vers cette idée qui aboutit chez certains à définir être en-acte par être en mouvement et à identifier l'acte et le mouvement d'un mobile, ce qui est bien loin de la vérité » (Simplicius, 304, 28 *sq.*). Voir enfin P. Hadot, *Porphyre et Victorinus*, *op. cit.*, p. 363 et 389.

> Toutes ces intelligences sont en-puissance dans l'intelligence universelle qui est en elle-même : elle est en-acte toutes choses à la fois, et elle est en-puissance chaque chose séparément : inversement, les choses particulières sont en-acte ce qu'elles sont, et elles sont en-puissance la totalité (43 (VI, 2) 20, 20-23 ; trad. Bréhier).

Le mouvement de l'Intellect doit alors être compris comme ce par quoi il actue les Formes dont il est constitué :

> Il n'est donc pas possible que les êtres existent si l'Esprit ne les actue pas et il les actue sans cesse les uns après les autres et en quelque sorte il erre sur toutes les routes d'errance, bien qu'il erre en lui-même, autant qu'il est possible à la nature d'un Esprit qui est l'Esprit véritable, d'errer [...]. Donc l'Esprit est activité de pensée. Et cette activité de pensée est la totalité du mouvement qui réalise la totalité de l'essence, et la totalité de l'essence est la totalité de la pensée embrassant la totalité de la vie (38 (VI, 7) 13, 28-42 ; trad. P. Hadot).

Une telle doctrine revient cependant à poser l'en-puissance en l'Intellect, ce qui paraît extrêmement problématique, et plus encore si l'on garde en mémoire les analyses du *Traité 25* (II, 5)[1]. Ce dernier énonce en particulier que l'intelligence ne passe pas de l'en-puissance à l'acte ; car il faudrait alors poser avant elle (et sur le modèle de la distinction aristotélicienne entre intellect patient et intellect agent) une autre intelligence qui, elle, demeure toujours actuelle ; en effet, « ce qui est en-puissance n'admet, pour devenir quelque chose en-acte, d'être conduit à l'acte que par la venue d'un autre » (25 (II, 5) 3, 25-30 ; trad. Narbonne). La question se pose donc de savoir comment Plotin peut identifier l'Intellect non seulement à l'en-acte mais à l'acte, le caractériser par l'autodétermination, la perfection, la nécessité, tout en lui attribuant l'en-puissance, que le *Traité 25* associe à la dépendance, à l'altérité, et à la temporalité.

À cette question, il faut répondre tout d'abord que le rapport de l'en-puissance à l'acte, lorsqu'il est transposé à l'Intellect achevé, est

1. Ce problème est soulevé notamment par A. Smith, « Potentiality and the Problem of Plurality in the Intelligible world », dans H. J. Blumenthal, R.A. Markus (éd.), *Neoplatonism and Early Christian Thought*, Londres, Variorum, 1981, p. 99-107, ainsi que par A. M. Armstrong, « Eternity, Life, and Movement in Plotinus' Accounts of ΝΟΥΣ » dans P.-M. Schuhl et P. Hadot (éd.), *Le Néoplatonisme*, Paris, Éditions du CNRS, 1971, p. 69-74 ; voir aussi G. Aubry, « "L'empreinte du Bien dans le multiple"... », art. cit., ainsi que « De l'être comme acte à la puissance d'être : enquête sur un tournant ontologique (Aristote-Plotin-Proclus) », dans G. Casas, Ph. Hoffmann et A. Lecerf (dir.), *Essence, puissance, activité dans la philosophie et les savoirs grecs*, Paris, Classiques Garnier, 2021.

toujours appliqué par Plotin au rapport des parties au tout. On peut voir là une réponse à l'une des critiques adressées par Aristote à la conception platonicienne de l'Idée-Universel. Telle qu'elle est formulée en *Métaphysique* Z 13, cette critique consiste à objecter qu'une substance (*ousia*) ne peut être composée de substances en-acte. En effet, ce qui est deux en-acte ne peut jamais être un en-acte. En revanche, ce qui est deux en-puissance peut être un en-acte : c'est ainsi que le double est fait de deux moitiés en-puissance qui peuvent cependant être séparées en-acte (1039a 4-7). On voit comment un tel argument peut être appliqué par Plotin à sa propre conception de l'*ousia* intelligible : l'Intellect total ne peut être composé de substances elles-même en-acte, mais seulement en-puissance. Celles-ci, cependant, peuvent être actualisées ou séparées, comme le sont par exemple les deux segments égaux qui composent une ligne, c'est-à-dire par la pensée. Cette actualisation par la pensée est aussi décrite par Plotin comme un processus de détermination : c'est ainsi que, pensant la Forme de l'Animal, l'Intellect total peut aussi penser en son sein l'Homme, ou le Cheval (38 (VI, 7) 9, 32-38).

Le rapport de l'en-puissance à l'acte est donc appliqué à celui de l'Intellect total aux *ousiai* qui le constituent, mais aussi, au sein de celles-ci, au rapport du genre à ses espèces. Cet usage logique des notions de *dunamis* et d'*energeia* se retrouve encore chez Aristote : ainsi, le genre peut être conçu comme la matière de ses différences (Z, 1038a 7), lesquelles peuvent aussi bien être dites son actualité (H, 1043 a 20). On peut dès lors, et à partir de cette double référence aristotélicienne, dire que l'Intellect total est composé de parties en-puissance, qui sont à la fois des universaux et des *ousiai*, et qui elles-mêmes portent en-puissance leurs différences, soit leur spécification ou, même, leur particularisation. Dans le *Traité 5* (V, 9), Plotin, pour caractériser le rapport de l'Intellect total aux intellects particuliers, a ainsi recours à cette double comparaison : « L'Intelligence tout entière contient tous les êtres comme le genre contient les espèces, ou comme le tout contient les parties » (6, 9-10) [1].

Or, lorsqu'elle est utilisée pour dire ce double rapport, la *dunamis*, déjà chez Aristote, est pensée à l'exclusion du mouvement et de la tendance. Le rapport de l'en-puissance à l'acte est alors celui de l'indéterminé au déterminé; et la détermination (distinction des parties, ou adjonction des différences) est l'acte de la pensée (*Mét.* Θ 9, 1051a 31 : αἴτιον δὲ ὅτι νόησις ἡ ἐνέργεια). Là encore, la transposition paraît immédiate : c'est la pensée, soit de l'Intellect total, soit des intelligences partielles, qui

1. Voir aussi 43 (VI, 2) 20.

actualise les parties au sein du tout, ou les différences au sein du genre. Mais ce faisant, elle ne pense pas un être différent d'elle-même.

En l'Intellect, l'en-puissance est donc dissocié de la dépendance et de l'altérité. Tout intelligible-intelligence porte en lui-même le principe de son acte. Mais l'en-puissance est aussi dissocié de la temporalité, dès lors que, on l'a vu, le mouvement pris en son essence n'est ni temporel, ni spatial. C'est bien pourquoi « l'errance » de l'Intellect n'est pas une extase, mais, bien plutôt, un repos en soi-même (49 (V, 3) 7, 14). Cette unité du repos et du mouvement peut se dire encore, et en recourant de nouveau au vocabulaire platonicien du *Sophiste*, comme celle du même et de l'autre : en l'Intellect, l'altérité demeure contenue dans l'identité. Parcourant les Formes, allant d'intelligible en intelligible, l'Intellect ne fait qu'explorer la richesse de son intériorité. Si dépendance il y a encore, celle-ci n'est pas à l'acte, mais à l'au-delà de l'acte, dès lors que, on l'a vu, la pensée de soi n'est qu'un substitut à l'unité, et la tentative de combler l'écart qui la sépare du Bien.

Tout comme le premier moment de la procession et le mouvement qui précède l'acte, la notion de Vie vient dire l'unité de l'acte et du mouvement qui, cette fois, suit la conversion (cette dernière constituant l'Intellect comme acte, mais aussi comme l'unité active de l'être et de la pensée). Ce faisant, la Vie vient aussi nommer la puissance [1] :

> Chaque être intelligible est multiple parce qu'il a une puissance infinie (δύναμιν ἄπειρον); infinie, dis-je, parce que rien ne lui manque, et s'il est tel par excellence, c'est parce qu'il ne perd rien de lui-même. Et si l'on disait que l'Éternité est la Vie infinie, du fait qu'elle est toujours déjà totale et qu'elle ne perd rien d'elle-même (car elle n'a ni passé, ni avenir, sans quoi elle ne serait pas totale), on serait bien près d'une définition de l'éternité (45 (III, 7) 5, 23-28; trad. Bréhier).

L'intelligible ici n'est plus dit en-puissance, mais puissance; et si cette puissance est dite infinie, l'infini à son tour se trouve identifié à la totalité et à l'éternité. La notion de puissance infinie apparait ainsi comme la clef de celle d'en-puissance intelligible, en ce qu'elle dit le lien constitutif de chaque intelligence partielle à la totalité.

On comprend dès lors que la puissance intelligible puisse être dite image de celle du Bien [2] : l'Intellect tient de son principe une puissance productrice; cette puissance cependant demeure par rapport à son principe

1. Sur ce processus de « dynamisation de l'être », voir G. Huber, *Das Sein und das Absolute*, Bâle, Verlag für Recht und Gesellschaft, 1955.

2. Voir par exemple 10 (V, 1) 7, 10-14; 38 (VI, 7) 15, 18-24.

en-puissance, tendance à le rejoindre ou plutôt, parce qu'elle échoue en ceci, à l'imiter, et pour cette raison elle constitue le deuxième principe non pas comme un, mais comme uni-multiplicité (totalité), non pas comme bien, mais comme un « bien varié » (beauté) (38 (VI, 7) 15-24) :

> <L'Intelligence> est une et multiple; sa multiplicité, c'est celle de ses puissances (δυνάμεις), puissances merveilleuses et sans faiblesse, puissances très grandes parce qu'elles sont pures, puissances exubérantes et véritables qui n'ont point de bornes, puissances infinies, infinité et grandeur (43 (VI, 2) 21, 7-11; trad. Bréhier).

Cette unité de la puissance et de l'en-puissance est portée aussi, on l'a vu, par la notion de *logos*, que Plotin convoque fréquemment pour dire l'unimultiplicité de l'intelligible (*cf.* 5 (V, 9) 6, 12; 38 (VI, 7) 14, 12). Mais le *logos* dit aussi la puissance de l'intelligible à informer le sensible et, ce faisant, à déployer en lui d'autres déterminations qui n'y étaient qu'à l'état latent. Cependant, pas plus que l'Intellect ne doit être compris comme l'acte de l'Un, le sensible ne doit être compris comme l'acte des puissances intelligibles. C'est pourquoi Plotin tend à déplacer l'opposition de l'en-puissance et de l'acte vers celle de la latence et de la manifestation. Dans le *Traité* 6 (IV, 8), *De la descente de l'âme dans le corps*, Plotin explique ainsi que l'âme ne peut être blâmée pour avoir, à l'occasion de son union avec le corps, « conduit ses puissances à manifestation (τάς τε δυνάμεις ἀγαγοῦσα αὐτῆς εἰς τὸ φανερὸν), fait montre de ses œuvres et de ses actions » (5, 29-30); car, poursuit-il, « l'acte partout manifeste entièrement une puissance cachée, qui était comme invisible et inexistante tant qu'elle n'était pas réellement » (*ibid.*, 33-35).

Or, de même que chaque Forme porte en elle-même sa puissance de spécification, de même le *logos* est à la fois particulier en-puissance et puissance de particularisation : c'est en lui, et non en la Forme elle-même, que réside le « principe de distinction »[1] entre les individus. Un même *logos* porte ainsi « les mille différences essentielles » qui constituent l'individu et qui, cependant, ne s'actualiseront qu'en relation avec le corps déjà animé par l'Âme du Monde. On n'a pas pour autant à redouter l'infinité qui par là s'introduit dans l'intelligible car, poursuit Plotin, cette infinité est « toute dans l'indivisible et elle procède pour ainsi dire

1. Selon l'expression qu'utilise Leibniz (*Nouveaux Essais sur l'entendement humain*, chap. XXVII) pour dire le fondement intelligible de l'individualité, en tant qu'il est distinct (et la même distinction opère chez Plotin) de l'« identité morale » ou de la « personne » qui, elle, emporte la relation avec le corps; voir G. Aubry, « Individuation, particularisation et détermination selon Plotin », art. cit.

quand elle agit (ἐνεργῇ) » (18 (V, 7) 1, 26-27). De nouveau, l'infini vient qualifier à la fois la puissance et l'en-puissance, conçue comme latence : il dit la puissance intelligible comme puissance de développement et de manifestation des « mille différences » qu'elle porte en elle.

On voit donc qu'appliquées à l'Intellect les notions d'*energeia* et de *dunamis* revêtent de multiples sens : la première vient dire la totalité et la perfection de l'Intellect achevé, l'*ousia* intelligible, mais aussi le mouvement et la vie qui l'animent et, encore, l'« énergie » de l'Intellect naissant; la *dunamis* quant à elle vient dire, comme en-puissance ou *dunamei*, la dépendance de l'Intellect envers l'Un-Bien, mais aussi la latence en son sein de ses déterminations, latence qui, cependant, vient à manifestation en vertu de la *dunamis*-puissance, cette puissance infinie qui est, en l'Intellect, à la fois une puissance d'autoconstitution et une puissance de production du sensible.

Cette double polysémie, loin d'être problématique et/ou aléatoire, permet de penser le statut du deuxième principe comme subordonné à l'Un-Bien : certes, l'Intellect est *ousia* achevée et *prōtē energeia*; mais il n'est aussi que le premier effet de la puissance de tout du premier principe. C'est pourquoi les notions de puissance et d'acte se conjoignent ici en celles d'énergie et de vie, énergie et vie qui ouvrent la sereine et stérile immobilité de l'être au désir du Bien.

L'ÂME : SIGNIFICATION ÉTHIQUE DE LA PUISSANCE

a. Si l'Intellect peut être désigné comme l'acte dérivé de l'Un, lui-même au-delà de l'acte, l'âme ne peut être conçue comme l'acte dérivé de l'Intellect. En effet, l'âme par sa partie supérieure, que Plotin nomme aussi l'âme « essentielle » ou « divine », est elle-même un intellect et une partie de l'Intellect. En tant que telle, elle est, elle-même, *ousia* et *energeia* : l'âme, si elle est identique à l'être-âme, est « une forme ne recevant aucun de ces actes qu'elle produit en autre chose mais ayant en elle-même un acte connaturel à elle-même » (53 (I, 1) 2, 6-9). En tant qu'elle est un intellect, l'âme est donc à la fois un acte et une activité de contemplation. Ceci vaut pour l'âme individuelle comme pour l'Âme du Monde. Entre les différentes âmes individuelles, d'une part, les âmes individuelles et l'Âme du Monde, d'autre part, on doit cependant reconnaître une différence initiale de valeur, qui tient non pas à la nature de leur activité, mais à son objet : le *Traité 27* (IV, 3) suggère ainsi que l'Âme du Monde, seule, contemple l'Intellect en sa totalité, là où les âmes individuelles ne contemplent que les Formes partielles dont elles dépendent (3, 15-17). Et, à leur tour, celles-ci ne contemplent pas les mêmes Formes (*ibid.* 8, 15-16) ; comme le relate le mythe du *Phèdre*, l'une contemple la justice, l'autre la sagesse, de sorte que nulle n'a la même vision (31 (V, 8) 10, 10-15). On peut voir là, antérieur même aux qualités particulières portées par le *logos*, et les déterminant, le fondement de la distinction essentielle entre les individus.

Dire que l'âme est acte, c'est aller contre la définition aristotélicienne qui fait d'elle « l'entéléchie première d'un corps naturel possédant la vie en-puissance » (*De Anima* II, 1, 412a 28). L'apparente circularité d'une telle définition revient à désigner en l'âme la condition de l'actualisation des puissances du corps – à dire, donc, qu'il n'y a pas de corps sans âme, mais aussi que l'âme n'est en-acte qu'avec le corps[1]. C'est pourquoi Aristote peut affirmer que « l'âme n'est pas séparée du corps, du moins en certaines de ses parties » (413a 4-5), c'est-à-dire à l'exception de l'intellect qui, lui, est « acte par essence » (430a 18) dès lors qu'il n'a pas besoin d'organes corporels pour exercer son activité. Plotin, cependant, identifiant l'intellect à l'essence de l'âme, peut désigner l'âme elle-même comme essentiellement en-acte et essentiellement séparée.

La doctrine des deux actes, ou de la puissance du parfait, peut de ce fait lui être appliquée : le *Traité 53* (I, 1) opposait, on l'a vu, les actes que l'âme « produit » à l'acte qu'elle est elle-même. En tant qu'elle est en-acte, et acte de contemplation, l'âme est au principe d'une puissance active, et productive. Le *Traité 33* (II, 9) énonce ainsi que :

> Plus elle s'attache à la contemplation, plus elle est belle et puissante (δυνατωτέρα) ; recevant d'en-haut, elle donne à ce qui vient après elle ; de même qu'elle est toujours illuminée, elle l'illumine (33 (II, 9) 2, 16-18).

On retrouve ici, appliquée à l'âme, la formule de la causalité principielle, comme proportionnalité de la puissance à l'acte : l'âme est d'autant plus efficace qu'elle ne fait rien, d'autant plus féconde et « lumineuse » qu'elle « s'attache à la contemplation ». C'est pourquoi il n'y a pas de sens à dire que l'âme « descend »[2] : si l'âme descendait dans le sensible, ou

1. Il s'agit là en fait de la deuxième formulation d'une définition progressive qui court de 412a 19 à 414a 27, et qui vise, en substituant les notions de *dunamis* et d'*energeia* à celles de matière et de forme, à dire de façon toujours plus étroite l'inséparabilité de l'âme et du corps. Voir J.L. Ackrill, « Aristotle's Definitions of Psuchè », dans J. Barnes, M. Schofield, R. Sorabji (éd.), *Articles on Aristotle*, t. IV : *Psychology and Aesthetics*, Londres, Duckworth, 1979, p. 65-75. Pour la critique plotinienne de la théorie de l'âme-entéléchie, voir en particulier 2 (IV, 7) 8^5.

2. Voir, sur ce point, G. Aubry, « Metaphysics of Soul and Self in Plotinus » dans P. Remes, S. Slaveva-Griffin (éd.), *The Routledge Handbook of Neoplatonism*, London-New York, Routledge, 2014, p. 310-323.

« s'inclinait » vers lui, il n'y aurait plus de sensible, dès lors que celui-ci ne tient son être que de puissances elles-mêmes dérivées de l'acte de contemplation. Il faut comprendre bien plutôt que « quelque chose d'autre, qui est produit par elle, descend à l'occasion de son inclinaison » (53 (I, 1) 12, 22-23), ou, mieux encore, « que ce qui est éclairé par elle vit de sa vie » (*ibid.*, 27-28). Au mythe gnostique de la chute de l'âme, il faut opposer que :

> La cause productrice du monde n'est pas que l'âme s'incline, mais plutôt qu'elle ne s'incline pas ; car s'incliner, c'est évidemment oublier les intelligibles ; et si elle les avait oubliés, comment façonnerait-elle le monde ? (33 (II, 9) 4, 7-9 ; trad. Bréhier modifiée).

Si elle ne s'incline pas, l'âme, cependant, « laisse aller son reflet » (53 (I, 1) 12, 28). Ce reflet, ou cette illumination, n'est autre que sa puissance émanée. Et celle-ci à son tour est « cause de la vie » sensible (53 (I, 1) 6, 5), comme la puissance de l'Un-Bien l'était de la Vie intelligible.

L'âme donc, n'est pas la puissance du corps, mais l'acte dont émane la puissance par laquelle le corps est un corps (ou encore, et en termes aristotéliciens, l'âme n'est pas entéléchie première, mais entéléchie seconde). Cette puissance elle-même demeure d'ailleurs excédentaire aux différentes capacités du corps, dès lors que, de nouveau, elle n'est pas en-puissance, ni ne peut être pensée comme actualisée par son effet : il faut dire, bien plutôt, qu'elle « fournit la capacité d'agir » au corps par elle animé (*cf.* 53 (I, 1) 6, 3-4). C'est ainsi que l'Âme du Monde fournit aux corps la puissance végétative et les différentes capacités (croissance, nutrition, reproduction) qui l'accompagnent, l'âme individuelle, la puissance sensitive (22 (VI, 4) 15, 1-17) [1].

On vérifie ainsi, à propos de la relation de l'âme et du corps, le schéma déjà appliqué à l'Un et à l'Intellect, et qui fait de la puissance émanée le médium de la procession. Elle l'est également de la participation, prise sous l'aspect de la présence du supérieur à l'inférieur : l'âme est présente au corps non pas en elle-même (auquel cas elle ne serait bel et bien qu'entéléchie première ou encore, et conformément cette fois au modèle stoïcien, mélangée au corps), mais par l'intermédiaire de sa puissance émanée. Cependant, cette transcendance maintenue est la condition même, non pas seulement de sa présence, mais de son omniprésence au corps. C'est ce que Plotin oppose en particulier à la théorie stoïcienne de la

1. Celle-ci cependant peut aussi être dans certains textes associés à l'Âme du Monde : voir 53 (I, 1) 8, 18-23.

sensation comme transmission, ou *diadosis*[1]. Les Stoïciens divisent l'âme en huit parties, parmi lesquelles l'hégémonique et les cinq sens. Cependant, objecte Plotin, si l'âme est corporelle, alors ces parties seront, comme celles de toute grandeur, distinctes et elles-mêmes divisibles à l'infini (2 (IV, 7) 5, 25 ; 6, 33-34). L'âme ainsi morcelée, l'unité de la sensation, tant externe qu'interne, devient inexplicable. L'objet s'éparpillera en une multiplicité de qualités (visuelle, auditive, tactile *etc.*), et ces sensations éclatées ne pourront être recomposées par l'hégémonique : celui-ci en effet ne percevra l'affection que de la partie du souffle psychique qui est la plus proche de lui, et échouera donc à reconstituer l'unité de l'objet (dans le cas de la sensation externe), ou à localiser l'affection (dans le cas de la sensation interne). L'unité de la sensation ne peut donc être assurée qu'à condition que l'âme soit incorporelle, indivisible et impassible. Or, c'est précisément parce que l'âme est indivisible qu'elle est présente au corps tout entier et qu'elle en reçoit toutes les impressions (et pas seulement celles des parties qui lui sont contiguës (28 (IV, 4) 19, 11-12)) ; et c'est précisément parce qu'elle est impassible qu'elle peut les localiser, sans quoi, présente au corps tout entière, elle dirait que la douleur est partout où elle est, c'est-à-dire partout (*ibid.*, 15-18).

b. On est pourtant confronté avec l'âme à un problème qui ne se pose pas pour l'Intellect : entre l'âme séparée, ou l'intellect particulier, et le corps animé, Plotin distingue en effet une instance intermédiaire qui n'est ni une *ousia*, comme l'âme supérieure, ni un composé de matière et de qualités, comme le corps, mais qui n'admet qu'une caractérisation fonctionnelle, par des opérations comme le raisonnement (*dianoia*), la conscience, ou encore, et selon sa proximité avec le corps, la mémoire, l'opinion, et l'imagination. C'est à ce lieu intermédiaire que Plotin associe le *hēmeis*, le « nous » ; mais c'est lui aussi que souvent, et pour le distinguer de l'intellect séparé, il nomme, simplement, « âme »[2]. Or, et à son tour, l'âme ainsi comprise peut être considérée comme l'acte dérivé de l'Intellect :

1. Voir en particulier 4 (IV, 2) 2 et 2 (IV, 7) 5-7, ainsi que G. Aubry, *Plotin. Traité 53* (I, 1), *op. cit.*, p. 170-171 et 190-194.

2. Voir sur ce point les études de H. Blumenthal : « Soul, World-Soul, and Individual Soul in Plotinus », dans P.-M. Schuhl et P. Hadot (éd.), *Le Néoplatonisme*, *op. cit.*, p. 57-66 ; « *Noũs* and Soul in Plotinus : Some Problems of Demarcation », dans *Soul and Intellect. Studies in Plotinus and Later Neoplatonism*, Londres, Routledge, 1993, p. 203-219 ; « On Soul and Intellect », dans L.P. Gerson (éd.), *The Cambridge Companion to Plotinus*, Cambridge, University Press, 1996, p. 82-104. Sur le concept de *hēmeis*, voir G. Aubry, *Traité 53*, *op. cit.*, ainsi que « Un moi sans identité ? Le *hēmeis* plotinien » dans G. Aubry et F. Ildefonse (éd.), *Le moi et l'intériorité*, Paris, Vrin, 2008, p. 107-127.

> Tout comme le discours prononcé est une image de la raison qui se trouve dans l'âme, de même l'âme est la raison de l'Intellect, elle est toute l'activité (*energeia*), la vie qu'il projette pour donner une existence au reste. Par exemple, dans le feu, il y a la chaleur qui demeure avec lui et celle qu'il fournit (10 (V, 1) 3, 7-10; trad. F. Fronterotta).

La procession de l'âme à partir de l'Intellect peut de ce fait être considérée comme nécessaire. Elle l'est aussi dès lors que l'âme est médiatrice entre l'intelligible et le sensible, et qu'elle est ce par quoi les *logoi* vont se déployer dans le sensible pour l'animer et l'informer.

Cette instance intermédiaire et elle-même partagée, « amphibie », écartelée entre la vie qu'elle donne au sensible et celle qu'elle reçoit de l'intelligible, engage cependant aussi, et dès lors qu'elle est identifiée au « nous » et à la personne, la liberté. C'est pourquoi la procession de l'âme-*dianoia* à partir de l'Intellect peut également être considérée comme un acte volontaire[1]. Il faut en fait distinguer entre deux processus : celui en vertu duquel la puissance émanée de l'âme-intellect vient animer le sensible et le corps; et celui en vertu duquel l'âme-*dianoia* peut « s'incliner » vers le corps qu'elle anime. Car si l'âme séparée, on l'a vu, ne descend pas, mais demeure impassible et impeccable, la *dianoia*, elle, peut se laisser happer par le corps qu'elle a à charge – et ce d'autant plus que ce corps, au contraire de celui de l'Âme du Monde, est un corps particulier, un fragment de matière par lequel, en même temps qu'elle l'anime, elle est elle aussi particularisée[2]. L'âme cède alors à ce que Plotin appelle la sollicitude, *kēdemonia*, et au lieu d'exercer sur lui son gouvernement (*hēgemonia*), elle tombe sous l'emprise du corps. D'un tel processus, la *dianoia* et le *hēmeis* sont responsables; aussi est-ce là, et non dans l'émanation nécessaire de la puissance de l'âme séparée, qu'il faut situer la possible « faute » de l'âme. En effet, la sollicitude doit être comprise comme une orientation exclusive de la conscience vers le corps, qui suscite une identification « par le bas » au terme de laquelle l'âme oublie qu'elle est âme, et finit par se prendre pour son corps[3]. Or le *hēmeis*, plus encore que comme conscience, est défini, en particulier dans le *Traité 53* (I, 1), comme ce qui préside à l'orientation de la conscience, ce qui, donc, choisit de l'orienter vers le haut (« le divin » ou l'âme séparée)

1. *Cf.* 6 (IV, 8) 5; 10 (V, 1) 1, 5 ainsi que D. O'Brien, « Le volontaire et la nécessité : réflexions sur la descente de l'âme dans la philosophie de Plotin », *Revue philosophique de la France et de l'Étranger*, 167, 1977, p. 401-422 et G. Aubry, « Procession et sécession : le problème de la descente de l'âme en *Enn.* IV. 8 (6) », *ΦΙΛΟΣΟΦΊΑ*, 42, 2012, p. 270-279.
2. *Cf.* 2 (IV, 7) 13, 11; 6 (IV, 8) 4, 10-21; 27 (IV, 3) 4, 21-25.
3. Sur le thème de l'oubli de soi, voir en particulier 10 (V, 1) 1.

ou vers le bas (l'« animal » ou le corps animé)[1]. C'est cette orientation qui décide de l'une ou l'autre de ses identifications (car, pour Plotin, on n'a pas conscience que l'on est, mais l'on est – ou l'on devient – ce dont on a conscience). Il faut donc distinguer le *processus* en vertu duquel la puissance émanée de l'âme séparée descend vers le corps pour l'animer et se modifie en ce qui, de l'âme, est lié au corps (la *dianoia*), du *choix* en vertu duquel le *hēmeis* s'éloigne encore de l'Intellect pour s'identifier au corps, redoublant ainsi l'écart initial, la sécession première qui a constitué l'âme comme âme. Si le premier processus est nécessaire, le second relève de notre responsabilité; on ne peut cependant y voir un effet de la liberté, dès lors que, comme le montrait en particulier le *Traité 39* (VI, 8), la liberté de l'âme est en son essence mouvement vers le Bien : aussi Plotin en parle-t-il comme d'un ensorcelement ou d'un charme mauvais[2].

La *dianoia* est donc le lieu du risque éthique – ce par quoi la philosophie plotinienne n'est pas seulement une ontologie, la description de l'engendrement nécessaire de l'inférieur par le supérieur, mais s'ouvre à la dimension du choix, du « ou bien…ou bien » qui détermine le partage entre le meilleur et le pire. Cependant, son écart d'avec l'Intellect est aussi ce par quoi l'âme se constitue elle-même comme *dianoia* et non plus simplement comme intelligence, ou comme l'âme séparée en laquelle, cependant, réside son essence. Tel est donc le paradoxe de l'âme plotinienne : celle-ci ne se pose dans son identité propre qu'au moyen d'une différence d'avec son essence[3].

c. Pourtant, de même que l'Intellect ne se constitue comme *energeia* que par un mouvement de conversion vers l'Un, de même la *dianoia* ne peut être en acte que pour autant qu'elle se convertit vers l'Intellect. Ayant appliqué le modèle des deux actes à sa génération[4], le *Traité 10* poursuit :

> Il faut donc comprendre qu'il y a là-bas une activité qui ne s'écoule pas, mais qui reste en lui, et une autre qui acquiert une existence indépendante. Puisqu'elle provient de l'Intellect, celle-ci est une âme intellective, et son activité réside dans ses raisonnements; sa perfection aussi provient de l'Intellect […]. L'existence lui vient donc de l'Intellect, et sa raison est en-acte quand elle contemple l'Intellect (10 (V, 1) 3, 11-16; trad. F. Fronterotta).

1. 53 (I, 1) 11, 4-8 et G. Aubry, *Plotin. Traité 53* (I, 1), *op. cit.*, p. 255-308.

2. Voir 27 (IV, 3) 13, 10-12; 41 (IV, 6) 3, 7-10.

3. Le *Traité 6* (IV, 8) formule ce paradoxe de la façon suivante : « Ajoutant à son être-intellective encore autre chose, en vertu de quoi elle constitue son mode d'existence propre (καθ 'ὅ τὴν οἰκείαν ἔσχεν ὑπόστασιν), elle ne reste pas intelligence » (3, 23-24).

4. 10 (V, 1) 3, 7-10 (cité *supra*, p. 248); voir aussi 43 (VI, 2) 22, 26-28.

La *dianoia*, dont il est ici question, peut être considérée comme l'acte dérivé de l'Intellect, mais elle-même n'est en-acte que « quand elle contemple l'Intellect ». Or, de même que le sens actif de la *dunamis* est convoqué pour dire la puissance du parfait, de même, et de nouveau, les différents sens de l'en-puissance viennent dire ce mouvement réciproque de conversion.

Toute âme, d'abord, est mue par une tendance vers le Bien : ce désir et cette tendance sont, affirme le *Traité 32*, plus anciens, ἀρχαιοτέρα, que le désir du Beau (32 (V, 5) 12, 17), et ce parce que le Bien a lui-même une puissance plus ancienne, δύναμιν προτέραν (*ibid.*, l. 38) (où l'on retrouve encore un écho du *presbeiai kai dunamei* de *Rép.* VI). Ce désir, cependant, qui en le Bien trouve sa fin, *telos* (*ibid.*, l. 20), peut demeurer inaperçu (ἀναίσθητος, l. 17). Le désir de l'âme pour le Bien est donc un effet de la puissance même du Bien, mais ne subsiste que comme une latence qu'il faut raviver. Il s'inscrit en l'âme par la médiation de l'Intellect, et donc aussi du Beau, et de la puissance qui leur est propre ; celle-ci laisse en l'âme une trace qui cependant la guide, par-delà l'Intelligence et le Beau, vers le Bien lui-même :

> Sa puissance et sa beauté sont si grandes que toutes choses subissent sa fascination, qu'elles se rattachent à lui, qu'elles sont comblées de recevoir de lui sa trace, et qu'elles se mettent en quête du Bien qui est après lui (34 (VI, 6) 18, 47-50 ; trad. Bréhier).

Ces traces en l'âme de l'Intelligence, Plotin les identifie aux notions, *noēseis* ; il les nomme aussi empreintes, *tupoi* : déposées en la *dianoia*, elles sont comme des caractères gravés en nous par l'écrivain intelligible [1]. C'est pourquoi on peut aussi les dire « en-puissance ». Ce dernier terme est même préférable : le vocabulaire de l'empreinte, emprunté au *Théétète* et associé au motif de la « cire de l'âme », repris ensuite par Aristote et par les Stoïciens [2], a en effet l'inconvénient de suggérer à la fois que l'objet n'est pas directement connu et que l'âme est le sujet d'une passion. La notion de *dunamis* est plus adéquate : les traces en l'âme de l'intelligible doivent être comprises « non pas comme des empreintes déposées en elle (théorie qui a des conséquences absurdes), mais comme une puissance (*dunamis*) qui devait plus tard passer à l'acte » (28 (IV, 4) 4, 16-18 ; trad. Bréhier).

Pour corriger celle de la cire, Plotin fait écho, aussi, à une autre image du *Théétète* : celle de la volière, et à la distinction qu'elle porte entre la

1. 31 (V, 8) 11, 14 ; 49 (V, 3) 3, 12 ; 4, 2-3 et 21-23 ; 5, 19 ; 5, 23 ; 53 (I, 1) 7, 11 ; 9, 19.

2. *Théét.* 191c *sq.* ; Aristote, *De An.* II, 12, 424a 18-20 ; Sextus Empiricus, *Adv. Math.* VII, 236.

simple possession, *ktēsis*, et l'avoir effectif, *hexis* (197 b). Posséder, c'est, non pas tenir et faire usage, mais, explique Socrate, avoir à disposition « une puissance (*dunamis*) » par quoi on se met quelque chose « sous la main (ὑποχειρίος) », sans l'avoir encore en main (197 c; 198 d). Dans le *Traité 53* (I, 1), Plotin reprend cette distinction tout en en inversant les termes : il entend l'*hexis* en son sens aristotélicien, l'appliquant non à l'avoir effectif, mais à la simple disposition. Il oppose alors l'*hexis* en l'âme de l'intelligible (8, 2) à sa possession effective. De l'intelligible on peut dire qu'« il est possible de l'avoir sans l'avoir sous la main (πρόχειρον) » (9, 15).

Ces traces de l'intelligible que sont en l'âme les notions, demeurent donc comme une disposition, une potentialité, qu'il faut actualiser pour en avoir une saisie et en faire un usage effectifs. De cette actualisation, les opérations cognitives du raisonnement vrai et du jugement sont l'occasion. Le *Traité 49* (3, 1-12) et le *Traité 53* (7, 9-16 et 9, 18-23) les caractérisent comme la mise en relation des empreintes dérivées des objets sensibles avec les empreintes intelligibles. Une telle opération est, écrit Plotin, ce à quoi il faut donner le nom de « réminiscence » :

> Quant à la faculté de raisonner (τὸ λογιζόμενον) qui est en <l'âme>, c'est à partir des représentations (φαντασμάτων) fournies par la sensation qu'elle effectue un contrôle (ἐπίκρισιν ποιούμενον) en coordonnant et en divisant; ou encore, s'appuyant sur ce qui vient de l'Intellect, elle considère des sortes d'empreintes (τύπους) et elle possède en outre compréhension en reconnaissant et ajustant pour ainsi dire aux empreintes anciennes qui sont en elle celles qui sont nouvelles et survenues récemment : c'est ce que nous pourrions appeler les réminiscences de l'âme (49 (V, 3) 2, 7-14; trad. B. Ham) [1].

La réminiscence, réinterprétée comme actualisation des notions, est donc ce par quoi l'âme prend conscience de la présence en elle de l'intelligible, tout comme du fait qu'elle est, en son essence, une intelligence. C'est pourquoi elle est aussi ce par quoi la *dianoia* elle-même est en-acte. Acte dérivé de l'Intellect, la *dianoia* n'est pleinement actuelle qu'au moyen d'une conversion vers son principe et cette conversion doit,

1. Voir aussi 27 (IV, 3) 25, 29-33 : « Quand <l'âme> se trouve ici-bas, elle possède ces choses sans agir en fonction d'elles (ἔχειν καὶ μὴ ἐνεργεῖν κατ' αὐτά), surtout à son arrivée ici-bas. Or en ce qui concerne cette activité, déjà les anciens semblent avoir appliqué les termes de "mémoire" et de "réminiscence" aux âmes qui amènent à l'acte ce qu'elles possèdent » (trad. L. Brisson).

là encore, être comprise comme l'actualisation des traces qu'il a laissées en elle. Le *Traité 10* décrit de la sorte cette relation :

> Le produit de l'Intellect est donc une raison et une réalité existante : c'est la réflexion discursive (*dianoia*). C'est ce qui se meut autour de l'Intellect, la lumière qui émane de l'Intellect et la trace qu'il laisse de lui [...]. Il est attaché à lui, il est rempli de lui, il en jouit, il en participe et il pense (10 (V, 1) 7, 41-46; trad. F. Fronterotta).

La pensée est donc ce par quoi la *dianoia* participe de l'Intellect, « s'attache » à lui, transforme en plénitude et en jouissance cette trace qui en elle était mêlée d'absence.

S'il est avant tout associé à des opérations cognitives, un tel processus est indissociable du travail éthique. Le *Traité 19* (I, 2) associe l'actualisation des notions au niveau intermédiaire de vertu : celui de la vertu cathartique [1]. Mais, et pour cette raison même, la mise en acte des notions dépend aussi de l'orientation de la conscience. La *dianoia* ne peut raviver les traces en elle de l'intelligible qu'à condition de n'être pas happée par les empreintes sensibles (auquel cas elle n'exercera plus que ces facultés inférieures que sont l'opinion, la mémoire, et l'imagination). Cela suppose qu'elle se soit, par le travail vertueux, déjà détournée de l'animal qu'elle a à charge, déjà éprouvée comme distincte de lui, et que la conscience soit en elle autre chose que le miroir des états du corps. La mise en acte des notions n'est donc possible qu'à condition que le miroir de la conscience soit orienté vers le haut, et non plus vers le bas. D'une telle orientation, le *Traité 53* attribue la responsabilité au *hēmeis* :

> <Les choses supérieures> agissent en nous quand elles parviennent à la partie médiane <*sc.* la conscience> – Comment cela ? Est-ce que nous ne sommes pas aussi ce qui est au-dessus de cette partie ? – Oui, à condition d'en prendre conscience : car nous n'utilisons pas toujours tout ce que nous avons, mais seulement quand nous orientons la partie médiane vers le haut ou dans la direction contraire; ne faut-il pas dire que nous usons

1. « <La vertu> est une contemplation et une empreinte de ce qui a été vu, placée en elle et agissante, tout comme la vue agit lorsqu'elle rencontre l'objet visible. – Mais les objets de cette contemplation, ne les possédait-elle pas et n'en avait-elle pas la réminiscence ? – Sans doute, elle les possédait, mais au lieu d'être agissants ils étaient déposés en elle sans être éclairés. Afin qu'ils soient éclairés et qu'elle sache alors qu'ils sont en elle, il faut qu'elle s'approche de ce qui les éclaire. D'ailleurs, ce qu'elle possédait ce n'étaient pas les objets contemplés, mais leurs empreintes (τύπους) : il faut donc qu'elle ajuste ces empreintes aux réalités véritables dont elles sont précisément les empreintes » (19 (I, 2) 4, 19-25; trad. J.-M. Flamand modifiée).

> de tout ce que nous faisons passer de l'en-puissance ou de la disposition à l'acte ? (53 (I, 1) 11, 3-8).

Détournée du corps, la conscience n'est plus sollicitude, *kēdemonia*, mais attention, *prosokhē*. Pour dire cette disponibilité active de la conscience à ce qui l'excède, Plotin a recours à une autre signification encore de l'en-puissance : la capacité. Cette notion était déjà convoquée, on l'a vu, pour expliquer la variation dans la mesure de la participation (22 (VI, 4) 11, 5-7). Elle était alors associée à celle de tendance : la participation à l'intelligible n'est pas partition, division du participé par les participants ; l'intelligible est indivisible, omniprésent, mais le désir qu'on en a varie en intensité (*ibid.*, 8, 37-40) [1]. Voilà pourquoi il est inégalement reçu, de même que des paroles peuvent être perçues par les uns comme douées de sens, par d'autres comme un simple son (15, 6-8). Cette métaphore du son, Plotin la met encore en œuvre pour dire la réceptivité de la conscience. L'attention passe par une sélection. Il faut, pour transformer en présence la trace mêlée d'absence de l'intelligible, savoir s'absenter, devenir sourd au tumulte [2] du corps :

> Il faut donc, si l'on veut qu'il y ait conscience des choses transcendantes ainsi présentes, que la conscience se tourne vers le transcendant. Il en est ici comme d'un homme qui serait dans l'attente d'une voix qu'il désire entendre : il écarterait toutes les autres voix, il tendrait l'oreille vers le son qu'il préfère à tous les autres, pour savoir s'il s'approche ; de la même manière, il nous faut laisser les bruits sensibles, à moins de nécessité, pour garder la puissance de conscience de l'âme (τὴν τῆς ψυχῆς εἰς τὸ ἀντιλαμβάνεσθαι δύναμιν), pure et prête à entendre les sons qui viennent d'en haut [3].

Le désir ne s'accomplit qu'à condition de se faire, aussi, réceptivité. Et cela vaut, par-delà le désir de l'Intelligence, pour le désir du Bien. À la question de savoir comment l'on peut saisir ce qui excède l'Intelligence, Plotin répond :

> Par ce qui, en nous, est semblable à lui [...]. Car il y a en nous quelque chose de lui, ou plutôt, il n'y a pas de lieu où il ne soit, pour qui peut participer de lui. Et puisqu'il est partout, il n'est pas d'endroit où ne puissions tenir

1. Pour cette même articulation entre désir et capacité (*kata dunamin*) voir 47 (III, 2) 3, 31-33.

2. L'image du tumulte, empruntée au *Timée* 43b 6 et 70e et au *Phédon* 66c-d, 79c, se retrouve en 53 (I, 1) 9, 24.

3. 10 (V, 1) 12, 12-21 ; trad. P. Hadot, *Plotin ou la simplicité du regard*, Paris, Gallimard, 1997, p. 37.

> quelque chose de lui, en lui présentant ce qui, en nous est capable de le recevoir (τὸ δυνάμενον ἔχειν). Il est comme un son qui remplit le silence de l'espace ; tout homme qui prête l'oreille en un point quelconque de cet espace recevra le son tout entier, bien que, en un autre sens il ne le reçoive pas tout entier (30 (III, 8) 9, 23-28 ; trad. Bréhier révisée).

L'attention est une attitude active mais qui doit se transformer en vacance, en une pure disponibilité à la présence de l'Un. Pour être à même de l'accueillir, l'âme doit effacer en elle toute autre empreinte, et jusqu'à celles des Formes, devenir, écrit Plotin, une « âme sans qualités » (9 (VI, 9) 7, 14). Seul doit demeurer en elle ce par quoi elle est « semblable à lui ». Or cette ressemblance, cette trace originelle de l'Un en l'âme, le *Traité 9* l'identifie une fois encore à la puissance :

> L'Un n'est absent de rien et pourtant il est absent de tout, en sorte que, présent, il n'est pas présent, sinon pour ceux qui peuvent le recevoir et qui s'y sont bien préparés, de façon à ce qu'ils puissent venir coïncider et, en quelque sorte, être en contact avec lui, le toucher, grâce à la ressemblance, c'est-à-dire à la puissance que l'on a en soi et qui est parente avec lui (τῇ ἐν αὑτοῖς δυνάμει συγγενεῖ τῇ ἀπ'αὐτοῦ), parce qu'elle vient de lui, et lorsque cette puissance se trouve dans l'état où elle était quand elle est sortie de lui, alors ils peuvent le voir de la manière dont il peut être objet de vision (9 (VI, 9) 4, 24-30 ; trad. P. Hadot modifiée).

Ultimement, le contact de l'âme avec l'Un doit être compris comme une coïncidence des puissances : coïncidence de la capacité de l'âme avec la puissance qui la produit et la détermine, retour de l'âme au point même de l'émanation [1].

Notre hypothèse initiale paraît donc vérifiée : Plotin met en œuvre le double sens de la *dunamis*, la puissance et l'en-puissance, pour dire la réciprocité de la procession et de la conversion. Il joue encore, et plus précisément, des différentes significations de l'en-puissance, soit la capacité, la potentialité, et la tendance, pour décrire les différentes modalités de la participation. De ce modèle, on peut tenter une formulation : la *dunamis* active de la cause détermine en l'effet une *capacité* graduée à la recevoir, et s'inscrit en celui-ci comme une *potentialité* en même temps qu'une *tendance* : converti à sa cause, l'effet est *en-acte*, et, à son tour, au principe d'une puissance active et productive. Le réel plotinien se donne ainsi comme une succession graduée d'actes entre lesquels puissance et en-puissance assurent à la fois la continuité et la dépendance.

1. Voir l'introduction de Pierre Hadot, *Traité 9* (VI, 9), *op. cit.*, p. 37 *sq.*

La matière : la capacité sans la tendance

Il est pourtant un lieu où ce modèle ne s'applique pas : la matière. Cette exception, cependant, peut valoir explication : elle est peut-être ce qui permet de comprendre que la matière puisse être caractérisée à la fois comme le mal et comme le dernier effet du Bien. Tel est en effet le problème qu'elle pose aux commentateurs, et que Proclus, déjà, avait clairement formulé :

> De deux choses l'une : ou on sera obligé de faire du bien la cause du mal ou on devra admettre l'existence de deux principes des êtres [...]. La matière, si elle dérive d'un principe premier, doit, elle aussi, tenir du bien son accès à l'être; si, par contre, elle est elle-même principe, il nous faut admettre l'existence de deux principes qui se combattent, le bien originaire et le mal originaire [1].

Le dilemme est le suivant : ou bien la matière doit être pensée comme le dernier effet du Bien, et en cas la procession n'est rien d'autre qu'« une gigantesque tératogenèse » [2]; ou bien la matière est un principe indépendant, et le système plotinien doit être lu comme fondamentalement dualiste [3]. On a souvent tenté de dissoudre ce dilemme en en éliminant l'un des termes : en affirmant que la matière n'est pas l'effet du Bien ou qu'elle ne l'est que par la médiation de l'âme et selon un mode de production singulier [4]; ou bien encore, en niant sa réalité et son efficacité [5]. Plotin cependant tient bien, et parfois au sein d'un seul et même texte,

1. *De Mal. Subs.* 30, 1-31, 16 (dans *Proclus, Trois études sur la providence,* t. III : *De l'existence du mal,* Paris, Les Belles Lettres, 1982, p. 68-69).

2. Pour reprendre l'expression de J.-M. Narbonne, *La Métaphysique de Plotin, op. cit.*, p. 129.

3. Les commentateurs reconnaissent dans les textes une hésitation, qui irait cependant dans le sens d'une évolution vers le dualisme : du *Traité 12* (II, 4), *Des deux matières*, au *Traité 51* (I, 8), *De l'origine des maux*, la matière passerait du statut de limite négative à celui d'altérité radicale. On ne peut ici exposer en détail toutes les formulations du problème, non plus que les différentes solutions qui lui ont été proposées. Pour une mise au point, voir D. O'Brien, « Plotinus on Evil. A Study of Matter and the Soul in Plotinus' Conception of Human Evil », dans *Le Néoplatonisme, op. cit.*, p. 113-146 (état de la discussion jusqu'en 1967); J.-M. Narbonne, *Plotin. Les deux matières, II, 4 (12)*, Paris, Vrin, 1993; D. O'Meara, *Plotin. Traité 51. Sur l'origine des maux*, Paris, Cerf, 1999, Introduction.

4. Voir O'Brien, « Plotinus on Evil. A Study of Matter and the Soul in Plotinus' Conception of Human Evil », art. cit.

5. Voir H. Benz, *"Materie" und Wahrnehmung in der Philosophie Plotins*, Wurtzbourg, Königshausen und Neumann, 1990.

l'une et l'autre de ces affirmations, qualifiant la matière à la fois de « terme dernier », et de mal ou de contraire du Bien [1].

Tentons donc de voir comment le schéma procession/ conversion tel qu'on l'a formulé peut résoudre cette apparente contradiction. Le modèle de la procession, tout d'abord, paraît bien appliqué à la matière : le *Traité 51* (I, 8) lui-même, où se marquerait l'accentuation dualiste, la qualifie cependant de terme dernier, ἔσχατον (7, 22). À sa production à partir du Bien, il applique les mêmes axiomes qui valent pour les réalités supérieures : le principe de variété (« puisque le Bien ne doit pas être seul », 7, 18-19) [2], le principe de dégradation (ses produits « en descendent et s'en écartent », 7, 19), enfin, le principe de nécessité, appliqué tant à la production (7, 18), qu'à la dégradation (7, 21). La matière est donc présentée, y compris dans ce traité, comme l'effet ultime et nécessaire de la puissance du Bien.

Mais la question se pose alors de savoir si, autant que le schème de la procession, celui de la conversion peut lui être appliqué : dernier effet de la puissance de tout, la matière peut-elle être dite, aussi, en-puissance de son principe ? Il faut donc examiner les modalités de l'application à la matière des différents sens de l'en-puissance qui disent la conversion.

Celui, d'abord, de capacité : le terme non seulement est appliqué à la matière, mais en paraît définitionnel. Dans le *Traité 12* (II, 4) la matière est identifiée au réceptacle (6, 1); elle est ce qui reçoit les qualités du corps, et notamment leur grandeur, sans être elle-même un volume mais, simplement (et l'on retrouve ici la notion d'*epitēdeiotēs*), ce qui est « apte à recevoir » le volume (11, 28). Cependant, cette réceptivité vaut aussi pour la puissance du Bien : dans le *Traité 6* (IV, 8), Plotin applique à la matière le principe de la capacité graduée, que dit la clause καθόσον δύναται : rien n'empêche un être d'avoir sa part du bien, pour autant qu'il peut la recevoir; si, donc, la matière est éternelle, il est impossible qu'elle ne participe pas à ce qui fournit le bien à toutes choses, « pour autant qu'elle en est capable, καθόσον δύναται »; et elle ne doit pas non plus en être séparée, comme si celui-ci était dans l'impossibilité, ἀδυναμία, d'aller jusqu'à elle (6, 16-23). La capacité de la matière est donc, et selon un modèle homogène à celui qui régit les autres termes de la procession, renvoyée à la puissance du Bien.

En la matière, la capacité a pourtant ceci de particulier qu'elle est *dissociée de la tendance*, et de la possibilité de l'actualité. D'elle, Plotin

1. Voir par exemple 51 (I, 8) 7.
2. Voir de même 6 (IV, 8) 6, 1.

dit ainsi qu'elle reçoit sans posséder (51 (I, 8) 10, 2) – où l'on retrouve l'usage platonicien de l'*hexis* pour nommer l'avoir effectif. Si les qualités produites par le *logos* sont comme des traces, celles-ci ne s'impriment pas en elle (26 (III, 6) 18, 32). C'est pourquoi la matière est comparable à un miroir, une surface qui reflète tout, et paraît tout avoir, alors même qu'elle ne contient rien (*ibid.* 7, 25-27). La singularité de la matière tient donc, *non à son mode d'engendrement, mais à son mode de participation* : cette participation est en effet impassible, *apathēs* (26 (III, 6) 11, 10; 12, 6). Tel est en effet un autre paradoxe de la matière (mais en quoi réside, peut-être, la clef du premier) : elle est à la fois pure passivité, et incapable de pâtir – pure réceptivité, mais inaltérée. Elle reçoit tout mais ne retient rien. Formes, puissances, qualités se déposent sur elle sans se composer avec elle. Mais dire ceci, c'est dire que la puissance passive qu'est la matière, même conjointe à une puissance active, ne se transforme pas en en-puissance, de sorte que la matière pourrait être en-acte avec une forme donnée. L'en-puissance, en la matière, a ceci de particulier qu'il est disjoint de l'actualité (25 (II, 5) 5). Si l'Un-Bien est puissance de tout, la matière, elle, est en-puissance de tout car elle n'est aucun être en-acte (*ibid.*, 5, 13-17). Sous l'effet de la puissance active, rien d'autre ne s'actualise en elle que la privation, ou encore l'indétermination : façon de dire que celles-ci ne sont pas, en elle, médiation vers son essence, mais son essence même (12 (II, 4) 16, 1-16). *Puissance de tout, l'Un n'est en-puissance de rien ; en-puissance de tout, la matière n'est puissance de rien.* Elle est radicalement privée de *dunamis* (26 (III, 6) 7, 9) : en elle, ni puissance, ni fécondité. La matière n'engendre rien : c'est à tort que le *Timée* la compare à une mère; la matière est stérile, semblable à une femme en qui la semence creuserait le désir, sans la féconder (*ibid.*, 19). Son nom est Pénia, la pauvreté irrassasiée (*ibid.*, 14, 15; 51 (I, 8) 3, 16). Mais c'est parce qu'elle n'est jamais en-acte, et que l'action de la forme sur elle n'est pas principe d'actualisation, que la matière n'a pas de puissance. Si la procession s'arrête avec elle, c'est que le modèle de la puissance du parfait ne peut plus lui être appliqué.

Ainsi, là où Aristote, dans la *Physique*, s'attachait à distinguer l'en-puissance de la privation [1], Plotin, traitant de la matière, rabat l'en-puissance sur la privation. Mais, ce faisant, il reprend l'analyse de *Physique* I : si Platon a tort d'identifier la matière au non-être, au mal et à la privation, pour les opposer à « un terme divin, bon et désirable » (192a 16-17), c'est, soulignait Aristote, parce que, désirant celui-ci, la matière tendrait à sa destruction. La matière, dès lors, ne doit pas être identifiée à la privation,

1. *Phys.* I, 192a 16-28; voir *supra*, p. 166.

mais considérée *kata dunamin*. Plotin, lui, nommant en-puissance la privation, va précisément la dissocier du désir du Bien. Certes, la matière est manque absolu, pauvreté irrassasiée : mais, dans son cas, ce manque, ce besoin ne sont pas moteurs (12 (II, 4) 16, 17-19). Ce qui fait au plus haut point défaut à la matière, ce dont elle manque, c'est le désir. Et c'est par là, ultimement, qu'elle se soustrait au modèle général de la participation : on ne peut lui appliquer le principe selon lequel tout être inférieur est en-puissance par rapport à celui qui l'excède et est aussi son bien (38 (VI, 7) 27, 7-11). Car il faut dire, en écho à Aristote, que si la matière est pure privation, alors le désir de son contraire, sitôt éprouvé, la détruirait (26 (III, 6) 11, 31-33).

Si la matière peut être à la fois le mal et le dernier effet du Bien, c'est donc parce que, issue de sa puissance, elle n'est pas par rapport à lui en-puissance. Cette solution au paradoxe de la matière a été négligée, car Plotin, en particulier dans le *Traité 25*, associe étroitement la matière et l'en-puissance : mais, ce faisant, il donne encore à l'en-puissance une nouvelle signification. Certes, la matière est capacité : mais elle n'est ni potentialité ni tendance. Si elle reçoit tout, elle ne retient rien, qui s'imprimerait en elle comme une trace déterminant un désir, une tendance, à l'actualiser. L'en-puissance n'a d'autre sens en elle que la privation, un pur manque sans élan. La matière, donc, *procède du Bien sans se convertir vers lui*. Impassible, sa participation peut aussi être dite incomplète au sens où lui fait défaut le mouvement de retour à son principe.

Conclusion

BIEN ET PUISSANCE

Les cas de l'Intellect et de l'âme, l'exception de la matière, confirment que le double sens (la double signification) de la *dunamis* vient dire le double sens (la double orientation) du réel plotinien. Mais si tout être ne se constitue qu'à la jonction d'un double mouvement de procession de la puissance et de conversion de l'en-puissance, il semble que la rupture avec Aristote ne soit pas si radicale, et que le premier principe plotinien, quand bien même il serait pensé comme puissance de tout et non plus comme acte pur, n'en demeure pas moins une cause finale. Comment, donc, le schème aristotélicien de l'acte et de la finalité s'intègre-t-il au schème plotinien de la puissance et de la productivité ? Peut-on établir, de l'un à l'autre, une priorité ? Comment Plotin parvient-il à penser, en le principe, à la fois la puissance et le Bien ?

On pourrait être tenté de retrouver, jusque dans la double nomination du principe comme Un et comme Bien[1], le double mouvement du réel plotinien. L'Un viendrait ainsi désigner la cause productive et la puissance de tout, le Bien, la cause finale. Le fait est que l'on trouve chez Plotin des échos explicites à la pensée aristotélicienne du principe : c'est le cas dans le *Traité 13* où le premier, ici désigné aussi comme « dieu », est caractérisé à la fois comme le Bien, et comme immobile et terme du mouvement et de la tendance (ἔφεσις) ; Plotin souligne cependant qu'il est, au contraire du premier moteur, au-delà de l'être et de la pensée (13 (III, 9) 9, 1 ; 9,12). Dans le *Traité 54* (I, 7), de même, la métaphore du cercle, figure privilégiée de l'émanation, vient dire la conversion :

1. Cette dernière dénomination est plus rare. Comme le note P. Hadot, (*Plotin. Traité 38* (VI, 7), *op. cit.*, Introduction, p. 43), le thème du Bien ne fait l'objet de développements privilégiés que dans les traités 24 (V, 6), 32 (V, 5), 38 (VI, 7) 39 (VI, 8) et 54 (I, 7).

> <Le Bien> est la chose à laquelle tout est suspendu mais qui n'est suspendue à rien ; il est ainsi la réalité à laquelle tout aspire. Il doit donc rester immobile, et tout se tourne vers lui comme les points d'un cercle se tournent vers le centre d'où partent tous les rayons (1, 21-24 ; trad. Bréhier).

Les motifs du désir et de la tendance sont donc associés, de façon récurrente [1], au nom de « Bien ». Rien, cependant, n'autorise à distinguer celui-ci de l'Un [2], et encore moins à poser en l'Un lui-même (comme le font, on l'a vu, certaines lectures du *Traité 39* (VI, 8)) une tendance vers le Bien. Le *Traité 9* y insiste :

> Si [...] l'Un avait besoin de quelque chose, il chercherait, c'est évident, à ne plus être un. En sorte qu'il aurait besoin de ce qui le détruirait. Mais tout ce dont on peut dire qu'il est dans le besoin, a besoin de l'être-bien et de ce qui le conserve. En sorte que, pour l'Un, il n'y a pas de bien, ni donc de volonté de quelque chose (mais il est au-dessus du bien, et il n'est pas bien pour lui-même, mais pour les autres, s'il y a quelque chose qui peut participer à lui) [...] Il ne faut donc pas non plus dire qu'il est ce "bien" qu'il donne aux autres, mais qu'il est Bien en un autre sens, au-dessus de tous les autres biens (9 (VI, 9) 6, 36-57 ; trad. P. Hadot).

Certes, il semble parfois que l'on puisse distinguer entre la voie qui mène à l'Un et la voie qui mène au Bien. Le premier chapitre du *Traité 23* (VI, 5) énonce ainsi, successivement, deux principes : d'abord, que « ce qui est un et numériquement identique peut être tout entier et partout à la fois » : c'est là une « notion commune (κοινὴ ἔννοια) », antérieure à tout raisonnement comme à toute induction, et qui s'accompagne de la « volonté de ne pas se séparer de cette unité ». Ce principe, poursuit Plotin, est « le plus solide de tous » (la formule est la même qu'Aristote emploie, en *Mét.* Γ 4, 1006a 5, à propos du principe de non-contradiction) ; et il est « même antérieur au principe qui pose que toutes choses désirent le Bien » (1, 1-12). Ainsi, la volonté d'être un apparaît comme la vérité du désir du Bien :

> La nature originelle et le désir du bien, c'est-à-dire précisément le désir de soi-même, conduit vraiment vers l'Un : toute nature s'élance à la fois vers l'Un et vers elle-même. Car le bien, pour cette nature qui est une, c'est de s'appartenir à elle-même et d'être elle-même ; c'est d'être une (23 (VI, 5) 1, 16-20 ; trad. R. Dufour).

1. Voir aussi 1 (I, 6) 7, 1 ; 24 (V, 6) 5, 9 ; 47 (III, 2) 3, 32 ; 32 (V, 5) 12, 18 ; 39 (VI, 8) 13, 12 *sq.* ; 51 (I, 8) 2, 2-4.
2. Voir notamment 33 (II, 9) 1, 5-6.

Les premières lignes du *Traité 23* paraissent donc établir le primat de l'Un sur le Bien. Mais ce primat, ailleurs, est inversé :

> Il semble que l'unité, dans une chose, ait surtout rapport au Bien ; autant elle obtient de bien, autant elle est une ; le plus ou moins d'unité consiste dans le plus ou moins de bien. C'est qu'une chose ne veut pas seulement être, elle veut être avec le Bien. C'est pourquoi ce qui n'est pas un s'efforce, autant qu'il est possible (ὡς δύναται), de devenir un (43 (VI, 2) 11, 17-21 ; trad. Bréhier).

On ne peut donc établir une distinction entre l'Un et le Bien, et encore moins un éventuel primat de l'une de ces dénominations sur l'autre. Mais, de la même façon, la distinction entre procession et conversion, production et finalité ne valait, dans les réalités qui en dérivent, que « pour nous » : c'est bien pourquoi l'équivocité de la *dunamis* était, pour la dire, un instrument privilégié, en ce qu'elle suggérait la stricte réciprocité de ces deux moments.

Si Plotin maintient la position principielle du Bien, et intègre le modèle de la finalité à celui de l'efficience, sa rupture avec Aristote n'en est pas moins radicale : en effet, *le Bien n'est plus acte mais puissance.* Cette rupture est l'envers de la fidélité de Plotin à Platon, et à la désignation du Bien, dans la *République*, comme « ἐπέκεινα τῆς οὐσίας πρεσβείᾳ καὶ δυνάμει ὑπερέχοντος » – formule dont on a vu quels échos elle trouvait dans les *Ennéades*. Mais, dissociant le Bien de l'acte pour l'associer à la puissance, Plotin rompt avec ce qui nous est apparu comme le point le plus singulier de l'ontologie aristotélicienne : la désignation, par l'acte, du mode d'être du Bien, par l'en-puissance, de son mode d'action. *Le Bien plotinien n'est plus l'acte, mais la cause de l'acte ; il n'est plus la fin de l'en-puissance, mais le principe de la puissance* ; il est donc, aussi, une cause productrice avant d'être une cause finale [1].

C'est pourquoi l'en-puissance, dans les réalités inférieures, était lui-même présenté comme un effet de sa puissance : c'est la *dunamis pantōn* qui est au principe de la réceptivité comme de la tendance. Et à cette tendance, nulle autre fin n'est assignée, ultimement, que la coïncidence avec la puissance dont elle est l'effet. Le moment de la finalité, s'il est conservé par Plotin, est donc aussi subordonné à celui de la productivité ; le Bien n'est fin que parce qu'il est origine, il ne guide la tendance qu'en tant qu'il est puissance, il n'est une force d'attraction que parce qu'il est,

1. Sur la productivité du Bien, voir aussi 1 (I, 6) 9, 42 (le Bien source et principe du beau) ; 10 (V, 1) 8, 6-7 (le Bien « père de la cause ») ; 32 (V, 5) 13, 35-36 (le Bien « cause de tout ») ; 38 (VI, 7) 23, 18-19 (le Bien a produit (ἐποίησε) l'Intellect et la Vie).

d'abord, une force de production[1]. La finalité plotinienne est donc sans fin, au sens où elle a l'origine pour fin. Plus encore : le terme qui lui est proposé n'est plus le Bien lui-même, mais sa puissance.

Il faut dès lors souligner l'importance et la singularité du moment plotinien dans l'histoire de la notion de puissance, et de son articulation à celles de principe et de divin. Plotin rompt, en effet, avec ce qu'Aristote présentait comme son propre point de rupture avec les pensées antérieures : la position, au principe, non pas de la puissance, mais du Bien et de l'acte; la détermination de leur mode singulier d'action.

Et cependant, Plotin conjoint encore, en son premier Principe, la puissance et le Bien; plus : il subordonne la puissance au Bien, dès lors qu'en vertu de la théorie des puissances, la production a pour condition la perfection. Si, donc, la puissance du Bien n'est plus pensée sur le mode singulier de l'en-puissance, mais s'identifie à la productivité, elle n'en est pas moins posée comme seconde par rapport à la perfection. Et en tout être, de même, la puissance est l'effet de l'acte, demeurant de ce fait en-puissance par rapport à la cause dont elle procède.

C'est pourquoi le moment plotinien de la puissance de tout doit être distingué *tant de celui de l'acte pur que de celui de la toute-puissance*. Si Plotin renonce à désigner en l'en-puissance la puissance propre au Bien, il subordonne encore la puissance au Bien, là où la toute-puissance, pensée dans sa radicalité, pourra être posée, chez certains théologiens chrétiens, comme la cause du bien[2]. Le moment plotinien, donc, s'il n'est plus celui du bien sans puissance, n'est pas encore celui de la puissance sans le bien. Il marque cependant l'abandon définitif de la voie aristotélicienne, soit de cette tentative inégalée pour penser, en le principe, et aimer, en le divin, le bien, et non pas la puissance.

1. Ce primat de l'efficience sur la finalité est clairement affirmé par Proclus, voir par ex. *In Parm.* IV, 922.11-14.

2. Pour l'analyse et l'histoire de ce processus, qui conduit à poser une figure du divin radicalement distincte de celle d'Aristote, soit non plus un Dieu-Bien mais un Dieu-Souverain, principe hors-la-loi de toute loi, et qui va de pair avec une modification elle aussi radicale du concept aristotélien de puissance, voir le second volume de notre *Archéologie de la puissance, Genèse du Dieu souverain, op. cit.*

BIBLIOGRAPHIE

ARISTOTE

Textes et traductions

- *Catégories*, Présentation, traduction et commentaires par F. Ildefonse et J. Lallot, Paris, Seuil, 2002.
- *Categories, On Interpretation,* by H.P. Cook, Londres-Cambridge (MA), William Heinemann-Harvard University Press, 1983 (1938).
- *Prior Analytics*, by H. Tredennick, Londres-Cambridge (MA), William Heinemann-Harvard University Press, 1983 (1938) ; *Les Premiers Analytiques*, traduction nouvelle et notes par J. Tricot, Paris, Vrin, 1992, *Les Seconds Analytiques*, traduction nouvelle et notes par J. Tricot, Paris, Vrin, 1995 (*Organon*, 6 vol., 1936-1939) ; *Aristotle's Prior and Posterior Analytics*, A Revised Text with Introduction and Commentary by W.D. Ross, Oxford, Clarendon Press, 1965 (1949).
- *Topiques*, Livres I-IV, texte établi et traduit par J. Brunschwig, Paris, Les Belles Lettres, 1967 ; *Les Topiques*, traduction nouvelle et notes par J. Tricot, Paris, Vrin, 1997 (rééd.).
- *Les Réfutations sophistiques*, introduction, traduction et commentaire par L.-A. Dorion, préface de J. Brunschwig, Paris, Vrin, 1995.
- *Physique*, texte établi et traduit par H. Carteron, Paris, Les Belles Lettres, 1983 (1926) ; *Physics*, trad. P.H. Wicksteed and F.M. Cornford, 2 vol., Londres-Cambridge (MA), William Heinemann Harvard University Press, 1980 (1934).
- *Traité du Ciel*, traduction par C. Dalimier et P. Pellegrin, présentation par P. Pellegrin, Paris, Flammarion, 2004.
- *De Generatione and Corruptione (On Coming-to-be and Passing-away)*, transl. E.S. Forster, Londres-Cambridge (MA), William Heinemann-Harvard University Press, , 1992 (1955).

  On peut désormais se reporter à l'édition et à la traduction de M. Rashed, Paris, Les Belles Lettres, 2005.

- *Meteorologica*, transl. H.D.P. Lee, Londres-Cambridge (MA), William Heinemann-Harvard University Press, 1987 (1952).
- *De Anima*, edited with Introduction and Commentary by Sir W.D. Ross, Oxford, Clarendon Press, 1967 (1961); *De l'Âme*, texte établi par A. Jannone, trad. et notes d'E. Barbotin, Paris, Les Belles Lettres, 1989 (1966).
- *De Partibus Animalium*, texte établi et traduit par P. Louis, Paris, Les Belles Lettres, 1956.
- *Parts of Animals*, transl. A.L. Peck, *Movements of Animals, Progression of Animals*, transl. E.S. Forster, Londres-Cambridge (MA), William Heinemann-Harvard University Press, 1993 (1937); *Aristotle's De Motu Animalium*, text with Translation, Commentary and Interpretative Essay by M.C. Nussbaum, Princeton, University Press, 1978.
- *De la Génération des animaux*, texte établi et traduit par P. Louis, Paris, Les Belles Lettres, 1961.
- *Metaphysica*, *rec.* (…) H. Bonitz, 2 vol., Bonn, Marcus, 1848-49; *rec.* (…) W. Jaeger, Oxford, Oxford Classical Texts, 1957; *Aristotle's Metaphysics*. A Revised text with Introduction and Commentary by W.D. Ross, 2 vol., Oxford, Clarendon Press, 1924; *The Metaphysics*, Books I-IX, transl. H. Tredennick, Londres-Cambridge (MA), William Heinemann-Harvard University Press, 1989 (1933); Books X-XIV, 1990 (1935); *Métaphysique*, traduction, notes, et index. Nouvelle édition entièrement refondue avec commentaire par J. Tricot, 2 vol., Paris, Vrin, 1986 (1953); *Métaphysique*, présentation et traduction par M.-P. Duminil et A. Jaulin, Paris, GF-Flammarion, 2008; *Métaphysique. Livre Lambda*, présentation et traduction par F. Bagdhassarian, Paris, Vrin, 2019. Pour les traductions et commentaires de traités séparés, voir plus bas 1.3.
- *Ethica Nicomachea*, *rec.* (…) I. Bywater, Oxford, Oxford Classical Texts, 1970 (1894); *Nicomachean Ethics*, transl. H. Rackham, Londres-Cambridge (MA), William Heinemann-Harvard University Press, 1990 (1926); *Nicomachean Ethics*, Translation (with Historical Introduction) by C. Rowe, Philosophical Introduction and Commentary by S. Broadie, Oxford, University Press, 2002; *Éthique à Nicomaque*, nouvelle traduction avec introduction, notes et index par J. Tricot, Paris, Vrin, 1994 (1959); *Aristote. Éthique à Nicomaque*, traduction et présentation par R. Bodéüs, Paris, GF-Flammarion, 2004; *L'Éthique à Nicomaque*, introduction, traduction et commentaire par R.A. Gauthier et J.Y. Jolif, Louvain-La-Neuve, Peeters, 2002 (1959).
- *Ethica Eudemia*, *rec.* (…) R.R. Walzer et J.M. Mingay, Oxford, Oxford Classical Texts, 1991; *Éthique à Eudème*, introduction, traduction, notes et *indices* par V. Décarie, Paris, Vrin, Montréal, Presses de l'Université de Montréal, 1997 (1978).
- *Politica*, *rec.* (…) W.D. Ross, Oxford, Oxford Classical Texts, 1957; *Aristote. Les Politiques*, traduction inédite, introduction, bibliographie, notes et index par P. Pellegrin, Paris, GF-Flammarion, 1993.

– *Fragmenta Selecta, rec.* (...) W.D. Ross, Oxford, Oxford Classical Texts, 1987 (1955) ; *Aristotle's Protrepticus*, An Attempt at a Reconstruction, by I. Düring, Göteborg, *Acta Universitatis Gothoburgensis*, 1961.
– *The Complete Works of Aristotle*, The Revised Oxford Translation, J. Barnes (éd.), 2 vol., Princeton, Princeton University Press, 1984.

Commentaires grecs

ALEXANDRE D'APHRODISE, *In Aristotelis Analyticorum Priorum librum I commentaria, Commentaria in Aristotelem Graeca*, 2.1, éd. Wallis, Berlin, Reimer, 1883.
In Aristotelis Metaphysica Commentaria, CAG 1, éd. Hayduck, Berlin, Reimer, 1891.
Quaestiones, Suppl. Arist. 2.2., éd. Bruns, Berlin, Reimer, 1892.
ASCLEPIUS, *In Aristotelis Metaphysicorum libros A-Z Commentaria, CAG* 6. 2, éd. Hayduck, Berlin, Reimer, 1888.
JEAN PHILOPON, *In Aristotelis Analytica priora Commentaria, CAG* 13. 2, éd. Wallies, Berlin, Reimer, 1905.
SIMPLICIUS, *In Aristotelis Categorias Commentarium, CAG* 8, éd. Kalbfleisch, Berlin, Reimer, 1907.

Études et commentaires modernes

ACKRILL J.L., « Aristotle's Distinction between Energeia and Kinèsis » R. Bambrough (éd.), *New Essays on Plato and Aristotle*, Londres, Routledge and Kegan, 1965, p. 121-141.
– « Aristotle on the Good and the Categories », repris dans J. Barnes, M. Schofield, R. Sorabji (éd.), *Articles on Aristotle*, t. II, *Ethics and Politics*, Londres, Duckworth, 1977, p. 17-24.
– « Aristotle's Definitions of Psuchē », repris dans J. Barnes, M. Schofield, R. Sorabji (éd.), *Articles on Aristotle*, t. IV, *Psychology and Aesthetics*, Londres, Duckworth, 1979, p. 65-75.
ANNAS J., *Aristotle's* Metaphysics. *Books M and N, Translation with Introduction and notes*, Oxford, Clarendon Press, 1976.
– « Aristotle on Inefficient Causes », *Philosophical Quatterly*, 32, 1982, p. 311-326.
– *The Morality of Happiness*, Oxford, Oxford University Press, 1993.
ANSCOMBE G.E.M., « Aristotle and the Sea-Battle », *Mind*, LXV, 1956, p. 1-15.
AUBENQUE P., *Le Problème de l'être chez Aristote*, Paris, P.U.F., 1994 (1962).
– *La Prudence chez Aristote*, Paris, P.U.F., 1986 (1963).
– (éd.), *Études sur la* Métaphysique *d'Aristote*, Actes du VIe Symposium Aristotelicum, Paris, Vrin, 1979.
– *et alii*, *Études aristotéliciennes : métaphysique et théologie*, Paris, Vrin, 1985.

– « Ravaisson interprète d'Aristote », *Études philosophiques*, 4, 1984, p. 435-450, repris dans D. Thouard (éd.), *Aristote au XIXe siècle*, Villeneuve-d'Ascq, Presses du Septentrion, 2004, p. 157-170.

AUBRY G., « *Dunamis* et *energeia* dans l'éthique aristotélicienne : l'éthique du démonique », G. Romeyer-Dherbey (dir.) et G. Aubry (éd.), *L'Excellence de la vie. Sur l'*Éthique à Nicomaque *et l'*Éthique à Eudème *d'Aristote*, Paris, Vrin, 2002, p. 75-94.

– « Capacité et convenance : la notion d'*epitēdeiotēs* dans la théorie porphyrienne de l'embryon », L. Brisson, M.-H. Congourdeau, J.-L. Solère (dir.), *L'Embryon (formation et animation) dans l'Antiquité et au Moyen Âge*, Paris, Vrin, 2008, p. 139-155.

– « *Dunamis* aristotélicienne et entéléchie leibnizienne », M. Lequan (éd.), *Platon et Aristote à la lumière de la philosophie allemande*, Cahiers philosophiques de Strasbourg, 23, 2008, p. 171-195.

– « The Pain of the Living and Divine Pleasure : *EN* VII, 14, 1154a 22-b 34 », C. Natali (éd.), *Aristotle's* Nicomachean Ethics *Book VII, Symposium Aristotelicum*, Oxford, University Press, 2009, p. 237-263.

– « La doctrine aristotélicienne de l'embryon et sa réinterprétation par Porphyre », Porphyre, *Sur la manière dont l'embryon reçoit l'âme*, Paris, Vrin, 2012, p. 47-67.

BALME D.M., « *Anthrōpos anthropōn gennai.* Human is generated by Human », G.R. Dunstan (éd.), *The Human Embryo. Aristotle and the Arabic and European Tradition*, University of Exeter Press, 1990.

BARNES J., *The Cambridge Companion to Aristotle*, Cambridge, University Press, 1995.

BARNES J., SCHOFIELD M., SORABJI R. (éd.), *Articles on Aristotle*

– t. II *Ethics and Politics*, Londres, Duckworth, 1977.

– t. III *Metaphysics*, Londres, Duckworth, 1979.

– t. IV *Psychology and Aesthetics*, Londres, Duckworth, 1979.

BECHLER Z., *Aristotle's Theory of Actuality*, State University of New-York Press, 1995.

BERTI E., *Studi Aristotelici*, L'Aquila, Japadre, 1975.

– « Genesi et sviluppo della dottrina della potenza e dell'atto in Aristotele », *Studia Patavina*, 5, 1958, p. 477-505.

– « Multiplicité et unité du Bien selon *Éthique à Eudème* I, 8 », P. Moraux et D. Harlfinger (éd.), *Untersuchungen zur Eudemischen Ethik, Akten des 5. Symposium Aristotelicum*, Berlin, De Gruyter, 1971, p. 157-184.

– « Il concetto di atto nella *Metafisica* di Aristotele », M. Sanchez-Sorondo (éd.), *L'Atto aristotelico e le sue ermeneutiche*, Rome, Herder, 1990, p. 3-61.

– « Il movimento del cielo in Alessandro di Afrodisia e le scuole e le tradizioni filosofiche », A. Brancacci (éd.), *La filosofià in età imperiale*, Naples, Bibliopolis, 2000, p. 227-243.

– « Unmoved Mover(s) as efficient Cause(s) in *Metaphysics* Λ 6 », M. Frede, D. Charles (éd.), *Aristotle's* Metaphysics *Λ*, *Symposium Aristotelicum*, Oxford, Oxford University Press, 2000, p. 181-206.

– « Ancora sulla causalità del motore ommobile », *Methexis*, 20, 2007, p. 7-28.

– « Le livre Lambda de la *Métaphysique* d'Aristote entre physique et métaphysique », dans *Dialectique, physique et métaphysique. Études sur Aristote*, Louvain-la-Neuve, Peeters, 2008, p. 401-421.

BESNIER B., « Acte et puissance selon Aristote », *Les Cahiers de philosophie*, n. 13, 1991, p. 143-77.

–« *Ekeininon* », *Le Style de la pensée. Recueil de textes en hommage à Jacques Brunschwig*, M. Canto-Sperber et P. Pellegrin (éd.), Paris, Les Belles Lettres, 2002, p. 132-154.

BLAIR G., « The Meaning of "Energeia" and "Entelecheia" in Aristotle », *International Philosophical Quarterly*, VII, 1967, p. 101-117.

– « Aristotle on 'ΕΝΤΕΛΕΧΕΙΑ : A Reply to David Graham », *American Journal of Philology*, vol. 114, 1993, p. 91-97.

BODEÜS R., *Aristote et la théologie des vivants immortels*, Québec, Bellarmin, Paris, Les Belles Lettres, 1992.

BONADEO C.M., « ΩΣ ΕΡΟΜΕΝΟΝ : Alcune interpretazioni di *METAPH. Λ* 7 », V. Celluprica e C. d'Ancona (éd.), *Aristotele e i sui esegeti neoplatonici, Logica e ontologia nelle interpretazioni greche e arabe*, Naples, Bibliopolis, 2004.

BONITZ H., *Index aristotelicus*, Graz, Akademische Druck und Verlagsanstalt, 1955 (Berlin, 1870).

– *Commentarius in Aristotelis Metaphysicam*, Hildesheim-Zürich-New York, G. Olms, 1992 (1849).

BOSTOCK D., *Aristotle's Metaphysics. Books Z and H*, Oxford, Clarendon Press, 1994.

BRAGUE R., *Aristote et la question du monde. Essai sur le contexte cosmologique et anthropologique de l'ontologie*, Paris, P.U.F., 1988.

– « Note sur la définition du mouvement (*Physique* III, 1-3) », F. de Gandt et P. Souffrin (dir.), *La Physique d'Aristote et les conditions d'une science de la nature*, Paris, P.U.F., 1991, p. 107-120.

BRENTANO F., *De la diversité des acceptions de l'être d'après Aristote*, trad. fr. P. David, Paris, Vrin, 1992, 2005 [2].

BROADIE S. (WATERLOW), *Nature, Change and Agencies in Aristotle's Physics*, Oxford, Clarendon Press, 1982.

– *Passage and Possibility. A Study of Aristotle's Modal Concepts*, Oxford, University Press, 1982.

– « Que fait le premier moteur d'Aristote? (Sur la théologie du livre Λ de la *Métaphysique*) », *Revue philosophique de la France et de l'Étranger*, 183, 1993, p. 375-411.

BRUNSCHWIG J., « *EE* I 8, 1218a 15-32 et le ΠΕΡΙ ΤΑΓΑΘΟΥ », P. Moraux, D. Harlfinger (éd.), *Untersuchungen zur Eudemischen Ethik, Akten des 5. Symposium Aristotelicum*, Berlin, De Gruyter, 1971, p. 197-222.

– « La Forme, Prédicat de la matière ? », P. Aubenque (éd.), *Études sur la* Métaphysique *d'Aristote*, Paris, Vrin, 1979, p. 131-166.

BURNYEAT M., *A Map of* Metaphysics *Zeta*, Pittsburgh, Mathesis Publications, 2001.

– « Platonism and Mathematics : A Prelude to discussion », A. Graeser (éd.), *Mathematics and Metaphysics in Aristotle, Akten des X. Symposium Aristotelicum*, Berne-Stuttgart, Haupt, 1987, p. 213-240.

– « Aristote voit du rouge et entend un "do" : combien se passe-t-il de choses ? Remarques sur *De Anima* II, 7-8 », G. Romeyer Dherbey (dir.) et C. Viano (éd.), *Corps et âme. Sur le* De Anima *d'Aristote*, Paris, Vrin, 1996, p. 149-167.

– « Κίνησις *vs* ἐνέργεια : A Much Read Passage in (but not of) Aristotle's *Metaphysics* », *Oxford Studies in Ancient Philosophy*, 34, 2006, p. 219-292.

BURNYEAT M. and others, *Notes on Books Eta and Theta of Aristotle's* Metaphysics, Study Aid Monograph N° 4, Oxford, University Press, 1984.

CARTERON H., *La Notion de force dans le système d'Aristote*, Paris, Vrin, 1923.

CASSIN B. et NARCY M., *La Décision du sens.* Le livre *Gamma* de la *Métaphysique* d'Aristote, Introduction, texte, traduction et commentaire par B. Cassin et M. Narcy, Paris, Vrin, 1989.

CHARLTON W., « Aristotle and the Uses of Actuality », J.C. Cleray, D.C. Sharltin (éd.), *Proceedings of the Boston Area Colloquium in Ancient Philosophy*, V (1989), University Press of America, 1991, p. 1-26.

CHEN C.-H., « The Relations Between the Terms ἐνέργεια and ἐντελέχεια in the Philosophy of Aristotle », *Classical Quarterly*, 8, 1958, p. 12-17.

CHERNISS H. F., *Aristotle's Criticism of Plato and the Academy*, Baltimore, The John Hopkins University Press, 1944.

COOPER J. M., « Metaphysics in Aristotle's Embryology » D. Devereux et P. Pellegrin (dir.), *Biologie, logique et métaphysique chez Aristote*, Paris, Éditions du CNRS, 1990, p. 55-84.

– « Hypothetical Necessity and Natural Teleology », A. Gotthelf, J.G. Lennox (éd.), *Philosophical Issues in Aristotel's Biology*, Cambridge, University Press, 1987, p. 243-274.

COURTINE J.-F., « Métaphysique et ontothéologie », J.-M. Narbonne et L. Langlois (éd.), *La métaphysique. Son histoire, sa critique, ses enjeux*, Paris-Québec, Vrin-Presses de l'Université Laval, 1999, p. 137-157.

– « Note complémentaire pour l'histoire du vocabulaire de l'être (Les traductions latines d'ΟΥΣΙΑ et la compréhension romano-stoïcienne de l'être) », P. Aubenque (dir.), *Concepts et catégories dans la pensée antique*, Paris, Vrin, 1980, p. 34-87, repris dans *Les Catégories de l'être. Études de philosophie ancienne et médiévale*, Paris, P.U.F., 2003, p. 11-77.

COULOUBARITSIS L., « La notion d'*entelecheia* dans la *Métaphysique* », A. Motte et Ch. Rutten (éd.), *Aristotelica. Mélanges offerts à Marcel De Corte, Cahiers de Philosophie ancienne*, 3, Bruxelles, Liège, 1985, p. 129-155.

CRUBELLIER M., « La Beauté du monde. Les sciences mathématiques et la philosophie première », F. Wolff (éd.), *La* Métaphysique *d'Aristote, Revue Internationale de Philosophie*, 201, 3/1997, p. 307-331.

– « What the Form Has to Be and What It Needs not Be (*Metaphysics*, Λ 3) », C. Horn (éd.), *Aristotle's* Metaphysics Lambda. *New Essays*, Berlin, De Gruyter, 2016, p. 119-137.

CRUBELLIER M. et PELLEGRIN P., *Aristote. Le philosophe et les savoirs*, Paris, Seuil, 2002.

DECARIE V., *L'Objet de la métaphysique selon Aristote*, Montréal-Paris, Institut d'études médiévales-Vrin, 1961.

– « Aristoxène *revisited* », M. Canto-Sperber et P. Pellegrin (éd.), *Le Style de la pensée. Recueil de textes en hommage à Jacques Brunschwig*, Paris, Les Belles Lettres, 2002, p. 375-394.

DEVEREUX D., « The Relationship between books Zeta and Eta of Aristotle's *Metaphysics* », *Oxford Studies in Ancient Philosophy*, 25, hiver 2003, p. 159-211.

DEVEREUX D. et PELLEGRIN P. (dir.), *Biologie, logique et métaphysique chez Aristote*, Paris, Éditions du CNRS, 1990.

DONINI P., « Il libro Lambda della *Metafisica* e la nascita della filosofia prima », M. Bonazzi (éd.), *Commentary and Tradition. Aristotelianism, Platonism and Post-Hellenistic Philosophy*, Berlin, De Gruyter, 2011, p. 17-35.

DUMOULIN B., *Analyse génétique de la* Métaphysique *d'Aristote*, Montréal-Paris, Bellarmin-Les Belles Lettres, 1986.

FAZZO S., « *Lambda 7. 1072b 2-3* », *Elenchos* XXIII, 2002, p. 357-82.

– *Commento al libro Lambda della* Metafisica *di Aristotele*, Naples, Bibliopolis, 2014.

– « *Unmoved Mover as a Pure Act or Unmoved Mover in Act? The Mystery of a Subscript Iota* », C. Horn (éd.), *Aristotle's* Metaphysics Lambda. *New Essays*, Berlin, De Gruyter, 2016, p. 181-205.

FINE G., « Separation », *Oxford Studies in Ancient Philosophy*, 1984, p. 31-87.

– « Forms as Causes : Plato and Aristotle », A. Graeser (éd.), *Mathematics and Metaphysics in Aristotle, Akten des X. Symposium Aristotelicum*, Berne-Stuttgart, Haupt, 1987, p. 69-112.

FLASHAR H., « The Critique of Plato's Theory of Ideas in Aristotle's Ethics », J. Barnes, M. Schofield, R. Sorabji (éd.), *Articles on Aristotle*, vol. 2, Londres, Duckworth, 1977.

FREDE M., « The Original notion of Cause », M. Schofield, M. Burnyeat, J. Barnes (éd.), *Doubt and Dogmatism*, Oxford, Clarendon Press, 1989 (1980), p. 217-249.

– « Substance in Aristotle's *Metaphysics* », A. Gotthelf (éd.), *Aristotle on Nature and Living things*, Pittsburgh-Bristol, Mathesis Publications-Classical Press, 1985, p. 17-26.

– « Categories in Aristotle », D.J. O'Meara, *Studies in Aristotle, Studies in Philosophy and the History of Philosophy*, t. IX, Catholic University of America Press, 1981, repris dans *Essays in Ancient Philosophy*, University of Minnesota Press, 1987, p. 29-48.

– « Aristotle's Notion of Potentiality in *Metaphyics* Θ », T. Scaltsas, D. Charles, M.-L. Gill (éd.), *Unity, Identity and Explanation in Aristotle's Metaphysics*, Oxford, Clarendon Press, 1994, p. 173-195.

FREDE M. et PATZIG G., *Aristoteles "Metaphysik Z"*. Text, Übersetzung und Kommentar, 2 vol., Munich, C.H. Beck, 1988.

– et CHARLES D. (éd.), *Aristotle's* Metaphysics Λ. *Symposium Aristotelicum*, Oxford, Clarendon Press, 2000.

FREELAND C.A., « Aristotle on Possibilities and Capabilities », *Ancient Philosophy*, VI, 1986, p. 69-89.

GERSON L.P. (éd.), *Aristotle's Critical Assessments*, t. I, *Logic and Metaphysics*, London-New York, Routledge, 1999.

GILL M.L., *Aristotle on Substance. The Paradox of Unity*, Princeton, University Press, 1985.

– and LENNOX J.G. (éd.), *Self-motion from Aristotle to Newton*, Princeton, University Press, 1994.

GOMEZ-LOBO A., « The Ergon Inference », *Phronesis* 34, 1989, p. 43-57.

GOTTHELF A., « Aristotle's Conception of Final Causality », *The Review of Metaphysics*, XXX, 1976, p. 226-254.

– (éd.), *Aristotle on Nature and Living Things*, Pittsburgh-Bristol, Mathesis Publications-Classical Press, 1985.

– and LENNOX J.G. (éd.), *Philosophical Issues in Aristotle's Biology*, Cambridge, University Press, 1987.

GRAHAM D.W., *Aristotle's Two Systems*, Oxford, Clarendon Press, 1990 (1987).

GRANGER H., « Aristotle on the Subjecthood of Form », *Oxford Studies in Ancient Philosophy*, 13, 1995, p. 135-59.

HAMELIN O., *Le Système d'Aristote*, Paris, Alcan, 1920.

HAPP H., *Hylè. Studien zum aristotelischen Materiebegriff*, Berlin-New York, W. De Gruyter, 1971.

HARDIE W.F.R, *Aristotle's Ethical Theory*, Oxford, Clarendon Press, 1968.

HEIDEGGER M., *Aristote. Métaphysique Θ 1-3. De l'essence et de la réalité de la force*, trad. fr. B. Stevens et P. Vandevelde, Paris, Gallimard, 1991.

HINTIKKA J., *Time and Necessity. Studies in Aristotle's Theory of Modality*, Oxford, Clarendon Press, 1973.

– « Necessity, Universality and Time in Aristotle », J. Barnes, M. Schofield, R. Sorabji (éd.), *Articles on Aristotle*, t. III, 1979, p. 108-124.

HORN C., *Aristotle's* Metaphysics Lambda. *New Essays*, Berlin, De Gruyter, 2016.

IRWIN T. H., *Aristotle's First Principles*, Oxford, Clarendon Press, 1988.

JAEGER W., *Aristote. Fondements pour une histoire de son évolution*, traduit et présenté par O. Sedeyn, Paris, Éditions de l'Éclat, 1997.

JAULIN A., *Eidos et Ousia. De l'unité théorique de la* Métaphysique *d'Aristote*, Paris, Klincksieck, 1999.

JOLIVET R., *Essais sur les rapports entre la pensée grecque et la pensée chrétienne*, Paris, Vrin, 1931.

JUDSON L. (éd.), *Aristotle's Physics. A Collection of Essays*, Oxford, Clarendon Press, 1991.

– « Heavenly Motion and the Unmoved Mover », M.-L. Gill, J.-G. Lennox (éd.), *Self-Motion from Aristotle to Newton*, Princeton, University Press, 1994, p. 155-171.

KAHN C.H., « The Place of the Prime Mover in Aristotle's Teleology », A. Gotthelf (éd.), *Aristotle on Nature and Living Things*, Pittsburgh-Bristol, Mathesis Publications-Classical Press, 1985, p. 183-205.

KNUUTTILA S., *Reforging the Great Chain of Being. Studies in the History of Greek modalities*, Dordrecht-Boston-London, Reidel, 1981.

KOSMAN L. A., « Substance, Being, and Energeia », *Oxford Studies in Ancient Philosophy*, II, 1984, p. 121-149.

– « Aristotle's Prime Mover », M.-L. Gill et J.G. Lennox (éd.), *Self-motion from Aristotle to Newton*, Princeton, University Press, 1994, p. 135-154.

KRAUT R., *Aristotle on the Human Good*, Princeton, University Press, 1989.

LANG H.S., « The Structure and Subject of *Metaphysics* Λ », *Phronesis*, 38, 1993, p. 257-280.

LE BLOND J.-M., *Logique et méthode chez Aristote. Étude sur la recherche des principes dans la physique aristotélicienne*, Paris, Vrin, 1939.

LEFEBVRE D., *DYNAMIS. Sens et genèse de la notion aristotélienne de puissance*, Paris, Vrin, 2018.

– « Compte-rendu de *Dieu sans la puissance* (2006) », *Philosophie antique*, 8, 2008, p. 272-282.

– « L'usage de la série des contraires en *Métaphysique* Γ 2, 1004b 27-1005a 5 », M. Hecquet-Devienne et A. Stevens (éd.), *Aristote,* Métaphysique Gamma. *Édition, traduction, études*, Louvain-la-Neuve, Peeters, 2008, p. 287-321.

– « La question de l'unité d'une science des substances : interprétations de *Métaphysique* Λ 1, 1069a 36-32 », M. Bonelli (éd.), *Physique et métaphysique chez Aristote*, Paris, Vrin, 2012, p. 133-174.

LERNER M.-P., *Recherches sur la notion de finalité chez Aristote*, Paris, P.U.F., 1969.

LESZL W., *Aristotle's Conception of Ontology*, Padoue, Antenore, 1975.

MC MULLIN E. (éd.), *The Concept of Matter in Greek and Medieval Philosophy*, University of Notre-Dame Press, 1965.

MAKIN S., « What does Aristotle mean by Priority in Substance ? », *Oxford Studies in Ancient Philosophy*, 24, 2003, p. 209-238.

MANSION A., *Introduction à la physique aristotélicienne*, 2 e éd., Louvain, Éditions de l'Institut Supérieur de philosophie, 1945.

– « Le Dieu d'Aristote et le Dieu des chrétiens », *La philosophie et ses problèmes*, Recueil d'études de doctrine et d'histoire offert à Mgr R. Jolivet, Lyon, Vitte, 1960, p. 21-44.

– « L'objet de la science philosophique suprême d'après Aristote, *Métaphysique* E 1 » et « Philosophie première, philosophie seconde et métaphysique chez Aristote », repris dans P. Aubenque (éd.) *Études aristotéliciennes : métaphysique et théologie*, Paris, Vrin, 1985, p. 151-168 et p. 169-221.

MANSION S., « La première doctrine de la substance : la substance selon Aristote », repris dans *Études Aristotéliciennes,* Louvain, ISP, 1984, p. 283-303.

MATTEN M., « The Four Causes in Aristotle's Embryology », *Apeiron*, 22, 1989, p. 159-179.

MERLAN Ph., *From Platonism to Neoplatonism*, La Haye, Martinus Nijhoff, 1953.

MOREL P.-M., *Aristote. Une philosophie de l'activité*, Paris, Flammarion, 2003.

MOURELATOS A.P.D., « Aristotle's "Powers" and Modern Empiricism », *Ratio*, 9, 1967, p. 97-104.

MULLER R., *Introduction à la pensée des Mégariques*, Paris, Vrin, 1988.

NATALI C., *La Saggezza di Aristotele*, Naples, Bibliopolis, 1989.

–« Causa motrice e causa finale nel libro Λ della *Metafisica* di Aristotele », *Methexis* X, 1997, p. 105-123

– « Action de Dieu et activité de l'homme », repris dans *L'Action efficace. Études sur la philosophie de l'action d'Aristote*, Louvain-La-Neuve, Peeters, 2004, p. 76-107.

NATORP P., « Thema und Disposition der aristotelischen Metaphysik », *Philosophische Monatshefte*, 24, 1888, p. 37-65; 540-574.

OKSENBERG G., RORTY A. (éd.), *Essays on Aristotle's Ethics*, Berkeley, Los Angeles, Londres, University of California Press, 1980.

OWEN G.E.L., « Logic and Metaphysics in some earlier works of Aristotle », I. Düring, G.E.L. Owen (éd.), *Aristotle and Plato in the Mid-Fourth Century*, Göteborg, Almqvist & Wiksell, 1960, p. 163-190.

– « Aristotle on the snares of ontology », R. Bambrough (éd.), *New Essays on Plato and Aristotle*, Londres-New York, Routledge Kegan, 1965, p. 65-95.

– « Particular and General », *Proceedings of the Aristotelian Society*, LXXIX, 1978-79, p. 1-21.

OWENS J., *The Doctrine of Being in the Aristotelian Metaphysics*, Toronto, Pontifical Institute of Medieval Studies, 1978 (1951).

– « The relation of God to the World in the *Metaphysics* », P. Aubenque (éd.), *Études sur la* Métaphysique *d'Aristote*, Paris, Vrin, 1979, p. 207-222.

PATZIG G., « Theology and Ontology in Aristotle's *Metaphysics* », J. Barnes, M. Schofield, R. Sorabji (éd.), *Articles on Aristotle*, vol. 3 : *Metaphysics*, Londres, Duckworth, 1979, p. 33-50.

POLANSKY R., « Energeia in Aristotle's *Metaphysics* IX », repris dans J.P. Anton, A. Preus (éd.), *Essays in Ancient Greek Philosophy*, V, *Aristotle's Ontology*, State University of New York Press, 1992, p. 211-226.

QUARANTOTTO D., « Ontologia della cause finale aristotelica », *Elenchos*, XXII, 2001, p. 329-365.

RAVAISSON F., *Essai sur la* Métaphysique *d'Aristote*, Paris, Vrin, 2007.

– *Essai sur la* Métaphysique *d'Aristote. Fragments du t. III : hellénisme, judaïsme, christianisme*, texte établi par C. Devivaise, Paris, Vrin, 1953.

– *De l'Habitude*, Paris, Fayard, 1984.

REALE G., *Il Concetto di « filosofia prima » e l'Unità della Metafisica di Aristotele*, con due saggi sui concetti du Potenza-Atto e di Essere, Milan, Vita e Pensiero, 1993 (1961).

RICHARD M.-D., *L'Enseignement oral de Platon*, Paris, Cerf, 1986.

RIVAUD A., *Le problème du devenir et la notion de matière dans la philosophie grecque depuis les origines jusqu'à Théophraste*, Paris, Alcan, 1905.

RODRIGO P., « Heidegger lecteur d'Aristote : DUNAMIS et ENERGEIA sous le regard phénoménologique », *Les Études philosophiques*, 3, 1990, p. 353-372.

– *Aristote, l'eidétique, et la phénoménologie*, Grenoble, Jérôme Millon, 1995.

ROBIN L., *Aristote*, Paris, P.U.F., 1944.

ROMEYER DHERBEY G., *Les Choses mêmes. La pensée du réel chez Aristote*, Lausanne, L'Âge d'homme, 1983.

RYAN E.E., « Pure Form in Aristotle », *Phronesis*, XVIII, 1973, p. 209-224.

SCALTSAS TH., « Substratum, Subject, Substance », A. Preus, J.P. Anton (éd.), *Essays in Ancient Philosophy*, V, *Aristotle's Ontology*, New York, State University of New York Press, 1992, p. 177-209.

SEDLEY D., « Is Aristotle's Teleology anthropocentric ? », *Phronesis*, 36, 1991, p. 179-96.

SKEMP J.B., « The Activity of Immobility », P. Aubenque (éd.), *Études sur la* Métaphysique *d'Aristote*, Paris, Vrin, 1979, p. 229-241.

SMEETS A., *Act en Potentie in de Metaphysica van Aristoteles, Historish-philologish Onderzoek van Boek IX en Boek V der Metaphysica*. Met voom woord van Pr. A. Mansion (avec un résumé en français), Louvain, Presses Universitaires, 1952.

SOLÈRE J.-L., « Le possible selon Aristote », *Revue de Philosophie ancienne*, XXII, 2, 2004, p. 37-100.

SOLMSEN F., *Aristotle's System of the Physical World*, Ithaca (NY), Cornell University Press, 1960.

SORABJI R., *Necessity, Cause and Blame. Perspectives on Aristotle's Theory*, Ithaca (NY), Cornell University Press, 1980.

– *Philoponus and the Rejection of Aristotelian Science*, Londres, Duckworth, 1987.

– *Matter, Space and Motion*, Londres, Duckworth, 1988.

– *Aristotle Transformed. The Ancient Commentators and their Influence*, Ithaca (NY), Cornell University Press, 1990.

– « Aristotle on the Instant of change » J. Barnes, M. Schofield, R. Sorabji (éd.), *Articles on Aristotle*, t. III, *Metaphysics*, Londres, Duckworth, 1979, p. 159-77.

SOUILHÉ J., *Étude sur le terme δύναμις dans les dialogues de Platon*, Paris, Alcan, 1919.

STALLMACH J., *Dynamis und Energeia. Untersuchungen am Werk des Aristoteles zur Problemsgeschichte von Möglichkeit und Wirklichkeit*, Monographien zur Philosophischen Forschuky, Bd. XXI, Meisenheim am Glan, A. Hain, 1959.

STEVENS A., *L'Ontologie d'Aristote au carrefour du logique et du réel*, Paris, Vrin, 2000.

THILLET P., « Remarques sur le livre Λ de la *Métaphysique* », *Recherches de Théologie et Philosophie médiévales*, LXX, 2, 2003, p. 361-400.

VERBEKE G., « La critique des Idées dans l'Ethique eudémienne », P. Moraux ET D. Harlfinger (éd.), *Untersuchungen zur Eudemischen Ethik, Akten des 5. Symposium Aristotelicum*, Berlin, De Gruyter, 1971, p. 135-156.

VUILLEMIN J., *De la logique à la théologie. Cinq études sur Aristote*, Paris, Flammarion, 1967.

– *Nécessité ou contingence. L'aporie de Diodore et les systèmes philosophiques*, Paris, Minuit, 1984.

– « Être sensible, acte, puissance », *Dialectica* 45, n°2-3, 1991, p. 231-248.

WATERLOW S. : voir BROADIE S.

WIELAND W., *Die aristotelische Physik*, Göttingen, Vandenhoeck & Ruprecht, 1962.

– « The Problem of Teleology », J. Barnes, M. Schofied, R. Sorabji (éd.), *Articles on Aristotle*, t. I, Londres, Duckworth, 1975.

WOLFF F., « Le principe de la *Métaphysique* d'Aristote et le principe de la Métaphysique de Descartes », *Revue internationale de philosophie*, 201, 3/1997, p. 417-443.

– « Les deux voies de la métaphysique : le premier principe d'Aristote et celui de Descartes », *L'Être, l'homme, le disciple*, Paris, P.U.F., 2000.

– « Qu'est-ce que se demander ce qu'est la réalité ? », M. Narcy et A. Tordesillas (éd.), *La* Métaphysique d'*Aristote* : *perspectives contemporaines*, Bruxelles-Paris, Ousia-Vrin, 2006, p. 145-169.

YEPES-STORK R., *La doctrina del acto en Aristóteles*, Pampelune, Eunsa, 1993.

ZINGANO M., « L'Homonymie de l'être et le projet métaphysique d'Aristote », *Revue internationale de Philosophie*, 201, 1997, p. 333-356.

– « L'*ousia* dans le livre Z de la *Métaphysique* », M. Narcy et A. Tordesillas (dir.), *La* Métaphysique *d'Aristote : perspectives contemporaines*, Bruxelles-Paris, Ousia-Vrin, 2006, p. 99-130.

– « Individuals, Forms and Movement : from Lambda to Z-H », C. Horn (éd.), *Aristotle's* Metaphysics Lambda. *New Essays*, Berlin, De Gruyter, 2016, p. 139-155.

Plotin

Textes et traductions

Éditions et traductions des Ennéades *en leur entier*

Armstrong A.H., *Plotinus*, with an English Translation in seven volumes, Londres-Cambridge (MA), William Heinemann-Harvard University Press, 1966-1988.

Beutler R. und Theiler W., *Plotins Schriften*, Übersetzt von Richard Harder, Neubearbeitung mit griechischem Lesetext und Anmerkungen fortgeführt von R. Beutler und Willy Theiler, Hambourg, Meiner, 6 vol., 1956-1971.

Bréhier É., *Plotin, Ennéades*, texte grec et traduction française, 7 vol., Paris, Les Belles Lettres, 1924-1938.

Brisson L. et Pradeau J.-F. (traductions collectives sous la direction de), *Plotin. Traités*, Paris, GF-Flammarion, 2002-2010 (9 volumes).

Henry P. et Schwyzer H.-R., *Plotini Opera* (editio minor), 3 vol., Oxford, Oxford Clarendon Press, 1964-82.

Traductions et commentaires de traités séparés

Atkinson M., *Plotinus : Ennead V. 1. On The Three Principal Hypostases.* A Commentary with Translation, Oxford, Oxford University Press, 1985 (1983).

Aubry G., *Plotin. Traité 53* (I, 1), Introduction, traduction, commentaire et notes, Paris, Cerf, 2004.

Bertier J., Brisson L., Charles A., *et al.*, *Plotin. Traité* Sur les Nombres, *Enn. VI, 6 (34)*, Paris, Vrin, 1980.

Hadot P., *Plotin. Traité 38* (VI, 7), Introduction, traduction, commentaire et notes, Paris, Cerf, 1987.

– *Plotin. Traité 50* (III, 5), Introduction, traduction, commentaire et notes, Paris, Cerf, 1990.

– *Plotin. Traité 9* (VI, 9), Introduction, traduction, commentaire et notes, Paris, Cerf, 1994.

Ham B., *Plotin. Traité 49* (V, 3), Introduction, traduction, commentaire et notes, Paris, Cerf, 2000.

Leroux G., *Plotin. Traité sur la liberté et la volonté de l'Un* [*Ennéade* VI, 8 (39)], Introduction, texte grec, traduction et commentaire, Paris, Vrin, 1990.

Narbonne J.-M., *Plotin. Les deux matières, II, 4 (12)*, Introduction, texte grec, traduction et commentaire, Paris, Vrin, 1993.

– *Plotin. Traité 25* (II, 5), Introduction, traduction, et notes, Paris, Cerf, 1998.

O'Meara D., *Plotin. Traité 51* (I, 8). *De l'origine des maux*, Introduction, traduction, commentaire et notes, Paris, Cerf, 1999.

ÉTUDES

ANCONA COSTA C. (d'), « ΑΜΟΡΦΟΝ ΚΑΙ ΑΝΕΙΔΕΟΝ. Causalité des Formes et causalité de l'Un chez Plotin », *Revue de philosophie ancienne*, 10, 1992, p. 69-113.

– « Plotinus and later Platonic Philosophers on the Causality of the First Principle », L.P. Gerson (éd.), *The Cambridge Companion to Plotinus*, Cambridge, University Press, 1996, p. 356-385.

ARMSTRONG A.H., « Emanation in Plotinus », *Mind*, 1937, p. 61-66.

– « Eternity, Life and Movement in Plotinus' Accounts of ΝΟΥΣ », P.-M. Schuhl et P. Hadot (éd.), *Le Néoplatonisme*, Paris, Éditions du CNRS, 1971, p. 67-74.

AUBRY G., « Puissance et Principe : la δύναμις πάντων ou puissance de tout », *Kairos* 15, 2000, p. 9-32.

– « Puissance, trace et désir : l'équivocité de la *dunamis* et la réciprocité procession-conversion chez Plotin », Ph. Capelle (éd.), *Expérience philosophique et expérience mystique*, Paris, Cerf, 2005, p. 115-132.

– « Individuation, particularisation et détermination selon Plotin », *Phronesis*, 53, 2008, p. 271-289.

– « Un moi dans identité ? Le *hēmeis* plotinien », G. Aubry et F. Ildefonse (éd.), *Le moi et l'intériorité*, Paris, Vrin, 2008, p. 107-128.

– « "L'empreinte du Bien dans le multiple" : structure et constitution de l'Intellect plotinien », *Plotin et son platonisme, Les Études Philosophiques*, 3, 2009, p. 313-331.

– « Procession et sécession : le problème de la descente de l'âme en *Enn.* IV.8 (6) », ΦΙΛΟΣΟΦΙΑ, 42, 2012, p. 270-279.

– « Metaphysics of Soul and Self in Plotinus », P. Remes, S. Slaveva-Griffin (éd.), *The Routledge Handbook of Neoplatonism*, Londres-New York, Routledge, 2014, p. 310-323.

– « De l'être comme acte à la puissance d'être : enquête sur un tournant ontologique (Aristote-Plotin-Proclus) », G. Casas, Ph. Hoffmann et A. Lecerf (dir.), *Essence, puissance, activité dans la philosophie et les savoirs grecs*, Paris, Classiques Garnier, 2021.

BALTES M., « Is the Idea of the Good in Plato's *Republic* Beyond Being? », ΔΙΑΝΟΗΜΑΤΑ. *Kleine Schriften zu Platon und zum Platonismus*, Stuttgart-Leipzig, Teubner, 1999, p. 351-371.

BENZ H., *'Materie' und Wahrnehmung in der Philosophie Plotins*, Wurtzbourg, Köningshausen und Neumann, 1990.

BLUMENTHAL H., « Soul, World-Soul, and Individual Soul in Plotinus », P.-M. Schuhl et P. Hadot (éd.), *Le Néoplatonisme*, Paris, Éditions du CNRS, 1971, p. 57-66.

– « *Noūs* and Soul in Plotinus : Some Problems of Demarcation », dans *Soul and Intellect. Studies in Plotinus and Later Neoplatonism*, Londres, Routledge, 1993, p. 203-219.

– « On Soul and Intellect », L.P. Gerson (éd.), *The Cambridge Companion to Plotinus*, Cambridge, University Press, 1996, p. 82-104.

BRÉHIER É., « L'idée du Néant et le problème de l'origine radicale dans le Néoplatonisme », *Revue de Métaphysique et de morale*, 26, 1919, p. 443-475, repris dans *Études de philosophie antique*, Paris, P.U.F., 1955, p. 248-283.

BRISSON L., « *Logos* et *logoi* chez Plotin; leur nature et leur rôle », *Cahiers philosophiques de Strasbourg*, 1999, p. 87-108.

– « L'approche traditionnelle de Platon par H.F. Cherniss », G. Reale, S. Scolnicov (éd.), *New Images of Plato. Dialogues on the Idea of the Good*, Sankt Augustin, Academia Verlag, 2002, p. 85-97.

CHIARADONNA R., *Sostanza, movimento, analogia. Plotino critico di Aristotele*, Naples, Bibliopolis, 2002.

CHRÉTIEN J.-L., « Le Bien donne ce qu'il n'a pas », *Archives de Philosophie*, 43, 1980, p. 263-277; repris dans *La Voix nue*, Paris, Minuit, 1990, p. 316-328.

DE VOGEL C., *Rethinking Plato and Platonism*, Leiden, Brill, 1986.

EMILSSON E. K., *Plotinus on Intellect*, Oxford, Clarendon Press, 2007.

FERBER R., *Platos Idee des Guten*, Sankt Augustin, Akademia Verlag, 1989.

FERWERDA R., *La signification des images et des métaphores dans la pensée de Plotin*, Gröningen, J.B. Wolters, 1965.

GERSON L.P., *Plotinus*, London-New York, Routledge, 1994.

GRAESER A., *Plotinus and the Stoics*, Leiden, Brill, 1972.

HADOT I., « Aspects de la théorie de la perception chez les néoplatoniciens : sensation (αἴσθησις), sensation commune (κοινὴ αἴσθησις), sensibles communs (κοινὰ αἰσθητά) et conscience de soi (συναίσθησις) », *Documenti e Studi sulla tradizione filosofica medievale*, VIII, 1997, p. 33-85.

HADOT P., « Heidegger et Plotin », *Critique*, 145, 1959, p. 539-556.

– *Porphyre et Victorinus*, 2 vol., Paris, Institut d'Études Augustiniennes, 1968.

– « La notion d'infini chez Saint Augustin », *Philosophie*, 26, 1990, p. 59-72.

– *Plotin ou la simplicité du regard*, Paris, Gallimard, 1997.

– « Bilan et perspectives sur les *Oracles Chaldaïques* », repris dans *Plotin, Porphyre. Études néoplatoniciennes*, Paris, Les Belles Lettres, 1999, p. 89-114.

– « Causa sui », J. Ritter (éd.), *Historisches Wörtebuch der Philosophie*, Basel-Stuttgart, Schwabe, 1971, col. 976-977.

– « Être, Vie Pensée chez Plotin et avant Plotin », *Les Sources de Plotin*, Entretiens sur l'Antiquité classique, V, Vandœuvres-Genève, Fondation Hardt, 1960, p. 107-157, repris dans *Plotin. Porphyre. Études néoplatoniciennes*, Paris, Les Belles Lettres, p. 127-181.

HALFWASSEN J., *Der Aufstieg zum Einem. Untersuchungen zu Platon und Plotin*, Beiträge zur Altertumskunde 9, Stuttgart, Teubner, 1992.

HUBER G., *Das Sein und das Absolute. Studien zur Geschichte der ontologischen Problematik in der spätantiken Philosophie*, Bâle, Verlag für Recht Und Gesellschaft, 1955.

KRÄMER H.J., *Der Ursprung der Geistmetaphysik. Untersuchungen zur Geschichte des Platonismus zwischen Platon und Plotin*, Amsterdam, P. Schippers, 1964.

– « *Epekeina tēs ousias* », *Archiv für Geschichte der Philosophie*, 51, 1969.

LEE J.S., « The Doctrine of Reception According to the Capacity of the Recipient in *Ennead* VI, 4-5 », *Dionysius*, 1979, p. 79-97.

LEROUX G., « La trace et les signes. Aspects de la sémiotique de Plotin », M.-O. Goulet-Cazé, G. Madec, D. O'Brien (éd.), *Chercheurs de sagesse. Hommage à Jean Pépin*, Paris, Institut d'Études Augustiniennes, 1992, p. 245-261.

LEWY H., *Chaldean Oracles and Theurgy. Mysticism, Magic and Platonism in the Later Roman Empire*, nouvelle éd. par M. Tardieu, Paris, Institut d'Études Augustiniennes, 1978.

LLOYD A.C., « The Principle that the Cause is Greater than its Effect », *Phronesis*, XXI, 1976, p. 146-156.

– « Plotinus on the Genesis of Thought and Existence », *Oxford Studies in Ancient Philosophy*, V, 1987, p. 156-186.

– *The Anatomy of Neoplatonism*, Oxford, Clarendon Press, 1990.

MOREAU J., *Plotin ou la gloire de la philosophie antique*, Paris, Vrin, 1970.

NARBONNE J.-M., *La Métaphysique de Plotin*, Paris, Vrin, 1994.

– *Hénologie, ontologie, et Ereignis. (Plotin-Proclus-Heidegger)*, Paris, Les Belles Lettres, 2001.

– « Plotin, Descartes et la notion de *causa sui* », *Archives de Philosophie*, 56, avril-juin 1993, p. 177-195.

O'BRIEN D., « Plotinus on Evil. A Study of Matter and the Soul in Plotinus' Conception of Human Evil », P.-M. Schuhl et P. Hadot (éd.), *Le Néoplatonisme*, Paris, Édition du CNRS, 1971, p. 113-146.

– « Le volontaire et la nécessité : réflexions sur la descente de l'âme dans la philosophie de Plotin », *Revue philosophique de la France et de l'Étranger*, 167, 1977, p. 401-422.

O'MEARA D.J., « The Problem of Omnipresence in Plotinus *Ennead* VI, 4-5 : a Reply », *Dionysius*, 1980, p. 61-73.

PRADEAU J.-F., *L'Imitation du Principe. Plotin et la participation*, Paris, Vrin, 2003.

ROMANO F., CARDULLO R.L. (éd.), *Dunamis nel Neoplatonismo*, Florence, La Nuova Italia, 1996.

ROUX S., *La Recherche du principe chez Platon, Aristote et Plotin*, Paris, Vrin, 2004.

RUTTEN C., « La doctrine des deux actes dans la philosophie de Plotin », *Revue philosophique*, 146, 1956, p. 100-106.

SABBATUCCI D., *Saggio sul misticismo greco*, Rome, Ateneo, 1965.

SMITH A., « Potentiality and the Problem of Plurality in the Intelligible world », H. J. Blumenthal, R.A. Markus (éd.), *Neoplatonism and Early Christian Thought*, Londres, Variorum ,1981, p. 99-107.

SZLEZAK T. A., *Platon und Aristoteles in der Nuslehre Plotins*, Bâle-Stuttgart, Schwabe, 1979.

TODD R.B., « *EPITEDEIOTES* in philosophical litterature : towards an analysis », *Acta Classica*, XV, 1972, p. 25-35.

TROUILLARD J., « La présence de Dieu selon Plotin », *Revue de Métaphysique et de morale*, 1954, p. 38-45.

– « La notion de ΔΥΝΑΜΙΣ chez Damascios », *Revue des Études Grecques*, 1972, p. 353-363.

VAN RIEL G., « “N'essayons pas de compter l'intelligible sur les doigts”. Damascius et les principes de la limite et de l'illimité », *Philosophie antique*, 2, 2002, p. 201-219.

WHITTAKER J., « Epekeina nou kai ousias », *Vigilae Christianae*, 23, 2, 1969, p. 91-104.

ZAMBON M., *Porphyre et le médio-platonisme*, Paris, Vrin, 2002.

OUVRAGES GÉNÉRAUX

AUBRY G., *Genèse du Dieu souverain. Archéologie de la puissance* II, Paris, Vrin, 2018.

BIANCHI L., *Il Vescovo e i filosofi. La condanna parigina del 1277 e l'evoluzione dell'aristotelismo scolastico*, Bergame, Lubrina, 1990.

– et RANDI E., *Le verità dissonanti : Aristotele alla fine del Medioevo*, Rome, Laterza, 1990.

BOULNOIS O. (dir.), *La Puissance et son Ombre. De Pierre Lombard à Luther*, Paris, Aubier, 1994.

CANTO-SPERBER M., « Le Bien de Platon et le platonisme en morale », *Éthiques grecques*, Paris, P.U.F., 2001, p. 167-205.

CHANTRAINE P., *Dictionnaire étymologique de la langue grecque. Histoire des mots*, Paris, Klincksieck, 1968-1980.

COURTINE J.-F., *Inventio Analogiae. Métaphysique et ontothéologie*, Paris, Vrin, 2005.

DELEUZE G., *Spinoza et le problème de l'expression*, Paris, Minuit, 1968.

FAUST A., *Der Möglichkeitsgedanke. Systemgeschichtliche Untersuchungen*, 2 vol., Heidelberg, 1931-1932 ; réimpr. New York, Garlan, 1987.

GADAMER H.G., *L'Idée du Bien comme enjeu platonico-aristotélicien*, trad. fr. P. David et D. Saatdjian, Paris, Vrin, 1994.

GEACH P.T., « Omnipotence », *Philosophy*, vol. 48, 1973, p. 7-20.

GILSON E., *L'être et l'essence*, Paris, Vrin, 1994 (1981).

HEGEL G.W.F., *Leçons sur l'histoire de la philosophie*, t. IV, *La Philosophie grecque*, trad. fr. P. Garniron, Paris, Vrin, 1975.

HEIDEGGER M., *La question de la technique*, trad. fr. A. Préau, *Essais et Conférences*, Paris, Gallimard, 1958.

– *Identité et différence*, trad. fr. A. Préau, *Questions I*, Paris, Gallimard, 1968.

– « Ce qu'est et comment se détermine la ΦΥΣΙΣ », trad. fr. F. Fédier, *Questions* II, Paris, Gallimard, 1968.

- *Nietzsche*, 2 vol., trad. fr. P. Klossowski, Paris, Gallimard, 1971.
- *De l'essence de la liberté humaine.* Introduction à la philosophie, trad. fr. E. Martineau, Paris, Gallimard, 1987.
- *Concepts fondamentaux de la philosophie antique*, trad. fr. A. Boutot, Paris, Gallimard, 2003.

JAMMER M., *Concepts of Force*, Cambridge (MA), Harvard University Press, 1957.

JONAS H., *Le Concept de Dieu après Auschwitz*, trad. fr. P. Ivernel, Paris, Payot & Rivages, 1994, suivi d'un essai de C. Chalier.

JULLIEN F., *Traité de l'efficacité*, Paris, Grasset, 1996.

KENNY A., *The God of the Philosophers*, Oxford, Clarendon Press, 1979.

LEIBNIZ G.W., *Nouveaux Essais sur l'entendement humain*, chronologie, bibliographie et introduction par J. Brunschwig, Paris, Flammarion, 1990.

LEVINAS E., « La trace de l'autre », *Essais nouveaux* publiés à la suite de *En découvrant l'existence avec Husserl et Heidegger*, Paris, Vrin, 1967.

LIBERA A. de, *La Querelle des universaux. De Platon à la fin du Moyen Âge*, Paris, Seuil, 1996.

LOVEJOY A.O., *The Great Chain of Being*, Cambridge (MA), Harvard University Press, 1964 (1936).

MARION J.-L., *Dieu sans l'être*, Paris, P.U.F., 1991.

NIETZSCHE F., *Œuvres philosophiques complètes*, t. XIII, Paris, Gallimard, 1976.

OAKLEY F., *Omnipotence, Covenant and Order. An Exploration in the History of Ideas from Abelard to Leibniz*, Ithaca (NY), Cornell University Press, 1984.

RICŒUR P., *Soi-même comme un autre*, Paris, Seuil, 1990.

SAID S., *Sophiste et tyran ou le problème du Prométhée enchaîné*, Paris, Klincksieck, 1985.

VATTIMO G., *Espérer Croire*, trad. fr. J. Rolland, Paris, Seuil, 1998.

VETTESE A. (éd.), *Sopra la volta del mondo : omnipotenza e potenza assoluta di Dio tra medioevo e eta moderna*, Bergame, Lubrina, 1986.

WITTGENSTEIN L., *Wittgenstein et le cercle de Vienne*, d'après les notes de F. Waismann, texte établi par B. Mc Guiness, trad. fr. G. Granel, Paris, T.E.R., 1991.

INDEX DES PASSAGES CITÉS D'ARISTOTE ET DE PLOTIN

INDEX DES NOMS

INDEX DES NOTIONS

TABLE DES MATIÈRES

DEUXIÈME PARTIE
PLOTIN OU LA PUISSANCE DE TOUT

Achevé d'imprimer en janvier 2024 par *La Manufacture - Imprimeur* – 52200 Langres
Imprimé en France – N° d'imprimeur :240056– Dépôt légal : septembre 2020